Lebenswelten und Behinderung **Band 24**

Herausgegeben von Karl Dieter Schuck und Ulrich Bleidick

Hans Wocken

DIALEKTIK der Inklusion

Inklusion als Balance

1. Auflage

Mit Beiträgen von

Gabriele Cowlan
Andreas Hinz
Maria Kron
Birgit Papke
Helmut Reiser

FELDHAUS
EDITION HAMBURGER BUCHWERKSTATT

ISBN 978-3-925408-56-4

FELDHAUS VERLAG GmbH & Co. KG
Postfach 73 02 40
22122 Hamburg
Telefon +49 40 679430-0
Fax +49 40 67943030
post@feldhaus-verlag.de
www.feldhaus-verlag.de

Druck und Verarbeitung: WERTDRUCK, Hamburg

Bibliografische Information der Deutschen Nationalbibliothek
Die Deutsche Nationalbibliothek verzeichnet diese Publikation in der Deutschen Nationalbibliografie; detaillierte bibliografische Daten sind im Internet über http://dnb.d-nb.de abrufbar.

Vorwort der Reihenherausgeber

Das nunmehr vorliegende zehnte Buch von Hans Wocken in der weißen Reihe nimmt eine besondere Stellung ein. Eröffnet wird es mit einem historisch bedeutungsvollen Nachdruck eines Aufsatzes von Helmut Reiser und anderen, mit dem ein Verständnis von „Integration als Prozess“ als Einigung zwischen widersprüchlichen innerpsychischen Anteilen, zwischen interagierenden Personen und gesellschaftlichen Kräften entfaltet wird. Darauf aufbauend widmet sich der zentrale Text des Buches von Hans Wocken dem Paradox der Erziehung. Kernstücke der weitgreifenden Abhandlung zur Dialektik der Inklusion sind dabei die von ihm konzipierten dialektischen Wertequadrate, die die Widersprüchlichkeit unterschiedlicher Orientierungen in Erziehung und Bildung in ihrer spannungsvollen Polarität als unauflösliche Einheit beschreiben. Ausgangspunkt der Analysen ist die bereits von Kant beschriebene Gleichzeitigkeit von Freiheit und Zwang in einem pädagogischen Konzept, das eine Erziehung zur Freiheit und Mündigkeit zum Ziel hat, aber der Erfahrung von Grenzen bedarf. Unter dieser Leitthese präsentiert Hans Wocken in „Ideengeschichtlichen Erinnerungen“ namhafte Autoren der Erziehungswissenschaft und Psychologie, die sich auf unterschiedlichen theoretischen Fundamenten und mit unterschiedlichen Zugängen und Ergebnissen diesem Paradoxon widmen. Vor diesem Hintergrund betrachtet Hans Wocken sodann die bekannten inklusionstheoretischen Entwürfe der Gegenwart, um schließlich eine Methatheorie der Antinomien und Dilemmata in aktuellen bildungspolitischen und erziehungswissenschaftlichen Diskursen zu charakterisieren. Die Leserschaft wird in den pointierten Beschreibungen einer Vielzahl der selbst erlebten Paradoxien im eigenen Handeln in Erziehung und Bildung erkennen. Am Ende steht die tröstliche Überzeugung, dass das inklusionstheoretische Verständnis von Dialektik, Widersprüchen und Gegensatzeinheiten eine Verwandtschaft zu den Konzepten der Demokratie und Inklusion aufweist. „Denn Demokratie, Inklusion und Dialektik bejahen gleichermaßen Diversität und Zusammengehörigkeit“.
Zusammen mit den ergänzenden Beiträgen der weiteren Autor/-innen wird mit diesem Band mit hervorragenden Analysen vorliegender theoretischer Konzepte und bildungspolitischer Entwicklungen gewissermaßen ein Rahmen gesetzt, unter dem die bereits vorhandenen Bücher von Hans Wocken auf einem neuen Niveau eingeordnet und gewürdigt werden können. Das vorliegende Werk ist damit nicht nur eine treffliche Ergänzung sondern ein respektabler Höhepunkt der Veröffentlichungstätigkeit von Hans Wocken im Feldhaus Verlag. Das Buch sei damit nicht nur der bisherigen Leserschaft der Werke von Hans Wocken dringend zum erkenntnisreichen Studium empfohlen.

Für die Reihenherausgeber — Karl Dieter Schuck

Hamburg, im April 2021

Inhaltsverzeichnis

1. Integration als Prozess
Beklagte Missstände, unangenehme Wahrheiten und dringliche Umsteuerungen

Von Helmut Reiser, Gabriele Cowlan[1]*, Gisela Kreie und Maria Kron*

Vorbemerkung
Der folgende Text ist ein Reprint des gleichnamigen Aufsatzes „Integration als Prozess“ aus der Zeitschrift Sonderpädagogik (1984), Heft 3, 115–122 und Heft 4, 154–160. Die von der Frankfurter Forschungsgruppe konzipierte „Theorie integrativer Prozesse“ war die erste dialektisch verfasste integrationspädagogische Theorie in den deutschsprachigen Ländern. Der Wiederabdruck dieses Textes nach nahezu 40 Jahren ist nicht allein in seiner Pionierrolle begründet, sondern will auch als eine ausdrückliche Anerkennung eines herausragenden und bis heute gültigen inklusionspädagogischen Theorieansatzes verstanden werden. Die „Theorie integrativer Prozesse“ wird in dem Aufsatz „Dialektik der Inklusion“ (Hans Wocken; in diesem Band) sowie in den Beiträgen von Andreas Hinz und Birgit Papke thematisiert und differenziert gewürdigt.

Hans Wocken

1982–1985 untersuchte im Auftrag des Hessischen Sozialministers eine Projektgruppe am Institut für Sonder- und Heilpädagogik der Johann Wolfgang Goethe-Universität Frankfurt „Interaktionsprozesse in integrativen Kindergartengruppen“. Der Beitrag gibt die theoretischen Grundlagen der Forschungsgruppe wieder. Der Gesamtbericht wird als Buch beim Deutschen Jugendinstitut in München veröffentlicht.

1. Aspekte der Verwendung des Begriffs „Integration“

In der gegenwärtigen Diskussion um die Integration Behinderter wird der Begriff „Integration“ sehr unterschiedlich verwendet. Manche Missverständnisse der Diskussion mögen allein schon auf den verschiedenen Sprachgebrauch zurückzuführen sein.
Zum Beispiel sind im Brockhaus unter dem Stichwort „Integration (lateinisch: Herstellung einer Einheit), Zusammenschluss, Bildung übergeordneter Ganzheiten“ sieben verschiedene Begriffsbedeutungen angegeben, je nach dem

[1] Cowlan = geb. Klein

Wissensgebiet, in dem der Begriff verwendet wird: Biologie, Mathematik, Philosophie, Soziologie, Politik, Psychologie, Wirtschaft (Brockhaus 1979, Bd. 5, 561 f.). Die Pädagogik ist dabei nicht aufgeführt; die pädagogischen Verwendungen lehnen sich an die unterschiedlichen Begriffsbestimmungen z. B. in Philosophie, Soziologie, Politik und Psychologie an und differieren entsprechend. Bezeichnend sind für uns die unterschiedlichen Akzente in der soziologischen und der psychologischen Bedeutung. Für die Soziologie lässt sich der Akzent auf den Vorgang setzen, mit dem ein soziales System sich intakt erhält, indem zentrifugale, systemsprengende Kräfte eingebunden, z. B. in Funktionen zurückgeholt werden. Dies kann z. B. im Bereich abweichenden Verhaltens und bei Behinderungen auch durch Ausgrenzungen geschehen. Die Maßnahme, dass bestimmte Personen in besondere Anstalten verbracht werden (Gefängnisse, Irrenanstalten, Behinderteneinrichtungen) kann dazu beitragen, das Gesamtsystem zu stabilisieren, obwohl die Personen selbst desintegriert werden. Soziale Gewalt wird hier also nicht an sich als desintegrativ beurteilt, sofern sie systemkonform wirkt.

Anders in der Psychologie. Hier bezeichnet Integration den Zusammenhang von seelischen und physischen Einzelfunktionen der Persönlichkeit. Aus psychoanalytischer Sicht lässt sich präzisieren: Integration bezeichnet den Vorgang, bei dem abgewehrte oder abgespaltene Teile der Persönlichkeit in die psychische Verfügung des Subjektes zurückgeholt werden. Unterdrückung dieser Anteile führt langfristig zu deformierenden Erscheinungen wie Verdrängung, Abspaltung, Projektion, zu sozialer Verarmung oder psychischer Erkrankung.

In der gegenwärtigen pädagogischen Diskussion wird der Begriff Integration wohl eher in einer positiven Wertschätzung verwendet (s. auch die Übersicht, die Haupt gibt, in: Bleidick 1985, 155 f.), zumindest was die Integration der Behinderten betrifft, die ja das erklärte Ziel aller rehabilitativen Konzepte ist, auch derjenigen, die mit separierenden Betreuungsformen arbeiten. Bei der Verwendung des Begriffs in Bezug auf Ausländer wird jedoch rasch der Januskopf des Begriffs wieder deutlich, denn eine zwangsweise Integration ausländischer Kinder durch das deutsche Schulsystem ist ja durchaus denkbar und gefährdet deren durch ihr Elternhaus mitbestimmte kulturelle Identität, das heißt ihre innerpsychische Integration.

Wenn von der Integration Behinderter als Ziel aller Sonderpädagogik gesprochen wird, dann ist zumeist die sogenannte gesellschaftliche Integration angesprochen als ein Zustand des Eingegliedertseins nach Abschluss der Kindheit und Ausbildung, wobei das Eingegliedertsein sich oft auf die Arbeitstätigkeit und die Wohnsituation reduziert. Der Prozess der Sozialisation wird dabei oft ausgeklammert; es handelt sich um die Angabe eines Zustandes als Ziel.

Wenn dagegen von der Integration behinderter Kinder gesprochen wird, so ist damit zumeist eine organisatorische Maßnahme angesprochen, nämlich die gemeinsame Unterbringung behinderter und nichtbehinderter Kinder in einer Gruppe, z. B. im Kindergartenbereich, in der Schule, im Freizeitbereich. Auch hier handelt es sich um eine Zustandsangabe, die jedoch – anders als die gesellschaftliche Integration – administrativ angeordnet werden kann.
Der Begriff Integration beinhaltet jedoch noch viel weitergehende Aspekte. So ist für die Evangelisch Französisch-Reformierte Gemeinde, die in Hessen den ersten integrativen Kindergarten und als Vorreiter der integrativen Erziehung auch die erste integrative Grundschule Hessens eingerichtet hat, „Integration ... ein Grundwert, der zum Aufbau einer menschengerechten Gesellschaft unentbehrlich scheint" (Mittelmann 1984, 4). Integration zielt hiernach auf die Verinnerlichung von Wertorientierungen, die den Menschen dazu befähigen, „soziale Rollen zu übernehmen und sich seinen Mitmenschen gegenüber im Sinne Jesu Christi zu verhalten" (ebenda).
Für die Integration in den Kindergruppen ergibt sich von daher die Zielvorstellung, einen wechselseitigen Lernvorgang zu initiieren, „durch den übersteigerte Selbstwertgefühle ebenso korrigiert werden können wie Unwertgefühle – zugunsten einer vorurteilsfreien und angstfreien Kommunikation. Der Abbau von Überlegenheits- bzw. Unterlegenheitsgefühlen ... ist demnach das Hauptziel" (aus der Vereinbarung über eine erste wissenschaftliche Begleitung zwischen der Gemeinde und den Projektleitern R. Meier und H. Reiser, 1979, zit. n. Ev. Fr.-Ref. Gemeinde 1983, 16). In den Äußerungen der Evangelisch Französisch-Reformierten Gemeinde wird der – im erziehungswissenschaftlichen Sinne – normative Aspekt der Begriffsverwendung besonders deutlich.
Vom normativen Aspekt sprechen wir, wenn das Erziehungsgeschehen von obersten Wertvorstellungen her beurteilt wird (s. auch Bleidick 1985, 69 f.). Eine solche Beurteilung hat einen zweischneidigen Charakter. Wird sie – wie in der Praxis der Evangelisch Französisch-Reformierten Gemeinde – als Maßstab an das eigene Verhalten gerichtet, so wirkt sie in hohem Masse motivierend und führt zu energischen Anstrengungen, die Erziehungsverhältnisse im Sinne der jeweiligen Wertvorstellungen zu verändern. Hierin liegt die politische Stoßkraft der Integrationsdiskussion, die in der Gestaltung des Erziehungsalltags humane Wertvorstellungen durchsetzen will. Die weitergehenden Ansprüche richten sich an die für die Gestaltung der Rahmenbedingungen von Erziehung Verantwortlichen.
Richtet sich dagegen die normative Beurteilung gegen die am Erziehungsvorgang beteiligten Personen, so hat das bedenkliche Folgen. Äußerungen und Verhaltensweisen von Kindern, Eltern und Erziehern werden dann ungeachtet der jeweiligen sozialen Situation und der subjektiven Bedeutung des Gesche-

hens von starren Verhaltensvorschriften her beurteilt. Erziehungsmaßnahmen wie Lob und Tadel werden dazu eingesetzt, um Kinder zu einem Verhalten zu nötigen, das als sozial oder rücksichtsvoll bewertet wird, wobei deren Impulse und Bedürfnisse missachtet werden. In den von uns untersuchten Kindergärten konnten wir eine derartige Integrationspraxis mit moralischem Erziehungsdruck nicht feststellen; in der Integrationsdiskussion sind jedoch derartige Tendenzen vor allem in den Medien und Werbepublikationen häufig festzustellen.

Über den normativen Aspekt hinaus verbinden sich mit dem Begriff Integration auch noch weitergehende und – zumindest derzeit noch – diffuse Vorstellungen von einer neuen oder besseren Erziehungspraxis. Sie kommen zum Beispiel in den Idealvorstellungen von Erziehern zum Ausdruck, wie sie in unseren Interviews deutlich werden, und wie sie auch 1981 auf einer Fachtagung des Deutschen Jugendinstituts formuliert wurden. „Integration“ wird hier mit einer bestimmten „Haltung“ verbunden, die Voraussetzung ist, und in der auch partnerschaftliche Zusammenarbeit und gleichberechtigte Teamarbeit enthalten ist (DJI 1981, 62,190 f.). Hier wird Integration mit weiteren pädagogischen Idealvorstellungen verknüpft.

Es zeichnet sich eine Entwicklung ab, die bei den integrativen Schulkonzepten besonders deutlich wurde: Unter dem Stichwort „Integration“ werden Vorstellungen einer anderen, besseren Pädagogik subsumiert, da diese sich als Voraussetzungen für die Praxis integrativer Erziehung erweisen. In diesem Kontext kann Integration zu einem Oberbegriff miteinander zusammenhängender pädagogischer Vorstellungen werden, die sich für die gemeinsame Betreuung behinderter und nichtbehinderter Kinder als Vorbedingung erweisen oder als förderlich angesehen werden. Wird dieser Komplex von Vorstellungen auf Erziehung überhaupt angewendet, könnte sich ein neues Paradigma der Pädagogik, das heißt eine neue zusammenhängende Frageweise, Denkstruktur und Lösungsmethode entwickeln (Deppe-Wolfinger 1985).

In vielen Diskussionsbeiträgen, die aus integrativen Erziehungsvorhaben selbst kommen, ist deutlich spürbar, dass auch durch die Aufhebung der Trennung von Regelerziehung und Sondererziehung Grundfragen der Erziehung aktualisiert werden, wie der Ausgleich zwischen Individuum und Gruppe, das Verhältnis von Gleichheit und Ungleichheit, der Widerspruch zwischen Selbstwertgefühl und gesellschaftlich definierter Tüchtigkeit. Die „Dialektik von Gemeinsamkeit und Besonderheit, vom Miteinander des Verschiedenen kommt prägnant in der Parole der italienischen Integrationsbewegung zum Ausdruck: Tutti uguali – tutti diversi (Alle sind gleich – alle sind verschieden)“ (Deppe-Wolfinger 1985, 19). In der dialektischen Auffassung von Integration wird die gemeinsame Erziehung behinderter und nichtbehinderter

Kinder als politische Vorentscheidung gesehen, auf deren Basis die pädagogische Grundfrage von Gleichheit und Ungleichheit in Bezug auf Behinderungen neu gestellt werden kann.

2. Grundlagen unserer Auffassung von Integration

Auch wir als Forscher stehen innerhalb normativer Vorentscheidungen, die unsere Auffassung vom gesellschaftlichen Zusammenleben, von Erziehung und von persönlicher und kollektiver Entwicklung betreffen. Da es nach unserer Ansicht keine wertneutrale erziehungswissenschaftliche Forschung geben kann, bemühen wir uns, die normativen Grundlagen unseres Denkens transparent zu machen. Wir gehen davon aus, dass die möglichst weitgehende Gemeinsamkeit in der Betreuung behinderter und nichtbehinderter Kinder eine demokratische Selbstverständlichkeit sein sollte.

Der Anspruch jedes Menschen, ungehinderten Zugang zu allen gesellschaftlichen Einrichtungen zu haben, ist der unbestrittene Ausgangspunkt aller Überlegungen. Dieser zunächst abstrakte Anspruch wird konkretisiert durch den Grundsatz der Nichtdiskriminierung, wie ihn z. B. in den USA die Bürgerrechtsbewegung erstritten hat. Demnach ist eine Form der Versorgung, Behandlung, Unterbringung, Beschulung usw., die ihn am wenigsten von allen anderen Menschen absondert, ein Recht jedes Menschen (Least Restrictive Environment). Dieser Rechtsgrundsatz führt in den Vereinigten Staaten aufgrund des politischen Systems nicht ohne weiteres zum gewünschten Erfolg; dennoch formuliert er die gedankliche Grundlage des Prozesses der Normalisierung, der z. B. in den skandinavischen Ländern schon früher begonnen hatte. Eine Absonderung eines Kindes aus der Gruppe, die ungeachtet des Geschlechts, der Rasse, des sozialen Herkommens usw. für alle Kinder z. B. im Kindergarten angeboten wird, ist nur insoweit statthaft, als dies für die Entwicklung des Kindes unbedingt erforderlich ist, weil durch keine andere, weniger absondernde Maßnahme die Entwicklung gesichert werden kann.

In der Bundesrepublik ist derzeit diese klare politische Ausgangslage weder gedanklich noch praktisch durchgesetzt. Um den Bestand an Sondereinrichtungen abzusichern, wird immer wieder der Nachweis gefordert, dass die integrative Erziehung besser sei als die separierende. Die Beweispflicht wird damit auf den Kopf gestellt. Unterstützt wird diese Position durch ein in den Schulgesetzen am klarsten ausgedrücktes Einstellungsschema von Kindern nach ihren Defiziten, indem z. B. der Besuch einer der „Eigenart" des Kindes entsprechenden Sonderschule durch Schulpflichtgesetze festgeschrieben wird.

Für uns ist die gemeinsame Erziehung behinderter und nichtbehinderter Kinder z. B. im Kindergarten die normale Ausgangslage. Von daher stellt sich die

Frage, welche Maßnahmen ergriffen werden müssen, damit die optimale Entwicklung jedes Kindes gewährleistet werden kann. Unseres Ermessens haben die bereits erwähnten bisherigen Erfahrungen mit integrativen Gruppen gezeigt, dass die optimale Entwicklung behinderter Kinder in diesem Rahmen grundsätzlich gesichert werden kann.

Die Frage, ob ein Kind sich in einer integrativen Gruppe optimal entwickeln kann, entscheidet sich an den Rahmenbedingungen und Hilfen, die dafür bereit gestellt werden können. Politischer Auftrag muss es deshalb sein, die weitestgehende Unterstützung bereit zu stellen, damit keine Separierung erfolgen muss. Dennoch kann es möglich sein, dass ein Kind über längere Strecken eine Einzelbehandlung benötigt; dies rechtfertigt jedoch logischerweise keinesfalls separierende Gruppenbildungen. Unsere Fragestellung zielt deshalb nicht auf die Legitimität der integrativen Erziehung, sondern auf ihre Gestaltung. Dabei ist es durchaus denkbar, dass eine mangelhafte Ausstattung die integrative Erziehung misslingen lässt. Somit ist es auch unser Ziel, die erforderlichen Ressourcen zu beschreiben. In unserer Grundauffassung der psychischen Entwicklung teilen wir die psychoanalytischen Annahmen. Aus diesem Verständnis dürfen Emotionen und Bedürfnisse nicht unterdrückt werden, sondern müssen sich in ihrem dynamischen Zusammenhang entlang den Lebensinteressen des Kindes strukturieren. Hauptkriterium der humanen Entwicklung ist die wachsende Verfügung des Individuums über sich selbst, die Entwicklung der Verantwortung für sich selbst und das Wachstum selbstregulierender Kräfte.

Wir gehen von der Dialektik der Prozesse und der Vieldeutigkeit einzelner konkreter Handlungen aus. Es erscheint uns der Struktur und Dynamik von Entwicklungen nicht angemessen, von Wertorientierungen her bestimmte Verhaltenserwartungen oder Erziehungsmaßnahmen abzuleiten. Wir beobachten Realität deshalb nicht mit vorgegebenen Kriterien – wie etwa prosoziales, integratives, antisoziales oder desintegratives Verhalten – sondern sinnverstehend (s. Untersuchungsmethode).

Die Wertschätzung des Lebendigen als Orientierungsbasis (s. Cohn 1984, 357 ff. u. Haupt, in Bleidick 1985, 188) gebietet gleichermaßen die Rückbesinnung auf den einmaligen Wert jedes Menschen, wie sie eine Normierung von Verhaltenserwartungen ausschließt: „So ist Integration eine Aufgabe, die auch für Selbstkonzept, Identität und Lebensqualität der Nichtbehinderten von zentraler Bedeutung ist. Deutlich ist, dass es sich hierbei um einen länger dauernden Prozess handelt, der bereits eingeleitet ist, der aber intensiv unterstützt werden muss“ (Haupt, in: Bleidick 1985, 188).

3. Integrative Prozesse

Um den Untersuchungsgegenstand theoretisch fassbar und konkret beschreibbar machen zu können, konzentrieren wir uns auf „integrative Prozesse“, die sinnverstehend aus den Szenen der Interaktionen in integrativen Gruppen erschlossen werden können. Es erwies sich für uns als notwendig, integrative Prozesse theoretisch präzise fassen zu können. Als Grundlage diente uns unser 1983 (Gutberlet u. a.) und 1984 (Reiser u. a.) vorgestelltes Modell der Integration, das uns jedoch in verschiedener Hinsicht verbesserungsbedürftig erschien. So sprechen wir heute von integrativen Prozessen, um die Dynamik des Geschehens zu betonen. Wir arbeiteten die Dialektik der integrativen Prozesse verstärkt heraus: Die gesellschaftliche Dialektik von Gleichheit und Ungleichheit findet ihre Entsprechung in der Dialektik der Interaktionen, in denen die Person zugleich autonom und interdependent ist (Ruth C. Cohn 1984, 357). Sie schlägt sich nieder in der Ambivalenz der psychischen Dynamik.

Im Interaktionsmodell der Themenzentrierten Interaktion fanden wir einen Rahmen, der die gesellschaftliche Ebene, die psychoanalytische Interaktionstheorie der Einigungsprozesse nach Lorenzer (1976, 218–276) und unsere pädagogischen Grundannahmen zu verbinden vermag.

Als integrativ im allgemeinsten Sinn bezeichnen wir diejenigen Prozesse, bei denen „Einigungen“ zwischen widersprüchlichen innerpsychischen Anteilen, gegensätzlichen Sichtweisen interagierender Personen und Personengruppen zustande kommen. Einigungen erfordern nicht einheitliche Interpretationen, Ziele und Vorgehensweisen, sondern vielmehr die Bereitschaft, die Positionen der jeweils anderen gelten zu lassen, ohne diese oder die eigene Position als Abweichung zu verstehen. Einigung bedeutet den Verzicht auf die Verfolgung des Andersartigen und stattdessen die Entdeckung des gemeinsam Möglichen bei Akzeptanz des Unterschiedlichen.

Martin Buber beschreibt den inneren Vorgang der Einigung als dialogisches Verhältnis, das entsteht, wenn ich die Wirklichkeit meines Dialogpartners aus seiner Position heraus erfassen kann, ohne meine Wirklichkeit und meine Sicht der Dinge zu verlassen. So bildet sich die Wirklichkeit der Begegnung, die stets wieder in der Bewegung des Zurückgehens auf die je einzelnen Positionen zerfällt und durch Akte der „Umfassung“, d. h. der Erfahrung der Gegenseite, wieder gebunden wird (1960, 35 ff.).

In Bubers Beschreibung wird deutlich, dass es sich um einen dialektischen Prozess handelt. Wir betonen, dass gemeinsames Handeln, das die Interessen der Interaktionspartner berücksichtigt, Einigungen voraussetzt, und dass Handlungsversuche Einigungen hervorbringen können. Die dialektisch verschränkten Pole dieses Vorganges nennen wir Annäherung und Abgrenzung.

Die Bewegungen der Annäherung und Abgrenzung bedingen sich gegenseitig: Streckenweise kann es aber z. B. möglich sein, dass zwischen Personen Distanz erreicht werden muss, damit die Abgrenzung des Einzelnen gelingen kann, die erforderlich ist, um eine Annäherung einzuleiten und auszuhalten. Dies ist leicht zu verdeutlichen an dem Beispiel eines Kindes, das aus dem fürsorglichen Schutz der Mutter in eine Kindergartengruppe eintritt und dort eine größere Zumutung an Selbständigkeit erfährt. In dieser Situation kann sich das Kind von dem mütterlichen Schutz zunehmend unabhängiger machen. Um eine neue und gleichberechtigtere Nähe mit der Mutter einzupendeln, wird es Strecken der Distanzierung von der früheren Form der Nähe benötigen. Mutter und Kind werden im normalen Fortgang der Entwicklung immer wieder neue Einigungen auf bestimmte Formen gemeinsamen Fühlens, Verstehens, Handelns und Miteinander-Umgehens finden, in denen Nähe und Distanz gemäß den Bedürfnissen beider neu eingependelt werden.
Eine höhere Stufe der Entwicklung der Beziehung zwischen Mutter und Kind wird zugleich durch eine größere Nähe im Sinne eines besseren Verstehens des anderen wie auch durch eine größere Distanz im Sinne einer gelungeneren Abgrenzung der Person gekennzeichnet.
Bei Misslingen der Einigungsversuche kann auf der einen Seite die symbiotische Verschmelzung stehen, auf der anderen Seite die Entfremdung der Personen voneinander und von sich selbst. In Zuständen der Verschmelzung wird Abgrenzung unmöglich, in Zuständen der Entfremdung wird keine Annäherung mehr gestattet. Diese gegensätzlich erscheinenden Fehlentwicklungen sind doch darin gleich, dass sie nur durch massive Abwehr aufrechterhalten werden können.
Da Annäherung ohne Abgrenzung nicht möglich ist, kann z. B. aus einer Szene, in der ein Kind von einem anderen abgelehnt wird, nicht unmittelbar geschlossen werden, welchen Stellenwert diese Situation in der Beziehung beider zueinander hat; d. h. die integrative Wirkung einzelner Situationen und Ereignisse ist erst aus dem Kontext der Entwicklung der Beziehung zu erschließen.
Idealtypisch können viele Ebenen der integrativen Prozesse unterschieden werden.

1. Die innerpsychische Ebene ist die Grundlage aller folgenden Ebenen insofern, als ohne sie auf allen weiteren Ebenen keine Einigungen gelingen können.
2. Die interaktionelle Ebene der Einigungsprozesse baut auf ihr auf; zugleich ist die Möglichkeit, miteinander etwas zu tun zu haben, die reale Grundlage aller integrativen Prozesse und insofern auch die Voraussetzung der Prozesse auf der innerpsychischen Ebene. Die inter-

aktionelle Ebene umfasst so den Aspekt der Gruppenbeziehungen wie auch den Aspekt des gemeinsamen Handelns an einer Sache.

3. Auf der institutionell bestimmten Ebene geht es um den in Erziehungskonzepten gefassten und durch Einrichtungen repräsentierten Sachauftrag der Erziehung. Hier liegt mit der Einrichtung der integrativen Gruppen die administrative Grundlage der Integration, die ohne integrative Prozesse auf der innerpsychischen und der interaktionellen Ebene jedoch wirkungslos bleibt.
4. Auf der gesellschaftlichen Ebene liegen die normativen Grundlagen integrativer Prozesse. Die Berücksichtigung dieser Grundlagen verringert die Gefahr der Selbstüberforderung der Pädagogen, wenn sie sich zur Aufgabe setzen, einen Lern- und Lebensraum herzustellen, in dem der Widerspruch zwischen ungleichen Voraussetzungen und gleichen Bedürfnissen und Rechten – bei Kindern wie bei Erwachsenen – aufgehoben ist. Pädagogen können nach unseren Beobachtungen keinen derartigen Raum schaffen, da die gesellschaftlich vorgegebenen Wertungen individueller Leistungsunterschiede in den Selbstdefinitionen der Individuen, auch im Selbsterleben der Kinder, unauflösbar verwoben sind.

Die vier Ebenen stehen miteinander in einem dynamischen Wechselspiel.
Bei den integrativen Prozessen auf der innerpsychischen Ebene geht es um die Akzeptanz. Wir gehen davon aus, dass die Wahrnehmung von Behinderung und/oder unerwünschten Verhaltensweisen Wünsche, Ängste und Aggressionen auslöst. Akzeptanz wird dann möglich, wenn die Person ihre widersprüchlichen Empfindungen und Impulse zueinander in Beziehung bringt, ohne eigene Anteile verdrängen oder verleugnen zu müssen. Die innerpsychische Verarbeitung wird beeinflusst von der Realität der Interaktionen, von institutionellen Vorgaben und den normativen Einwirkungen aus dem gesellschaftlichen Umfeld. Es ist offensichtlich, dass institutionelle Aussonderung den realen Kontakt verunmöglicht und deshalb innerpsychische Verarbeitungsprozesse erschwert (wenngleich nicht ganz und gar verhindert, weil die Absonderung z. B. in einem Sonderkindergarten nicht total ist und hier auch nicht die Phantasietätigkeit eine große Rolle spielt). Nicht ganz so offensichtlich ist, dass die institutionelle Aussonderung einer gesellschaftlichen Norm entspricht, die versucht, die Dialektik von Gleichheit und Ungleichheit durch starre Einteilungen von Individuen zum Stillstand zu bringen. Die institutionelle Einbeziehung behinderter Kinder garantiert dagegen keineswegs schon die Realisierung von Interaktionen, ja auch sie kann zur Vermeidung innerpsychischer Verarbeitungsprozesse genutzt werden, wenn nämlich versucht werden sollte, die Beziehung zu verleugnen oder ihre Bedeutung herunterzuspielen.

Die Fehlentwicklungen zur Entfremdung und zur Verschmelzung finden sich auf allen vier Ebenen wieder; integrative Prozesse auf einer Ebene allein müssen langfristig unwirksam bleiben, weil durch den dynamischen Zusammenhang aller Ebenen der dialektische Prozess von Annäherung und Abgrenzung von jeder Ebene her störanfällig ist. Andererseits können integrative Prozesse von jeder Ebene her angestoßen werden.

4. Vergleich mit anderen Konzepten

Wir sind in der Zeit der Modifikation und Präzisierung unseres Modells nicht nur von unseren eigenen Arbeiten, sondern auch von der vielfältigen Diskussion zur Integration angeregt worden. Zur Verdeutlichung unseres jetzigen Standes, auf dessen Grundlage der Forschungsbericht erstellt wurde, ziehen wir deshalb einige wenige neuere Äußerungen anderer Wissenschaftler heran, die uns geeignet erscheinen, unser Modell in die Diskussion einzureihen.
1983 veröffentlichte Kobi einen Vorschlag, den vieldeutigen Begriff Integration durch eine Gliederung in drei Stufen der Realisation und in sechs Ebenen zu konkretisieren. Dieser Vorschlag erschien zu diesem Zeitpunkt deshalb hilfreich, weil deutlich zwischen der proklamatorischen, der modellhaften und der praktizierten Realisationsstufe unterschieden wurde sowie die verschiedenen Ebenen, auf denen Integration realisiert werden kann, benannt wurden. Die erste Ebene, die physisch-ökologische, sei am leichtesten zu bewerkstelligen, die zweite, die terminologisch-begriffliche schon schwieriger, noch schwieriger die dritte, die administrativ-bürokratische; es folgt die vierte, die sozial-kommunikative, danach die fünfte, die curricular-funktionelle und schließlich die sechste, die lern-/lehrpsychologische Ebene. In diesem Modell bewegt sich unser Praxisfeld auf der vierten Ebene, der sozial-kommunikativen, und auf der Realisationsstufe der praktizierten Integration.
Bei genauerem Hinsehen werden jedoch Schwächen dieser pragmatischen Einteilung deutlich. Die Anordnung der Ebenen ist hierarchisch. Zugleich wird ein zunehmender Intensitätsgrad angenommen. Die Behauptung, dass die lehr-/lernpsychologische Integration, bei der ein synchroner Mit- oder Nachvollzug der Lernabläufe stattfindet, die intensivste Form der Integration sei, weist darauf hin, dass das zunehmende Erreichen von Gleichheit missverstanden wird als zunehmende Integration. Das dialektische Verhältnis von Gleichheit und Ungleichheit wird hier nicht erkannt; vielmehr werden gleichschrittige Lernprozesse, die ein Kunstprodukt – vielleicht auch nur eine Illusion – schulischer Pädagogik darstellen, als intensivste Form gemeinsamen Unterrichts überhaupt angesehen. Es handelt sich dabei um einen grundsätzlichen Irrtum über den Lernvorgang in Gruppen, der hier seine Anwendung in der Integrationsdiskussion findet.

Der Blick bleibt fixiert auf die Zielvorstellung einheitlichen Lernens nach einheitlichen Lehrplänen; die Grundbedingung dieser Konstruktion gleichschrittigen Lernens ist aber die homogene Lerngruppe. Damit wird aus der Aufgabe der Integration die Aufgabe der Homogenisierung einer bewusst extrem heterogen zusammengesetzten Lerngruppe – fürwahr eine unmögliche Aufgabe oder vielmehr ein komplettes Missverständnis von Integration.
Die tatsächliche Funktion z. B. proklamatischer und terminologischer Integrationsbemühungen im Hinblick auf die Veränderungen der normativen Vorgaben kann in diesem Hierarchiemodell nicht erfasst werden; auch Proklamationen und Terminologien haben ihre Wirkungen, sofern sie es wagen, aus dem bestehenden normativen System der leistungsorientierten Einteilungen und Absonderungen von Kindern auszubrechen. Es gibt hier keine hierarchischen Über- und Unterordnungen einzelner Zugänge, sondern Wechselwirkungen.
Kanter beruft sich 1985 auf den Artikel von Kobi. Er resümiert zutreffend, dass in der bundesdeutschen Diskussion heute „unter dem Stichwort Integration vor allem ein gemeinsames Leben und Lernen in Kindergarten oder Schule verstanden (wird) mit der vorrangigen Zielsetzung, die kommunikativen Beziehungen zwischen den Behinderten und Nichtbehinderten zu verbessern" (1985, 318 f.). Mit dem Begriff „kommunikative Beziehungen" wird der Bereich integrativer Prozesse jedoch nur unvollständig erfasst. Mit dem Schema von Kobi wird angenommen, über den kommunikativen Bereich gehe die curriculare und die lern-/lehrpsychologische Integration hinaus. Wie wir aufgezeigt haben, spielen integrative Prozesse jedoch nicht nur auf der interaktionellen Ebene, sondern auch auf der innerpsychischen, der institutionellen und der gesellschaftlichen.
Gerade Kanter betont die Notwendigkeit von „Veränderungen auch am normativen Bedingungsgefüge" (1985, 313). In seiner Analyse des integrativen Gedankens in der Hilfsschulentwicklung kommt er zu dem Schluss, dass es vor allem die normativen Bedingungen des Bildungswesens waren, die bereits frühzeitig integrative Ansätze scheitern ließen. Diese setzten die Aufgabe, die sich als unmöglich erwies, nämlich:

„1. mit einer heterogenen Gruppe von Kindern und Jugendlichen
2. nach uniformen curricularen Vorgaben
3. zu gleicher Zeit
4. zu allseits verpflichtenden Lernzielen zu gelangen" (1985, 313).

Damit weist Kanter überzeugend nach, dass Integration eben nicht gipfeln kann in einheitlichen curricularen Vorgaben, Lehrzielen und, wir ergänzen, Lehrmethoden. Integration erfordert die Veränderung dieses Charakters von

Unterricht, der wohl übereinstimmend als eine rigide Vorstellung angesehen wird, die jeder Bildungsreform entgegensteht. Und dies heißt auch, dass eine andere Art des Miteinanderlernens nicht auf den sozial-kommunikativen Aspekt reduziert werden kann. Trotz seiner Analyse zieht Kanter diesen Schluss nicht. So entgeht ihm das – wie wir meinen – zentrale Anliegen der integrativen Erziehung, nämlich die Förderung integrativer Prozesse. Er schlägt dagegen vor, zu unterscheiden zwischen Integration als Mittel oder als Zweck oder den Begriff zu vermeiden und stattdessen stärker operationalisierende Beschreibungen zu wählen (1985, 319). Damit wird der normative Aspekt, der in der Verwendung des Begriffes angelegt ist, abgeschwächt und ihm die politische Stoßkraft genommen. Zugleich bleibt die Beschreibung an der Oberfläche.
Besonders deutlich wird dies im Vergleich zu der Konzeption von Milani-Comparetti, der davon ausgeht, dass die Existenz von Behinderung eine massive Angst auslöst (1985). Am Ausgangspunkt der Erfahrung von Behinderung stehen verschiedene Formen der omnipotenten Abwehr des erfahrenen „Übels". Mit dem Begriff „Übel" ist die subjektive Erfahrung von Bösem, Unvollkommenem, Krankem, Verletztem und Verletzendem erfasst. Eine Möglichkeit der Abwehr ist die Abspaltung des Übels von der eigenen Person, damit man es besser negieren kann. Diese Abwehr zielt auf Gleichmacherei. Milani-Comparetti nennt als Beispiel die Behindertenolympiaden und eine „manische Verbandshaltung", die den Eindruck durchsetzen will, Behinderte seien wie alle anderen.
Eine andere Form der Abwehr nennt Milani-Comparetti die „schizoparanoide Haltung", die das Übel, das durch das behinderte Kind in der Welt ist, von der Person abspaltet und aggressiv verfolgt. Die Wurzel dieser Haltung sieht er in Schuldgefühlen. Sie äußert sich z. B. in der „wilden Rehabilitation", die unablässig mit Therapien und Behandlungen gegen das Übel anrennt und dabei auch aggressive Behandlungsmethoden gegen das Kind wendet. Dabei kann es zu einer „perversen Allianz" von Pädagogen, Ärzten und Eltern kommen, zu einem Förderungsaktionismus. Auf Verbandsebene macht Milani-Comparetti bei dieser Abwehr eine anspruchsorientierte Haltung aus, die Schadenersatzforderungen an die Gesellschaft richtet. Nach Milani-Comparetti müssen diese Abwehrpositionen durch Trauerarbeit überwunden werden, damit die Realität des Übels akzeptiert wird. Nur durch die Reifung zu dieser Position und Überwindung der Abwehrmechanismen kann eine wirkliche Integration gelingen.
„Einfachen Experimenten" mit Integration, Versuchen also, die sich dieser Trauerarbeit nicht stellen, kann eine tiefe unbewusste Spaltung zugrunde liegen. Integration ist das Resultat eines schwierigen psychischen und sozialen

Reifungsprozesses; ein humanitärer Anspruch oder eine ideale politische Vorstellung allein genügen nicht.
Die Thesen Milani-Comparettis, die auf der Psychoanalyse aufbauen, stützen unsere Auffassung von der Notwendigkeit innerpsychischer integrativer Prozesse. Wir sind mit ihm der Auffassung, dass es letztlich um Reifeprozesse geht, die in Personen stattfinden und ihren Niederschlag in menschlichen Umgangsformen und in einer nichtdiskriminierenden Pädagogik finden, die als oberstes Ziel die optimale Entwicklung der „Person als autonome Lebenskraft" (Milani-Comparetti) sieht. Durch die Betonung des inneren Wachstums sind wir in unserer Konzeption auch in der Lage, die Veränderungsprozesse in kleinen Schritten zu erkennen und zu würdigen, d. h. die inneren Widerstände der Personen ernst zu nehmen und zu akzeptieren. Dies bewahrt vor der Versuchung, andere missionieren zu wollen und absolute Ansprüche zu errichten. So können wir auch in den vielfältigen Annäherungsformen an optimale Bedingungen der Integration die Ansätze von integrativer Erziehung erkennen, sofern dadurch die Dynamik der Verarbeitung in Gang kommt. Aus diesem Grund legen wir die Kriterien für Gelingen oder Misslingen der integrativen Erziehung in die dabei in Gang gekommenen Prozesse, nicht in bestimmte Verhaltensweisen oder Tätigkeitsformen.
„Einfache Experimente" mit Integration, bei denen ohne tiefere Beschäftigung mit dem Problem versuchsweise behinderte und nichtbehinderte Kinder zusammengebracht werden, können Entfremdung fördern, wenn das Erleben des Andersartigen vertieft und keine gegenseitige Akzeptanz erzielt wird. Mit Absolutheitsansprüchen vorgetragene Maximalentwürfe integrativer Erziehung müssen hingegen danach befragt werden, ob hier nicht die Tendenz zur Gleichmacherei überwiegt, d. h. eine innere Abwehr des Übels zu Verschmelzungsphantasien führt. Bei Pädagogen können solche Phantasien mit Allmachtsvorstellungen gekoppelt sein, wenn die Wirklichkeit der Behinderung unwirksam gemacht werden soll. Aufgrund unserer psychoanalytischen Grundannahmen betonen wir ebenso wie Milani-Comparetti die innerpsychischen Prozesse, die auch auf allen anderen Ebenen beteiligt sein müssen.
Einen anderen Akzent setzt Feuser, der in seinen verschiedenen Veröffentlichungen vor allem den Aspekt der Tätigkeit betont. Da er den bislang einzigen theoretischen und praktischen Beitrag aus einem vergleichbaren Arbeitsfeld vorgelegt hat, lohnt sich für unsere Zwecke eine ausführliche Betrachtung.
Auf der Basis der Aneignungstheorie entwickelt er eine schlüssige Theorie der Persönlichkeitsentwicklung und des Lernens und verbindet diese mit der integrativen Erziehung. Dabei stellt er das Postulat auf, dass durch ein und dieselben Lernangebote zugleich die optimale individuelle Förderung wie auch die Kooperation in gemeinsamen Handlungen zu gewährleisten sei.

„Integrative Pädagogik hat es für das Lernen der Kinder zu leisten, ein Lernangebot (Projekt/Vorhaben/Thema/Inhalt) in all seinen Dimensionen so aufzubereiten, dass ein jedes Kind entsprechend seiner momentanen Handlungskompetenz (mit Möglichkeiten seiner dominierenden Tätigkeit) am kooperativen Spiel- und Lernprozess kompetent beteiligt sein kann“ (1984, 31).
Feuser fordert eine kompetente Beteiligung am Prozess, nicht jedoch ein gleichschrittiges Lernen nach uniformen Vorgaben, wie es Kanter als unmögliche Aufgabe herausgearbeitet hat. Die individuelle Beteiligung an einer gemeinsamen, in sich jedoch vielfältigen Tätigkeit, wie sie Feuser postuliert und in seinen praktischen Beispielen demonstriert, ist eine zentrale Forderung jeder integrativen Pädagogik.
Auch in unserem Konzept stellt das gemeinsame Handeln eine wesentliche Komponente dar. Dennoch scheint uns in der Konzeption Feusers der Gesichtspunkt der gemeinsamen Tätigkeit am gemeinsamen Gegenstand dann überbetont, wenn er zum zentralen Kriterium von Integration erhoben wird (1984, 129). 1982 betitelt Feuser einen Beitrag programmatisch: „Integration – die gemeinsame Tätigkeit (Spielen/Lernen/Arbeiten) am gemeinsamen Gegenstand/Produkt in Kooperation von behinderten und nichtbehinderten Menschen.“
1984 formulierte er: „Integration zu realisieren heißt, dass

- alle Kinder
- an/mit einem gemeinsamen Gegenstand
- in Kooperation miteinander
- auf ihrem jeweiligen Entwicklungsniveau
- spielen und lernen“ (Feuser 1984, 18).

Unser Forschungsbericht wird eine Fülle integrativer Prozesse aufzeigen, die abliefen, ohne dass alle Kinder in „raum-zeitlicher Einheit“ an einem Gegenstand, der von jedem Kind als „gemeinsamer“ Gegenstand erfasst wurde, kooperierten (Feuser, 1984, 131). Dazu ist allerdings zu sagen, dass Feuser bei praktischen Beispielen sowohl den Begriff der Kooperation wie den des gemeinsamen Gegenstandes stark ausdehnt, wenn er etwa die Erfassung von Geruch und Vibration durch ein schwerstbehindertes Kind, das in räumlicher Nähe zu den anderen Kindern einzeln betreut wird, anführt (1984, 131 f.).
Auch der Begriff des „Produkts“ ist sehr weit gefasst, wenn etwa das Hervorrufen einer Tastempfindung als zufälliges Produkt bezeichnet wird. Als „Kooperation im Sinne des produktorientiert handelnden Umgangs in raumzeitlicher Einheit der miteinander Kooperierenden“ (1984, 131) können nach Feuser so wesentlich mehr Aktivitäten angesehen werden, als nach seiner Inte-

grationsdefinition angenommen werden müsste. Fraglich wird jedoch, ob dann die Begrifflichkeit, die aus der Aneignungstheorie abgeleitet ist, noch greift.
In unserem Erziehungsverständnis ist die dynamische Balance zwischen den subjektiven Impulsen, den Gruppenprozessen und den objektiven Erfordernissen die zentrale Aufgabe, die auch an erster Stelle der Reflexion und Ausbildung steht. Diese Sichtweise ist unseres Ermessens in der Aneignungstheorie, auf der Feuser aufbaut, nicht hinreichend berücksichtigt.
Freilich müssen Lernangebote, bei denen Kinder unterschiedlicher Ausgangslagen am gemeinsamen Gegenstand gemeinsam tätig sind, immer wieder hergestellt werden, und diese Aufgabe verdient große Aufmerksamkeit und Sorgfalt. Andernfalls verkommt jede Individualisierung zu einer Abspaltung der Subjekte gegeneinander, was zur Entfremdung führt. Zugleich sollte jedoch die Wahrnehmung auf die „autonome Lebenskraft“ (Milani-Comparetti) der Subjekte gerichtet sein, die sich in einem dialektischen Prozess von Annäherung und Abgrenzung entwickelt. In diesem Prozess ist auch die Erfahrung der Differenz und die Akzeptanz unaufhebbarer Unterschiede wichtig.
Das Streben nach Perfektionierung in der Planung der gemeinsamen Aktivitäten sollte unserer Ansicht nach relativiert werden durch das Zulassen und Zutrauen. Nach Milani-Comparetti sollten wir zuallererst die „Anfragen“ der Kinder studieren und sie als Vorschläge verstehen. Unsere Angebote sind als Gegenvorschläge zu konzipieren, nicht nur als die Reise zu der von uns antizipierten „Zone der nächsten Entwicklung“ wenn das Reden von einer dialogischen Erziehung einen Sinn machen soll.
Das heißt aber auch, dass für die subjektive Gestaltung von Lebensäußerungen größtmögliche Freiräume zu konzipieren sind, ohne dass die von objektiven Erfordernissen abgeleiteten erzieherischen Gegenvorschläge damit vergessen würden. In diesem Widerspruch zeigt sich die Dialektik der menschlichen Entwicklung, die nur dann progressiv verläuft, wenn die autonome Lebenskraft der Subjekte angesprochen wird.
Wenn hier auch Unterschiede deutlich werden, so zeigt sich doch eine große Übereinstimmung in den politischen Grundlagen und pädagogischen Zielen zwischen den Ausführungen Feusers und unseren Auffassungen.

Zusammenfassung

Die Projektgruppe entwickelt die Grundlagen ihrer Auffassung von Integration. Ausgehend von einem Anspruch jedes Menschen auf ungehinderten Zugang zu allen gesellschaftlichen Einrichtungen, sollte die gemeinsame Erziehung – hier: behinderter und nichtbehinderter Kinder im Kindergarten – eine demokratische Selbstverständlichkeit sein.

In der Frage nach der Gestaltung integrativer Erziehung wird ein Verständnis von Integration als Prozess zugrunde gelegt und entwickelt, bei dem „Einigungen“ zwischen widersprüchlichen innerpsychischen Anteilen, zwischen interagierenden Personen und auf gesellschaftlicher Ebene zustande kommen.
Im Vergleich mit anderen Konzepten von Integration wird schwerpunktmäßig auf Kobi (1983), Kanter (1985), Milani-Comparetti (1985) und Feuser (1984) eingegangen.

Literatur

Bach, H.: Soziale Integration. In: Geistige Behinderung 21 (1982) 138–149

Bleidick, U.: Pädagogik der Behinderten. Berlin 41983

Bleidick, U. (Hrsg.): Theorie der Behindertenpädagogik. Handbuch der Sonderpädagogik, Bd. 1. Berlin 1985

Buber, M.: Reden über Erziehung. Heidelberg 1960

Cohn, R.C., Farau, A.: Gelebte Geschichte der Psychotherapie – Zwei Perspektiven. Stuttgart 1984

Deppe-Wolfinger, H. (Hrsg.): Behindert und abgeschoben. Weinheim 1983

Deppe-Wolfinger, H.: Tutti uguali –Tutti diversi. Oder: Die gemeinsame Schule für behinderte und nichtbehinderte Kinder in Italien. In: Demokratische Erziehung 11 (1985) 16–19

Deppe-Wolfinger, H., Prengel, A. Reiser, H.: Zwischenbericht an die Deutsche Forschungsgemeinschaft zum Forschungsvorhaben: Konzepte der Integration im Primarbereich. Unveröffentlichtes Manuskript, Frankfurt 1985

Deutsches Jugendinstitut München (Hrsg.): Gemeinsam Leben. Periodicum. München ab 1980

Deutsches Jugendinstitut München, Projektgruppe Integration von Kindern mit besonderen Problemen (Hrsg.): Gemeinsame Betreuung behinderter und nichtbehinderter Kinder im Elementarbereich. München 1981

Evangelisch Französisch-Reformierte Gemeinde Frankfurt am Main (Hrsg.): Schriftenreihe Lernziel Integration. Heft 1: Erfahrungen bei Einrichtung und Führung eines integrativen Kindergartens. Bonn 1982

Evangelisch Französisch-Reformierte Gemeinde Frankfurt am Main (Hrsg.): Schriftenreihe Lernziel Integration. Heft 2: Wissenschaftliche Begleitung des Geschehens in einem integrativen Kindergarten. Zwischenbericht Bonn 1983

Evangelisch Französisch-Reformierte Gemeinde Frankfurt am Main (Hrsg.): Schriftenreihe Lernziel Integration. Heft 3: Wissenschaftliche Begleitung des Geschehens in einem integrativen Kindergarten. Endbericht. Bonn 1984

Feuser, G.: Beiträge zur Geistigbehindertenpädagogik. In: Feuser, G. (Hrsg.): Behindertenpädagogik in Theorie und Praxis, Bd. 2, Solms-Oberbiel 1981

Feuser, G.: Integration = die gemeinsame Tätigkeit In: Behindertenpädagogik 21 (1982) 86–105

Feuser, G.: Stellungnahme zu den „Vorläufigen Richtlinien für integrative Gruppen in Sonderkindergärten und Regelkindergärten im Lande Hessen". In: Behindertenpädagogik 22 (1983) 365–369

Feuser, G.: Gemeinsame Erziehung behinderter und nichtbehinderter Kinder im Kindergarten. Zwischenbericht. Diakonisches Werk Bremen (Hrsg.), Bremen 1984

Gutberlet, M., Klein, G., Kreie, G., Kron, M. u. Reiser, H.: Integrierte sonderpädagogische Betreuung bei Lern- und Verhaltensstörungen in Grundschulen – Ergebnisse eines Schulversuchs in Frankfurt/Main. In: Sonderpädagogik 13 (1983) 114–120 u. 165–188

Kanter, G. 0.: Die Sonderschule regelschulfähig, die Regelschule sonderschulfähig machen – Perspektiven aus Modellversuchen. In: Zeitschrift für Heilpädagogik 36 (1985) 309–325

Klein, G.: Normal ist die gemeinsame Erziehung. Leben und Lernen in integrativen Gruppen. In: Welt des Kindes 63 (1985) 196–200

Kniel, A. und Kniel, C.: Behinderte Kinder in Regelkindergärten. Eine Untersuchung in Kassel. DJI, München 1984

Kobi, E.: Praktizierte Integration. Eine Zwischenbilanz. In: Vierteljahresschrift für Heilpädagogik (VHN) 52 (1983) 196–216

Kreie, G.: Integrative Kooperation. Über die Zusammenarbeit von Sonderschullehrer und Grundschullehrer. Weinheim, Basel 1985

Lorenzer, A.: Zur Begründung einer materialistischen Sozialisationstheorie. Frankfurt 1972

Lorenzer, A.: Die Wahrheit der psychoanalytischen Erkenntnis. Frankfurt 1974

Lorenzer, A.: Zur Dialektik von Individuum und Gesellschaft. In: Leithäuser T./Heinz, W. (Hrsg.): Formen des Alltagsbewusstseins. Frankfurt 1976

Milani-Comparetti, A.: Integration – Wunsch und Wirklichkeit. In: Buch, A., Heinecke B. u. a.: An den Rand gedrängt. Hamburg 1980

Milani-Comparetti, A.: Grundlagen und Ziele der Integration. Unveröffentlichter Vortrag an der Universität Frankfurt am 15. 5. 1985

Mittelmann, G.: Konzept für eine integrative Grundschule. Unveröffentlichtes Manuskript, Frankfurt 1984

Reiser, H., Gutberlet, M., Klein, G., Kreie, G., Kron, M.: Sonderschullehrer in Grundschulen. Ergebnisse eines Schulversuchs zur integrativen Betreuung bei Lern- und Verhaltensstörungen. Weinheim, Basel 1984

Reiser, H.: Behinderte und nichtbehinderte Kinder in Kindergartengruppen. Pädagogische Voraussetzungen. In: Theorie u. Praxis der Sozialpädagogik 92 (1984) 102–106

Reiser, H., Klein, G., Kreie, G., Kron, M.: Integration im Kindergarten. In: Lehrbrief der Fernuniversität Hagen, Kurs 3986 aus Baukasten 40, SS 1985

2. Die Dialektik der Inklusion
Inklusion als Balance dialektischer Gegensatzeinheiten

1. Das Paradox der Erziehung

Wenn Menschenkinder geboren werden, sind sie nackt, hilflos, unselbständig, bedürftig. Sofern sich niemand ihrer annehmen sollte. sind sie dem Tode geweiht. Vielleicht, mit sehr viel Glück, werden Wölfe sich des kleinen Wesens annehmen. Dann kann es zu einem Wolfskind heranwachsen – ohne aufrechten Gang, ohne Sprache, ohne Kultur, ohne Sozialität. Angesichts der armseligen Ausstattung der Menschenkinder spricht die pädagogische Anthropologie von einem homo educandus. Menschenkinder sind erziehungsbedürftig. „We need no education“, hat einst die Popgruppe Pink Floyd in „The Wall“ gesungen. Als rebellischen Protest, als Ausdruck eines emanzipatorischen Aufbegehrens mag man das gelten lassen, als anthropologische Feststellung entbehrt es jeglicher Geltung. Immanuel Kant beginnt seine Vorlesung „Über Pädagogik“ mit dem elementaren Satz:

„Der Mensch ist das einzige Geschöpf, das erzogen werden muss. Unter Erziehung nämlich verstehen wir Wartung (Verpflegung, Unterhaltung), Disziplin (Zucht) und Unterweisung nebst der Bildung." Ferner: „Der Mensch kann nur Mensch werden durch Erziehung. Er ist nichts, als was die Erziehung aus ihm macht" (Kant 1784).

Dem kleinen, hilflosen, schreienden Wesen sieht man nicht an, dass es zu Großem befähigt und berufen ist. Das Menschenkind kann und soll einmal ein erwachsener, mündiger Mensch werden. Ein mündiger Mensch mit einer eigenen Identität, der den Sinn seiner Existenz in sich selbst trägt, der sich selbst gehört und der die Fähigkeit und die Freiheit hat, sein eigenes Leben selbst zu bestimmen. Der Weg zur Mündigkeit ist lang, anstrengend und gewiss auch mitunter beschwerlich. Mündigkeit und Autonomie liegen nicht schon in der Wiege der Menschenkinder, sie müssen in vielen Jahren, in Kindheit und Jugend gelernt und angeeignet werden. Die unabdingbaren Lernprozesse können die Menschenkinder aber nicht allein bewältigen. Sie brauchen Hilfe, Anleitung und Unterstützung, sie brauchen Erziehung in einem umfassenden Sinne. In keinem Falle geschieht die Entwicklung der menschlichen Anlagen und Potentiale von ganz alleine. Erziehung hat die Aufgabe, die Menschenkinder zu befähigen, den Ausgang aus ihrer Unmündigkeit zu finden, so dass sie selbstbestimmt und selbstständig ein eigenes Leben führen können. Erziehung ist diejenige Tätigkeit, die den Weg der Menschenkinder von ihrem Naturzustand hin zu ihrer Bestimmung befördern soll. Erziehung soll die unbekannten Potentiale entdecken und die verborgenen Schätze heben.
Erziehung ist Kant zufolge eine hohe „Kunst"; sie soll nämlich „judiziös" sein, d. h. planvoll und auf begründeten Urteilen beruhend. Der gesamte Erziehungsprozess verläuft nach Kant in vier Stufen:

1. *Disziplinierung*
   Die „tierische" Natur der Menschenkinder darf der „proportionierlichen" Entfaltung der menschlichen Anlagen nicht im Wege stehen. Deshalb ist die Beherrschung der wilden Triebe ein wichtiges Anliegen der ersten Erziehungsstufe. Kant spricht von der „Bezähmung der Wildheit". Die Disziplin soll möglichst nicht auferlegt werden, sondern das Kind soll auf natürliche Grenzen und damit äußere Zwänge stoßen. Durch derartige Grenzerfahrungen mit Sachzwängen lernt es, die ungezügelten Antriebe der eigenen Vernunft unterzuordnen. „Disziplin verhütet, dass der Mensch nicht durch seine tierischen Antriebe von seiner Bestimmung, der Menschheit, abweiche." Die Disziplinierung ist legitim und notwendig, weil es den Kindern noch an „Urteilskraft" mangelt.

Disziplinierung darf nicht mit Dressur verwechselt werden. „Der Mensch kann entweder bloß dressiert, abgerichtet, mechanisch unterwiesen, oder wirklich aufgeklärt werden. Mit dem Dressieren ist es noch nicht ausgerichtet, sondern es kommt vorzüglich darauf an, dass Kinder denken lernen“ (Kant 1784, 14).

2. *Kultivierung*
   Menschenkinder müssen „Geschicklichkeit“ erwerben, d. h. die tradierten Kulturtechniken und jene praktischen Kompetenzen erlernen, die unerlässlich sind, um sich in das gesellschaftliche und berufliche Leben einbringen und an der Kultur der Gesellschaft teilhaben zu können.
   Die Disziplinierungsmaßnahmen sind eine Art negativer Erziehung, sie verhindern Gefährliches und halten von Unvernünftigem ab. Die positive Erziehung beginnt erst mit der Unterweisung zu selbsttätiger Einsicht: „Diese verhindert die Unarten, jene bildet die Denkungsart“ (Kant 1784).
3. *Zivilisierung*
   Die Zivilisierung soll dafür sorgen, „dass der Mensch auch klug werde, in die menschliche Gesellschaft passe, dass er beliebt sei und Einfluss habe“. Dieses Erlernen der sozialen Kompetenzen und Haltungen (gute Manieren, soziale Einstellungen) kann nicht im Unterricht selbst geschehen, sondern muss im tätigen Miteinander eingeübt werden. In der gemeinsamen Erziehung von Kindern „lernet man Einschränkung durch das Recht anderer.“
4. *Moralisierung*
   „Der Mensch soll nicht bloß zu allerlei Zwecken geschickt sein, sondern auch die Gesinnung bekommen, dass er nur lauter gute Zwecke erwähle. Gute Zwecke sind diejenigen, die notwendigerweise von jedermann gebilligt werden, und die jedermanns Zwecke sein können“. Das Ziel der Moralisierung ist einsichtiges Handeln nach dem kategorischen Imperativ: „Handle so, dass die Maxime deines Willens jederzeit zugleich als Prinzip einer allgemeinen Gesetzgebung gelten könne.“

Alle Erziehung bedeutet immer auch eine gewisse Ausübung von Zwang. Mit Zwang ist dabei bei Kant nicht etwa Gewaltanwendung gemeint, sondern das bewusste Setzen von Grenzen. Insbesondere die zweite Erziehungsstufe „Kultivierung“ ist mit reichlichen Zwängen verbunden. Am Beispiel der Schule: Die gesetzliche Schulpflicht ist ein markanter Ausdruck von Zwang. Aber auch das Schul- und Unterrichtsleben der Institution ist voller Regeln und Verhaltensvorschriften, voll von verbindlichen Aufgaben, Anforderungen und

Erwartungen. Die öffentliche Schule ist eine in sehr hohem Maße normativ regulierte und mit Sanktionen bewehrte „Zwangsanstalt“. Die Freiräume, die den Schülern für selbstbestimmtes Lernen oder auch für mitbestimmtes Zusammenleben noch bleiben, sind denkbar eng.

Der „Zwangsanstalt“ Schule sei ein erläuternder Exkurs gewidmet. Das pädagogische Handeln in der Schule unterliegt den Prinzipien formaler, bürokratischer Organisation. Die Schuladministration ist strikt hierarchisch aufgebaut; sie fungiert als „Schulaufsicht“ und operiert top-down. Durch Schulgesetze, starre Schulstrukturen, staatliche Lehrerausbildung, verbindliche Lehrpläne, verordnete Prüfungen, formalisierte Abschlusszertifikate, vorgegebene Stundentafeln und getaktete Zeitabläufe wird die Pädagogik der Schule weitgehend vorstrukturiert. Schüler wie auch Lehrer sind in dieses bürokratisierte und verregelte Korsett fest eingebunden. Das System regiert und dirigiert, Schüler und Lehrer, die untersten Glieder dieses Systems, haben zu folgen; Autonomie kommt ihnen nicht zu. Wer nicht funktioniert, muss mit einer unbarmherzigen Reaktion des Systems rechnen.

Die Anwendung von Zwang in einem pädagogischen Konzept, das sich von Grund auf einer Erziehung zur Freiheit und Mündigkeit verschrieben hat, ist in hohem Maße irritierend. Kant bringt den ersichtlichen Widerspruch in folgenden Sätzen, die geschichtliche Berühmtheit erlangt haben, zum Ausdruck:

> *„Eines der größten Probleme der Erziehung ist, wie man die Unterwerfung unter den gesetzlichen Zwang mit der Fähigkeit, sich seiner Freiheit zu bedienen, vereinigen könne. Wie kultiviere ich die Freiheit bei dem Zwange? Ich soll meinen Zögling gewöhnen, einen Zwang seiner Freiheit zu dulden, und soll ihn selbst zugleich anführen, seine Freiheit gut zu gebrauchen.“*

Damit ist das Paradox der Erziehung geboren! Kant hat – so meine Interpretation – Erziehung als ein dialektisches Spannungsverhältnis konzipiert.

Dieses Spannungsverhältnis soll durch die Methode der dialektischen Wertequadrate anschaulich gemacht werden (Abb. 1).

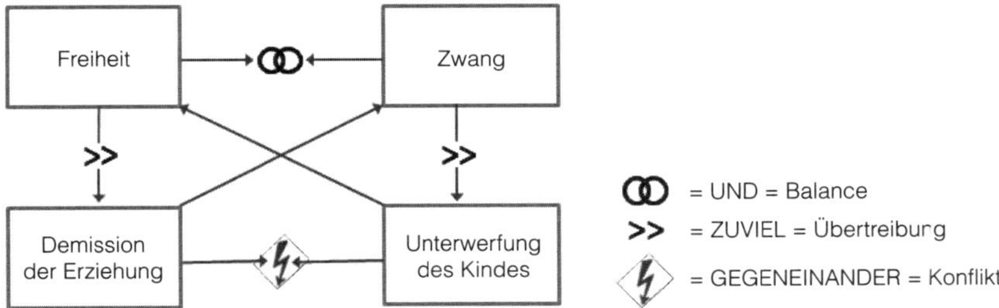

Abb. 1: Dialektik von Freiheit und Zwang in der Erziehung (nach Kant)

Freiheit und Zwang sind auf den ersten Blick antagonistische Gegensätze, die sich unversöhnlich einander gegenüberstehen. Jean-Jacques Rousseau hat bekanntlich dieses Dilemma gelöst, in dem er – vereinfacht gesagt – jeglichen Zwang in der Erziehung abschaffen und dem Wachstum der naturgegebenen Anlagen freien Raum geben wollte. Rousseau plädiert für eine Erziehung zur Freiheit durch Freiheit.

Kant löst dagegen das Spannungsverhältnis von Freiheit und Zwang keineswegs auf, sondern verbindet beide zu einer unauflöslichen Einheit, zu einer spannungsvollen Polarität. In der Erziehung gehören Freiheit und Zwang zusammen, sie brauchen einander. Freiheit in der Erziehung braucht den Zwang, verstanden als die Erfahrung von Grenzen, als Hinführung zur Vernunft, als Leitplanken zur Mündigkeit. Und Zwang in der Erziehung braucht die Kontrolle durch die Freiheit. Erziehung ohne Freiheit kann ebenso wenig gelingen wie Erziehung ohne Zwang.

Man kann in der Erziehung sowohl die Freiheit als auch den Zwang übertreiben (>>). Setzt die Erziehung der Freiheit des Kindes keinerlei Grenzen und gibt seinen launischen Impulsen uneingeschränkt Raum, lernt das Kind keine Selbstdisziplin; es verfällt der Zügellosigkeit und Triebhaftigkeit. Wenn andererseits der Zwang überhandnimmt und übergriffig wird, schlägt die Erziehung in Domestizierung, Versklavung und Unterwerfung des Kindes um. Die autoritäre Erziehung folgt einem Konzept „Grenzen ohne Freiheit", die antiautoritäre Erziehung propagiert eher das Gegenteil „Freiheit ohne Grenzen". Soll Erziehung zu Freiheit und Mündigkeit gelingen, müssen sowohl Freiheit als auch Zwang in einer ausgewogenen Weise zur Geltung kommen; sie müssen von Situation zu Situation jeweils neu austariert werden. Die Richtschnur allen Abwägens und Balancierens zwischen Freiheit und Zwang ist das Ziel der Mündigkeit. „Der praktische Weg dorthin stellt aber eine Gratwanderung zwischen Freiheitsgewährung und Freiheitsbeschränkung dar" (Steinherr 2012, 64).

Kant nennt drei Gründe für die Einschränkungen von Freiheit bzw. für die Legitimität von Zwang:

1. Die Freiheit von Kindern darf dann und nur dann eingeschränkt werden, wenn die Kinder sich andernfalls selbst Schaden zufügen würden. Je jünger die Kinder, desto weniger wissen sie darum, was zuträglich oder schädlich ist. Junge Menschen müssen vor unwiderruflichen Fehlern geschützt werden. Kant: Erziehung soll beachten, „dass man das Kind von der ersten Kindheit an frei sein lasse; ausgenommen in den Dingen, wo es sich selbst schadet, z. B. wenn es nach einem blanken Messer greift."
2. Die Freiheit von Kindern darf und muss immer dann eingeschränkt werden, wenn sie auf die Freiheit der anderen Kinder trifft und dort ihre Grenze findet. Kant: Man muss ihm zeigen, „dass es seine Zwecke nicht anders erreichen könne, als nur dadurch, dass es andere auch ihre Zwecke erreichen lasse." Die Erziehung soll frei sein, „wenn es nur nicht auf die Art geschieht, dass es anderer Freiheit im Wege ist."
3. Die Anwendung von Zwang ist nur in dem Maße und nur solange gerechtfertigt, wie sie im Interesse künftiger Freiheit erforderlich ist und somit zur Erziehung zur Mündigkeit beiträgt. Kant: Man muss ihm beweisen, „dass man ihm einen Zwang auferlegt, der es zum Gebrauche seiner eigenen Freiheit führt, dass man es kultiviere, damit es einst frei sein könne."

Die Funktion von Zwang ist also die Entwicklung von Selbständigkeit und Selbstbestimmung und die Ermöglichung von Freiheit der anderen. Die Rolle der Freiheit ist die Begrenzung von Zwang auf das unbedingt Notwendige. Zwang soll Freiheit befördern, Freiheit soll Zwang begrenzen.
Die einleitende Einführung der Pädagogik von Immanuel Kant lehrt zweierlei:

1. Das gesamte Erziehungsgeschäft ist von mancherlei Widersprüchen, Polaritäten, Paradoxien und Spannungen durchwirkt. Die Erziehungswirklichkeit ist nicht einfach und monoton, sondern dialektisch.
2. Ein dialektisches Erziehungsverständnis beseitigt nicht die scheinbaren Widersprüche und vermeintlichen Gegensätze, sondern nutzt das dynamische Spiel der polaren Kräfte als Motor der Entwicklung und als ein immanentes Instrument der wechselseitigen Ergänzung und Begrenzung.

Die dialektische Antwort auf die fundamentale Paradoxie „Wie kultiviere ich die Freiheit bei dem Zwange?" heißt nicht „Freiheit ODER Zwang", sondern „Freiheit UND Zwang".

Die einführende Darstellung der Kant'schen Pädagogik hat auch das große Thema dieser Abhandlung „Die Dialektik der Inklusion“ vorgezeichnet. Wenn die Erziehungswirklichkeit als Ganze durch dialektische Strukturen und Verhältnisse gekennzeichnet ist, dann gilt diese grundlegende Annahme selbstverständlich auch für inklusive Erziehungsverhältnisse. Die analoge Basisthese lautet dementsprechend: Die Realität der pädagogischen Inklusion ist dialektisch strukturiert. Die Ausführungen setzen sich zum Ziel, diese dialektische Verfassung der Inklusion aufzuzeigen und zu belegen. Wenn nun Realität und Praxis der Inklusion dialektisch sind, dann sollten logischerweise auch die theoretische Analyse und Modellierung der Inklusion sich – dem Gegenstand gemäß – der dialektischen Denkform bedienen. Ohne dialektisches Denken kann Inklusion nicht gänzlich verstanden werden, das ist die logische Schlussfolgerung aus der Prämisse einer dialektischen Inklusionswirklichkeit.
Die Abhandlung nähert sich den beschriebenen Zielsetzungen in zwei großen Schritten. Das erste Kapitel will mit historischen Reminiszenzen zeigen, dass dialektisches Denken keine neue Methode und keine modische Marotte ist, sondern in der Geschichte der Pädagogik von namhaften Pädagogen angewendet und mit beachtlichem Erkenntnisgewinn betrieben wurde. Das zweite Kapitel wendet sich dann der Inklusion selbst zu und zeigt einige Modelle und Theorieentwürfe der inklusiven Pädagogik auf, die sich dialektischer Denkfiguren und -zugänge bedienen.

2. Ideengeschichtliche Erinnerungen

Dialektik ist eine Methode, die schon in der Antike eine geläufige philosophische Denkform war. Sie bezeichnete ursprünglich die „Kunst der Gesprächsführung“. In der Pädagogik hat sie mit der Begründung der modernen Erziehungswissenschaft durch Johann Friedrich Herbart (1776–1841) und Friedrich Schleiermacher (1768–1834) Eingang gefunden. Im ersten Hauptteil dieser Abhandlung sollen ausgewählte, namhafte Pädagogen zu Wort kommen, die sich der dialektischen Methode befleißigt haben. Das Kapitel muss – der Themenstellung entsprechend – knappgehalten werden, denn das Arbeitsanliegen gilt ja primär der „Dialektik der Inklusion“. Weil wir alle „auf den Schultern unserer Väter und Mütter stehen“, scheint indessen eine Vergewisserung und Einbettung in der Geschichte der Pädagogik angebracht. Es geht in aller Bescheidenheit um eine bündige Erinnerung an historische Vorläufer, um eine Suche nach Spuren dialektischen Denkens und Argumentierens. Die Persönlichkeitsbilder und die Werkbeschreibung sind aspekthaft, aber wahr, ausschnitthaft, aber exemplarisch; also nicht mehr und nicht minder als kleine Reminiszenzen.

2.1 Friedrich Schleiermacher (1768–1834)

Der Sohn eines evangelischen Pfarrers trat selbst in die Fußstapfen seines Vaters, studierte in Halle Theologie und Philosophie und ordinierte schließlich mit 26 Jahren zum geistlichen Amt. Er war viele Jahre in adeligen Kreisen als Hauslehrer und an verschiedenen Orten als Prediger tätig. In Berlin wurde Schleiermacher mit den führenden Intellektuellen seiner Zeit bekannt, u. a. mit Friedrich Schlegel, Wilhelm und Alexander von Humboldt. 1810 nahm er einen Ruf zum ordentlichen Professor für Theologie an der Friedrich-Wilhelm-Universität zu Berlin an. Als akademischer Lehrer bot er an der Universität Vorlesungen mit einer bemerkenswerten thematischen Vielfalt an: Dialektik, Ethik, Hermeneutik, Staatslehre, Philosophie, Psychologie und Pädagogik. Zu den bedeutendsten pädagogischen Schriften gehören seine Vorlesungen über die „Grundzüge der Erziehungskunst"; von den dort entfalteten drei pädagogischen Handlungsformen „behütende, gegenwirkende und unterstützende Erziehung" kann hier exemplarisch nur die Dialektik von „behüten" und „freigeben" zur Sprache kommen.
Friedrich Schleiermacher kann als der einflussreichste Dialektiker der neuzeitlichen Pädagogik gelten. Dialektik wird in einem ursprünglichen Sinne als eine Art Streitgespräch verstanden, in dessen Verlauf widerstreitende Positionen zur Sprache kommen. Das Vorbild der Dialektik ist die sokratische Gesprächsführung. Ziel des dialogischen, intersubjektiven Diskurses ist es, die widersprüchlichen Positionen nach Möglichkeiten eines Konsenses oder einer kombinatorischen Verknüpfung zu befragen. Jede Seite der polaren Spannung wird in dem diskursiven Widerstreit sowohl in ihrer Berechtigung ernst genommen als auch zugleich durch den dialektischen Widerpart begrenzt und relativiert. Es ist wichtig, die Dialektik Schleiermachers und die klassische Dialektik Hegels auseinanderzuhalten. „Im Gegensatz zur Hegelschen Dialektik zielt das Polaritätsdenken Schleiermachers weder auf eine Vereinigung zweier Momente in einem höheren Dritten, noch auf die Aufhebung einer Seite des Gegensatzes in eine andere" (Fuchs 2015, 26). – Die folgende Darstellung der pädagogischen Grundform „behüten" ist in besonderer Weise der gehaltvollen Interpretation Schleiermachers durch Andreas Flitner (2009) verpflichtet.

Dialektik von behüten und freigeben

So altmodisch es klingen mag: Kinder, besonders die kleinen, müssen behütet werden; heute mehr denn je. Behütung – das will erstens heißen: Kinder brauchen Geborgenheit, einen sicheren Hafen, wo sie zuhause sind und mindestens einen verlässlichen Erwachsenen haben, der sie bedingungslos akzeptiert.

Zweitens meint Behütung: Kinder brauchen Lebensräume. Draußen auf den Straßen und Plätzen, den einstigen Aufenthaltsorten von Kindern, ist es gefährlich geworden. Kinder brauchen heute geschützte Räume, um die Welt zu erobern und sich zu erproben. Zunächst das Nachbarzimmer in der eigenen Wohnung, wohin das krabbelnde Kind einen Ausflug machen kann; dank des verlässlichen Kontaktes zur Mutter lernt es Sicherheit und Vertrauen. Später dann versuchsweise eine Übernachtung bei einem befreundeten Schulkind, schließlich eine selbstständige Kinderfreizeit ohne Besuch von den Eltern. Und drittens bedeutet behüten, dass Kinder von ungünstigen oder schädlichen Erlebnissen und Eindrücken, die sie ängstigen und emotional wie geistig überfordern, abgeschirmt werden. Die Notwendigkeit des Abschirmens ist heute wegen der allgegenwärtigen Medienwelt und Konsumindustrie wichtiger und zugleich schwieriger bis unmöglich geworden. Behüten tut not, damit die Kinder Sicherheit und Verlässlichkeit erleben und nicht durch überwältigende Angsterlebnisse und verunsichernde Irritationen überfordert werden.

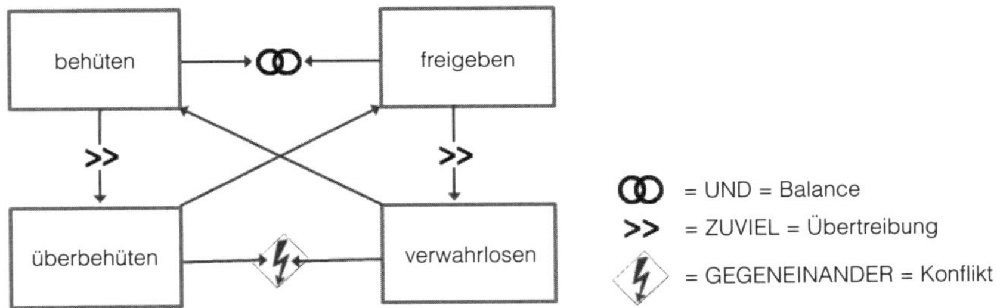

Abb. 2: Dialektik von behüten und freigeben[2]

Aber man kann es mit dem Behüten auch übertreiben (Abb. 2: >>). Das ist dann der Fall, wenn wir aus gut gemeinten Motiven all die Schrecklichkeiten und Härten, die diese Welt nun einmal bereithält, von den Kindern fernhalten wollen und ihnen eine heile, völlig intakte Welt vorgaukeln. Die Kinder dürfen und müssen auch lernen, dass die Wirklichkeit durchwachsen ist, die raue Realität mancherlei Zumutungen bereithält und der Lebensweg auch mit schwierigen Barrieren gepflastert sein kann. Eine behütete Kindheit unter einer Käseglocke behindert wichtige Lernerfahrungen. Overprotection ist lerneinschränkend, freiheitsberaubend, behindernd.

Das Behüten allein kann übergriffig werden und in eine „fürsorgliche Belagerung" (Heinrich Böll) des Kindes umschlagen. Behüten bedarf einer Ergän-

---

[2] *Die Methode der dialektischen Wertequadrate wird in Kapitel 3.3 ausführlich dargestellt.*

zung und Korrektur durch das Freigeben. Eine sichere und freie Kindheit ist das Beste, was Erziehung den Kindern angedeihen lassen kann. Auf der Basis vertrauensvoller Sozialbeziehungen, in verlässlicher Begleitung und in sorgsam abgestufter Dosierung von potentiellen Bedrohungen, Verunsicherungen und schrecklichen Erfahrungen können Kinder nach und nach den Weg in ein anstrengendes und mitunter turbulentes Leben wagen. Knaben müssen gewagt werden, um einmal Männer zu werden, heißt es einmal bei Johann Herbart. Und Janusz Korczak hat in provokanter Sprache formuliert: „Kinder haben ein Recht auf den eigenen Tod!“ Die fortschreitende Entlassung in die eigene Freiheit ist ohne Frage auch eine unsichere Expedition und mit Risiken verbunden. Freigabe darf nicht bedeuten, dass wir die Kinder gleichsam in der Wildnis aussetzen und sich selbst überlassen. Wenn die Entlassung in Selbstbestimmung nicht mit Maß und Besonnenheit geschieht, droht das Experiment der Erziehung zu scheitern und mündet in Verwahrlosung (Abb. 2: >>).
Andreas Flitner definiert die geschilderte Dialektik zusammenfassend so: „Behüten ist also … das rechte Sicheinstellen auf die Sicherung und auf die Freigabe des Kindes. Und es ist zugleich bezogen auf das Alter des Kindes und die damit verbundenen Schritte in die Selbständigkeit“ (Flitner 2009, 88). Das Maß des Behütens und Freigebens sind das vorhandene Bewältigungsvermögen des Kindes und seine aktuellen Bedürfnisse.

2.2 Martin Buber (1878–1965)

Martin Buber wird 1878 als Sohn jüdischer Eltern in Wien geboren. Wegen der Scheidung seiner Eltern wächst er bei seinen jüdischen Großeltern im polnischen Lemberg auf. In Wien studiert Buber Philosophie, Kunstgeschichte und Literatur, in Leipzig Psychologie, Psychiatrie und Philologie. Ferner beschäftigt er sich mit deutscher Mystik und Ekstase. Seit 1905 setzt er sich intensiv mit dem Chassidismus auseinander, dem er ein Leben lang innig verbunden bleibt. 1916 zieht Buber mit seiner Familie nach Heppenheim um und übernimmt alsbald Lehrtätigkeiten an der Universität Frankfurt. 1933 wurde er von den Nationalsozialisten gezwungen, seine Honorarprofessur niederzulegen. 1938 übersiedelte er nach Jerusalem, wo ihm eine Professur für Sozialphilosophie und später für Religionsgeschichte angetragen wurde. Weil er sich für einen binationalen Gemeinschaftsstaat von Juden und Arabern und nach dem zweiten Weltkrieg für eine dialogische Annäherung an Deutschland ausspricht, findet Buber in Israel wenig Rückhalt und Anerkennung.
Eine neue Martin-Buber-Werkausgabe (Gütersloher Verlagshaus) umfasst 21 Bände. Die pädagogisch relevanten Beiträge machen von dem Gesamtwerk nur einen sehr geringen Anteil aus. Sie stellen in jedem Fall kein geschlosse-

nes System oder eine elaborierte pädagogische Theorie dar. Mit Buber gesprochen: „Ich muss es immer wieder sagen: Ich habe keine Lehre“ (Buber 2019, Cover). Bubers Werk gleicht über weite Strecken eher einer Collage von Vorträgen, Geschichten, Sentenzen und beiläufigen Beiträgen. Die demonstrative Verweigerung einer systematischen Theorie fordert die Rezipienten dazu auf, das implizite „System“ der dialogischen Philosophie selbst zu erkunden und zu rekonstruieren.

Martin Buber in eine Galerie dialektisch denkender Philosophen und Pädagogen aufzunehmen, mag überraschen und verwundern. Ist doch der Name Buber unauflöslich mit den Begriffen „Dialog“, „Beziehung“ und „Begegnung“ verknüpft, nicht aber mit der Denkform „Dialektik“. Dialektik, in der Antike als „Kunst der Gesprächsführung“ verstanden, und Dialoge, also „Gespräche“, sind gewiss miteinander verwandt, aber ist Buber ein „Dialektiker“? Auf diese Frage hat Wolfgang Klafki in seiner Arbeit „Dialogik und Dialektik in der Erziehungswissenschaft“ (1964/1973) nach einer gründlichen Analyse auf der Basis einer Unmenge von Literaturbelegen eine überzeugende Antwort gegeben:

> „Die dialogische Beziehung ist ein eminent dialektisches Phänomen, die Dialogik ein nur dialektisch zu begreifendes Prinzip. In zugespitzter Formel: Die Logik des Dialogischen ist eine dialektische Logik“ (Klafki 1973, 353; kursiv im Original).

Die folgende Beschreibung von Gedanken und Arbeiten Bubers ist selektiv. Sie nimmt der Aufgabenstellung dieses Bandes entsprechend vor allem jene Aspekte in den Blick, in denen dialektische Denkformen und -figuren zum Ausdruck kommen. Sprache und Denken Bubers sind nicht allein einzigartig kreativ, sondern zugleich auch recht eigenwillig, mystisch und fremd – ein Umstand, der das Verstehen nicht immer leicht macht. Der fremdartige Sprachstil hat Buber den harschen Vorwurf „Jargon der Eigentlichkeit“ (Adorno) eingetragen. Angesichts der fehlenden Systematik wie auch seiner eigenwilligen, fremdartigen Sprache verwundert es nicht, wenn man in diversen biographischen Sammelwerken (Scheuerl 1991a; 1991b; Tenorth 2010; 2011; Zierer/Saalfrank 2010) grundverschiedene Werkinterpretationen lesen kann.

Die Philosophie Martin Bubers hebt sich von anderen philosophischen Theorien und Schulen vor allem durch ein zentrales Merkmal ab: Die Wirklichkeit der Welt und des Menschen wird in Beziehungen gedacht. Während andere philosophische Strömungen und Denkansätze – vereinfacht gesagt – die objektive Wirklichkeit der Welt und die subjektive Wirklichkeit des Menschen vor allem als je einzelne Entität in den Blick nehmen und losgelöst von

Umwelt und Mitwelt quasi als solitäre Wesenheiten betrachten, existieren für Buber Welt und Mensch nicht als reine Existenzen in ontologischer Einsamkeit, sondern von vorneherein und immer als Wesenheiten in Beziehung. Alles Sein wird als Beziehung verstanden. Die Welt existiert nicht an sich, sondern nur in Beziehung zum Menschen als Mit-Welt. Der Mensch lebt nicht an und für sich, sondern ist immer als Mit-Mensch zu denken. Während für die abendländische Philosophie jede Beziehung als ein Produkt des Individuums gilt, ist für Buber umgekehrt das Ich ein Produkt von Beziehungen. Buber stellt damit die traditionelle Philosophie auf den Kopf und postuliert: „Im Anfang ist die Beziehung; ...das Apriori der Beziehung; das eingeborene Du" (Buber 1995, 27; kursiv im Original).
Recht verstreut kommen in dem pädagogischen Werk Bubers auch diverse Dialektiken zur Sprache, etwa: Der Urhebertrieb versus der Trieb zur Verbundenheit, die Dialektik von Urdistanz und Beziehung und anderes mehr. Die dialogische Philosophie Bubers lässt sich gleichwohl auf eine einzige, grundlegende Dialektik zurückführen, die allem zugrunde liegt und alles umfasst: Die ICH-DU-Beziehung. Dieses dialektische Zentrum der dialogischen Philosophie bekunden und belegen zentrale Aussagen:

> „Im Anfang ist die Beziehung" (Buber 1995,18).
> „Alles wirkliche Leben ist Begegnung" (Buber 1995,12).

Buber eröffnet sein dialogphilosophisches Hauptwerk „Ich-Du" mit einer Unterscheidung, die für das „System" Buber essentiell und grundlegend ist: „Die Welt ist dem Menschen zwiefältig nach seiner zwiefältigen Haltung. Die Haltung des Menschen ist zweifältig nach der Zwiefalt der Grundworte, die er sprechen kann. ... Das eine Grundwort ist das Wortpaar Ich-Du. Das andere Grundwort ist das Wortpaar Ich-Es". „Die Welt als Erfahrung gehört dem Grundwort Ich-Es. Das Grundwort Ich-Du stiftet die Welt der Beziehung" (Buber 1995, 3 und 6).
Diesen Zitaten entsprechend kann das „System" Buber in einem ersten Zugriff durch die Tabelle 1 dargestellt werden.

	ES-Welt	ICH-Welt
Gegenstand	Objekte	Subjekte
Grundhaltung	Erfahrung	Beziehung

Tab. 1: Wirklichkeitsdimensionen des Menschen und zugeordnete Grundhaltungen

Zu dieser statischen Aufspaltung der Wirklichkeit in zwei Dimensionen gesellt sich eine dynamische Dialektik von zwei entgegengesetzten „Bewegungen“:

- „Das Prinzip des Menschseins [ist] kein einfaches, sondern ein doppeltes“ (Buber 1978, 11).
- Der Mensch kann sein Menschsein nur in einer doppelten Bewegung verwirklichen: „Die erste sei die Urdistanzierung, die zweite das In-Beziehung-Treten genannt“ (Buber 1978, 11).

Dieses „gründende Doppelverhältnis“ manifestiert sich besonders in der Sprache, und zwar in der „Zwiefalt der Grundworte“, die der Mensch sprechen kann: Ich-Es und Ich-Du.
Den beiden grundlegenden „Bewegungen“ der Abgrenzung (Distanzierung) und der Annäherung (In-Beziehung-treten) liegen „eingeborene“ Antriebe zugrunde, nämlich der „Urhebertrieb“ und der „Trieb der Verbundenheit“ (Buber 1962). In der Tabelle 2 werden die Richtungen der „Bewegungen“ als „Es-Pol“ und „Ich-Pol“ bezeichnet. In der Zeile „Intentionen“ werden Begriffe genannt, die als heutige Übersetzungen der Buberschen Begriffe „Urhebertrieb“ und „Verbindungstrieb“ gelten können.

	Es-Pol	Ich-Pol
Bewegung	abgrenzen	annähern
Antrieb	Urhebertrieb	Verbindungstrieb Eingeborenes Du
Intentionen Motive	Autonomie Selbstwirksamkeit	Verbundenheit Zugehörigkeit

Tab. 2: Dialektische Bewegungen des Menschen, ihre Motive und Intentionen

Die beiden Tabellen werden als schematische Darstellung des „Systems“ Buber präsentiert. Es sind nicht ureigene Schemata Bubers, sondern subjektive Rekonstruktionen des Verfassers. Sie können als hermeneutische „Vorverständnisse“ für eine Vergegenwärtigung der Buberschen Dialogphilosophie hilfreich sein.
Die Ich-Es-Beziehung ist in dem Werk Bubers weniger elaboriert und wird deshalb nicht weiter berücksichtigt. Im Folgenden sollen lediglich einige Aspekte der Ich-Du-Beziehung näher beschrieben werden.

1. Die ICH-DU-Beziehung

Was bringt die Ich-Du-Beziehung in Gang? Durch die vom Urhebertrieb angestoßene Distanzierung lernt man „das Objektsein der Welt von innen her, aber ihr Subjektsein, ihr Ichsagen nicht, als auch ihr Dusagen nicht. Was uns zur Erfahrung des Dusagens bringt, ist nicht mehr der Urhebertrieb, es ist der Trieb der Verbundenheit" (Buber 1962, 19). Der Verbundenheitstrieb ruft das Verlangen nach Zugehörigkeit und Anerkennung hervor. Buber beschreibt in „Urdistanz und Beziehung" den Verbundenheitstrieb so:

- „In seinem Sein bestätigt will der Mensch durch den Menschen werden und will im Sein des andern eine Gegenwart haben. Die menschliche Person bedarf der Bestätigung, weil der Mensch als Mensch ihrer bedarf. Das Tier braucht nicht bestätigt zu werden, denn es ist was es ist, unfraglich. Anders der Mensch: aus dem Gattungsreich der Natur ins Wagnis der einsamen Kategorie geschickt, von einem mitgeborenen Chaos umwittert, schaut er heimlich und scheu nach einem Ja des Seindürfens aus, das ihm nur von menschlicher Person zu menschlicher Person werden kann; einander reichen die Menschen das Himmelsbrot des Selbstseins" (Buber 1978, 36).
- „Denn das innerste Wachstum des Selbst vollzieht sich nicht, wie man heute gern meint, aus dem Verhältnis des Menschen zu sich selber, sondern aus dem zwischen dem Einen und dem Andern, unter Menschen also vornehmlich aus der Gegenseitigkeit der Vergegenwärtigung ... in einem mit der Gegenseitigkeit der Akzeptation, der Bejahung und Bestätigung" (Buber 1978, 36).
- „Das Fundament des Mensch-mit-Mensch-seins ist die Zwiefache und Eine: der Wunsch jedes Menschen, als das, was er ist, ja was er werden kann, von Menschen bestätigt zu werden, und die dem Menschen eingeborene Fähigkeit, seine Mitmenschen eben so zu bestätigen" (Buber 1978, 28).

Bestätigung meint sowohl die Bejahung eines Menschen, so wie er ist, wie auch die Annahme der „spezifischen Möglichkeiten" des Anderen, dessen, was „in ihm angelegt ist". Die Offenheit und Unsicherheit der menschlichen Existenz bedingen, dass wir Menschen nach einer „Bestätigung" suchen. Bestätigung erfahren wir, indem wir in eine wechselseitige Ich-Du-Beziehung eintreten, in welcher der eine durch den anderen sich selbst erfährt und erkennt.

Aus den wiederkehrenden Momenten von Ich-Du-Begegnungen klären sich die darin „gleichbleibenden" Partner, das Ich und das Du heraus (Buber 1995, 29). Ich-Werden setzt das Du-Sagen voraus. Aus dem Du-Sagen komme ich als ein anderer hervor. Das Ich konstituiert sich nicht durch Akte des Selbstbewusstseins, sondern durch das Verhältnis zum Anderen als Du. Die „Gegenseitigkeit der Vergegenwärtigung", die „Akzeptation" und „Bestätigung" lassen das Ich entstehen. „Es ist das In-Beziehung-Treten, welches das Ich und Du schafft: Ihm verdanken das Ich und Du je ihre Existenz. Außerhalb der Ich-Du-Beziehung existieren weder Ich noch Du" (Bohnsack 2008, 12).

2. Merkmale der ICH-DU-Beziehung

In der Tabelle 3 sind die beachtenswerten Merkmale der Ich-Du-Beziehung in übersichtlicher Form aufgelistet. Die Reihenfolge der Merkmale ist keine Rangfolge. Die einzelnen Merkmale stehen nicht nebeneinander oder nacheinander. Sie sind teilweise durch gemeinsame Schnittmengen, teilweise durch wechselseitige Spannungen (z. B. Gleichheit vs. Freiheit) miteinander verbunden.

• Personalität und Einzigartigkeit • Freiheit und Freiwilligkeit • Akzeptanz der Verschiedenheit • Wertschätzung der Gleichheit	• Authentizität der Person • Authentizität der Beziehung • Unmittelbarkeit der Beziehung • Geheimnis der Wechselwirkung • Umfassung und Empathie

Tab. 3: Merkmale der ICH-DU-Beziehung

- *Personalität und Einzigartigkeit des Menschen*
  Das Menschenbild Bubers entspricht weithin der überlieferten jüdischen bzw. christlich-humanistischen Tradition. Jeder Mensch ist vom Schöpfergott in seine eigene Freiheit und Selbstgehörigkeit freigesetzt. Jeder Mensch ist Herr seiner selbst und trägt den Sinn seines Lebens in sich selbst. Die unvergleichliche Einzigartigkeit jedes Menschen macht seine unverlierbare und unantastbare Menschenwürde aus:
  "Mit jedem Menschen ist etwas Neues in die Welt gesetzt, was es noch nicht gegeben hat, etwas Ernstes und Einziges." Es gilt zu bedenken, „dass er in der Welt einzig in seiner Beschaffenheit ist, und es ist noch kein ihm Gleicher auf der Welt gewesen, denn wäre schon ein ihm Gleicher auf der Welt gewesen, er brauchte nicht auf der Welt zu sein" (Buber 2018, 16f).
  „In jedermann ist etwas Kostbares, das in keinem anderen ist" (Buber 2018, 20).
- *Freiheit und Freiwilligkeit*
  Eine Ich-Du-Beziehung kann nicht erzwungen werden. Zwang und Gewalt sind der Tod einer Beziehung. Die Ich-Du-Beziehung ist nur als

ein Verhältnis in wechselseitiger Freiheit vorstellbar. In-Beziehung-Treten ist „eine Aktion des ganzen Wesens", die „der Passion ähnlich werden muss."

„Das Du begegnet mir von Gnaden – durch Suchen wird es nicht gefunden. … Das Du begegnet mir. Aber ich trete in die unmittelbare Beziehung zu ihm. So ist Beziehung Erwähltwerden und Erwählen, Passion und Aktion in einem." (Buber 1995, 11).

– *Akzeptanz der Verschiedenheit*

  Verschiedenheit ist die zwangsläufige Folge der gleichen Freiheit aller. Sie äußert sich auf der individuellen Ebene in der Mannigfaltigkeit von Persönlichkeiten und individuellen Lebensgestaltungen sowie auf der kollektiven Ebene in der Vielfalt und Heterogenität von Gruppen. Die Annahme und Wertschätzung der „Andernheit" (Buber) ergibt sich logisch aus dem Respekt vor der Autonomie und Einzigartigkeit jedes Einzelnen.

  „Gerade in der Verschiedenheit der Menschen, in der Verschiedenheit ihrer Eigenschaften und ihrer Neigungen liegt die große Chance des Menschengeschlechts" (Buber 2018, 18).

  „Das echte Gespräch, und so jede aktuale Erfüllung der Beziehung zwischen Menschen, bedeutet Akzeptation der Andernheit. Wenn zwei Menschen einander ihre grundverschiedenen Meinungen über einen Gegenstand mitteilen, jeder in der Absicht, seinen Partner von der Richtigkeit der eigenen Betrachtungsweise zu überzeugen, kommt im Sinn des Menschseins alles darauf an, ob jeder den andern als den meint, der er ist, in seinem So-beschaffen-sein rückhaltlos annimmt und bestätigt" (Buber 1978, 30).

  „Da betritt er, der Erzieher, den Schulraum zum ersten Mal, da sieht er sie in den Bänken hocken, wahllos durcheinander gewürfelt, missratene und wohlbeschaffene Gestalten, tierische Gesichter, nichtige und edle – wahllos durcheinander. Wie ein Bild der Menschenwelt, so vielfältig, so widerspruchsvoll und so unzulänglich." Und jetzt folgt der entscheidende Satz: „Und sein Blick, der Blick des Erziehers, nimmt sie alle an und nimmt sie alle auf " (Buber 1962, 31).

– *Wertschätzung der Gleichheit*

  Ich und Du begegnen sich in einer wesenhaften Beziehung als Gleiche, auf Augenhöhe. Dialogische Beziehungen sind essentiell symmetrisch und tendenziell nichthierarchisch.

– *Authentizität der Person*

  In eine Ich-Du-Beziehung muss der Mensch sich als ganze Person einbringen: „Das Grundwort Ich-Du kann nur mit dem ganzen Wesen gesprochen werden“ (Buber 1995, 11). Personale Authentizität wird heute von der humanistischen Psychologie unter dem Konstrukt „Echtheit“ verhandelt (Tausch/Tausch 1998). Echtheit bedeutet am Beispiel des Lehrers: Was der Lehrer sagt und tut, ist aufrichtig, es entspricht dem, was er denkt und fühlt. Er verbirgt sich nicht hinter einer professionellen Fassade. Er ist als Person spürbar, nicht nur als Träger einer Rolle. Er verhält sich natürlich, ohne berufsmäßiges Gehabe.

- *Authentizität der Beziehung*
  Eine Ich-Du-Beziehung ist alles andere als eine bloße Bekanntschaft, sie ist nicht trivial, äußerlich, flüchtig oder oberflächlich, sondern beansprucht die Beziehungspartner in einem substantiellen Sinne wesenhaft und existentiell. Bei dem Ich-Du-Sagen ist immer das ganze Wesen beteiligt, sowohl dessen, der Du sagt, als auch dessen, der das Du erwidert (Saalfrank 2010, 197). Das impliziert von beiden Seiten „Rückhaltlosigkeit“ und „Authentizität“ (Buber 1995, 285–287).
  „Was immer in anderen Bereichen der Sinn des Wortes „Wahrheit“ sein mag, im Bereich des Zwischenmenschlichen bedeutet es, dass Menschen sich einander mitteilen als das, was sie sind. Es kommt nicht darauf an, dass einer dem anderen alles sage, was ihm einfällt, sondern darauf allein, dass er zwischen sich und den anderen keinen Schein sich einschleichen lasse. Es kommt nicht darauf an, dass einer sich vor einem anderen „gehen lasse“, sondern dass er dem Menschen, dem er sich mitteilt, an seinem Sein teilzunehmen gewähre. Auf die Authentizität des Zwischenmenschlichen kommt es an; wo es sie nicht gibt, kann das Menschliche nicht authentisch sein“ (Buber 2019, 275f.).
- *Unmittelbarkeit der Beziehung*
  Die Es-Welt ist eine Welt des Gebrauchens, des Nutzens und der Zwecke. Die Du-Welt ist dagegen durch Unmittelbarkeit gekennzeichnet. Der „Zweck“ der Beziehung ist die Beziehung.
  „Die Beziehung zum Du ist unmittelbar. Zwischen Ich und Du steht keine Begrifflichkeit, kein Vorwissen und keine Phantasie. … Zwischen Ich und Du steht kein Zweck, keine Gier und keine Vorwegnahme. … Alles Mittel ist Hindernis. Nur wo alles Mittel zerfallen ist, geschieht die Begegnung“ (Buber 1995, 12).
  „Auf ethischem Gebiet hat Kant den überaus wichtigen Grundsatz ausgesprochen, der Mensch dürfe niemals bloß als Mittel, sondern müsse jederzeit zugleich als selbstständiger Zweck gedacht und behandelt werden. Der Satz steht im Zeichen eines Sollens, das von der Idee der Menschenwürde getragen wird“ (Buber 2019, 286).

- *Das „Geheimnis der Wechselwirkungen"*
  Wenn zwei Menschen in eine dialogische Beziehung eintreten, geschieht das „Geheimnis der Wechselwirkung" (Buber 1995, 17). Die Gegenseitigkeit der Wahrnehmung und Bestätigung lässt das Ich und Du entstehen:
  „Der Mensch wird am Du zum Ich" (Buber 1995, 28).
  „Ich werde am Du. Ich werdend spreche ich Du" (Buber 1995, 12).
  „Beziehung ist Gegenseitigkeit. Mein Du wirkt an mir, wie ich an ihm wirke" (Buber 1995, 16).
- *Umfassung und Empathie*
  Das grundlegende, alle Einzelmerkmale durchwirkende Kernmerkmal einer Ich-Du-Beziehung ist Gegenseitigkeit, das Buber auch Mutualität nennt. Eine Ich-Du-Beziehung ist eben dialogisch, sie lebt vom wechselseitigen Du-Sagen, das beiderseits aktiv gesprochen wie auch passiv empfangen wird. Auf die Frage, ob jedwedes Ich-Du-Verhältnis immer durch eine volle Gegenseitigkeit gekennzeichnet sein muss, antwortet Buber im Nachwort zur Schrift „Ich und Du":
  „Es gibt jedoch auch manches Ich-Du-Verhältnis, das sich seiner Art nach nicht zur vollen Mutualität entfalten darf" (Buber 1995, 125).
  Als typische Beispiele für Ich-Du-Relationen, die durch eine eingeschränkte Gegenseitigkeit charakterisiert sind, nennt Buber das pädagogische Verhältnis zwischen Erzieher und Educandus und das therapeutische Verhältnis zwischen Therapeut und Klient. Buber erörtert diese Thematik unter dem dialogphilosophischen Konstrukt „Umfassung".
  Die Elemente einer Umfassung sind: „Erstens ein irgendwie geartetes Verhältnis zweier Personen zueinander, zweitens ein von beiden gemeinsam erfahrener Vorgang, an dem jedenfalls einer der beiden tätig partizipiert, drittens das Faktum, dass diese eine Person den gemeinsamen Vorgang, ohne etwas von der gefühlten Realität ihres eigenen Tätigseins einzubüßen, zugleich von der anderen aus erlebt" (1962, 37).
  Es verdient Beachtung, dass eine dialogische Beziehung nicht ein notwendiges Moment von Umfassung ist, aber durchaus sein kann. Es gibt drei Formen von Umfassungen:
  1. „Führung" und „Eros" sind Formen einer einseitigen Umfassung, die der Gegenseitigkeit entbehren. Sie unterwerfen den Partner einem Machtwillen oder dem libidinösen Begehren. Diese Verzweckung steht im Widerspruch zum Prinzip der Unmittelbarkeit.
  2. Die pädagogische und therapeutische Beziehung sollten auf dialogischen Verhältnissen gegründet sein, sind typischerweise aber

„einseitige Umfassungen“; sie sind durch die „Erfahrung der Gegenseite“ (Buber 1962, 35) geprägt.
3. Ein dialogisches Verhältnis, dem auch eine „zweiseitige Umfassung“ eigen ist, nennt man Freundschaft.

Ein pädagogisches Verhältnis gründet in einer dialogischen Mensch-zu-Mensch-Beziehung.

„Um den besten Möglichkeiten im Wesen des Schülers helfen zu können, sich zu verwirklichen, muss der Lehrer ihn als diese bestimmte Person in ihrer Potentialität und ihrer Aktualität meinen; genauer, er muss ihn nicht als eine Summe von Eigenschaften, Strebungen und Hemmungen kennen, er muss seiner als einer Ganzheit innewerden und ihn in dieser seiner Ganzheit bejahen“ (Buber 1995, 125).

Der Lehrer kann nur dann pädagogisch auf seinen Schüler einwirken, wenn er die gemeinsame Lehr-Lernsituation bipolar, d. h. von seiner Seite und von der Seite seines Gegenübers erlebt. Er muss erleben, wie seine Erziehung bei den Schülern ankommt, „wie das tut, wie das diesem andern Menschen tut“ (Buber 1962, 43). „Der Erzieher steht an beiden Enden der gemeinsamen Situation, der Zögling nur an einem“ (Buber 1962, 43). Weil nur der Lehrer, nicht aber der Schüler, die gemeinsame Lehr-Lernsituation als bipolar erlebt, spricht Buber vor einer einseitigen Umfassung. Sofern auch der Schüler „sich von drüben“ und das Erziehen des Lehrers erlebt, wandelt sich das pädagogische Verhältnis zur Freundschaft, zu einer gegenseitigen Umfassungserfahrung.

Buber konzipiert das erzieherische Verhältnis also – trotz gegenseitiger. dialogischer Anerkennung – als komplementär und notwendig asymmetrisch (Reitemeyer 1995). Begegnung und Ich-Du-Beziehung sind auf Gegenseitigkeit (Mutualität) angelegt, das pädagogische Verhältnis nicht! Buber spricht recht deutlich von einer „normativen Beschränkung der Mutualität“:

„Jedes Ich-Du-Verhältnis innerhalb einer Beziehung, die sich als ein zielhaftes Wirken des einen Teils auf den anderen spezifiziert, besteht kraft einer Mutualität, der auferlegt ist, kein volle zu werden“ (Buber 1995, 126f.).

Das heißt: Weil alle Erziehung immer und von Grund auf „zielhaftes Wirken“ ist, bleibt die volle Gegenseitigkeit pädagogischen Beziehungen verwehrt. Diese Einschränkung tangiert natürlich auch die Unmittelbarkeit als einem zentralen Merkmal von Ich-Du-Beziehung. Der Satz „Das erzieherische Verhältnis ist ein rein dialogisches“ (Buber 1962, 39) scheint mir daher in dieser Radikalität nicht aufrecht zu erhalten. Dieser pädagogischen Beziehungen

inhärente Widerspruch zwischen einer postulierten dialogischen Beziehung einerseits und der aufgrund des zielgerichteten pädagogischen Einwirkens eingeschränkten Gegenseitigkeit ist unklar, verwirrend und unbefriedigend.
Ich muss des Umfangs halber mich auf zwei kurze Schlussbemerkungen beschränken:

1. Buber verwehrt sich nachdrücklich gegen eine Gleichsetzung von Empathie und Umfassung. Möglicherweise ist diese schroffe Zurückweisung dem skeptisch-aversiven Verhältnis von Buber zur Psychologie und Therapie geschuldet. Ich persönlich teile diese Unterscheidung nicht, sondern kann Empathie – etwa im Sinne von Tausch/Tausch (1998) – durchaus als eine mögliche oder gar notwendige Vorstufe von Umfassung begreifen. Es ist auch denkbar, die „dialogische Umfassung" ein wenig zu entmystifizieren und schlichtweg als Wahrnehmung von Schülerfeedback empirisch zu operationalisieren.
2. Die Momente „Freiwilligkeit" und „Symmetrie", die ja als Merkmale von Ich-Du-Beziehungen genannt wurden, stehen in deutlichem Widerspruch zur Realität von pädagogischen Beziehungen im staatlich organisierten Erziehungs- und Bildungswesen. Es muss leider als ein bedeutsames Manko der Buberschen Dialogphilosophie angemerkt werden, dass die Ich-Du-Beziehung erstens lediglich als eine Dyade und zweitens bar jeglicher soziologischer Einbettung konzipiert wurde. Die dialogische Beziehung wird in einem gesellschaftsfreien Raum angesiedelt und bleibt von allen gesellschaftlichen Widrigkeiten und Realitäten völlig unberührt.

Conclusio
Bezüglich der Eingangsfrage, ob die Dialogik Bubers auch als Dialektik rubriziert werden kann, ist mit Klafki noch einmal zu bekräftigen:

> „Bubers dialogisches Prinzip kann nicht als Widerpart zu den erziehungswissenschaftlichen Fragestellungen und Denkformen und den pädagogisch-praktischen Intentionen der sogenannten dialektischen Pädagogik verstanden werden. Die Struktur des Dialogischen ist … durchaus und entschieden als ‚dialektisch' zu bezeichnen" (Klafki 1973, 376; kursiv im Original).

2.3 Theodor Litt (1880–1962)

Theodor Litt war ein liberal-konservativer Kulturphilosoph und Pädagoge. Er gehörte zu den führenden Köpfen der geisteswissenschaftlichen Pädagogik.

Ab 1919 bekleidete Litt eine Professur für Pädagogik an der Universität Leipzig. Wegen erheblicher Konflikte mit dem Nationalsozialismus wurde er mit einem Vortragsverbot belegt und 1937 auf eigenen Wunsch vorzeitig in den Ruhestand versetzt. Nach dem zweiten Weltkrieg lehrte Litt wiederum an der Universität Leipzig. Eine deutliche Distanz zur Sozialistischen Einheitspartei Deutschlands (SED) veranlasste Litt, einen Ruf auf eine Professur für Philosophie und Pädagogik an der Universität Bonn anzunehmen. Das umfangreiche Werk Litts umfasst Schriften zu sozialphilosophischen, politischen und pädagogischen Fragen. Seinem Schüler Klafki zufolge hat Litt „hinsichtlich der begrifflichen Strenge und des Reflexionsniveaus wissenschaftlicher Pädagogik Maßstäbe gesetzt und Ansätze einer Theorie dialektisch-pädagogischer Grundstrukturen und entsprechender dialektischer Denkformen entwickelt“ (1991, 257).
Ein Vortrag Litts auf dem pädagogischen Kongress in Weimar im Jahre 1926, an dem etwa 700 Personen teilnahmen, löste heftige Debatten und nachfolgende literarische Kontroversen aus. Auf diese Kontroverse geht die Schrift „Führen oder Wachsenlassen“ aus dem Jahre 1927 zurück. Die Arbeit wurde nach 1945 neu aufgelegt und erreichte 13 Auflagen; sie kann heute als ein Klassiker der Pädagogik gelten. Das Buch beinhaltet scharfe Auseinandersetzungen mit den damaligen Kontrahenten des Diskurses. Die folgende Interpretation der Dialektik von „Führen und Wachsenlassen“ folgt wegen ihrer Einbindung in zeitgeschichtliche Kontroversen nicht der Schrift von Litt, sondern eigenen Überlegungen und Eingebungen. Die Polarität soll vielmehr in heutigen erziehungswissenschaftlichen und sonderpädagogischen Diskursen aufgespürt und erläutert werden.
Die pädagogische Programmatik des Wachsenlassens wird gemeinhin Jean-Jacques Rousseau als Urheber zugeschrieben. Rousseau eröffnet den Erziehungsroman Emile mit den Worten: „Alles, was aus den Händen des Schöpfers kommt, ist gut. Alles entartet unter den Händen des Menschen“ (Rousseau 1995, 11). Die Gesellschaft ist verdorben und schädlich, die Natur dagegen unverfälscht und wohltuend. Dieser dichotomen Bewertung von Natur und Kultur entsprechend kommt der Erziehung die Aufgabe zu, das aufwachsende Kind vor gesellschaftlichen Einflüssen zu bewahren und es möglichst „natürlich“ aufwachsen zu lassen. Erziehung hat bestenfalls eine bewahrende und schützende Funktion, sie darf aber nicht den glücklichen Naturzustand des Kindes stören. Man hat dieses pädagogische Konzept auch „negative Erziehung“ genannt: Nicht eingreifen, nicht bevormunden, nicht Ziele setzen, sondern das Kind in aller Ruhe wachsen lassen und ihm den Schonraum der Kindheit gewähren. Rousseaus Pädagogik war durchdrungen von einem tiefen Vertrauen in die natürlichen Wachstumskräfte des Kindes und in die heilsamen Wirkungen einer behüteten Freiheit.

Das Programm einer indirekten, negativen Erziehung wird heutigen Tags beispielhaft realisiert von der freien Schule Summerhill, die vornehmlich von Kindern besucht wird, die an der Rigidität der Regelschule gescheitert sind. Der Gründer der Summerhill-Schule schreibt ganz nach Art Rousseaus: „Nach meiner Ansicht ist das Kind von Natur aus verständig und realistisch. Sich selbst überlassen und unbeeinflusst von Erwachsenen, entwickelt es sich entsprechend seinen Möglichkeiten“ (Neill 1994, 22). Summerhill ist heute ein leuchtendes Beispiel für viele sog. demokratische Schulen auf der ganzen Welt, die belegen können, dass eine freiheitsorientierte Erziehung zu zufriedenstellenden Entwicklungen führen kann.
Aber das Programm des Wachsenlassens kann auch missverstanden werden, scheitern und aus dem Ruder laufen. Nämlich immer dann, wenn Wachsenlassen mit völliger Nichteinmischung und purem Gewährenlassen (lasser-faire) verwechselt wird. Wenn Erziehung einfach nur gleichgültig zuschaut, was Kinder so treiben und machen, verabschiedet sie sich aus ihrer Verantwortung und mündet in strafwürdige Verwahrlosung (Abb. 3). Eine freie Erziehung ist sowohl bei Schleiermacher (Kap. 2.1) als auch bei Rousseau oder Neill immer mit der Praxis verbunden, Grenzen zu setzen, Fürsorge zu üben und begleitend all jene Unterstützung anzubieten, deren Kinder und Jugendliche bis zur ihrer eigenen Mündigkeit unabdingbar bedürfen.

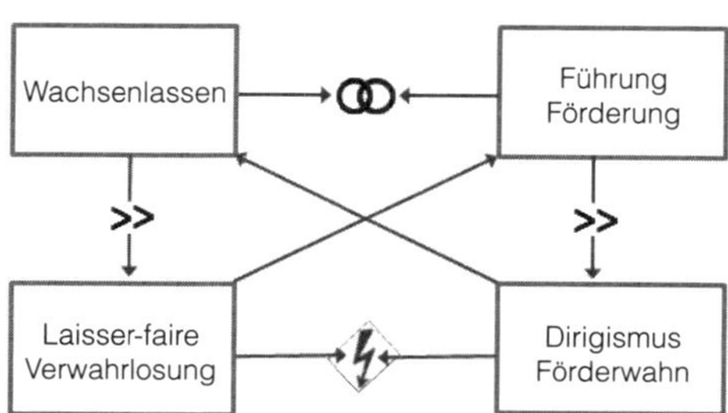

Abb. 3: Wertequadrat Wachsenlassen versus Führung

Nun zur anderen Seite der dialektischen Polarität: Führung. Das Wort Pädagoge stammt aus der griechischen Antike. Ein Pädagoge war ursprünglich ein Sklave, der die „Zöglinge“ von ihren Elternhäusern abholte und auf dem Schulweg zur Schule begleitete. Das Unterrichten war nicht Aufgabe des Pädagogen, sondern blieb den eigentlichen Lehrern vorbehalten. Mit der Institution Schule, dem formellen Unterricht und der Profession Lehrer gerät Erziehung tendenziell in eine Schieflage. Die Selbstgehörigkeit und Selbstbestimmung der Subjekte rückt mehr und mehr in den Hintergrund zugunsten einer zunehmenden Dominanz des Lehrers. Der Lehrer lehrt, die Schüler lernen. Das Lernen in Freiheit und das selbsttätige Lernen werden immer mehr staatlichen Zwängen, institutionellen Regelungen und der Autorität der Lehrenden unterworfen. Man kann fast die gesamte Geschichte der

Schule als eine Geschichte der Züchtigung, der Disziplinierung und der Belehrung von Schülern durch Lehrer lesen. Das erhöhte Lehrerpult, Rohrstock und Rute sowie der erhobene Zeigefinger können als symbolischer Ausdruck dafür gelten, dass pädagogische Führung in der Schule über Jahrhunderte als Unterwerfung des Kindes unter die Autorität der Lehrer verstanden worden ist.
Die Sonderpädagogik neigt insgesamt eher dem dialektischen Pol Führung zu. Sie ist dem reformpädagogischen Votum für eine „Pädagogik vom Kinde aus" von Beginn an mit einiger Skepsis begegnet. Die sonderpädagogische Anthropologie steht unter dem dominanten Eindruck von Schwächen, Fehlern und Mängeln, die Kindern mit Behinderungen nun einmal (auch) eigen sind. Auf die defizitären Merkmale der behinderten Kinder reagiert Sonderpädagogik vielfach mit ausgeprägten Tendenzen zu einer Pädagogik des Behütens, der Fürsorge und der Angst vor Überforderung, also zu einer Schonraumpädagogik. In der Pädagogik bei Lernbeeinträchtigungen etwa werden komplexe Lerninhalte in kleine, verdauliche Portionen zerlegt und die Kinder mit einer „Methodik der kleinen Schritte" an den Klippen von Lernprozessen vorbei zum Lernziel „geführt". Der offene Unterricht und andere Methoden eines schülerorientierten, selbstgesteuerten Lernens haben in der Sonderpädagogik nur mit Vorbehalt und mit Einschränkungen der Selbsttätigkeit Fuß fassen können. Geführte, direktive Lernprozesse rangieren in der sonderpädagogischen Erziehung und Unterrichtung deutlich vor einer Pädagogik des Wachsenlassens.
Die Skepsis gegenüber dem Begriff Führung teilt sich auch dem sonderpädagogischen Begriff der „Förderung" mit. Der Begriff Förderung avancierte mit den „Empfehlungen zur sonderpädagogischen Förderung in den Schulen der Bundesrepublik Deutschland" (KMK 1994) zu einem sonderpädagogischen Leitbegriff. Gegenwärtig reden wir mit der größten Selbstverständlichkeit von Förderschulen, Förderbedarf, Förderdiagnostik, Förderplänen, Förderschwerpunkten usw.. Die Universitäten in Erfurt und Leipzig haben sogar ihre sonderpädagogischen Abteilungen in „Institute für Förderpädagogik" umbenannt. Die begriffliche Bezeichnung sonderpädagogischen Handelns als „Fördern" ist keineswegs so unbedenklich und so fortschrittlich, wie es auf den ersten Blick scheinen mag. Einige Bedenken seien hier vorgebracht:

- Förderung hat nicht das ganze Kind im Blick, sondern in der Regel nur spezielle, ausgewählte Aspekte des Kindes: Leseprobleme, falsche Lautbildungen, Konzentrationsmängel, visuelle Differenzierungsprobleme und so fort. Förderung ist defizitorientiert; sie zentriert die Defizite, Defekte und Mängel von Kindern.
- Förderung misstraut den Wachstumskräften und dem Lernwillen von Kindern. Das Kind kann sich nicht selbst helfen, es braucht Anleitung

und Hilfe von außen. Das implizit negative Bild von schwachen Kindern legitimiert die Notwendigkeit von Sonderpädagogik.
- Förderung intendiert eine Veränderung von Kindern, die ihnen extern auferlegt wird und vormundschaftlich vollzogen wird. In diesem Sinne kritisiert Otto Speck: „Die Förderinstanz weiß und bestimmt das Ziel, zeichnet den Weg vor und plant die nächsten Lernschritte" (Speck 1995, 177; 1996).
- Förderung betrachtet Kinder nicht als autonome Systeme, die sich selbst durch konstruktive Tätigkeit die Welt aneignen, sondern als Objekte. „Beim Fördern gibt es einen, der aktiv fördert, und einen andern, der passiv gefördert wird" (Breitenbach 2018). Zu Förderung passen Begriffe wie Behandlung, Intervention, Training, Kontrolle; das pädagogische Moment der Selbststeuerung ist im Begriff der Förderung unterbelichtet. „Förderung verlangt Planung, Durchführung und Evaluation. Von Bildung und Emanzipation ist schon lange nicht mehr die Rede" (Jantzen 2017, 78).

Nicht Förderung und Förderunterricht als solche sind fragwürdig, sondern ihr Verständnis von Erziehung und Bildung. Förderung hat das Verständnis von Erziehung als Ermöglichung von Selbstbestimmung und Mündigkeit nicht in sich aufgenommen; sie legt eher die missliche Annahme nahe, es gehe in der Förderung um eine zwanghafte Vermittlung von Normalität.
Förderung kann in gewisser Weise als eine übersteigerte Zuspitzung von Führung angesehen werden. Den Auswucherungen von Führung kann man heute in mancherlei Gestalten ansichtig werden. Da gibt es etwa die sogenannten Helikopter-Eltern, die glauben, ihre Kinder immerzu und überall begleiten und beaufsichtigen zu müssen; oder den Förderwahn, der manche Eltern von Kindern mit Behinderungen umtreibt, die Schwächen und Mängel ihrer Kinder durch massive, aggressive Therapien auszumerzen und zu normalisieren (Hinz 1993, Kap. 3.5.3). Die Entartung von Führung in Richtung Bevormundung und Dirigismus hat Jakob Muth in einer Beschreibung eines übergriffigen Lehrerverhaltens anschaulich gemacht: „Der Lehrer muss … seine pädagogische und didaktische Aggressivität aufgeben, die sich darin äußert, dass er ständig fragt, belehrt, fordert, diktiert, korrigiert, an die Tafel schreibt, bittet, befiehlt, vorträgt usw. Stattdessen sollte er die Kinder stärker aktivieren, sie miteinander arbeiten lassen, das Recht des Fragens auf ihre Seite geben, den Mut haben, sie auch Irrwege beschreiten zu lassen usw. Zurückhaltung ist auf der Seite des Lehrers die kardinale didaktische Tugend" (1986, 76).
Kehren wir zur Schrift von Theodor Litt zurück. Eine detaillierte Würdigung dieser Schrift findet man bei Klafki (1991) und Matthes (2001). In einer ande-

ren Darstellung des pädagogischen Klassikers heißt es zusammenfassend: „Litt zeigt auf, dass es bei der pädagogischen Grundproblematik von ‚Führen' und ‚Wachsenlassen' nicht um ein Entweder-Oder, nicht um ein Sowohl-als-auch und ebenso wenig um ein Teils-teils geht, zwischen denen man wählen könnte. Litt stellt klar, dass diese beiden Grundausrichtungen notwendig aufeinander bezogene, sich dialektisch ergänzende und konstruktiv spannungsreiche Momente innerhalb eines einzigen und jeden Erziehungsprozesses sind. Würde ein Element verabsolutiert oder eliminiert, so würde der Heranwachsende entweder in seinem individuellen Eigenrecht beschnitten oder im Hinblick auf objektive Bildungsgehalte aufgeopfert" (Seichter 2011, 258).

2.4 Jean Piaget (1896–1980)

Der Schweizer Jean Piaget war seiner Ausbildung nach ein Biologe, seiner Neigung nach ein Erkenntnistheoretiker, der Mehrzahl seiner Veröffentlichungen zufolge ein Entwicklungspsychologe. In seinem Gesamtwerk nehmen die pädagogischen Schriften eher einen schmalen Platz ein. Er war also kein klassischer Pädagoge, nichtsdestoweniger hat Piaget eine überragende Bedeutung für die Pädagogik. Im Jahre 1936 verlieh ihm die Harvard Universität die Ehrendoktorwürde, der im Laufe seines Lebens 29 weitere Ehrendoktorate und etliche internationale Auszeichnungen folgen sollten. Seit 1929 lehrte und forschte Piaget an verschiedenen wissenschaftlichen Einrichtungen in Genf.
Sein wissenschaftliches Werk hat vor allem bislang gültige Vorstellungen über die geistige Entwicklung von Kindern revolutioniert. Seine „genetische Erkenntnistheorie" bricht radikal mit jeglichem Sensualismus und Empirismus, denen zufolge alles Erkennen eine passive Abbildung der objektiven Realität ist. Wissens- und Kenntniserwerb sind vielmehr eine aktive Tätigkeit, mit deren Hilfe Wirklichkeit eigentätig konstruiert und aufgebaut wird. Das Denken des Kindes ist nicht durch einen intellektuellen Mangel, sondern durch eine qualitative Andersartigkeit gekennzeichnet und entwickelt sich in einer invarianten Abfolge von Entwicklungsstufen unterschiedlicher kognitiver Komplexität.
In Piaget's Theorie der kognitiven Entwicklung (Fatke 1991; 2012; Piaget 2003) haben die Begriffe Assimilation, Akkommodation und Äquilibration einen zentralen und grundlegenden Stellenwert. Für den Biologen Piaget steht alles Lebendige in einem steten Austauschprozess mit der jeweiligen Umwelt. Das Ziel des Austausches zwischen Umwelt und Organismus ist ein flexibles Gleichgewicht (Äquilibration), das durch fortwährende, wechselseitige Anpassung (Adaption) erreicht wird. Der Aufbau kognitiver Strukturen ist für Piaget nichts anderes als ein „Sonderfall des universellen Adaptionsprozesses" (Fatke 2012, xx1869).

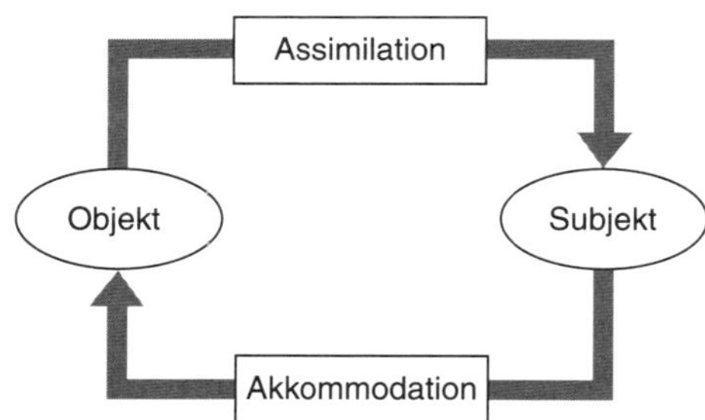

Abb. 4: Adaption als wechselseitige Ergänzung von Assimilation und Akkommodation

In einem Erkenntnisprozess versucht das Subjekt zunächst, das neue Objekt mit den bereits verfügbaren Denk- und Handlungsmuster zu erfassen und sich einzuverleiben. Diesen Aspekt des Erkenntnisprozesses nennt man „Assimilation". Führt die Assimilation zu einer Entstellung des Objekts oder misslingt sie, ist eine Korrektur notwendig. Das bisherige Denk- und Handlungsmuster wird verändert, angepasst, differenziert, und zwar so, dass es dann dem Objekt gerecht wird. Die Anpassung der vorhandenen kognitiven Schemata an die reale Gegebenheit des Objekts wird „Akkommodation" genannt. In Erkenntnis- und Lernprozessen sind Assimilation und Akkommodation gleichermaßen beteiligt; sie streben ein Gleichgewicht (Äquilibration) an. „Der stabilisierende Charakter der Assimilation und der verändernde Charakter der Akkommodation balancieren sich gegenseitig aus" (Fatke 2012, 186).

Ein Beispiel möge die „Dialektik" von Erkenntnisprozessen veranschaulichen. Ein kleines Kind sieht einen Dackel und die Mutter sagt dazu „Wauwau". Das kleine Kind bildet durch diese Erfahrung den Begriff „Hund". Ein Hund ist ein Tier mit haarigem Fell, vier Beinen, einem Schwanz, und das bellt. Später sieht das Kind einen großen Schäferhund und die Mutter sagt auch dazu „Wauwau". Nach weiteren ähnlichen Erfahrungen bildet das Kind ein generalisierendes „Wauwau-Schema, das alle hundetypischen Merkmale enthält. Eines Tages sieht das Kind eine miauende Katze daherkommen und sagt laut „Wauwau". Die Mutter schüttelt den Kopf und sagt: „Das ist kein Wauwau, sondern eine Miau." Das Weltbild des Kindes wird durch die neue Erfahrung irritiert; es muss neu lernen: Vierbeinige Tiere mit haarigem Fell und Schwanz, die miauen und nicht bellen, sind keine Hunde, sondern Katzen. Das Kind hat seine kognitive Struktur an die Realität angepasst („akkommodiert").

Piaget ist sicherlich weit entfernt davon, seine „genetische Epistemologie" in der Dialektik zu verorten (Piaget 2003). Es dürfte indes deutlich geworden sein, dass die basale Grundfigur seiner Erkenntnis- und Entwicklungstheorie deutliche dialektische Züge aufweist. Als ausweislich dialektische Momente seiner Theorie sind hervorzuheben:

- Kognitive Konflikte und Widersprüche sind der Antrieb und Motor der geistigen Entwicklung von Kindern;
- Assimilation und Akkommodation werden nicht als Antinomien verstanden, sondern als geistige Operationen, die im komplementären Zusammenwirken eine Balance, eine neues, temporäres Gleichgewicht zu erreichen suchen;
- Pädagogische Situationen und Prozesse wie Lehren und Lernen, Entwicklung sollten in ihrer Genese analysiert und verstanden werden.

2.5 Lothar Klingberg (1926–1999)

Lothar Klingberg war der führende Didaktiker der Deutschen Demokratischen Republik (DDR). Nach einer kurzen Lehrtätigkeit an der Universität Leipzig bekleidete er einen Lehrstuhl für Allgemeine Didaktik an der Pädagogischen Hochschule Potsdam. Einige seiner Bücher waren didaktische Standardwerke, die auch ins Japanische, Portugiesische und Spanische übersetzt wurden. Zum demokratischen Sozialismus der DDR hat Klingberg sich ebenso loyal wie distanziert verhalten. Dietrich Benner beschreibt in einer Laudation das so: „Lothar Klingberg war weder in theoretischer noch in lebenspraktischer Hinsicht je ein Wendehals“ (Benner 2007, 209). In Westdeutschland wurde und wird das Werk von Klingberg kaum wahrgenommen. Die einzige Ausnahme ist die Universität Oldenburg, die regelhafte Arbeitskontakte zu Klingberg gepflegt hat. Das didaktische Lehrbuch „Didaktische Modelle“ (Jank/Meyer 2014) ist bis auf den heutigen Tag das einzige Buch, in dem das Werk von Klingberg in einem eigenständigen Kapitel präsentiert und gewürdigt wird. Begründung: „Seine Didaktik ist diejenige, die sich am konsequentesten darum bemüht, dialektisch zu argumentieren“ (Jank/Meyer 2014, 241).
Die „Dialektische Didaktik“ (Klingberg 1984; 1990; 1994; Klingberg u. a. 1968) basiert auf folgender Grundannahme: „Der Unterrichtsprozess ist ein dialektischer, in sich widersprüchlicher und nicht selten auch konfliktreicher Vorgang. Lehren und Lernen verhalten sich nicht einfach wie ‚Darbieten‘ und ‚Aufnehmen‘ zueinander. Zwischen Lehr- und Lernprozess treten vielfältige Spannungen auf“ (Klingberg 1984, 108). Aus der „Vielfalt“ der Spannungen seien beispielhaft aufgeführt:

- Das aus dem Generationenverhältnis herrührende Gefälle zwischen dem erwachsenen Lehrer und den unmündigen Schülern;
- die Spannung zwischen der ‚äußeren‘, unterrichtlichen Einwirkung auf die Schüler und der ‚inneren‘ Entwicklung der jungen Menschen;

- das widersprüchliche Verhältnis zwischen den durch die Schule vermittelten gesellschaftlichen Anforderungen und den individuellen Persönlichkeits- und Entwicklungsansprüchen der Schüler;
- die Differenzen zwischen den Intentionen, Strategien und Taktiken der Lehrenden und den Intentionen, Strategien und Taktiken der Lernenden.

Die dialektischen, nicht logischen Widersprüche machen das Lehren und Lernen nicht immer einfach, aber auch nicht unmöglich. Im Gegenteil: Sie treiben den Unterrichtsprozess an und halten ihn in Gang. Der Lehr-Lern-Prozess wird von der dialektischen Didaktik keineswegs als ein harmonisches und konfliktfreies Geschehen konstruiert: „Auch im Unterricht gibt es ‚Kampf' – Lehrende und Lernende liegen einander nicht ständig gerührt in den Armen (was langweilig wäre), sondern kämpfen auch mit- und gegeneinander. Dieser Kampf ist nötig, produktiv, ohne ihn gibt es keine Entwicklung" (Klingberg in: Jank/Meyer 2014, 247).
„Lehren und Lernen bilden im Unterrichtsprozess eine widersprüchliche, dialektische Einheit (Klingberg 1984, 150).

- Das Lehren ist seiner Funktion nach im positiven Sinne konservativ. Es dient der Vermittlung des kulturellen und gesellschaftlichen Erbes, der Reproduktion der Gesellschaft. Die Lehrenden haben den gesellschaftlichen Auftrag, für die Erhaltung und Bewahrung der historischen Erbschaften Sorge zu tragen und die akkumulierten Errungenschaften an die nachfolgende Generation zu tradieren. Sie können diesem gesellschaftlichen Mandat nur nachkommen, wenn sie in schulischen Lernprozessen die verantwortliche Leitung und Führung übernehmen. Lehren ist unabdingbar mit Führung und Kontrolle der Lernenden verbunden.
- Das Lernen ist seiner Funktion nach eher evolutionär. Es geht für Lernende darum, die eigenen Potentiale zu entfalten, den eigenen Interessen nachzugehen und sich für den eigenen Lebensentwurf zuzurüsten. Der Weg zum eigenen Selbst und zu einem selbstbestimmten Leben ist nicht linear, sondern mit mancherlei Umwegen, Anstrengung und gewiss auch gelegentlichen Misserfolgen verbunden; er erfordert in jedem Fall viel Spielraum für die Einübung von Selbständigkeit. Der Drang und die Notwendigkeit der Selbstverwirklichung machen Freiräume für mutige Selbsterprobung und eigene Erfahrungen erforderlich. Lernen ist emanzipatorisch ausgerichtet und will alle Vormundschaft und Kontrollen auf ein Minimum reduzieren.

Aus der aufgezeigten Dialektik leitet Klingberg das didaktische Prinzip der führenden Rolle des Lehrers und der Selbsttätigkeit des Schülers ab. „Das richtige Verhältnis dieser beiden Seiten schließt sowohl das ‚Gängeln', die dogmatische Übersteigerung der führenden Rolle des Lehrers, als auch den ‚Selbstlauf', die Unterordnung des Lehrens unter das Lernen völlig aus" (Klingberg 1984, 183). „Dem Lehrer obliegt die Führung des Lernprozesses und des Prozesses der Persönlichkeitsentwicklung im und durch den Unterricht. Der Schüler muss immer selbst lernen. Der Lehrer kann ihm das Lernen nicht abnehmen, er kann es ihm nur erleichtern" (Klingberg 1984, 23). Der Widerspruch der Dialektik von Führung und Selbsttätigkeit kann nicht „gelöst" werden; er bleibt erhalten und ist als Motor unterrichtlicher Lehr-Lern-Prozesse fortwährend wirksam.

Die Dialektik von Lehren und Lernen beinhaltet den Imperativ, im Unterrichtsprozess beide Seiten angemessen zu berücksichtigen und in einer Balance zu halten. „Lehren und Lernen stehen in einem dialektischen Verhältnis zueinander. ... Der Unterricht soll sich sowohl durch zielklare Führung als auch durch Selbsttätigkeit der Schüler auszeichnen. Der Lehrer muss sich immer wieder um einen Ausgleich beider ‚Kräfte' bemühen. Wird das Prinzip der führenden Rolle des Lehrers dogmatisch ausgelegt, kann sich der Lernprozess des Schülers nicht voll entfalten und die Selbsttätigkeit der Schüler wird unterdrückt; wird dagegen die Selbsttätigkeit der Schüler verabsolutiert, kommt es zu ‚Selbstlauf' und didaktischer Zufälligkeit" (Klingberg 1984, 190).

Die dialektische Einheit von Lehren und Lernen will auch sagen, dass diese Einheit nicht aufgeteilt werden darf und dem Lehrer das Monopol für Lehren und dem Schüler exklusiv die Aufgabe des Lernens zugewiesen wird. Eine mechanistische, lineare Vorstellung versteht den Lehrenden als das Subjekt und die Lernenden als die Objekte des Unterrichtsprozesses. Zwischen Lehren und Lernen besteht aber eine dynamische Wechselwirkung. „Der Lehrer lehrt und erzieht nicht nur, sondern wird durch die Tätigkeit mitgeformt und erzogen, und der Schüler lernt nicht nur und wird nicht nur erzogen, sondern er bildet und erzieht in der Tätigkeit auch sich selbst. In diesem Sinne ist der Prozess der Bildung und Erziehung immer auch ein Vorgang der Selbstbildung und Selbsterziehung" (Klingberg 1984, 24).

Nach der deutschen Wiedervereinigung 1989 vollzog Klingberg eine signifikante Wende des Lehr-Lern-Verständnisses. Diese Wende kommt in den Titeln zweier Schriften deutlich zum Ausdruck. Seine Habilitationsschrift trug den Titel: „Pädagogische Führung und Selbsttätigkeit in der sozialistischen Schule" (1962). Sein Spätwerk lautete: „Lehrende und Lernende im Unterricht" (1990). In seinem letzten Buch tritt die führende Rolle des Lehrers mehr und mehr in den Hintergrund, stattdessen wird die dialektische Verschränkung der

Subjektposition von Lehrern und Schülern nachhaltig unterstrichen. Die neue Sicht des Lehrer-Schüler-Verhältnisses wird im Geiste des Humanismus und in der Logik von Immanuel Kant formuliert: In Bildung und Erziehung ist „folgende Maxime von höchstem Rang: Sieh im Schüler niemals ein Mittel zum Zweck der Realisierung deiner pädagogischen Konzepte, Pläne usw., sondern sieh in ihm die werdende Persönlichkeit in ihrem Selbstzweck, ihrer Subjektivität, ihrer Würde, ihrem Anspruch auf Selbstbestimmung. Lernende, heranwachsende Menschen dürfen nicht ‚benutzt', nicht instrumentalisiert werden (weder politisch, noch pädagogisch). Von ‚Subjektposition der Lernenden' sprechen heißt, sie ernst zu nehmen in ihrer Subjektivität, in ihrer Einmaligkeit. Dieses Respektieren des Schülers als Person ist der Hauptsatz einer pädagogischen Ethik" (Klingberg 1990, 72). Klingberg fordert „ein didaktisches Konzept des lehrenden und lernenden Lehrers und des lernenden und (auch) lehrenden Schülers. Die alte Weisheit, dass man am besten durch Lehren lernt, gilt nicht nur für Lehrer; auch Schüler lernen manches besser, wenn sie in eine partielle Lehrfunktion treten" (1990, 43).
Die partielle Revision rückt die vorherige Dysbalance[3] von Führung und Selbsttätigkeit wieder zurecht, die Dialektik selbst wird in Klingbergs letzten Aufsatz indessen bekräftigt: Pädagogisches Führen ist „funktional auf Selbsttätigkeit bezogen. Die wesentliche pädagogische Funktion des Führens ist das Anregen von Selbsttätigkeit, das Hinführen zur Selbsttätigkeit. Führen und Selbsttätigkeit sind korrelative Größen eines pädagogisch verfassten Erziehungsprozesses; sie sind konstitutiv für einen Unterricht, in dem Lehrende und Lernende gestaltende Subjekte dieses Prozesses sind. Lehrende und Lernende sind kompetent für Unterricht, sie konstituieren Unterricht in wechselseitigen Lehr-Lern-Prozessen, in Prozessen lernenden Lehrens und lehrenden Lernens" (Klingberg 1994, 224).
Die Fassung des Lehrer-Schüler-Beziehung als ein widersprüchliches, interdependentes Wechselwirkungsverhältnis hat bleibende Bedeutung für den didaktischen Diskurs. Sie hebt sich deutlich ab von allen harmonisierenden Konzepten, die symmetrischen, reziproken Lehrer-Schüler-Beziehungen das Wort reden oder gar als pädagogisches Ideal ein freundschaftliches Verhältnis auf Augenhöhe anstreben.

2. 6 Wolfgang Klafki (1927–2016)

Wolfgang Klafki gehört zu den herausragenden Erziehungswissenschaftlern und Schulpädagogen der Nachkriegszeit. Nach seiner Junglehrerzeit studierte

[3] „Diese ‚Mitte' habe ich [in meinen früheren Arbeiten; H.W.] nicht gefunden. Der Akzent ‚Führung' überwog, Führung war eo ipso Lehrerführung" (Klingberg 1994, 228).

er in Bonn bei Erich Weniger und in Göttingen bei Theodor Litt Pädagogik und Philosophie. Seine epochale Dissertation „Das pädagogische Problem des Elementaren und die Theorie der kategorialen Bildung“ im Jahr 1957 fand in der Fachwelt große Anerkennung und Wertschätzung. Klafki arbeitete an seiner Habilitationsschrift „Dialektik und Didaktik“, als er 1963 einen Ruf auf eine Professur an der Universität Marburg erhielt, wo er bis zu seiner Emeritierung lehrte.

Klafki war ein maßgeblicher Vertreter der geisteswissenschaftlichen Pädagogik. Er begründete die „bildungstheoretische Didaktik“ und entwickelte diese zu einer „kritisch-konstruktiven Didaktik“ weiter. Seine Studien zur Bildungstheorie und Didaktik gehören zu zentralen Texten der geisteswissenschaftlichen Pädagogik und zu den unverzichtbaren Gegenständen in der Lehrerbildung. Generationen von Lehrer/-innen hat „Die didaktische Analyse als Kern der Unterrichtsvorbereitung“ im Studium und in der praktischen Tätigkeit begleitet. Nach Klafki (1966; 1973; 1991; 1994) hat grundsätzlich eine Vielfalt von Denkformen und Forschungsmethoden in der Erziehungswissenschaftlichen ihren rechtmäßigen Ort, die dialektische Denkform sei indes grundlegend. „Die Einsicht in die Notwendigkeit dialektischen Denkens sei eine Errungenschaft der geisteswissenschaftlichen Pädagogik“ (Klafki 1955, 160), die es zu bewahren gelte. In seinem eigenen Schaffen hat er nicht durchgängig, aber immer wieder einmal sich des dialektischen Denkens bedient. In Auswahl ein paar Beispiele.

1. Dialektik von formaler und materialer Bildung

Etwa in der Mitte des 20. Jahrhunderts gab es einen veritablen Streit zwischen den materialen und formalen Bildungstheorien. Dem bildungstheoretischen Objektivismus geht es vor allem um eine enzyklopädische „Allgemeinbildung“. Während das Konzept der Vielwisserei keine Auswahlkriterien benennen kann, entgeht die klassische Bildungstheorie der Beliebigkeit durch den Verweis auf „klassische“, historisch bewährte und qualifizierte Inhalte.

Die Theorie der formalen Bildung fokussiert die körperlichen, seelischen und geistigen Kräfte. Die Frage, mit welchen Inhalten diese Kräfte am besten entwickelt werden könnten, bleibt allerdings offen. Die Theorie methodischer Bildung sucht Denkweisen, Strategien, Haltungen und Einstellungen zu formen. Auch hier die Frage, ob man formale Bildung nach Art eines Muskeltrainings betreiben kann und an welchen Themen und Inhalten die Kräfteschulung gelingen kann. Beliebig sind die Inhalte jedenfalls nicht. So wird etwa der These, dass das Erlernen der alten Sprachen (Griechisch und Latein) das logische Denken und eine basale Sprachkompetenz fördern sollen, eine anhaltende Skepsis entgegengebracht.

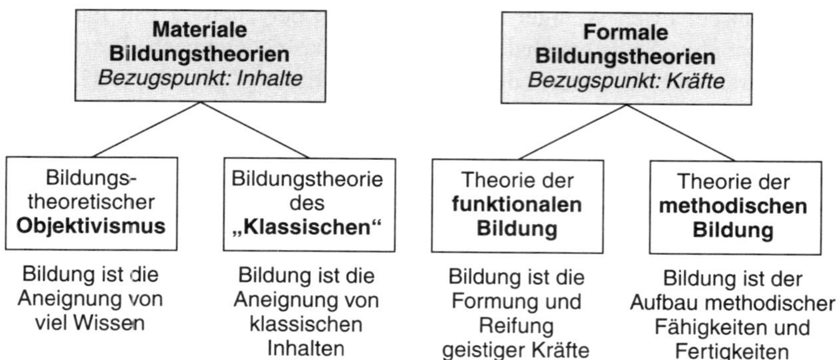

Abb. 5: Formale und materiale Bildungstheorien

Klafki hat in tiefgründigen historisch-systematischen Analysen nachweisen können, dass weder eine materiale noch eine formale Bildung sinnvoll, ja nicht einmal möglich ist. Beide seien aufeinander angewiesen, könnten nur zusammen bildend wirken und müssten daher als Momente einer dialektischen Polarität begriffen werden. Die dialektische Integration dieser beiden Aspekte nennt Klafki „kategoriale Bildung“. Kategorial ist eine Bildung nur dann, wenn den Inhalten und Sachverhalten einerseits und den Einsichten, Erfahrungen und Erlebnissen andererseits jeweils eine „erschließende Funktion“ zukommt. „Bildung ist jenes Phänomen, an dem wir unmittelbar der Einheit eines objektiven, materialen und eines subjektiven formalen Moments inne werden. Bildung ist Erschlossensein einer seelischen und geistigen Wirklichkeit für einen Menschen, aber das heißt zugleich ein Erschlossensein dieses Menschen für diese seine Wirklichkeit“ (Klafki 1963, 43).

Dialektik von Gegenwartsbedeutung und Zukunftsbedeutung

Für die Unterrichtsplanung und -reflektion hat Klafki ein Perspektivenschema mit sieben didaktischen Grundfragen vorgelegt. Die ersten drei Grundfragen zielen auf eine Begründung und Legitimation des Unterrichtsinhaltes ab: Sind das Thema bzw. der Inhalt einer Unterrichtseinheit für die Kinder einer konkreten Lerngruppe überhaupt wichtig, lebensbedeutsam und interessant? Die zweite und dritte Grundfrage regen dazu an, die „Gegenwartsbedeutung“ und die „Zukunftsbedeutung“ eines Unterrichtsinhalts zu ermitteln.

2. Welche Bedeutung hat der betreffende Inhalt bereits im geistigen Leben der Kinder meiner Klasse, welche Bedeutung sollte er – vom pädagogischen Gesichtspunkt aus gesehen – darin haben?
3. Worin liegt die Bedeutung des Themas für die Zukunft der Kinder?

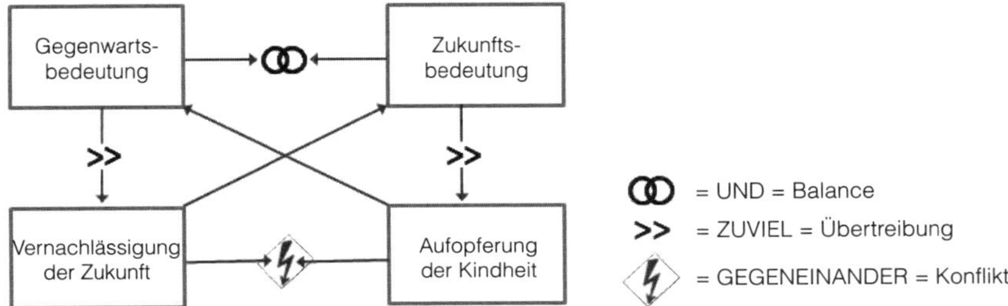

Abb. 6: Wertequadrat zur Gegenwarts- und Zukunftsbedeutung von Unterrichtsinhalten.

Dass die Kinder in der Schule vor allem etwas lernen sollen, was für das spätere Leben nützlich oder gar unbedingt erforderlich ist, leuchtet unmittelbar ein. Es ist eine Grundfrage, die Eltern immer wieder ventilieren: Was soll aus meinem Kind einmal werden? Schule dient nicht der Aufbewahrung, sondern der Vorbereitung und Ertüchtigung von Kindern für ihr weiteres, erwachsenes Leben. Non scholae, sed vitae discimus, heißt es bei Seneca. Schule und Unterricht sind immer (auch) auf das Morgen, auf die Zeit nach der Schule ausgerichtet. Diese vorsorgende, vorbereitende Funktion der Schule ergibt sich sowohl aus der Sicht der Gesellschaft, die um ihrer Reproduktion willen auf qualifizierte junge Menschen angewiesen ist, als auch aus Sicht der jungen Menschen, die Kindheit und Jugend nutzen wollen und müssen, um die späteren Herausforderungen des Lebens und Arbeitens bestehen zu können. Alle Pädagogik kann diese fraglos legitime und notwendige Zukunftsorientierung der pädagogischen Arbeit aber auch vereinseitigen und übertreiben (>>). Dann berauben wir die Kinder ihres Rechts auf Kindsein. So manche Sportler- oder Künstlerkarriere, die schon vor der Schule mit übermäßigen Trainings begonnen hat, regt uns zum Nachdenken an, ob diese Aufopferung der Kindheit legitim ist.

Kein geringerer als Janus Korczak hat als Kinderrecht formuliert: „Jedes Kind hat ein Recht auf den heutigen Tag" (Korczak 2005). Namhafte Pädagogen von Jean-Jacques Rousseau bis hin zu Friedrich Schleiermacher haben den Eigenwert aller Lebensphasen, also auch der Kindheit, nachdrücklich hervorgehoben. Bei Schleiermacher heißt es: „...so muss auch jeder pädagogische Moment, der als solcher seine Beziehung auf die Zukunft hat, zugleich auch Befriedigung sein für den Menschen, wie er gerade ist." (in: Winkler/Brachmann 2000). Damit ist die Pädagogik berufen, für eine geschützte Kindheit Sorge zu tragen und in Erziehung und Bildung auch das einzubeziehen, was die Kinder jetzt gebrauchen, was ihren jetzigen Bedürfnissen und Interessen

entspricht und wofür sie in ihrer jetzigen Entwicklungsphase besonders sensibel sind. Ein pures Verweilen im Hier und Jetzt ist indessen mit Gegenwartsbedeutung nicht gemeint. Die gerechtfertigte Sorge um eine „erfüllte Gegenwart" darf nicht die Zukunft dieser Kinder aufs Spiel setzen. Gegenwartsbedeutung und Zukunftsbedeutung bilden eine polare, dialektische Einheit. – Weitere Dialektiken sind etwa in dem Aufsatz „Recht auf Differenz – Recht auf Gleichheit" (Klafki 1994) enthalten.
Das Dialektik-Verständnis von Wolfgang Klafki enthält einige Markierungen, die festgehalten werden sollen:

1. Die Dialektik ist nicht eine Erfindung der Pädagogik, sondern sie ist der Struktur der Erziehungswirklichkeit immer schon immanent. „Die Dialektik wird „nicht von außen und im Dienst einer die Realität vergewaltigenden Spekulation an die Erscheinungen herangetragen" (Klafki 1966, 172). Die realen Verhältnisse sind dialektisch und sollten deshalb auch dialektisch gedacht und verstanden werden.
2. Die Dialektiken dürfen nicht als unumgängliche und unlösbare Antinomien verstanden werden; es sind vielmehr spannungsreiche Polaritäten. „Die Pole sind, was sie sind, nur vermöge ihrer ursprünglichen Relation, die sie als ‚Pol' erst konstituiert. Sie sind also keine Gegensätze, schließen einander nicht aus, sondern fordern einander" (Klafki 1955, 172). In anschaulicher Sprache: Im Magnetismus sind die Pole Plus und Minus keine Gegensätze, sondern die Enden eines Kräftefeldes. Nimmt man einen Pol weg, bricht das gesamte magnetische Feld zusammen. Die Pole können nur zusammen ein spannungsvolles magnetisches Feld erzeugen und erhalten.
3. Das dialektische Denken zielt nicht auf eine „Aufhebung" der vermeintlichen Antinomien und ihre „Vereinigung" oder „Synthese". Die Pole einer Polarität bleiben erhalten und halten ein unentwegtes, oszillierendes Denken in Gang. Dialektisches Denken ist „eine unaufhörliche Bewegung zwischen den ‚Momenten'" mit einer „kreisenden Dynamik" (Klafki 1966,163).

Diese Charakteristika dialektischen Denkens werden später (Kap. 3.4) in der Konzeption der „dialektischen Wertequadrate" voll und ganz Berücksichtigung finden. Das Hin und Her eines bewegten Denkens wird in dem Modell der „dialektischen Wertequadrate" als „Balance zwischen widersprüchlichen Qualitäten" gefasst.

2.7 Werner Helsper (*1953)

Werner Helsper war u. a. zwanzig Jahre an der Martin-Luther-Universität Halle-Wittenberg tätig. Seine Arbeits- und Forschungsschwerpunkte waren Schulpädagogik, Schulforschung, Lehrerbildung und pädagogische Professionstheorie.
Die dialektische Denkform kommt bei Werner Helsper (2006; 2012) insbesondere in der vielbeachteten Abhandlung „Pädagogisches Handeln in den Antinomien der Moderne" (2006) (Abb. 7) zum Tragen. Das Feld pädagogischen Handelns ist durch vier Eckpunkte markiert: Person, Gesellschaft, Kultur und Natur. Diese vier Bezugspunkte sind dialektisch miteinander verknüpft und konstituieren spanungsreiche Polaritäten.

- Im Spannungsfeld „Person – Gesellschaft" steht die strittige Frage „Allgemeinbildung versus Ausbildung" zur Debatte.
- Bei der Paarung „Person – Natur" kämpfen „Selbstbildung versus Entwicklung" um ihre Geltung.
- Im Verhältnis zwischen „Kultur – Natur" geht es in ähnlicher Weise um die Alternative „Disziplinierung versus Wachsenlassen".
- Im Feld „Gesellschaft und Kultur" akzentuieren die Kontrahenten je unterschiedliche Pole der Dialektik „Unterricht versus Erziehung".

Aus den vier Bezugspunkten erwachsen in Hinsicht auf pädagogisches Handeln in asymmetrischen Beziehungen vier Modernisierungsparadoxien:

- *Individualisierungsparadox*
  In der Moderne sind die Möglichkeiten zu eigensinnigen, individuellen Lebensentwürfen beachtlich angestiegen. Die erhöhte Eigenverantwortlichkeit kann aber auch belastend und risikoreich sein. Erziehung muss die Antinomie von Freiheit versus Zwang neu auspendeln.
- *Rationalisierungsparadox*
  Öffentliche Erziehung findet in der Moderne in zunehmend ausdifferenzierten Organisationen statt, die mit formalisierten Routinen und bürokratischen Vorschriften einerseits das pädagogische Handeln entlasten und vereinheitlichen, andererseits aber die Spielräume für Eigeninitiative und fallbezogene Individualisierung einengen.
- *Pluralisierungsparadox*
  Die Moderne ist durch eine fortschreitende kulturelle Pluralisierung und durch ein relativierendes Neben- und Gegeneinander von diversifizierten Lebenskonzepten gekennzeichnet. Erziehung und Bildung

können nicht mehr auf Werte und Lebensformen verpflichten, die von der Allgemeinheit getragen werden.

- *Zivilisierungsparadox*
  Pädagogisches Handeln steht in der Moderne zunehmend in der Spannung zwischen emotionaler Nähe und professioneller Wissensvermittlung. Im pädagogischen Alltag müssen Pädagog/innen eine Balance herstellen zwischen emotionaler Anteilnahme und professioneller Distanz.

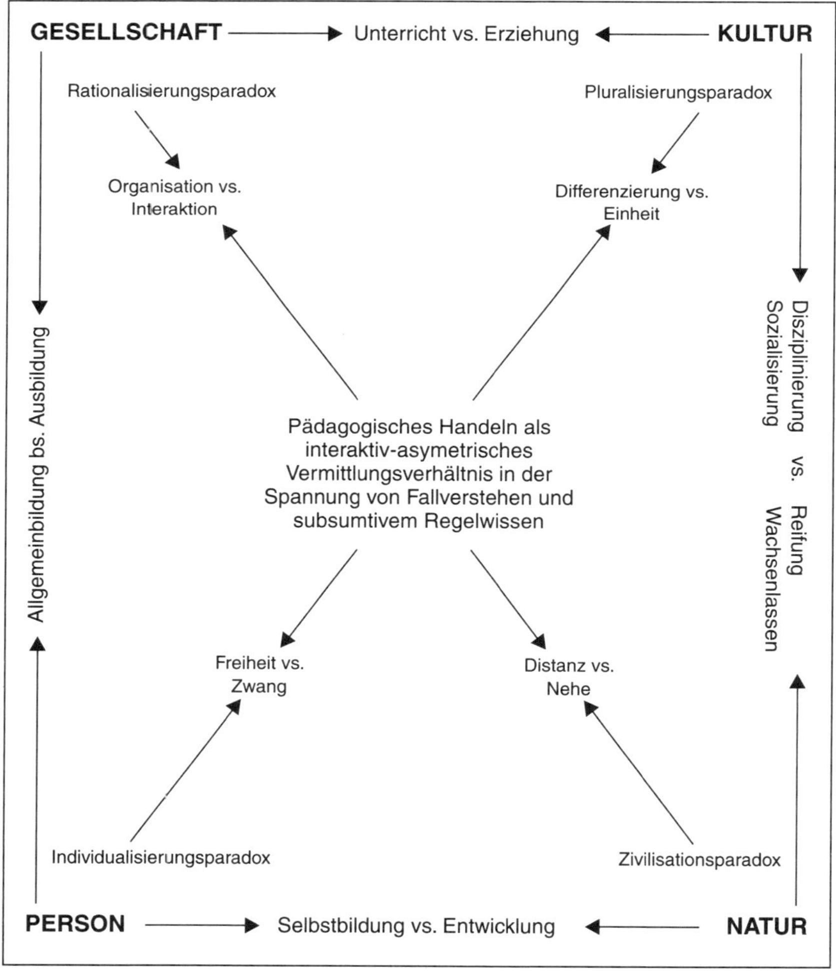

Abb. 7: Gesellschaftliche Antinomien (Helsper 2006)

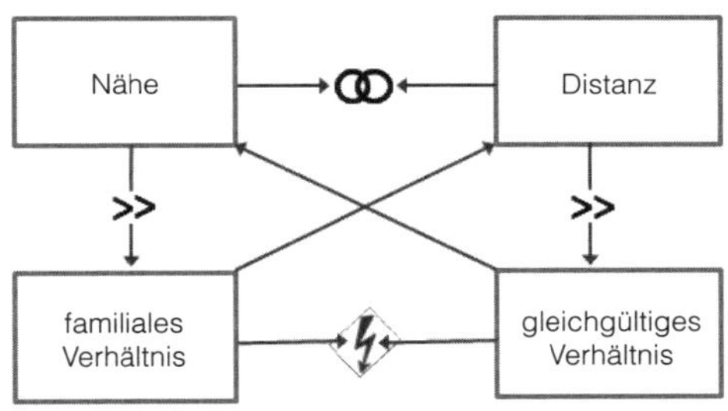

Abb. 8: Wertequadrat Nähe und Distanz

Die hochkomplexe Strukturierung des pädagogischen Feldes weist in vielen Facetten deutlich dialektische Konstruktionen auf. Der Theorieentwurf darf deshalb der Dialektik zugerechnet werden, auch wenn Helsper selbst dieses Attribut für sich nicht in Anspruch nimmt.
Helsper benennt und beschreibt in seiner Abhandlung sechs antinomische Spannungsfelder:

1. Spannung zwischen Autonomie und Zwang;
2. Spannung zwischen formaler Organisation und sozialer Interaktion;
3. Spannung zwischen Kultivierung einer pluralen und universalen Kultur;
4. Spannung zwischen Nähe und Distanz;
5. Spannung zwischen kindlicher Natur und Disziplinierung;
6. Spannung zwischen Allgemeinbildung und gesellschaftlicher Brauchbarkeit.

Der erforderlichen Kürze wegen soll exemplarisch das Spannungsverhältnis zwischen Nähe und Distanz (Abb. 8) ausführlicher erläutert werden.
Lehrer und Schüler interagieren miteinander nicht als gefühllose Rollenträger, sondern als Menschen. Gute, emotional stimmige Beziehungen zwischen Lehrern und Schülern gelten unstrittig als unabdingbare Voraussetzung und Fazilitator gelingender Lehr-Lern-Prozesse. Ich würde den Pol „Nähe" gerne umschreiben mit der Dimension „Achtung-Wärme-Rücksichtnahme" (Tausch/Tausch 1998). Diese sozialemotionalen Qualitäten können sich äußern in: „Achtung – Wärme – Rücksichtnahme gegenüber einem anderen, im Zeigen positiver Gefühle, in einem Sorgen für den anderen, in Herzlichkeit, in Anteilnahme, in Geduld, in Mitleiden, in Ermutigen, in Achtung vor den Fähigkeiten und Möglichkeiten des anderen, in Vermeidung erniedrigender, demütigender und entmutigender Erlebnisse, in Vertrauen zu der anderen Person, in Vertrauen, in Akzeptierung der Gefühle und der Person des anderen" (Tausch/Tausch 1998, 123). Andere Begriffe aus anderen theoretischen Kontexten mögen sein: Anerkennung, Akzeptanz, Respekt, Wohlwollen. Der Effekt einer geistigen und emotionalen Nähe von Lehrern zu Schülern wäre Empathie, ein einfühlendes Verstehen.

Die emotionale Zuwendung zu Kindern darf in pädagogischen Beziehungen von keinerlei Bedingungen abhängig gemacht werden. Nicht von ihrem Aussehen, von ihrer Begabung und Leistung, ihrer weltanschaulichen Zugehörigkeit, ihrer sozialen Herkunft, ihrer Normalität oder von ihrem Sozialverhalten. Erziehung kann vielfach auf Akzeptanz und Gegenliebe hoffen, diese aber nicht erwarten oder zwingend voraussetzen. Erziehung ist eine „einseitige Umfassung" (Buber).

Eine gute emotionale Beziehung von Lehrern zu Kindern kann – bei aller Notwendigkeit und Förderlichkeit – auch überzogen und problematisch werden. Reformpädagogische Strömungen haben in übersteigerter Weise dem „pädagogischen Eros" Kränze gewunden und das Lehrer-Schüler-Verhältnis nach Art einer freundschaftlichen, symmetrischen Beziehung konstruiert. Lehrer und Schüler stehen aber nicht in einem „ganzheitlichen", sondern primär in einem professionellen Verhältnis zueinander. Der Privatsphäre der Schüler wie auch ihrer privaten Gedanken- und Gefühlswelt muss unbedingter pädagogischer Respekt gewährt werden. Eine familiale Intimität hat in einer professionellen pädagogischen Beziehung keinen Platz.

Professionelle Pädagogen müssen sich also emotional begrenzen und Distanz halten. Diese emotionale Distanz ist schon aus Gründen der Gerechtigkeit erforderlich. Alle Schüler/-innen haben prinzipiell den gleichen emotionalen Anspruch auf die Lehrerin bzw. den Lehrer und dürfen mit Fug und Recht eine gleiche emotionale Zuwendung und Wertschätzung erwarten. Auch die Leistungsbewertung muss objektiv für alle gleich ohne Ansehung der Person gestaltet werden. Die Existenz von „Lieblingsschülern" oder von „Problemschülern" ist menschlich durchaus verständlich, muss indessen rational im Zaume gehalten werden und darf nicht zu Begünstigungen oder Zurücksetzungen führen.

Distanz meint nicht Emotionslosigkeit, sachliche Kälte, Teilnahmslosigkeit, persönliche Unnahbarkeit oder emotionale Neutralität. Die Lehrer-Schüler-Beziehung braucht eine Balance zwischen einem Zuwenig und Zuviel an emotionalem Engagement. Manche Pädagogen sind der Auffassung, dass große gefühlsmäßige Nähe der selbständigen Entwicklung von jungen Menschen schade. Dazu Tausch/Tausch: „Wärme und Achtung, verbunden mit tiefgreifendem Verstehen, mit Echtheit, mit geringer Lenkung, mit Förderung der Selbstbestimmung der anderen ist nicht beeinträchtigend, sondern in hohem Maße förderlich für die Persönlichkeitsentwicklung. Eine ungünstige Auswirkung tritt erst dann ein, wenn sie mit einem Besitzanspruch und starkem Dirigieren vertreten wird, wenn die Selbstbestimmung des Kindes dabei eingeengt wird" (1998, 145).

2.8 Jörg Schlömerkemper (*1943)

Jörg Schlömerkemper hatte von 1995 bis 2008 eine Professur für Schulpädagogik und Allgemeine Didaktik an der Johann Wolfgang Goethe-Universität in Frankfurt inne. Von 1986 bis 2007 war er in der Redaktion der Zeitschrift „Die Deutsche Schule" tätig.
Das Buch „Pädagogische Prozesse in antinomischer Deutung" (2017) ist erst Jahre nach der Emeritierung des Autors entstanden. Es kann in gewisser Weise als die Summe seines pädagogischen Denkens, als ein ausgereiftes Spätwerk angesehen werden. Obgleich der Titel des Buches recht bescheiden daherkommt, darf es mit guten Gründen als ein Handbuch oder Lehrbuch der Schulpädagogik bezeichnet werden. In systematischer Gliederung wird nahezu das gesamte Panoptikum schulpädagogischer und didaktischer Themen und Inhalte bedacht und beschrieben. Die Vielfalt der Aspekte und Problemfelder mag durch eine Liste ausgewählter Stichworte anschaulich belegt werden:

> Schulkritik, Schulkultur, Bildung, Funktionen der Schule, Bildungsgerechtigkeit, Motivation, Leistung, Kompetenzen, Didaktik, Leistungsbeurteilung, Stammgruppen, Vorhaben, Eltern, Lehrer, Schüler, Heterogenität, Feedback, Bildungspolitik.

Wiewohl die Begriffe „dialektisch" und „Dialektik" kaum auftauchen, machen der Untertitel „Begriffliche Klärungen und Entwürfe für Lernen und Lehren" und erst recht natürlich der Text deutlich, dass dieses Buch einer dialektischen Pädagogik verpflichtet ist und diesem Genre zugerechnet werden darf.
Notwendigkeit und Nutzen der dialektischen Denkform begründet der Autor recht pragmatisch. Es gehe darum einen „antinomischen Blick" zu entwickeln, der für antinomische Strukturen und Prozesse sensibel sei. „Wer eine Sache so oder auch anders sehen kann, versteht sie auch besser. …Der mögliche Nutzen antinomischer Betrachtung besteht also darin, das die Dualitäten von Interessen, Erfahrungen, Bedürfnissen u.Ä. erkannt werden und bewusst unter der Frage reflektiert werden können, welches Gewicht die Pole behalten oder bekommen sollen" (Schlömerkemper 2017,32).
Das Buch wird seinem Titel vollauf gerecht. Die vielfältigen Themen und Begriffe werden durchgängig in einer abwägenden Form dargestellt. Bei allen Fragen geht es „um antinomische Spannungen, die in einem Wechselspiel zwischen prinzipiell gleichberechtigten Polen immer wieder neu ausbalanciert werden müssen" (2017, 162). In Auswahl destilliere ich hier aus der Vielzahl der Antinomien drei Dialektiken, die mir als grundlegend und konzeptbildend erscheinen.

Antinomien der Ziele und Aufgaben von Bildung und Erziehung
Alle Erziehung und Bildung ist zweierlei Mandaturen verpflichtet, die keineswegs Gleiches im Sinn haben, sondern unterschiedliche Ziele und Interessen verfolgen. Die Mandanten sind einerseits der Educandus, das Kind oder der Jugendliche, andererseits die Gesellschaft.
Alle Kinder haben ein menschenrechtlich und völkerrechtlich anerkanntes Recht auf Bildung und Erziehung. In Artikel 2, Absatz 1 des Grundgesetzes heißt es: „Jeder hat das Recht auf die freie Entfaltung seiner Persönlichkeit, soweit er nicht die Rechte anderer verletzt und nicht gegen die verfassungsmäßige Ordnung oder das Sittengesetz verstößt." Nach Immanuel Kant tragen alle Menschen den Sinn und Zweck ihres Daseins in sich selbst. Die Kinder gehören nicht den Eltern, nicht der Schule und nicht der Gesellschaft, sondern in erster Linie sich selbst. Deshalb müssen Elternhaus und Schule dafür Sorge tragen, dass die Kinder zu sich selbst finden, ihre Potentiale und Interessen entdecken und sich ihren Möglichkeiten entsprechend entfalten können.
Alle Selbstbildung geschieht aber immer (1) in sozialen Kontexten (Familie, Peergroup) und muss zugleich auch (2) für soziale Kontexte in Gegenwart und Zukunft bedeutsam sein. Das Recht auf freie Persönlichkeitsentfaltung beinhaltet keineswegs nur den Anspruch auf die Entfaltung von Eigensinn und Ich-Identität, sondern zugleich auch die Verpflichtung, die eigenen Fähigkeiten zum Nutzen anderer und zum Wohle des Ganzen dienstbar zu machen und einzubringen. Das elementare Interesse jeder Gesellschaft an der eigenen Selbsterhaltung und Weiterentwicklung („Reproduktion") begründet legitime Forderungen der Gesellschaft, dass alle Kinder sich gesellschaftlich nützliche und notwendige Qualifikationen aneignen sollen.
Das antinomische Spannungsfeld von Individuum und Gesellschaft findet an mehreren Stellen des Buches ausdrücklich Erwähnung. Zur Begründung beruft Schlömerkemper sich u. a. auf Schleiermacher:

> „Die Erziehung soll so eingerichtet werden, dass beides in möglichster Zusammenstimmung sei, dass die Jugend tüchtig werde einzutreten in das, was sie vorfindet, aber auch tüchtig in die sich darbietenden Verbesserungen mit Kraft einzugehen" (zit. nach 2017, 26).
> „Von dem größten Einfluss auf die Organisation der Erziehung ist es, zu bestimmen, wenn doch die Erziehung beides, die Entwicklung der Eigentümlichkeit, soweit solche da ist, und die Tüchtigkeit für die großen sittlichen Gemeinschaften beabsichtigt, wie beides sich gegeneinander verhalten: ob beides zusammenfalle und durch dieselbe Weise erreicht werden könne" (zit. nach 2017, 183)

Die Maximen Schleiermachers übersetzt Schlömerkemper mit folgenden Worten: „Man lernt nicht nur für sich selbst, sondern immer zugleich auch für die Gemeinschaft. Jeder soll seine individuelle Eigentümlichkeit entfalten können, diese soll aber zugleich für die Gemeinschaft nützlich werden können" (2017, 185).

Antinomien der Aufgaben von Schule und Unterricht

Helmut Fend hat in seiner „Theorie der Schule" (1980) die Aufgaben der Schule mit den drei Funktionen Qualifikation, Selektion und Legitimation bzw. Integration beschrieben. Schlömerkemper schließt sich dieser Dreiteilung ausdrücklich nicht an und schlägt als Funktionen der Schule die Dimensionen „Qualifizieren" und „Habituieren" vor. Während „Qualifizieren" sich primär auf (kognitive) Fähigkeiten und Fertigkeiten bezieht, sind mit „Habituieren" eher motivationale, volitionale und soziale Bereitschaften und Fähigkeiten gemeint.
Diese beiden Dimensionen sind nach Schlömerkemper jeweils antinomisch strukturiert. In der Dimension „Qualifizieren" lauten die antinomischen Pole „Selektieren" versus „Kompensieren". Einerseits muss Schule Differenzen nicht nur wahrnehmen und zulassen, sondern sogar fördern; die unterschiedlichen Begabungen dürfen nicht über einen Kamm geschoren werden, sondern haben alle das gleiche Recht auf ihre bestmögliche Kultivierung. Andererseits ist es notwendig, ungleiche Lernvoraussetzungen möglichst kompensatorisch auszugleichen und damit schwächere Schülerinnen und Schüler positiv zu diskriminieren.

	Pol Ungleichheit	Pol Gleichheit
Qualifizieren	Selektieren	Kompensieren
Habituieren	Hierarchisieren	Solidarisieren

Tab. 4: Antinomische Aufgaben der Schule (nach Schlömerkemper 2017, 64)

In der Dimension des „Habituierens" geht es um den Erwerb von Einstellungen und Haltungen, die darauf zielen, die soziale Struktur einer Gesellschaft und auch ihre meritokratisch bedingte Hierarchie als legitim anzuerkennen. Zugleich gilt es eine Haltung zu fördern, die bei aller Unterschiedlichkeit der Menschen ihre prinzipielle Gleichwertigkeit gelten lässt und zugleich sich in Hilfsbereitschaft und Solidarität mit allen Benachteiligten und Schwachen äußert. Beide Pole können übertrieben werden: „Bei bedingungsloser Konkurrenz wird soziale Abgrenzung inhuman, während bedingungslose Solidarität zulasten des eigenen Vorteils geraten kann" (2017, 64).

Antinomie der divergierenden und konvergierenden Perspektive
Die antinomische Sichtweise von Erziehung und Bildung bleibt nicht folgenlos. Die zentralen antinomischen Polaritäten von Individuum versus Gemeinschaft, Selbstbestimmung versus solidarische Kooperation, Eigensinn versus gesellschaftliche Brauchbarkeit werden von Schlömerkemper als konstitutive, strukturbildende Säulen seines schulpädagogischen Konzepts genutzt. Dieses schulpädagogische Konzept besteht aus zwei Komponenten, nämlich einer divergierenden und einer konvergierenden Perspektiv.

> „Als *„divergierend"* ist das Auseinandergehen auf unterschiedlichen Lernwegen und zu unterschiedlichen Profilen zu verstehen. Diese Dimension der personalen Entfaltung zielt auf die „Eigentümlichkeit" der einzelnen Schülerinnen und Schüler. Dieses individuelle Profil soll gleichwohl auf Sozialität bezogen sein, damit der Einzelne sich in der Gemeinschaft wiederfinden können wird.
> Als *„konvergierend"* ist die Aufgabe zu verstehen, die verschiedenen individuellen Kenntnisse und Fertigkeiten in gemeinsame Aktivitäten (mit Schleiermacher: in die „großen Lebensgemeinschaften") einzubinden, damit die Vielfalt der Persönlichkeiten und ihrer Kompetenzen als wichtig und bereichernd erfahren werden kann" (Schlömerkemper 2017. 184).

Die divergierende Konzept-Perspektive ist vorwiegend in der Polarität Individualität, Eigentümlichkeit, Autonomie begründet. Sie antwortet auf die Leitfrage: „Wie können sich im Rahmen institutionalisierten Lernens und Lehrens die Individualität und die Subjekthaftigkeit der Heranwachsenden entfalten?" (2017, 191). Das divergierende Konzept-Element wird auch „profilorientierte Lernorganisation" genannt; es beantwortet diese Frage so:

> „Jeder Schüler, jede Schülerin soll ein eigenes einzigartiges Profil der Kenntnisse und Fertigkeiten, der Fähigkeiten und der Kompetenzen entfalten können und dabei als ‚Subjekt' durch eine intensive Auseinandersetzung mit Kultur an der Entfaltung der Persönlichkeit arbeiten" (2017, 193).

Die konvergierende Konzept-Perspektive ist demgegenüber theoretisch eher in der Polarität Gemeinschaft, Sozialität, soziale Zugehörigkeit begründet. Die Leitfrage der konvergierenden Konzept-Perspektive lautet: „Wie können die differenten Erfahrungen und Kompetenzen der Lernenden in gemeinsame, kollektive Interaktionsprozesse eingebunden werden?" (2017,217). Die konvergierende Konzept-Perspektive wird auch „kooperative Lernorganisation" oder „kooperatives Lernen und Arbeiten" genannt. Sie beantwortet die gestellte Frage etwa so:

> „Diese kooperative Form des Lernens ist als Gegenspieler zur divergierenden personalen Arbeit wichtig. Sie bindet die Einzelnen mit ihren Fähigkeiten in die Kooperation ein und macht ihre Bedeutung für das Ganze erfahrbar" (2017, 2020).

Den beiden Konzept-Perspektiven werden in dem schulpädagogischen Konzept adäquate Praxis-Elemente zugeordnet. Die profilorganisierte Lernorganisation setzt insbesondere auf das curriculare Format „Kompetenz-Aufbau-Modell" und auf die unterrichtsmethodische Form „Werkstatt-Arbeit". Die kooperative Lernorganisation wird insbesondere durch durchgängige heterogene „Stammgruppen" sowie methodisch durch Vorhaben und Schülerfirmen realisiert.

Mit diesen recht knappen Hinweisen zur unterrichtspraktischen Umsetzung des schulpädagogischen Konzepts muss es an dieser Stelle leider sein Bewenden haben. Schlömerkemper konkretisiert seinen schulpädagogischen Entwurf auf über 100 Seiten sehr detailliert und sehr konkret. Hierauf muss anstelle einer ausführlichen und detailreichen Darstellung verwiesen werden.

Das Zwei-Säulen-Modell ist erkennbar dialektisch. Das Konzept spielt die antinomischen Polaritäten nicht gegeneinander aus, sondern lässt beide Seiten zu Wort kommen und bringt sie miteinander ins Gespräch. „Das eine wäre ohne das andere nicht nur sinnvoll, sondern als Ziel wie als Praxis ‚völlig falsch'" (2017, 184). Der Autor weist schließlich nachdrücklich daraufhin, dass die Antinomien nicht aufgehoben oder weggeräumt werden sollen und können, sondern zu beiderseitigem Vorteil bleiben. Die divergierende und konvergierende Perspektive bilden eine dialektische Einheit, sie sind aufeinander zwecks wechselseitiger Ergänzung und Korrektur angewiesen. Das dynamische Wechselspiel der beiden Perspektiven soll eine konsequente Personalisation mit einer konsequenten Kooperation" verknüpfen und dadurch „eine Balance zwischen den Polen dieser Spannung ermöglichen" (2017, 237).

Das schulpädagogische Konzept von Schlömerkemper ist seinem Selbstverständnis nach primär ein allgemeinpädagogisches Konzept. Die Begriffe „inklusiv" und „Inklusion" werden nicht einmal erwähnt. Gleichwohl darf man dem Zwei-Säulen-Modell ausdrücklich. eine hohe inklusionspädagogische Güte und Relevanz bescheinigen.

3. Inklusionstheoretische Entwürfe

3.1 Das Modell der Identitätsbalance

Das Modell der Identitätsbalance ist in der Theorienfamilie des Symbolischen Interaktionismus entstanden und dort zuhause. Die bekannteste Theorie aus dieser Familie ist der sog. labeling approach oder Stigma-Ansatz. Zu den Begründern dieses Theorieansatzes gehören Georg Herbert Mead, Erik H. Erikson und Erving Goffmann. Im deutschen Sprachraum haben sich vor allem Walter Thimm (1975; 1980) und Lothar Krappmann (1997; 2016) um die Rezeption und theoretische Vertiefung der Identitätsansätze verdient gemacht. Eine informative und kritische Darstellung der theoretischen Ansätze und ihrer Unterschiede findet sich bei Cloerkes (2007). An dieser Stelle soll lediglich der inklusionspädagogisch relevante Kern der Identitätsbalance dargestellt werden.
Die sog. Ich-Identität, mitunter einfach nur Identität genannt, besteht aus zwei Komponenten, der persönlichen Identität und der sozialen Identität.
Die *persönliche Identität* beschreibt die unverwechselbare Einzigartigkeit einer Person. Sie ist die Antwort auf die Frage: Wer bin ich? In der aktuellen Ich-Identität ist die gesamte einmalige Lebensgeschichte eines Individuums aufgehoben, seine biographischen Erfahrungen, seine Lebenspläne und seine Eigenarten. Jeder Mensch ist aufgrund seiner unvergleichlichen persönlichen Identität für andere identifizierbar. Ein formales Dokument der persönlichen Identität ist der Personalausweis, von dem für jede Person auf der ganzen Welt immer nur ein Unikat vorhanden ist.
Die *soziale Identität* beschreibt die Zugehörigkeit eines Menschen zu einer sozialen Kategorie. Sie ist die Antwort auf die Frage: Wozu gehöre ich? Menschen besitzen eine soziale Identität, wenn sie sich selbst in eine soziale Kategorie einordnen oder von anderen vorgegebenen sozialen Kategorien zugeordnet werden. Soziale Kategorien sind z. B. Student, Lehrer, Politiker, Handwerker, Sekretärin usw.. Wird jemand aufgrund eines persönlichen Merkmals einer unvorteilhaften sozialen Kategorie zugeordnet (z. B. Drogenabhängiger), handelt es sich um ein Stigma. Stigma ist nach Goffmann ein Personmerkmal, das „zutiefst diskreditierend ist“. Ein Stigmatisierter ist jemand, der „in unerwünschter Weise anders“ ist.
Den beiden Komponenten der Ich-Identität liegen anthropologische Annahmen zugrunde. Alle Menschen haben das Bedürfnis, ich selbst zu sein und sich von anderen zu unterscheiden. Wir haben einen eigenen, individuellen Namen, wir kleiden uns anders als die anderen, wir haben eigensinnige Lebenspläne und wir geben unserem Zuhause eine persönliche Note. In der Adoleszenz etwa ist das Streben nach einem ganz persönlichen Lebensstil besonders gut

beobachtbar. Jugendliche können stundenlang an ihrer persönlichen Unterschrift arbeiten und sie legen großen Wert auf ein außergewöhnliches Styling, das Aufmerksamkeit erregt.
Im Kontrast zu diesem Streben nach Eigenheit und Einzigartigkeit wollen Menschen aber auch sich gesellen und sozial irgendwo dazugehören. Wir ziehen am Samstag in den Farben des Vereins gekleidet zu einem Fußballspiel, im Wahlkampf hängen wir eine Fahne unserer Partei demonstrativ aus dem Fenster, wir suhlen uns in dem kollektiven Wahn „Wir sind Papst" (Bild 20.05.2005), voller Stolz tragen wir am Revers unserer Jacke eine Anstecknadel von Porsche zum Zeichen, dass wir etwas Besseres fahren, oder wir riskieren es sogar, uns zu outen und die andersartige sexuelle Orientierung öffentlich kundzutun. Wir wollen partout nicht nur einsam und einmalig sein, sondern uns auch sozial verorten und so sein, wie viele andere auch. Das menschliche Bedürfnis nach Anerkennung und Zugehörigkeit lässt sich nur befriedigen, indem ich eine soziale Identität annehme und akzeptiere.
Das Streben nach einer persönlichen und sozialen Identität kann – außer durch die anthropologische Annahme grundlegender Bedürfnisse – auch soziologisch durch gleichgerichtete soziale Erwartungen begründet werden. Der Besitz einer persönlichen Identität ist nicht allein ein individuelles Bedürfnis, sondern zugleich eine soziale Erwartung, die an alle als eine verbindliche Forderung herangetragen wird. Jeder ist gehalten, seine persönlichen Bedürfnisse zu äußern, die eigenen Erwartungen zu vermitteln und sich selbst mit seinen Eigenarten, Interessen und Wertorientierungen einzubringen. Jeder ist zu einer angemessenen Selbstdarstellung verpflichtet. Wer sein persönliches Selbst nicht in sozialen Interaktionen präsentieren will oder kann, besitzt eine Nicht-Identität. Ein Nobody ist langweilig und für andere uninteressant.
Auch die Annahme einer sozialen Identität ist nicht ohne eigene Beteiligung zu haben. Wer zu einer sozialen Kategorie dazugehören will, muss sich gleichzeitig auf die Anforderungen und Erwartungen dieser sozialen Kategorie einlassen. Jede Mitgliedschaft in einer sozialen Gemeinschaft ist unausweichlich auch mit Anpassungsleistungen verbunden. Eine soziale Identität erwerben bedeutet, den normierten Erwartungen anderer zu entsprechen, das Weltbild der Gemeinschaft zu teilen, ihre Normen und Ziele zu internalisieren, den Eigensinn zurückzustellen und nicht mehr aus der Reihe zu tanzen.
Persönliche Identität und soziale Identität – so wurde eingangs gesagt – sind die beiden Komponenten der Ich-Identität. Diese beiden Komponenten stehen aber nicht einfach additiv nebeneinander, sie beinhalten widersprüchliche Anforderungen und sind dialektisch miteinander verschränkt. „Im Falle der ‚social identity' wird verlangt, sich den allgemeinen Erwartungen unterzuordnen, im Falle der ‚personal identity' dagegen, sich von allen anderen zu unter-

scheiden. Es wird also gefordert, so zu sein wie alle und so zu sein wie niemand" (Krappmann 1969, 78). Das Individuum ist also zu einem Balanceakt zwischen persönlicher und sozialer Identität aufgefordert. Persönliche Identität und soziale Identität stehen in einem unauflösbaren Spannungsverhältnis. Persönliche Identität zu besitzen meint, anders zu sein als alle anderen. Soziale Identität dagegen verlangt so zu sein wie alle anderen.

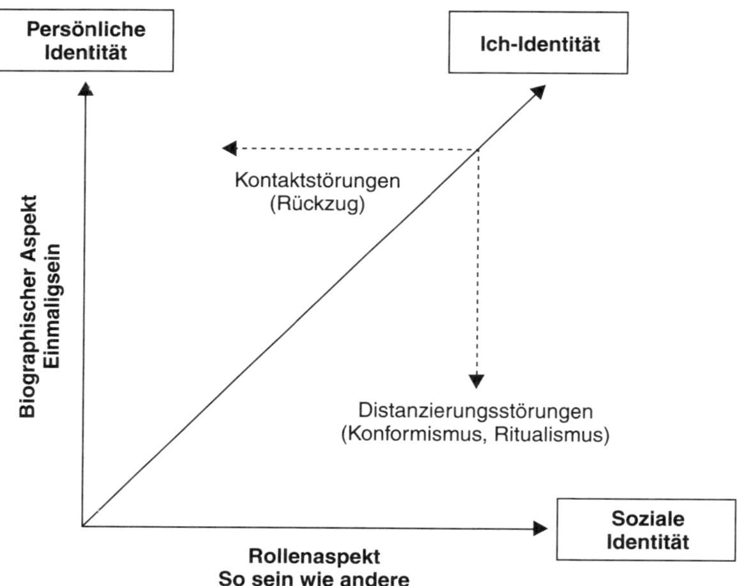

Abb. 9: Das Modell der Identitätsbalance (Thimm 1975)

Der Erwerb der beiden Identitäten ist mit Risiken und Gefährdungen verbunden. Das Streben nach sozialer Identität muss sich davor hüten, vollständig in den Erwartungen der anderen aufzugehen. Eine Überanpassung und vollständige Unterwerfung unter die Erwartungen der anderen hat eine Auslöschung der persönlichen Identität zur Folge. Die Verweigerung einer persönlichen Identität mündet in Nicht-Identität. Das Individuum wird zu einem gesichtslosen, namenlosen, auswechselbaren sozialen Mitläufer. Um dieser Gefahr zu entgehen, darf das Individuum sich nur partiell anpassen und muss eine Schein-Normalität („phantom normalcy") präsentieren.
Auch das Streben nach einer persönlichen Identität bedarf der Mäßigung. Wenn Individuen die Erwartungen anderer völlig ignorieren und rücksichtslos

ihre Extravaganzen und Eigensinnigkeiten ausleben, sind sie nicht mehr interaktionsfähig und sozial inakzeptabel. Permanente Eigenbrötelei und überzogene Egoismen haben eine Auslöschung der sozialen Identität zur Folge. Die Verweigerung einer sozialen Rolle mündet ebenfalls in eine Nicht-Identität. Dem Individuum wird zu guter Letzt eine völlige Andersartigkeit zugeschrieben, die keinerlei Ansatzpunkte für soziale Interaktionen bietet. Um dieser Gefahr zu entgehen, sollte das Individuum mindestens eine scheinbare Übernahme sozialer Erwartungen signalisieren und eine Schein-Einzigartigkeit (‚phantom uniquess') an den Tag legen. Es ist also hochgradig riskant, sich mit voller Kraft und vorbehaltlos auf die Suche nach einer persönlichen oder sozialen Identität zu begeben. In beiden Fällen ist auch Zurückhaltung geboten.

Die Identitätsbalance verhindert, dass sich Individuen einerseits aufgrund ihrer Einzigartigkeit aus sozialen Interaktionen ausschließen (Kontaktstörungen) und andererseits in den gesellschaftlichen Erwartungen restlos aufgehen (Distanzstörungen). Bei erheblichen Dysbalancen sind Nicht-Identitäten und nennenswerte Persönlichkeitsstörungen die Folge. Bei Thimm (1980) findet sich eine Auflistung möglicher Persönlichkeitsstörungen, bei Cloerkes (2007, 179f.) ein knappes Sammelreferat über einschlägige empirische Untersuchungen zur Identitätsentwicklung von Menschen mit Behinderung. Cloerkes (2007, 180f.) widerspricht nachhaltig der gängigen Annahme, dass bei Menschen mit Behinderungen als Folge von Stigmatisierungsprozessen zwangsläufig mit Identitätsstörungen oder einer „beschädigten Identität" gerechnet werden müsse.

Ich-Identität ist kein feststehendes Persönlichkeitsmerkmal, weil sie immer wieder aufs Neue in Auseinandersetzungen mit verschiedenen Interaktionspartnern und in einer Vielzahl von unterschiedlichen Interaktionssituationen ausgehandelt werden muss. Die Individuen konstruieren ihre Identität ständig neu, „um aus sozialen Erwartungen nicht herauszufallen und doch eigenen Wünschen Anerkennung zu verschafften. Dieses mühevolle Balancieren zwischen Erwartungen, Zuschreibungen und eigenen Interessen und Sehnsüchten ist kein Jonglieren aus Übermut, sondern entspringt der Not, seinen Platz in einer widersprüchlichen, sich wandelnden Gesellschaft zu bestimmen. Erreichbar ist trotz dieses Aufwandes keine ein für allemal gesicherte Identität, sondern lediglich, sich trotz einer immer problematischen Identität die weitere Beteiligung an Interaktionen zu sichern" (Krappmann 1997, 81).

Dieses Verständnis von Dialektik weist große Ähnlichkeiten auf mit dem Balance-Verständnis, das auch den Wertequadraten (Kap. 3.4) zugrunde liegt. Die Entwicklung einer Ich-Identität vollzieht sich in einem dialektischen Spannungsfeld von Selbstverwirklichung (persönliche Identität) und sozialer

Einbindung in soziale Rollen und Erwartungen (soziale Identität). Die Pole des Spannungsverhältnisses werden nicht dialektisch „aufgehoben", sondern bleiben lebenslänglich erhalten und halten die Dynamik fortwährender neuer Identitätskonstruktionen in Gang.
Was hat das Modell der Identitätsbalance mit Inklusionspädagogik zu tun? Nun, das Modell ist kein originär pädagogisches Konzept. Aber man könnte es mit guten Gründen in der Theorie integrativer Prozesse auf der Ebene der Person verorten. Ich betrachte das Modell als einen hilfreichen und nützlichen Baustein innerhalb eines vielschichtigen Konsortiums von Theorien, die sich auf unterschiedlichen Ebenen mit Integration bzw. Inklusion beschäftigen. Das Haus der Inklusion bzw. der Integration besteht ja nicht aus einem einzigen Stockwerk, sondern aus mehreren Etagen. Für jede einzelne Ebene mag es spezialisierte Theorien geben, die sich ohne jeglichen Vollständigkeitsanspruch nur mit einer einzigen Problem- und Handlungsebene beschäftigen. Eine Universaltheorie, die alle Ebenen umgreift, könnte – wenn es sie denn geben sollte – recht formal und unspezifisch sein.
Schließlich besitzt das Modell der Identitätsbalance eine mittelbare Relevanz für inklusionspädagogisches Handeln. Der Inklusionspädagogik muss der Aufbau einer gut ausbalancierten Ich-Identität aller Schüler/-innen angelegen sein. Dazu gehört insbesondere der Schutz der persönlichen Identität vor Abwertungen, Diskriminierungen, Entwürdigungen und Kränkungen. Die zweite Aufgabenstellung ist die Entwicklung tragfähiger sozialer Identitäten und verbindlicher Zugehörigkeiten.
Als Konsequenz aus dem Stigma- und Identitätsansatz empfiehlt Cloerkes, sich den „Personalisierungseffekt" zu Nutze zu machen. Behinderte werden als Gruppe im allgemeinen negativer gesehen als eine einzelne Person mit einer Behinderung. Die tagtäglichen Begegnungen in inklusiven Gruppen eröffnen die Chance, dass vorgeprägte, starre soziale Identitäten („die Behinderten") aufgelöst werden. Das einzelne Kind mit Behinderungen wird dann nicht mehr primär als Angehöriger der sozialen Kategorie „Behinderte" gesehen, sondern als ein eigenständiges Wesen mit individuellen Eigenschaften als „Franz" oder „Maria". Des Weiteren nennt Cloerkes vier hilfreiche pädagogische Prinzipien:

1. „Minimiere die Bedeutung sozialer Kategorien.
2. Minimiere die Bedrohung von Identität.
3. Sorge für Gelegenheiten zur individuellen Darstellung und Konfliktlösung.
4. Erhöhe die interpersonalen Kompetenzen" (Cloerkes 2007, 193).

3.2 Die Theorie Integrativer Prozesse

1. Die themenzentrierte Interaktion (TZI)
   1.1 Das Vier-Faktoren-Modell
   1.2 Die Axiome
   1.3 Die Postulate
2. Die Theorie integrativer Prozesse (TIP)
   2.1 Referenzen
      2.1.1 Normative Orientierungen
      2.1.2 Theoretische Orientierungen
   2.2 Die Theorie
      2.2.1 Definition von Integration
      2.2.2 Vertikale Differenzierung: Ebenen
      2.2.3 Horizontale Differenzierung: Sektionen
   2.3 Supplemente

Die Theorie Integrativer Prozesse (TIP) wurde theoretisch maßgeblich von der Themenzentrierten Interaktion (TZI) inspiriert und praktisch im unmittelbaren Kontakt mit integrativen Projekten entwickelt. Gerade diese Verknüpfung von Theorie und Praxis, einer etablierten Theorie mit einer lebendigen Realität dürfte einerseits der TIP ein Alleinstellungsmerkmal im Ensemble der inklusionspädagogischen Theorieentwürfe eingetragen haben und die besondere Wertschätzung in den inklusionspädagogischen Diskursen verständlich machen. Vor der Darstellung der TIP soll in einem ersten Kapitel das Grundgerüst der TZI skizziert werden.

1. Die Themenzentrierte Interaktion (TZI)

Das „System" der themenzentrierten Interaktion (Cohn 1992; Ruth-Cohn-Institut; Schneider-Landolf u. a. 2014; Reiser 2006) besteht aus vier Komponenten: (1) einem Vier-Faktoren-Modell, (2) drei Axiomen, (3) zwei Postulaten und (4) neun allgemeinen Hilfsregeln.

1.1 Das Vier-Faktoren-Modell

Die TZI nimmt an, dass die Arbeit in Gruppen von vier Faktoren bestimmt wird. Das Faktoren-Modell wird gemeinhin als das sog. TZI-Dreieck dargestellt:

1. ES — Die Aufgabe oder der Lehrstoff der Gruppenarbeit
2. ICH — Die beteiligten Personen mit ihren Kompetenzen, Anliegen und Gefühlen

3. WIR Das Beziehungsgefüge und die Interaktionen in der Gruppe
4. GLOBE Das organisatorische, physikalische, strukturelle, soziale, politische, ökologische, kulturell engere und weitere Umfeld, das die Zusammenarbeit der Gruppe bedingt und beeinflusst

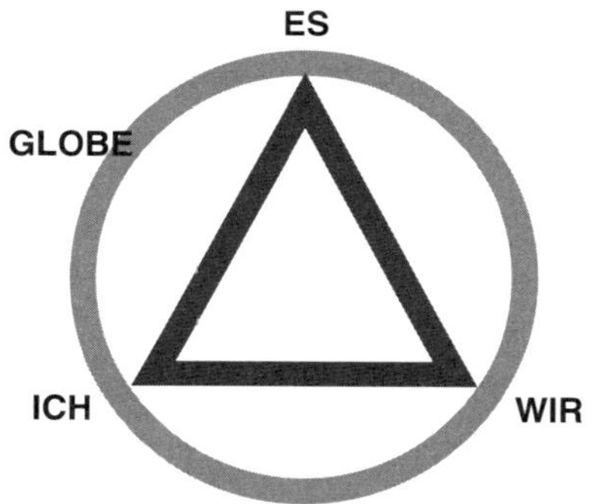

Abb. 10: Das TZI-Dreieck

Das Vier-Faktoren-Modell ist für die Planung, Steuerung, Leitung, Reflektion und Evaluation von Gruppenprozessen nützlich. Alle vier Faktoren sind gleich wichtig. Deshalb lautet ein wichtiges Theorem der TZI: Lebendiges Lernen ist insbesondere dann möglich, wenn alle vier Faktoren im Gleichgewicht sind und das gesamte Faktorengefüge sich in einer „dynamischen Balance“ befindet (Balance-Theorem).

1.2 Die Axiome

Der Arbeit mit der TZI liegen drei Axiome zugrunde. Axiome sind bedeutsame Grundsätze, die wissenschaftlich weder bewiesen noch widerlegt werden können; sie sind als unverzichtbare Annahmen zu verstehen und werden a priori gesetzt. Die Axiome beschreiben drei grundlegende Spannungsfelder und bringen in ihrer Gesamtheit das Menschenbild der TZI zum Ausdruck.

1. *Autonomie: Das existenziell-anthropologische Axiom*
   Das erste Axiom betrifft das Spannungsfeld zwischen Selbständigkeit und Abhängigkeit. Der Mensch ist autonom und interdependent zugleich. Die Autonomie (Eigenständigkeit) wächst mit dem Bewusstsein der Interdependenz.
2. *Wertschätzung: Das ethisch-soziale Axiom*
   Ehrfurcht gebührt allem Lebendigen, seinem Wachsen und Vergehen. Dieser Respekt muss sowohl dem anderen, fremden Leben wie auch dem eigenen Leben entgegengebracht werden. Das zweite Axiom fordert eine persönliche Wertentscheidung zwischen eigenen Lebensnotwendigkeiten und berechtigten Erwartungen anderer.

3. *Grenzen der Freiheit: Das pragmatisch-politische Axiom*
   Der Mensch kann sich einerseits frei entscheiden, andererseits sind seine Entscheidungen durch innere und äußere Grenzen bedingt und begrenzt. Eine Erweiterung dieser Grenzen ist der TZI zufolge grundsätzlich möglich.

1.3 Die Postulate

1. *Das Chairpersonpostulat: Leite dich selbst*
   Das erste Postulat folgt aus dem ersten Axiom; es fordert dazu auf, alle Situationen als Angebote für eigene Entscheidungen anzunehmen und die Verantwortung für die eigenen Entscheidungen zu übernehmen. Das Postulat fördert die Selbstverantwortlichkeit.
2. *Das Störungspostulat: Störungen haben Vorrang*
   Die Störungen können vielfältigen Quellen entspringen; in aller Regel sind es Störungen des Gleichgewichts, die von den Faktoren ICH, WIR, ES oder GLOBE ausgehen. Weil die Störungen sich in den Vordergrund drängen, müssen sie vorrangig bearbeitet werden, damit die Gruppe und ihre Teilnehmer wieder arbeitsfähig werden.

„Das erste und das zweite Postulat stellen wieder These und Gegenthese einer Gegensatzeinheit dar und formulieren gemeinsam die Synthese einer Wahrnehmung von (innerer und äußerer) Realität und persönlicher Entscheidung, wobei ich Wahrnehmung nun im doppelten Sinne als Gewahrwerden und Verantwortungsübernahme verwende“ (Reiser 2006, 56).
Die Hilfsregeln unterstützen die themenzentriete Interaktion, sind aber von geringerem theoretischen Gewicht. Sie sind in Cohn (1992, 124ff) ausführlich dargestellt.
Die Bezugnahme auf das Modell der themenzentrierten Interaktion scheint mir deshalb konsequent und notwendig zu sein, weil die TZI einige Schwachstellen und Desiderate der dialogischen Philosophie von Buber ausgleichen kann:

- Buber fokussiert nahezu ausschließlich die Dyade Ich-Du. Für die pädagogische Arbeit in Schulen ist indessen der Gruppenaspekt, also der Faktor WIR, kennzeichnend und nicht hintergehbar.
- Die Relation ICH-ES spielt bei Buber ebenfalls eher eine nachgeordnete Rolle. Für schulisches Lernen sind indessen Themen und Inhalte konstitutive Momente.
- Schließlich: Bubers Dialogphilosophie kommt recht unsoziologisch daher. Die politische, gesellschaftliche und soziale Umwelt von Lernen

und Entwicklung findet recht wenig Aufmerksamkeit; durch die Berücksichtigung des Faktors GLOBE ist dagegen die TZI erheblich besser in der Realität schulischen Lernens verankert:
„Im Interaktionsmodell der Themenzentrierten Interaktion fanden wir einen Rahmen, der die gesellschaftliche Ebene, die psychoanalytische Interaktionstheorie der Einigungsprozesse nach Lorenzer und unsere pädagogischen Grundannahmen zu verbinden vermag“ (Klein u. a. 1987, 37).

2. Die Theorie Integrativer Prozesse (TIP)

Die „Theorie integrativer Prozesse“ entstand in den 80er Jahren im Kontext mehrerer Schulversuche und Forschungsprojekte einer Frankfurter Forschungsgruppe um Helmut Reiser. In Auswahl seien einige Arbeiten genannt:

- Klein, Gabriele/Kreie, Gisela/Kron, Maria/Reiser, Helmut (1987): Integrative Prozesse in Kindergartengruppen.
- Deppe-Wolfinger, Helga/Prengel, Annedore/Reiser, Helmut (1990): Integrative Pädagogik in der Grundschule.
- Cowlan, Gabriele/Deppe-Wolfinger, Helga/Kreie, Gisela/Kron, Maria/ Reiser, Helmut (1991): Der Weg der integrativen Erziehung vom Kindergarten in die Schule.

Ergänzende Einblicke in die Frankfurter Forschungen geben auch Kron (1988), Hinz (1993), Reiser (2006), Papke (2016) und Willmann/Bärmig (2020).

2.1 Referenzen

2.1.1 Normative Orientierungen

Die Forschergruppe legt im Vorhinein die Wertorientierungen ihrer Forschungsprojekte offen: „Da es nach unserer Ansicht keine wertneutrale erziehungswissenschaftliche Forschung geben kann, bemühen wir uns, die normativen Grundlagen unseres Denkens transparent zu machen“ (Klein u. a. 1987, 34f). Einige normative Vorentscheidungen und Positionierungen seien genannt:

- *Demokratieorientierung:* Die möglichst weitgehende gemeinsame Erziehung von behinderten und nichtbehinderten Kindern sollte „eine demokratische Selbstverständlichkeit“ sein (Klein u. a. 1987, 34).

- *Grundsatz der Nichtdiskriminierung:* Mit Bezug auf Bürgerrechtsbewegungen wird der gleichberechtigte Zugang zu allen gesellschaftlichen Einrichtungen als „Recht jedes Menschen" eingefordert. Eine Absonderung von Kindern mit Behinderungen ist allein dann legitim, wenn „dies für die Entwicklung des Kindes unbedingt erforderlich ist" (ebd. 35).
- *Grundsatz der Menschenwürde:* Die Respektierung des einmaligen Wertes aller Menschen schließt eine Normierung von Verhaltens- und Leistungserwartungen aus und fordert eine Orientierung an der individuellen Entwicklung jedes Kindes.
- *‚Integrationsfähigkeit' als Passung von Rahmenbedingungen:* Die gemeinsame Erziehung behinderter und nichtbehinderter Kinder hat als Regel zu gelten. Nicht Integration, sondern Aussonderung ist begründungs- und beweispflichtig. Das Forschungsinteresse richtet sich nicht auf die Legitimität von Integration, sondern auf die Gestaltung integrativer Lernsituationen. Die sog. Integrationsfähigkeit ist nicht eine wesensmäßige Persönlichkeitseigenschaft von Kindern, sondern primär ein Merkmal der Rahmenbedingungen.

2.1.2 Theoretische Orientierungen

Den empirischen Untersuchungen zur gemeinsamen Erziehung behinderter und nichtbehinderter Kinder lagen verschiedene Referenztheorien zugrunde, die als offene Bezugssysteme für die Entwicklung eines eigenen Theorierahmens genutzt wurden.

Martin Buber: Urdistanz und Beziehung
Buber betrachtet das Spannungsfeld „Urhebertrieb versus Trieb der Verbundenheit" – in heutiger Sprache: Bedürfnis nach Autonomie und nach Zugehörigkeit – als wesentliche Entwicklungsantriebe für die Selbstwerdung des Menschen. – Ferner ist für ein angemessenes Verständnis integrativer Prozesse auch die Dialogik von Ich-Du-Beziehungen von Bedeutung. Der Aufbau einer Ich-Du-Beziehung kann nur gelingen, wenn beide Partner wechselseitig die „Andernheit" des anderen anerkennen und bestätigen. Die gegenseitige Akzeptanz der Verschiedenheit erfordert indessen nicht die Preisgabe der eigenen Identität. Auch eine symbiotische Verschmelzung, also die beiderseitige Aufgabe der eigenen Identität, verfehlt eine legitime Unabhängigkeit und reife Selbstständigkeit beider Beziehungspartner. – Eine differenzierte Darstellung der dialogischen Philosophie Bubers findet sich in Kapitel 2.2 dieser Abhandlung.

Ruth Cohn: Balance der Entwicklungsfaktoren
Die Theorie integrativer Prozesse ist in besonderer Weise der „Themenzentrierten Interaktion“ (TZI) verpflichtet. Die TZI ist ein professionelles pädagogisches Handlungskonzept, das zur Planung und Vorbereitung von Meetings und Besprechungen, zur Organisations- und Teamentwicklung sowie zur Leitung von Teams, Gruppen und Gremien dient. Sie baut auf Erkenntnissen und Erfahrungen der Psychoanalyse, Gestalttherapie und Humanistischen Psychologie, und wurde maßgeblich von Ruth Cohn (1992) theoretisch entwickelt und praktisch erprobt. Das Konzept kann durch Einfachheit, Klarheit, Struktur und Praktikabilität beeindrucken und wird aufgrund dieser Vorteile vielfach dort angewendet, wo mit Gruppen gearbeitet wird (Cohn 1992; Reiser 2006; RCI 2015).

2.2 Die Theorie

2.2.1 Definition von Integration

In der inklusionspädagogischen Literatur kommt es nicht gerade häufig vor, dass das Verständnis von Integration/Inklusion[4] in eindeutigen, möglichst operationalisierten Begriffen dargelegt und schließlich in einer klaren Definition gebündelt wird. Die Theorie integrativer Prozesse (im Folgenden: TIP) ist hier eine löbliche Ausnahme. Die Frankfurter Forschungsgruppe definiert:

> *„Als integrativ im allgemeinsten Sinn bezeichnen wir diejenigen Prozesse, bei denen „Einigungen“ zwischen widersprüchlichen innerpsychischen Anteilen, gegensätzlichen Sichtweisen interagierender Personen und Personengruppen zustande kommen. Einigungen erfordern nicht einheitliche Interpretationen, Ziele und Vorgehensweisen, sondern vielmehr die Bereitschaft, die Positionen der jeweils anderen gelten zu lassen, ohne diese oder die eigene Position als Abweichung zu verstehen. Einigung bedeutet den Verzicht auf die Verfolgung des Andersartigen und stattdessen die Entdekkung des gemeinsam Möglichen bei Akzeptanz des Unterschiedlichen“ (Reiser u. a. 1987).*

In der förmlichen Definition ist nahezu das gesamte Theorieverständnis der TIP enthalten. Es lohnt sich daher, diese Definition genau wahrzunehmen, all ihre Elemente einzeln zu betrachten und die gesamte Definition peu à peu auszubuchstabieren.

[4] Im Folgenden werden aus Gründen der historischen Authentizität durchgängig die Begriffe „Integration“ und „integrativ“ benutzt; sie sind aber als Synonyme zu „Inklusion“ und „inklusiv“ zu verstehen.

- *Integration ist ein Prozess*
  Der Aufsatz trägt sehr bewusst den Titel „Integration als Prozess". Das ist eine bedeutsame Aussage. Gemeinhin wird auf die Frage „Was ist Integration?" mit einer Produkt-Definition geantwortet. In einer Produkt-Definition wird genauestens festgelegt, was als Integration anzusehen ist und was nicht. Produktorientierte Definitionen sind gewiss ebenso hilfreich wie unverzichtbar. Aber sie vermitteln ungewollt den misslichen Eindruck, als sei Integration nur in einer binären Form nach dem Modus Ja oder Nein zu haben. Hier setzen die Frankfurter einen dezidierten Kontra-Punkt. Integration ist eher ein hehres und hohes Fernziel; ein „Nordstern" (Hinz 2006), der die Richtung weist und Orientierung vermittelt, aber niemals vollends erreicht werden kann. Integration ist gleichsam immer auf dem Weg zu diesem Ziel, ohne jemals dieses Ziel vollständig zu erreichen.
  Die Prozessdefinition betont die Dynamik integrativer Entwicklungen und zerstört die illusionäre Vorstellung von Integration als einer statischen, unveränderlichen Größe.
  Die Prozess-Definition hat schätzenswerte Vorteile. Sie relativiert den üblichen dichotomisierenden Schwarz-Weiß-Blick auf integrative Einrichtungen, Projekte und Praktiken erheblich zugunsten eines aufmerksamen Blicks, was sich innerhalb der Box Integration bereits getan hat und welche Entwicklungen und Prozesse gerade im vollen Gang sind. Der finale Produktblick kann frustrierend und demotivierend sein, der Prozessblick dagegen kann aus der sorgsamen Bestandaufnahme der aktuellen Prozesse perspektivisch die nächsten Schritte vorbereiten.
- *Integrative Prozesse sind dialektische Prozesse*
  In der Definition ist von „widersprüchlichen innerpsychischen Anteilen sowie gegensätzlichen Sichtweisen interagierender Personen und Personengruppen" die Rede. Mit diesen Bestimmungen werden grundlegende Elemente der Referenztheorien wieder aufgenommen und als essentielle Merkmale integrativer Prozesse festgelegt. In der dialogischen Philosophie Bubers kommt die Dialektik etwa in den Bewegungsformen Distanzieren und Verbinden zum Ausdruck. In der themenzentrierten Interaktion sind sowohl die Postulate (1) Selbstverantwortung versus Verantwortung für „Betriebsstörungen" als auch (2) das Autonomie-Axiom (Spannungsfeld zwischen Selbständigkeit und Abhängigkeit) und (3) das Grenzen-Axiom (Spannungsfeld zwischen Entscheidungsfreiheit und Entscheidungsgrenzen) durch und durch dialektisch, d. h. durch Widersprüche, Gegensätze und Polaritäten strukturiert. Integration ist alles andere als ein harmonisches, konfliktfreies Paradies.

- *Das Vier-Faktoren-Modell ist ein dialektisches Systemgefüge*
  Die vier Faktoren ICH, ES, WIR, GLOBE können als ein dialektisches Systemgefüge sui generis verstanden werden. Die vier Faktoren sind verschieden und doch gleichwertig, sie streiten kompetitiv um gebührende Beachtung und sind zugleich für die Ermöglichung lebendigen Lernens auf ein kooperatives Zusammenwirken angewiesen. Das Ziel lebendigen Lernens kann umso besser erreicht werden, je mehr sich das gesamte Gefüge in einem fließenden Gleichgewicht befindet. Die treibende Kraft für Wachstums- und Entwicklungsprozesse ist die dynamische Balance zwischen den Wirkfaktoren ICH, ES, WIR sowie dem Kontextfaktor GLOBE, der die subjektiven, intersubjektiven und thematischen Komponenten des Systems umschließt. Das Balancetheorem hat die Funktion, für eine gleichwertige, partizipative Beteiligung aller vier Faktoren an der Gestaltung von Lehr-Lern-Prozessen Sorge zu tragen. Das Vier-Faktoren-Modell kann nach Art von Checks and Balances als ein System verstanden werden, das für die Aufrechterhaltung einer gleichwertigen Arbeitsteilung im pädagogischen Lehr-Lern-System verantwortlich ist. Aufgrund der Wechselwirkungen zwischen den Faktoren befindet sich das System in stetigen Veränderungen, die auch mit „Störungen" einhergehen können. Das themenzentrierte Konstrukt „Störungen" sollte nicht allein auf individuelle oder interaktionelle Störungen bezogen, sondern systemisch als Indikator für Gleichgewichtsstörungen innerhalb des gesamten Faktoren-Systems interpretiert werden.
- *Integrative Spannungsfelder sind ‚Gegensatzeinheiten'*
  Die Frankfurter Forschungsgruppe möchte die Widersprüche, Gegensätze und Spannungsfelder ausdrücklich nicht als unversöhnliche Antinomien oder unlösbare Aporien verstanden wissen, sondern als ‚Gegensatzeinheiten'. Der Begriff ‚Gegensatzeinheiten' bringt zum Ausdruck, dass die Spannungsfelder durchaus durch polare, gegenläufige Ziele und Bestrebungen charakterisiert sind, dass diese Pole aber wie die Pole eines Magnetfeldes unauflöslich zusammengehören und erst dadurch eine Wirkungseinheit bilden. Dieses Verständnis von Wirkungseinheit impliziert, dass integrative Prozesse zwar ‚Einigungen' anstreben, diese Einigungen aber nicht, wie in der klassischen Dialektik, Synthesen gleichen, die These und Antithese in einer neuen Synthese ‚aufheben' und quasi auslöschen.
- *Integrative Dialektiken sind auf ‚Einigungen' ausgerichtet.*
  Die Widersprüchlichkeit ist integrativen Situationen und Verhältnissen inhärent, sie kann grundsätzlich nicht aufgehoben werden. Die Widersprüchlichkeit der integrativen Realität wird dabei nicht als eine negative, möglichst vermeidbare und aufzulösende Tatsache verstanden,

sondern eher als ein produktives Moment, als ein Motor, der Entwicklungsprozesse in Gang setzt. Aber die gegenläufigen Tendenzen und Strebungen müssen zeitweise und immer wieder miteinander versöhnt und verknüpft werden, damit überhaupt gemeinsames Handeln, Leben und Lernen möglich wird.

– *Dialektische Einigungen suchen nach dem gemeinsam Möglichen*
  Die Einigungen zwischen widersprüchlichen Gegensatzeinheiten liegen nicht genau in der Mitte zwischen zwei polaren Gegensätzen. Die gern bemühte Redensart „Die Wahrheit liegt in der Mitte!" verfehlt ganz und gar das Wesen von Einigungen. Die Integrationsdefinition betont sehr nachdrücklich und eindringlich, dass Einigungen zwar einen gemeinsamen Weg suchen, dies aber unter Anerkennung und grundsätzlicher Existenzbestätigung der gegensätzlichen bzw. widersprüchlichen Positionen. Bei Buber setzt eine Ich-Du-Beziehung immer die gegenseitige Anerkennung der ‚Andernheit' des Partners voraus. Analog verhält es sich bei Einigungen. Einigungen verzichten „auf die Verfolgung des Andersartigen" und implizieren eine „Akzeptanz des Unterschiedlichen". Das Ziel der Einigungen ist die „Entdeckung des gemeinsam Möglichen". Integrative Einigungen sind also intersubjektive Aushandlungsprozesse, deren Ergebnisse immer der Zustimmung beider Positionen oder Partner bedarf. Der Begriff der Einigung steht damit in der Nähe von kommunikationstheoretischen Modellen, die für eine kommunikative Rationalität immer einen intersubjektiven Konsens gleichberechtigter Positionen oder Partner einfordern.
– *Das gemeinsam Mögliche zeigt die Chancen, aber auch die Grenzen integrativer Lehr-Lern-Prozesse auf.*
  Dass die Einigungen nicht einfach als die Mitte polarer Positionen und Pole verstanden werden können, mögen einige Beispiele verdeutlichen.
  – Gehörlose Menschen sind vielfach schlichtweg nicht in der Lage, sich anzupassen und die Lautsprache zu erlernen. Soll zwischen Gehörlosen und Hörenden Kommunikation ermöglicht werden, ist entweder das Erlernen der Gebärdensprache durch die Hörenden oder der Einsatz von Gebärdensprachdolmetschern unumgänglich. Es werden also nicht die gehörlosen Menschen, sondern die kommunikativen Bedingungen angepasst.
  – Damit Rollstuhlfahrer gemeinsam mit anderen am öffentlichen Nahverkehr teilnehmen können, müssen die Busse entweder mit herausklappbaren Fahrbrettern ausgestattet sein oder die Ausstiege auf Bürgersteighöhe absenken können. Die integrative Einigung ist hier eine einseitige Anpassungsleistung der Umwelt.

- Eine Teilhabe von Migranten am gesellschaftlichen Leben ist nur bei einer hinlänglichen Beherrschung der Landessprache möglich. Weil eine multilinguale Gesellschaft, die über Grundkompetenzen in einigen Migrantensprachen verfügt, realistischer Weise nicht erwartet werden kann, ist zwecks sprachlicher Verständigung eine „einseitige" sprachliche Anpassung der Migranten vertretbar und erforderlich.
- „Einheitliche Ziele und Vorgehensweisen" machen bei Schüler/-innen mit Lernschwächen und -behinderungen eine wirksame Teilhabe an schulischen Lernprozessen nicht möglich. Schüler/-innen mit intellektuellen Beeinträchtigungen sind in der Integration unabdingbar auf differente Lernanforderungen und differenzierende Lernunterstützung angewiesen. In diesem Fall erfordern integrative Einigungen eher eine weitgehende Anpassung der Institution Schule.

Die Beispiele mögen veranschaulichen, dass die Einigungen keineswegs schlichte Mittelungen oder gleiche beiderseitige Anpassungen sind. Die Anpassungsleistungen sind mal mehr von den beteiligten Personen, mal mehr von den Umweltbedingungen, und ein anderes Mal von beiden gleichermaßen zu erbringen. Ich möchte unter dem Begriff „das gemeinsam Mögliche" auch gerne alle Vorkehrungen verstehen, die unter Berücksichtigung des Möglichen eine Gemeinsamkeit der Verschiedenen ermöglichen und stiften

- *Die zentralen dialektischen Prozesse sind Annäherung und Abgrenzung.* Diese inhaltliche Differenzierung der dialektischen Prozesse ist nicht unmittelbar in der Definition der TIP enthalten; sie wird dem Folgetext entnommen und ergänzend der definitorischen Auslegung hinzugefügt. Die Dialektik von Annäherung und Abgrenzung ist der Buberschen Dyade von Verbindung und Distanzierung angelehnt. Bei Annäherungsprozessen geht es darum, die jeweils anderen emphatisch zu verstehen, ihre Eigenart anzunehmen und zu bestätigen und schließlich eine gegenseitige Verbundenheit zu etablieren. Die Abgrenzungsprozesse dienen dazu, sich von anderen Positionen zu distanzieren, fremdartige Erwartungen abzuwehren oder sich der eigenen Identität zu vergewissern und diese zu stabilisieren.

Soweit die allgemeinen Grundzüge der TIP. Dieses allgemeine Modell wird – von der TIP selbst sowie von anderen Autoren – durch eine zweifache Differenzierung erweitert und konkretisiert, und zwar zum einen durch eine vertikale Differenzierung in verschiedene „Ebenen" und durch eine horizontale Differenzierung in verschiedene „Sektionen" oder Kategorien.

2.2.2 Vertikale Differenzierung: Systemische Ebenen

Urie Bronfenbrenner hat mit seiner wegweisenden Schrift „Die Ökologie der menschlichen Entwicklung" (1981) den sog. ökonomischen Ansatz in die Diskurse der Sozial- und Humanwissenschaften eingebracht. Seither ist es mehr und mehr ein guter Brauch, in der Nachfolge zu Bronfenbrenner die gesamte Umwelt in verschiedene Subsysteme zu untergliedern. Die grobe Unterscheidung eines Makrosystems (Gesellschaftliche Ebene), der Mesosysteme (Institutionelle Ebene) und der Mikrosysteme (Gruppenebene) hat nahezu sprichwörtliche Bekanntheit erlangt. Das Unterscheidungskriterium ist die Komplexität der sozialen Beziehungen innerhalb der Subsysteme.
Auch die TIP hat ein eigenes Mehrebenenmodell entwickelt und unterscheidet vier Wirkungsebenen, auf denen sich unterscheidbare integrative Prozesse ereignen:

1. *Die innerpsychische Ebene*
Sie fokussiert alle psychischen Prozesse (Kognitionen, Emotionen, Motive usw.), die sich innerhalb einer individuellen Person abspielen. Die innerpsychische Ebene wird – den Grundannahmen der Psychoanalyse folgend – als Grundlage aller folgenden Ebenen angesehen, weil „ohne sie auf allen weiteren Ebenen keine Einigungen gelingen können" (Klein u. a. 1987, 39).
2. *Die interaktionelle Ebene*
Sie umfasst „den Aspekt der Gruppenbeziehungen und wie auch den Aspekt des gemeinsamen Handelns an einer Sache" (Klein u. a. 1987, 40). In der Schule meint diese Ebene also das gesamte Geschehen innerhalb einer Lerngruppe oder einer Klasse.
3. *Die institutionelle Ebene*
Auf dieser Ebene ist durch gesellschaftliche Beauftragung und interne Schulkonzepte festgelegt, ob und wie integrative Erziehung und Bildung in der jeweiligen Schule realisiert werden darf und soll.
4. *Die gesellschaftliche Ebene*
Hier sind die normativen und legislativen Grundlagen des Erziehungs- und Bildungssystems insgesamt angesiedelt. Auf der gesellschaftlichen Makroebene wird insbesondere die basale Dialektik von Gleichheit und Verschiedenheit vorstrukturiert und entschieden. Das System legt verbindlich fest, welcher institutionellen Differenzierung das Erziehungs- und Bildungssystem insgesamt folgen muss und was noch erlaubt ist: Gesamtschule oder gegliedertes Schulsystem? Sonderschule oder Integrationsschule? In normativer Hinsicht geht es um die Frage, was unter ‚Normalität' verstanden wird, welche Normalität mit

welcher Verbindlichkeit erwartet wird, mit welcher Rigidität die Anpassung an gesellschaftliche Normen eingefordert wird, welche Verkehrs-und Gesellungsformen und welche institutionellen Strukturen für das soziale und schulische Miteinander der Verschiedenen bereitgehalten, zugelassen oder verboten werden.

Die vier Ebenen stehen miteinander in einem Bedingungs- und Wechselwirkungsverhältnis. Die einzelne Schule etwa wirkt kraft des Schulklimas auf die einzelne Klasse ein und bestimmt wesentlich die Zusammensetzung der Klasse. Viele inklusive Schulen und Klassen stellen die Gliederung des Schulwesens, also das System, ersichtlich in Frage, umgekehrt nehmen Schulgesetze, Bildungspläne und die verpflichtende Teilnahme an Schulleistungserhebungen in spürbarer Weise auf die Pädagogik des Klassenzimmers Einfluss; und so fort. Die Textbox enthält als ein zusätzliches Verständnisangebot einen Originaltext von Helmut Reiser, in dem authentisch die Wirkungen der integrativen Prozesse auf den verschiedenen Ebenen dargelegt werden (Box 1).
Auf allen Ebenen des Mehrebenenmodells sind integrative Prozesse am Werk. Die Annäherungen und Abgrenzungen nehmen jedoch auf den verschiedenen Ebenen auch verschiede Formen und Gestalten an. Andreas Hinz (1993) hat das basale Spannungsfeld von Gleichheit und Verschiedenheit sowie die grundlegenden Prozesse der Abgrenzung und Annäherung zu dem Vier-Ebenen-Modell in Beziehung gesetzt. In der resultierenden Kreuztabelle tauchen die dialektischen Grundprozesse in abgewandelten Mutationsformen auf; ihnen sind jedoch die ursprünglich, essentiellen Bewegungen der Annäherung und Abgrenzung weiterhin inhärent:

	Spannungsfeld	Verschiedenheit	Balance	Gleichheit
	Prozesse	Abgrenzung	Annäherung	Einigung
Ebenen	innerpsychisch	Verfolgung	Akzeptanz	Verleugnung
	interaktionell	Distanzierung	Begegnung	Verschmelzung
	handlungsbezogen	Verweigerung	Kooperation	Vereinnahmung
	institutionell	Aussonderung	Gemeinsamkeit	Anpassung
	gesellschaftlich	Exotisierung	Normalisierung	Kolonialisierung

Tab. 5: Ausprägungen der dialektischen Prozesse „Abgrenzung“ und „Annäherung“ auf verschiedenen Ebenen (Hinz 1993)

- *Ganzheit und Abgrenzung der Person*
  Auf der innerpsychischen Ebene wirken solche Prozesse integrativ, in denen ein Mensch im Austausch mit anderen Personen und/oder seiner Umwelt widersprüchliche Anteile der eigenen Person in seine Wahrnehmungs- und Ausdrucksmöglichkeiten integriert und so durch die Anerkennung der menschlichen Widersprüchlichkeit und Abhängigkeit von Austauschprozessen die Grenzen seiner Person erfährt und die Ganzheit seiner Person verwirklicht.
- *Dialog und Partizipation*
  Auf der interpersonellen Ebene wirken solche Prozesse integrativ, in denen Personen in Bewegungen gegenseitiger Annäherungen und Abgrenzungen in einen Dialog treten. Dialog bedeutet die Akzeptanz der Andersartigkeit und Gleichheit der anderen Person bei gleichzeitigem deutlichen Erleben der eigenen Abgegrenztheit und Gleichheit.
- *Tätigkeit und Kooperation*
  Auf der Handlungsebene wirken solche Prozesse integrativ, in denen Personen gemeinsam an einem Gegenstand/Vorhaben arbeiten mit dem Ziel, Realität zu bewältigen. Dies erfordert vielfältige und individuell gestaltbare Kooperationsmöglichkeiten.
- *Lebensweltorientierung*
  Auf der situativ-ökologischen Ebene wirken solche Prozesse integrativ, in denen zwischen den Mitgliedern einer kooperierenden Gruppe und zwischen der Gruppe und ihrer Umwelt ein lebhafter Austausch stattfindet, in denen die Potentiale der Gruppenmitglieder und der Gruppe als Ganzes entfaltet werden, Umwelt zu gestalten.
- *Institutionelle Entwicklung*
  Auf der institutionellen Ebene wirken solche Prozesse integrativ, bei denen Institutionen für sich wie in Kooperation mit anderen Institutionen ihre Leitvorstellungen neu definieren, ihre Mitglieder für diese Konzeptentwicklung aktivieren und sowohl innerinstitutionell wie nach außen ihre Aktivitäten und Strukturen zugunsten dieser übergeordneten Ziele verändern.
- *Demokratische Entwicklung*
  Auf der Ebene gesellschaftlicher Strukturen wirken solche Prozesse integrativ, in denen Benachteiligungen abgebaut werden und die Verfassungsgrundsätze der Gleichberechtigung und sozialen Gerechtigkeit ihrer Verwirklichung näher kommen; dieser Anspruch bemisst sich insbesondere an Personen und Personengruppen, die durch strukturelle Gewalt von Ausgrenzung oder Benachteiligung bedroht sind.
- *Existentielle Erfahrungen*
  Auf der transzendierenden Ebene geht es um die Verarbeitung der Erfahrung von Unvollkommenheit und Sterblichkeit, um die Verwirklichung eines persönlichen Lebenssinns im Kontext kultureller Deutungen.

Box 1: Integrative Prozesse auf den verschiedenen Ebenen der TIP (Reiser 1990, 32ff.)

- Auf der *innerpsychischen Ebene* geht es um die Akzeptanz der eigenen Person mitsamt ihren Ängsten und Gefühlen. Die widersprüchlichen Empfindungen und Impulse, die eigenen Schwächen und Unzulänglichkeiten dürfen weder verdrängt noch verleugnet werden.
- Auf der *interaktionellen Ebene* können dialogische Begegnungen zum Aufbau von Ich-Du-Beziehungen beitragen und übermäßige soziale Distanzierungen sowie emotionale Verschmelzungen verhindern.
- Auf der *handlungsbezogenen Ebene* sollen zwischen den verschiedenen Schüler/-innen tragfähige Arbeitsbeziehungen entstehen, die von den beteiligten Partnern angenommen werden, aber sie nicht vereinnahmen und ausbeuten.
- Auf der *institutionellen Ebene* muss das integrative Gebot des Miteinander der Verschiedenen zur Geltung gebracht werden, und zwar in der Weise, dass weder eine Anpassung der Verschiedenen an die Normalität gefordert noch ein Ausschluss der Verschiedenen aus der Normalität in Erwägung gezogen wird.
- Auf der *gesellschaftlichen Ebene* steht der Aufbau einer demokratischen Kultur der Vielfalt und der Toleranz an: „Es ist normal, verschieden zu sein“ (Richard von Weizsäcker). Behinderungen sollen nicht als eine Abweichung verstanden und exotisiert werden, sondern als eine mögliche und akzeptierte Variante des Menschseins. Eine demokratische, integrative Kultur verzichtet gleichfalls darauf, Verschiedene, etwa Migranten, zu „normalisieren“, einzudeutschen und ihrer Identität zu berauben. Demokratie braucht ein gleichberechtigtes Miteinander der Verschiedenen und ist nicht als ein Miteinander der Gleichen zu verstehen.

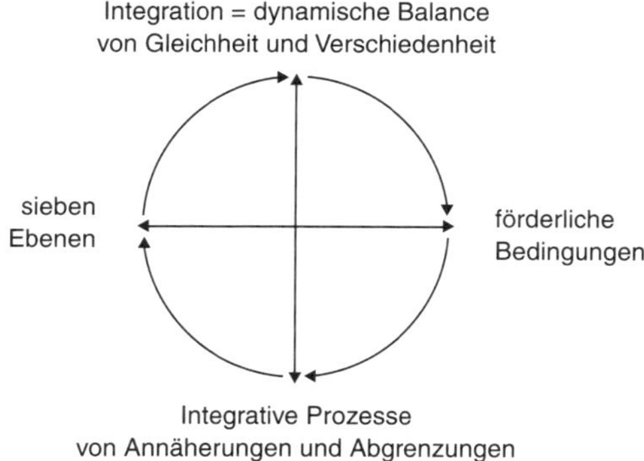

Abb. 11: Der Zirkel Integrativer Prozesse (Reiser 1991)

In Abb. 11 hat Helmut Reiser die Theorie Integrativer Prozesse in eine wohlstrukturierte Grafik übersetzt. Der Kommentar dazu lautet: „Der pädagogische Auftrag bewegt sich entlang der Kreislinie im Bild:

- Ich versuche, förderliche Bedingungen zu schaffen.
- Ich versuche wahrzunehmen, welche integrativen Prozesse dadurch in Gang kommen.
- Dabei ist es hilfreich zu analysieren, auf welchen Ebenen welche Prozesse in Gang kommen. …
- Aufgrund dieser Analyse gemäß meinem Richtziel ‚dynamische Balance von Gleichheit und Verschiedenheit' versuche ich die Bedingungen weiter zu verbessern, weitere Ebenen einzubeziehen, die integrative Prozesse fördern" (Reiser 1991, 15f).

2.2.3 Horizontale Differenzierung: Kategoriale Sektionen

Zur ersten vertikalen Differenzierung nach der Komplexität von Subsystemen in verschiedenen Ebenen wurde in der Geschichte der TIP eine weitere horizontale Differenzierung hinzugefügt. Die horizontale Differenzierung unterscheidet nach der kategorialen Zugehörigkeit zu verschiedenen Gruppen, die hier „Sektionen" genannt werden sollen.
Annedore Prengel und Andreas Hinz haben – zeitgleich und doch unabhängig voneinander – das vertikale Mehrebenenmodell um eine horizontale Achse erweitert. Diese horizontale Achse dient zum Eintragen kategorial unterscheidbarer Personen, die unterschiedlichen Sektionen zuzuordnen sind. Die Untertitel ihrer Arbeiten zeigen sehr deutlich an, um welche sektionalen Differenzierungen es sich handelte:

- Prengel, Annedore: Pädagogik der Vielfalt: Verschiedenheit und Gleichberechtigung in Interkultureller, Feministischer und Integrativer Pädagogik (1993).
- Andreas Hinz: Heterogenität in der Schule. Integration – Interkulturelle Erziehung – Koedukation (1993).

Die Schriften gingen – mutatis mutandis – der gleichen Fragestellung nach: Welche Unterschiede und Gemeinsamkeiten bestehen zwischen feministischer, interkultureller und integrativer Pädagogik. Das generelle Resultat der tiefgründigen Analysen kann in zwei Sätzen auf den Punkt gebracht werden:

1. In allen drei Pädagogiken, also in der feministischen, interkulturellen und integrativen Pädagogik, sind die gleiche Grunddialektik von Gleichheit und Verschiedenheit sowie die gleichen Basisprozesse von Annäherung und Abgrenzung vorzufinden.
2. Die feministische, interkulturelle und integrative Pädagogik haben zwar einen gemeinsamen theoretischen Kern, nämlich die Dialektik von Gleichheit und Verschiedenheit, sie sind aber trotzdem nicht „gleich", sondern inhaltlich verschieden. Wenn die Dialektik von Gleichheit und Verschiedenheit auf differente Personenkategorien (Geschlecht, Migration, Behinderung) trifft, finden bedeutsame Anpassungen und Modifikationen der Grundrelation Gleichheit und Verschiedenheit statt, die inhaltlich von den Besonderheiten und Eigentümlichkeiten der Sektionen ausgeht.

Während also die theoretischen Kerne der feministischen, interkulturellen und integrativen Pädagogik substantiell „gleich" sind, unterscheiden sich die „Gehäuse" der Kerne inhaltlich signifikant.
Die Erweiterung der TIP um eine horizontale Differenzierung nach kategorialen Sektionen führte in der Geschichte der Integrationspädagogik zu einem qualitativen Sprung. Während vorher die Integrationspädagogik weitgehend mit Behindertenpädagogik assoziiert und auch auf die Personengruppe der Menschen mit Behinderungen beschränkt wurde, erweiterte sich nun die behinderungsbezogene „Integrationspädagogik" zur einer „Pädagogik der Vielfalt". Und der bisherige enge, behinderungsfixierte Begriff der Integration erweiterte sich zu einem weiten, vielfaltsbezogenen Integrationsbegriff.
Notabene kann an dieser Stelle deutlich gemacht werden, dass die deutschsprachige Integrationspädagogik schon lange vor der Konferenz von Salamanca (UNESCO 1994) und der Verabschiedung der UN-Behindertenrechtskonvention (BRK 2009) eine Pädagogik der Vielfalt, also eine inklusive Pädagogik war.
Die qualitative Wende in der Theoriegeschichte der integrativen Pädagogik erfuhr alsbald eine weitere Ergänzung und damit Bestätigung. Andreas Hinz (1998) stellte in einem Beitrag die provozierende Frage: Integrative Pädagogik – auch eine Pädagogik für Arme? Damit wurde der bisherigen Trias Geschlecht, Migration, Behinderung eine weitere kategoriale Sektion hinzugefügt: Soziale Herkunft (class) – aus der Sicht etwa der Pädagogik bei Lernbehinderungen und Verhaltensstörungen eine wichtige, begrüßenswerte Ergänzung. Allenfalls kann man kritisch nachfragen, warum die integrative Pädagogik sich doch erst relativ spät der Themen soziale Benachteiligung, Armut, Chancen(un)gerechtigkeit angenommen hat.

Die zweite, horizontale Achse der TIP kann in der Anzahl der kategorialen Sektionen numerisch nicht begrenzt werden. Eine revidierte Fassung der TIP berücksichtigt mindestens „the big five“: Alter (age), Geschlecht (sex), Ethnie (race), Herkunft (class), Begabung ((dis)ability). Angesichts der weltweiten Flucht- und Wanderbewegungen scheint auch erwägenswert, ob nicht auch Weltanschauung (religio) als eine bedeutsame kategoriale Differenzierung dem Set der Sektionen hinzuzufügen wäre.
Durch die Erweiterung der TIP um eine kategoriale, sektionale Achse entsteht ein sehr komplexes Bild einer neuen Inklusionspädagogik. Die gewachsene Komplexität einer inklusiven Pädagogik soll durch eine zweidimensionale Matrix deutlich gemacht werden.

		Horizontale Differenzierung SEKTIONEN						
		Alter (age)	Geschlecht (sex)	Ethnie (race)	Herkunft (class)	Begabung (ability)	Weltanschauung (religio)	....
Vertikale Differenzierung EBENEN	inner-psychisch							
	inter-aktionell							
	institu-tionell							
	gesell-schaftlich							

Tab. 6: Vertikale und horizontale Differenzierung der „Theorie integrativer Prozesse“

Ergänzend sei gesagt, dass über die Anzahl der Ebenen wie auch über die Anzahl der ausgewählten Sektionen von der Theorie keine Festlegungen getroffen werden sollten. Die interne Differenzierung der beiden Achsen richtet sich ganz und gar nach der jeweils anstehenden Frage- und Aufgabenstellung.
Die Tabelle 5 kann zum einen recht gut die Komplexität einer revidierten Theorie integrativer Prozesse bzw. einer Theorie inklusiver Prozesse anschau-

lich machen. Zum anderen hat sie nach meinem Dafürhalten einen hohen funktionalen Gebrauchswert. In so manchen inklusiven Gesprächen und Diskursen ist nicht immer klar, worüber eigentlich geredet und geschrieben wird. Nun kann mit Hilfe der vertikalen und horizontalen Differenzierung relativ klar deutlich gemacht werden, auf welcher Ebene das Thema anzusiedeln ist und um welche Personengruppe bzw. Sektion es ganz konkret geht. Ohne diese Klarlegungen verlieren sich so manche Inklusionsgespräche und -diskurse orientierungslos im Allgemeinen und reden über alles und jedes.

2.3 Supplemente

(a) Geschichten und Reflexionen
Lassen Sie mich ohne eine kunstvolle Einleitung gleich von der Sache selbst, von der Gemeinsamkeit Behinderter und Nichtbehinderter sprechen. Ich möchte mit Ihnen darüber nachdenken, was Integration eigentlich inhaltlich bedeutet. Die Frankfurter Arbeitsgruppe Klein, Kreie, Kron und Reiser hat in dem Buch „Integrative Prozesse in Kindergartengruppen“ (1987) einen Theorieentwurf vorgelegt, der breite Beachtung verdient. Integrative Prozesse sind der Frankfurter Arbeitsgruppe zufolge auf fünf verschiedenen Ebenen auszumachen:

- auf der innerpsychischen Ebene des einzelnen Individuums;
- auf der interaktionellen Ebene zwischen verschiedenen Personen;
- auf der didaktischen Ebene im Unterricht;
- auf der institutionellen Ebene der Schulorganisation;
- auf der gesellschaftlichen Ebene kultureller Normen und Werte.

Im Folgenden sollen lediglich die Personebene und die Beziehungsebene Gegenstand der Betrachtung sein. Beginnen wir mit der Frage: Was bedeutet Integration auf der innerpsychischen Ebene?

Integration auf der Personebene
Ich möchte mit einer Geschichte anfangen. Aus unseren Kindertagen ist uns das Spiel: „Wer fürchtet sich vorm schwarzen Mann?“ bekannt. In der Turnhalle oder auf einem Spielfeld steht ein Schüler als der schwarze Mann der übrigen Klasse in einem gehörigen Abstand gegenüber. Der schwarze Mann eröffnet nun das Fangspiel mit der scheinbar harmlosen Frage: „Wer fürchtet sich vor dem schwarzen Mann?“ Die gefragten Mitschüler antworten, ohne eine Spur von Ängstlichkeit, mit einem brüllenden: „Niemand!“ Der Schüler, der die Rolle des schwarzen Mannes spielt, scheint der lautstarken Antwort

nicht recht zu trauen und fragt noch einmal nach: „Wenn er aber kommt?“ „Dann laufen wir!“ antworten die Mitschüler ohne weiteres Nachdenken und rennen los. Das Spiel geht so lange, bis sie alle vom schwarzen Mann gefangen sind.

Psychologisch kann man dieses Kinderspiel etwa so deuten: Der schwarze Mann – das ist nicht eine andere Person, das ist die dunkle Seite unserer eigenen Person. Das sind unsere Fehler, unsere Schwächen, unsere Unzulänglichkeiten und Probleme. Diese dunkle Seite unserer eigenen Person wollen wir nicht gerne wahrhaben, wir verleugnen sie, geben großmäulig vor, keine Angst davor zu haben und laufen davon, obwohl wir ganz genau wissen, dass der schwarze Mann uns doch irgendwann fangen wird.

Diese dunkle Seite gehört zu uns wie ein Schatten (C. G. Jung). Jeder lebendige Mensch hat auch seine Schattenseiten. Es gibt niemanden unter uns, der makellos und vollkommen wäre. E. Fromm (1985, 57) hat einmal gesagt: „Es gibt nichts Menschliches, was nicht in jedem von uns zu finden wäre.“ Zur Menschlichkeit des Menschen gehören nicht nur seine Sonnenseiten, sondern auch seine Schatten. Menschen sind widersprüchliche Wesen: Wir alle sind gleichzeitig mehr oder minder schön und hässlich, stark und schwach, gut und schlecht, aktiv und passiv, intelligent und eingeschränkt. Irren ist menschlich, sagt das Sprichwort. Die symbolische Botschaft des Kinderspiels lautet: Behinderungen – das ist nicht etwas, was lediglich andere Menschen, nämlich die Behinderten, betrifft und mit dem wir Normale nichts zu tun haben. Behinderungen, Fehler und Schwächen sind ein Teil von uns selbst.

Wie gehen wir Menschen nun mit der dunklen Seite unseres Wesens um, mit unseren heimlichen Wünschen, mit den nicht eingestandenen Ängsten und den unerwünschten Mängeln?

Wir alle haben ein unstillbares Verlangen danach, etwas darzustellen, einen guten Eindruck, eine gute Figur zu machen und rundherum liebenswürdig zu sein. Wir möchten allzu gerne ein Supermann oder eine Klassefrau sein. Und nichts anderes erwarten auch unsere Mitmenschen und die feine Gesellschaft von uns. Wir wünschen uns Mitmenschen, die leistungsfähig, attraktiv, topfit und dynamisch sind. Unser eigenes Selbstideal und gesellschaftliche Erwartungen verpflichten uns, ein Mensch ohne Fehl und Tadel zu sein. Wie aber können wir diesen Vollkommenheitssehnsüchten und -erwartungen genügen angesichts der unerbittlichen Schattenseiten? Die Konfrontation mit Behinderungen und Schatten löst tiefgreifende emotionale Erschütterungen bei uns aus: Wir sind existentiell getroffen und persönlich verletzt. Wir empfinden selbstbedrohende Angst, quälende Schuldgefühle und lähmende Ohnmacht. Der psychoanalytischen Lehre folgend wenden wir verschiedene Methoden an, um die dunkle Seite unserer Existenz zu bewältigen: Verleugnung und Projektion.

Im Falle der Verleugnung spalten wir die dunklen Seiten von unserer Person ab. Wir tun so, als seien die unerwünschten Seiten gar nicht vorhanden. Wir vergessen, dass wir auch Fehler haben. Wir können und wollen nicht mehr zugeben, dass wir etwas falsch gemacht haben und hier und da auch ein Versager sind. Die widersprüchlichen, negativen Seiten unserer eigenen Person werden vertuscht, ausgeschlossen und ausgesondert. Wir schieben unsere Mängel von uns weg und sperren sie in die Dunkelkammer unserer Seele, in ein ganz persönliches Ghetto ein und entfremden uns damit von uns selbst. Unsere Schatten können wir nämlich nicht totschlagen und vernichten. Schatten leben so lange wie wir selbst. Schatten heften sich unerbittlich an unsere Fersen und begleiten uns auf Schritt und Tritt.
Ein weiterer Abwehrmechanismus ist die Projektion. Wir umgehen die offene Auseinandersetzung mit den eigenen Schatten und unterstellen schlichtweg anderen, dass sie die bei uns verdrängten Schatteneigenschaften besitzen. Wir richten die Aggressionen gegen eigene Mängel stellvertretend auf andere und suchen Sündenböcke, die für das verantwortlich gemacht werden, was in uns selbst begründet ist. So distanzieren wir uns mit pharisäerhafter Unschuldsmiene und Selbstgerechtigkeit von all den anderen, die Vorurteile gegen Ausländer und Behinderte haben, die absonderliche Ansichten vertreten oder sonst wie unmöglich sind. Wir werten unser angeknacktes und verletzbares Selbstbild auf, indem wir andere erniedrigen, abwerten, diskriminieren und aussondern. Die eigene Kränkung und Verletzung durch unsere Schatten wird umgestaltet und umgeformt in eine rigorose Ablehnung von Andersartigen. Die Institutionalisierung von Behinderten kann als Ausdruck einer aggressiven Verfolgung nichtakzeptierter Schatten verstanden werden (Milani-Comparetti 1987).
Nunmehr kann deutlich gemacht werden, was Integration auf der innerpsychischen Ebene bedeutet. Wir können vor den dunklen Seiten in uns nicht davonlaufen. Irgendwann wird der schwarze Mann, wie das Kinderspiel lehrt, uns einfangen. Die persönliche Integration jedes einzelnen von uns setzt die selbstbewusste Einsicht voraus, dass wir nicht nur gute, sondern auch dunkle Seiten haben. Wir müssen trotz erheblicher innerer Widerstände einsehen, dass wir auch krank, böse, asozial, intolerant, hässlich und einseitig sind. Wir sind allzu gern bereit, den ehemaligen amerikanischen Präsidenten Donald Trump als den Inbegriff von Unwahrhaftigkeit an den Pranger zu stellen. Dabei vergessen wir, dass ein Stück Trump auch in uns selbst ist. Nach Fromm gibt es ja nichts Menschliches, was nicht auch in uns selbst zu finden wäre, im Guten wie im Bösen.
Gegen das schmerzliche Gefühl der eigenen Minderwertigkeit, Unterlegenheit und Unzulänglichkeit sind Verdrängung, Verleugnung und Projektion genauso

wenig ein geeignetes Heilmittel wie eine Enthauptung gegen Kopfschmerzen. Unsere Schatten sind ein Teil unserer Existenz. Ein Mensch, der seine eigenen Schatten nicht kennt, emotional nicht akzeptiert und keine Verantwortung für sie übernimmt, ist keine integrierte Persönlichkeit, sondern ein halbierter Mensch. Die Annahme von Behinderungen, das ist keineswegs nur eine Lebensaufgabe für die Behinderten, sondern jedem von uns aufgegeben. Integration ist auch ein Akt der Selbstliebe und erweist sich in einem freundschaftlichen Umgang mit den eigenen Gebrechlichkeiten. Behinderungen sind menschlich; sie bei uns selbst und bei anderen zu akzeptieren, ist Gegenstand der Menschwerdung des Menschen.

Die Ausgrenzung Andersartiger hat ihre psychologische Wurzel allemal in der Abspaltung ungeliebter und ungelebter Persönlichkeitsanteile in uns selbst. Die Grenzen der Integration liegen in uns selbst, in unserem Bedürfnis, alles Fremde, Unbekannte, Kranke zu meiden und zu verbannen. Integration ist nicht nur einfach das Erfüllen eines humanitären Anspruchs oder einer idealen sozialpolitischen Haltung" (Milani-Comparetti 1987, 231); sie ist auch nicht ein Akt des Mitleids oder eine großzügige Geste der Toleranz, dass wir Nichtbehinderten die Behinderten unter uns dulden und mit uns leben lassen. Wir selbst sind mitbetroffen. Integration ist daher eine Aufgabe, die bei uns selbst anfangen muss. Die Akzeptanz der Schatten in uns selbst ist daher die notwendige und unverzichtbare Grundlage für die Akzeptanz der Schatten bei anderen. Sage mir, so könnte man eine Redensart abwandeln, wie du mit deinem eigenen Schatten umgehst, und ich sage dir, welche Schwächen du anderen zugestehen kannst.

Die Dichterin Ina Seidel hat einmal gesagt: „Wir können nur das bewirken, was wir in uns selbst verwirklicht haben." Von dem Kollegen Georg Feuser (1985) stammt der Satz: „Integration muss in unseren Köpfen beginnen." Wir wissen nun, dass die integrative Arbeit an uns selbst tiefer gehen muss und nicht nur eine Sache des Kopfes ist. Wir müssen „Einigungen" (Klein u. a. 1987) herstellen zwischen Körper, Geist und Seele, zwischen Denken, Fühlen und Handeln, zwischen unseren lichten und dunklen Seiten, zwischen Sich-Akzeptieren und Sich-Verändern. Wir müssen in einen ganzheitlichen Kontakt mit uns selbst kommen und die Existenz widersprüchlicher Persönlichkeitsanteile anerkennen und annehmen. Wir müssen uns mit unserer ganzen Natur aussöhnen und Frieden schließen mit all dem, was in uns ist. Persönliche Integration setzt die Überwindung der Abwehrmechanismen gegen die Schatten bei uns und bei anderen voraus; sie ist „das Resultat eines schwierigen Reifungsprozesses, einer psychologischen Verarbeitung der Trauer, der Angst und des emotionalen Widerstandes" (Milani-Comparetti 1987, 231) angesichts von Schatten und Behinderungen.

Integration auf der Beziehungsebene

Ich komme nun zu einem zweiten Bedeutungsaspekt von Integration, der Integration auf der Ebene der zwischenmenschlichen Beziehungen. Auf der Personebene bedeutete Integration, dass jeder mit sich selbst in einen ganzheitlichen Kontakt kommt und Integration im Umgang mit sich selbst anstrebt. Auf der interaktionellen Ebene bedeutet folglich Integration, dass sich verschiedene Personen begegnen und einen ganzheitlichen Kontakt miteinander haben. Eine ganzheitliche Beziehung heißt, wir selbst begegnen dem anderen als ganze Person, so wie wir sind, und nehmen dabei auch unser Gegenüber als ganze Person wahr. Wir beachten bei dem Gegenüber nicht nur einige wenige Aspekte seiner Person, etwa nur seine unangenehmen Schattenseiten, um unsere Ablehnung zu rechtfertigen, oder nur seine brauchbaren Eigenschaften, die unser eigennütziges Interesse an ihm begründen. Wenn Männer Frauen lediglich als Sexualobjekt wahrnehmen, dann werden nur Teilaspekte erfasst und wesentliche andere Personaspekte aus der Beziehung ausgeklammert. Wenn Sonderpädagogen bei behinderten Kindern lediglich die Behinderung ins Auge fassen und in den Mittelpunkt ihres Interesses stellen, dann erfassen sie das behinderte Kind nur teilhaft, nicht aber ganzheitlich.

Die defektorientierte Betrachtungsweise könnte eine bedenkliche Nebenwirkung der sonderpädagogischen Ausbildung sein. Das Studium der Behindertenpädagogik macht gewiss eine intensive Befassung mit den Behinderungen, ihren Ursachen, Erscheinungsformen und Beeinflussungsmöglichkeiten erforderlich. Eine ungewollte Nebenwirkung könnte jedoch sein, dass die Spezialisten für Behinderungen nur noch die vielfältigen Defekte und Mängel, nur noch das Nicht-Können sehen und die lebendige Vielfalt eines Kindes mit Behinderungen aus dem Auge verlieren.

Eine defektorientierte Sonderpädagogik kommt leicht in Gefahr, sich unentwegt nur noch mit den Behinderungen der Kinder zu befassen, gegen diese Defekte anzurennen und alles von der Norm Abweichende irgendwie zurechtzubiegen. Ein solcher Förderungsaktionismus dient nicht dem Kind, sondern wendet sich gegen das Kind. Der Therapiewahn ist nichts anderes als eine aggressive Verfolgung des Andersartigen (Milani-Comparetti 1987). Wie bedenklich eine nur teilhafte, nicht ganzheitliche Wahrnehmung von behinderten Kindern ist, kann durch ein einfaches Gedankenexperiment verdeutlicht werden. Stellen wir uns einmal vor, unser liebster Lebenspartner würde vorwiegend die dunklen, negativen Seiten, die wir ja ohne Frage haben, wahrnehmen und hervorheben. Diese einseitige, teilhafte Wahrnehmung würde wohl über kurz oder lang entweder uns selbst oder auch die Beziehung zerstören und ruinieren. Wie mag sich wohl ein behindertes Kind vorkommen, wenn Ärzte, Therapeuten, Lehrer und Eltern sich unentwegt um seine Behinderung scharen und diese mit vereinten Kräften zu normalisieren versuchen? Die therapeutische Allianz gegen den Defekt führt beim Kinde dazu, dass es seine Behinderung als das Wichtigste an seiner Persönlichkeit wahrnimmt (Roser 1987). Behinderungen sind ohne Frage ein kennzeichnendes Attribut von behinderten Kindern, sie machen aber nicht ihr Wesen aus.

Integration auf der Beziehungsebene meint also eine ganzheitliche Begegnung verschiedener Menschen, oder mit den Worten des Philosophen Martin Buber (1995) eine „Ich-Du-Beziehung". Eine Ich-Du-Beziehung ist durch ein Verhältnis der Gegenseitigkeit gekennzeichnet. Beide Personen nehmen sich wechselseitig in ihrer vollen Wirklichkeit wahr. Grundlage der Gegenseitigkeit ist die wechselseitige Akzeptanz der Unterschiede, der beiderseitige Respekt vor der eigenen Identität des Anderen. Bei ganzheitlichen Begegnungen machen wir zweierlei Erfahrungen, nämlich erstens, dass der andere von uns verschieden ist, und zweitens, dass der andere auch ein Mensch ist, wie wir selbst.

Genau dies ist nun das Anliegen von Integration auf der Beziehungsebene. In integrativen Lebenszusammenhängen machen wir die Erfahrung, dass andere Menschen zugleich verschieden und ähnlich sind, die Erfahrung, dass es unaufhebbare Unterschiede und zugleich ausreichende Berührungspunkte gibt. Abgrenzungen erfolgen bei gegenseitiger Akzeptanz der Unterschiede, Annäherungen erwachsen aus dem einfühlenden Verstehen von Gemeinsamkeiten. Integrative Beziehungen haben nichts mit symbiotischen Verschmelzungen gemein. Es geht nicht darum, genauso zu denken, zu fühlen und zu handeln wie der andere. Es geht nicht darum, eigene Bedürfnisse aufzuopfern und persönliche Entfaltungsanliegen aufzugeben. Und es geht auch nicht darum, dem Anderen zuliebe sich anzupassen und keine eigene Identität mehr zu leben. Zwischen Behinderten und Nichtbehinderten gibt es auch in integrativen Beziehungen unüberwindbare Grenzen und unaufhebbare Unterschiede. Diese Differenzen dürfen und sollen benannt und gelebt werden. Ganzheitlicher Kontakt meint nicht eine harmonisierende Verwischung von Unterschieden, sondern eine offene, akzeptierende Auseinandersetzung mit diesen Unterschieden. Auch in der Ehe sind völliges Einssein und totale Symbiose weder möglich noch aufgrund der unverwechselbaren Einmaligkeit und des unverfügbaren Selbstwertes jedes einzelnen Partners wünschenswert. Der Preis von Integration kann weder die einseitige Anpassung Behinderter an die Normalität Nichtbehinderter sein, noch eine einseitige Aufgabe von Entfaltungsbedürfnissen Nichtbehinderter aus Rücksichtnahme auf die Behinderten. Ein einseitiger Identitätsverzicht kann weder den Behinderten noch den Nichtbehinderten zugemutet und abgefordert werden. Integrative Prozesse sind durch „Einigungen", durch wechselseitige Annäherungen zwischen Behinderten und Nichtbehinderten gekennzeichnet.

Integration ist also keine Veranstaltung zur Aufhebung von Unterschieden. Integrative Erziehung will keineswegs Behinderungen leugnen, sie kann und will auch nicht Behinderungen heilen und ungeschehen machen. Integrative Erziehung will behinderte und nichtbehinderte Kinder nicht gleichschalten und nicht gleichmachen. Das Anliegen integrativer Erziehung besteht eben nicht darin, die Wirklichkeit von Behinderungen abzuschaffen, sondern sie in ihrer Realität zu akzeptieren und in die Menschlichkeit des Menschen heimzuholen. Integrationsklassen verstehen sich als eine pädagogische Einrichtung, die allen Kindern „das Recht auf Unterschiedlichkeit" (Wocken 1987, 87) zugesteht und zugleich „das Miteinander des Verschiedenen" (Adorno) einübt. Integration geht es um „die Bewältigung der Andernheit in der gelebten Einheit" (Buber 1962, 55). In einem so weitgespannten sozialen Spannungsfeld, wie es die Heterogenität einer integrativen Lerngruppe darstellt, machen die Kinder Tag für Tag die Erfahrung der Differenz, und sie haben Tag für Tag Gelegenheiten, bei aller Unterschiedlichkeit das Gemeinsame zu entdecken und Gemeinsamkeit zu leben. Integration auf der Beziehungsebene bedeutet also zusammengefasst, dass verschiedene Personen sich ganzheitlich wahrnehmen und begegnen und dabei die Erfahrung der Differenz und der Gleichheit machen. Es geht darum, die Dialektik von Gleichheit und Ungleichheit, von Einmaligkeit und Gemeinsamkeit, von Sich-Abgrenzen und Sich-Annähern stets aufs Neue auszuhandeln und zu leben. Integration ist kein Zustand, der ein für allemal hergestellt werden kann. Die Einrichtung einer Integrationsklasse ist nicht schon vollzogene und vollendete Integration, sondern die schulorganisatorische Voraussetzung, dass sich in den Beziehungen zwischen Kindern und Lehrern je aufs neue integrative Prozesse ereignen können.
Ganzheitliche Begegnungen verschiedener Menschen vermitteln bereichernde Erlebnisse und neue Chancen persönlichen Wachstums. Wer nur mit seinesgleichen, mit Parteigenossen und Gesinnungsfreunden verkehrt und sich von anderen abzugrenzen sucht, schränkt seinen sozialen Erfahrungsraum ein und weiß nicht um den beglückenden Reichtum menschlicher Vielfalt. Wer dagegen z. B. Menschen anderer Völker kennenlernen konnte, hat an Menschenkenntnis gewonnen; die, die ihm zuvor noch fremd waren, sind ihm nun nähergekommen. Im Lichte anderer Kulturen und anderer Menschen lernen wir auch, uns selbst und unsere eigene Welt neu zu sehen und besser zu verstehen. Auch die Ganzheitlichkeit zwischenmenschlicher Beziehungen ist wichtig. Ein sexistischer Mann, der teilhaft und nicht ganzheitlich nur die Körperlichkeit einer Frau wahrnimmt, kann nicht der Schönheit ihrer Seele und des Reichtums ihres Geistes gewahr werden. Ganzheitliche Beziehungen nehmen andere Personen nicht für eigene Interessen in Anspruch und respektieren den Selbstwert und Selbstzweck des Anderen.

Machen wir uns daher auf den Weg, uns selbst und unsere Mitmenschen in der ganzen farbigen Vielfalt und anregenden Widersprüchlichkeit kennenzulernen und anzunehmen. Integration ist die Hoffnung, dass wir im ganzheitlichen Kontakt mit den Widersprüchlichkeiten des Menschlichen wachsen und dabei an Mitmenschlichkeit gewinnen.

(b) Wirkungen der Theorie

Die Theorie integrativer Prozesse wurde insbesondere durch die Dissertationen von Andreas Hinz (1993) und Birgit Papke (2016) aufgenommen und um neue Perspektiven bereichert. Beide Autoren erhielten daher in diesem Band Gelegenheit, nach 40 Jahren Theoriegeschichte einmal mit den Augen von heute zurückzuschauen. Auch Annedore Prengel hat die Basis-Dialektik von Gleichheit und Verschiedenheit aufgenommen und in ihrem viel beachteten Buch „Pädagogik der Vielfalt“ (1993; 2019) in der paradoxen Formel von der „egalitären Differenz“ zum Ausdruck gebracht. Manche meiner eigenen Arbeiten schließen sich mehr oder minder an die TIP an. Am deutlichsten findet die dialektische Denkform in meiner Unterrichtstheorie Ausdruck (Wocken 2013; Kapitel 3.5).

3.3 Das Theorem der „egalitären Differenz“

Im Jahre 1993 erschien von Annedore Prengel ihre Habilitationsschrift „Pädagogik der Vielfalt – Verschiedenheit und Gleichberechtigung in Interkultureller, Feministischer und Integrativer Pädagogik“. Im gleichen Jahr wurde auch die Dissertation von Andreas Hinz „Heterogenität in der Schule. Integration – Interkulturelle Erziehung – Koedukation“ publiziert. Die beiden Studien haben zweierlei Gemeinsamkeiten. Erstens beschäftigen sie sich gleichermaßen mit dem Rahmenthema Heterogenität und darüber hinaus auch mit den gleichen Differenzlinien Gender, Ethnie und Behinderung. Zweitens sind beide Schriften mehr oder minder eng an die „Theorie integrativer Prozesse“ (TIP) als theoretische Grundlage angelehnt. Neben diesen Gemeinsamkeiten wären zahlreiche Unterschiede anzuführen. Der Wesentliche: Die Schrift von Andreas Hinz (1993) ist eine sehr kenntnisreiche, systematische Zusammenstellung des wissenschaftlichen Forschungsstandes zu den drei Heterogenitätsdimensionen, sie bleibt indessen der TIP ganz und gar treu und entwickelt kein substantiell neues, übergreifendes Theoriemodell. Die Arbeit von Annedore Prengel verweist zwar deutlich auf Gemeinsamkeiten und Zusammenhänge mit der TIP, löst sich aber doch von ihrer Herkunft und entwirft ein neues, eigenständiges Theoriekonzept, das eine epochale Geltung und Wirkung entfalten sollte.

Die theoriegeschichtliche und biographische Verwandtschaft der Theorie integrativer Prozesse (TIP) und der Pädagogik der Vielfalt (PV) mag durch beiläufige Bemerkungen ihrer Autoren belegt werden. Annedore Prengel gehörte eine längere Zeit der Frankfurter Forschungsgruppe um Helmut Reiser an und hat an mehreren Forschungsprojekten mitgewirkt. Rückblickend bemerkt sie, dass ihre Studie „ohne die Inspirationen aus den Erziehungs- und Sozialwissenschaften an der Goethe-Universität" und „ohne das anregende, freiheitliche und unterstützende Klima … am Frankfurter Institut für Sonder- und Heilpädagogik" (Prengel 2019, IX) nicht möglich gewesen wäre. Und Helmut Reiser antwortet in einem Interview auf die Frage, welches die wichtigsten theoretischen Grundlagen der Inklusionspädagogik seien: „Im Theoretischen halte ich vor allem den Ansatz von Annedore Prengel für den entscheidenden Zugang. Dieser ist auch am breitesten gespannt." „Ich glaube, dieses ist das inhaltsreichste und wichtigste Buch, welches unabhängig von dem gegenwärtigen Stand der Inklusionsbemühungen eigentlich Geltung hat" (Reiser 2018, 89). Wenn die Pädagogik der Vielfalt (PV) als ein wichtiger, neuer theoretischer Ansatz von epochalem Rang angesehen werden muss, kommt die Frage auf, welche Gemeinsamkeiten und Unterschiede zwischen der Theorie integrativer Prozesse (TIP) und der Pädagogik der Vielfalt (PV) bestehen. Eine reizvolle Frage, aber der Rahmen dieser Abhandlung gebietet Kürze:

1. Dem Vergleich muss als Allererstes die Feststellung vorangehen, dass die beiden Theoriekonzepte erwartbar nicht nur über eine große gemeinsame Schnittmenge der Theoriekerne verfügen, sondern darüber hinaus auch keinerlei substantielle Differenzen oder inhaltliche Kontroversen zu konstatieren sind. Beide Theorien sind – inklusionstheoretisch gesprochen – „verschieden und gleich".
2. Der auffälligste Unterschied besteht nach meiner Wahrnehmung darin, dass nahezu der gesamte Korpus an Referenztheorien komplett ausgewechselt wurde. Die theoretischen Grundlagenzeugen der TIP sind Martin Buber, Alfred Lorenzer und Ruth Cohn; diese Namen tauchen in der Habilitationsschrift noch einmal auf, verlieren sich dann aber mehr und mehr und finden schließlich in dem Spätwerk von Prengel keine Erwähnung mehr (z. B. Prengel 2013; 2020a; 2020b). An die Stelle von Dialogphilosophie, Psychoanalyse und Themenzentrierter Interaktion rücken eine ganze Reihe neuer Grundlagentheorien nach. Sie können hier allein in Stichworten und in aufzählender Form benannt werden. An vorderster Stelle stehen Kritische Theorie, neuere Demokratietheorien, die Anerkennungstheorie von Axel Honneth und die seit der UN-BRK intensiv geführten Diskurse um Menschenrechte (z. B. Prengel 2020,

32ff; 2020, 77ff). Des Weiteren sollen in Auswahl genannt werden die Philosophie der Postmoderne (Lyotard), der Anti-Bias-Ansatz, Diskursethik, die Mannigfaltigkeit an Theorien und Diskursen, die sich um die Thematik Heterogenität, Differenz, Diversity und Pluralität drehen, und anderes mehr. Mit dieser ansehnlichen Veränderung und Ausweitung der theoretischen Grundlegung verlässt die Pädagogik zugleich die tradierten Horizonte der Behinderten- und Sonderpädagogik und wird anschlussfähig für erziehungswissenschaftliche Diskurse.

3. Die Pädagogik der Vielfalt behält indes die vertikale Differenzierung nach systemischen Ebenen und die horizontale Differenzierung nach kategorialen Sektionen (Differenzlinien usw.) im Wesentlichen bei. Die Anzahl der vertikalen Ebenen wird dabei frei nach pragmatischen Gesichtspunkten variiert, auf der horizontalen Ebene wird die einstige Trias Gender, Ethnie, Behinderung sowohl überschritten wie variiert. Die Pädagogik der Vielfalt operiert auf der horizontalen Dimension „mit einer unabschließbaren Reihe an Differenzlinien" (Prengel 2020, 32) und wird dank der kategorialen Entgrenzung nun wirklich zu einer allgemeinen Pädagogik für alle.
4. Nicht unerwähnt bleiben darf die erhebliche Erweiterung des Spektrums an Themen, Handlungsfeldern und Forschungsperspektiven. Einige Stichworte mögen genügen: Didaktische Diagnostik; Pädagogik des Elementarbereichs und Kindergartens; Ethische Pädagogik; erziehungswissenschaftliche Frauen- und Geschlechterforschung; Diversity-Studies; Inklusion und Partizipation in Schulen und Kindertagesstätten; Menschenrechtsbildung; pädagogische und soziale Beziehungen in pädagogischen Einrichtungen; qualitative Forschungsmethoden in der Erziehungswissenschaft, und anderes mehr.
5. Insbesondere dank der „modernen" Grundlegung (Punkt 3) und dank der Ausgestaltung eines breiten thematischen Spektrums entfaltete die Pädagogik der Vielfalt (PV) eine weitreichende und nachhaltige Wirkung. Das Vielfalts-Konzept hat die umzäunten Schonräume der Behinderten- und Sonderpädagogik verlassen und ist ausgezogen. Die neue „Heimat" der Pädagogik der Vielfalt sind die allgemeine Pädagogik, die allgemeine Erziehungswissenschaft und insbesondere die Elementar- und Primarstufenpädagogik. Die Pädagogik der Vielfalt ist längst in der neuen Heimat ansässig geworden, und sie wird dort auch willkommen geheißen. Zwar hat auch der Vorgänger Integrationspädagogik hier und da den Anspruch erhoben, die wahrhaft alleinige Vertreterin einer „Pädagogik für alle" zu sein, sie ist aber in der Allgemeinen Pädagogik nie wirklich angekommen und zu keiner Zeit in einer nen-

nenswerten Weise von der allgemeinen Pädagogik rezipiert worden. Der alten Integrationspädagogik haftete das Image einer alternativen Sonderpädagogik an.
Mit aller Hochachtung sei ausgesprochen: Die Pädagogik der Vielfalt ist historisch die erste und einzige Pädagogik, die immer noch auf eine sonderpädagogische Abstammung oder mindestens auf Spuren eines sonderpädagogischen Gepräges verweisen kann, der sodann aber eine glaubwürdige Transformation zu einer allgemeinen Pädagogik gelungen ist, und die schließlich auch von dort Akzeptanz erfahren hat. Es gab – so mein historisches Gedächtnis – bislang keine einzige Person und keine einzige Theorie, kein einziges Konzept oder Modell aus den pädagogischen Provinzen der Behinderten- oder Sonderpädagogik, die sich in breitem Umfang in die Diskurse der allgemeinen Erziehungswissenschaft einbringen konnten, dort aufmerksames Gehör fanden und schließlich als ein legitimes Mitglied der erziehungswissenschaftlichen Community Platz nehmen durften. Als symbolisches Indiz für diese Reintegration der PV in die allgemeine Pädagogik darf auf eine Sondernummer der Zeitschrift „Erwägen – Wissen – Ethik“ hingewiesen werden, in der 50 Autorinnen und Autoren aus vielen sozial- und humanwissenschaftlichen Disziplinen den Hauptartikel von Annedore Prengel kritischen Erwägungen unterzogen haben.

Die Würdigung der Theorie der Vielfalt (PV) muss hier ein Ende haben. Der begrenzte Raum und die Strenge der Fragestellung fordern gebieterisch Beachtung. Zu beantworten wäre allerdings doch die Fragestellung, was denn die Pädagogik der Vielfalt eigentlich mit der Thematik „Dialektik der Inklusion“ zu tun hat.
Die Dialektik wurde nicht demonstrativ auf den Fahnen der Pädagogik der Vielfalt propagiert, gleichwohl war sie eine zentrale Theoriekonstante. Bereits 1988, also Jahre vor ihrer Habilitationsschrift, hat Annedore Prengel einen Handbuchartikel mit dem Titel „Zur Dialektik von Gleichheit und Differenz in der Integrationspädagogik“ (Prengel 1988) verfasst. Seither ist in der Mehrzahl ihrer Schriften mit großer Verlässlichkeit immer wieder ein Hinweis auf diesen Kern der integrativen Pädagogik zu finden. Aus einem ganz bestimmten Grund: Ihre Theorie trägt zwar den Namen „Pädagogik der Vielfalt“, das wahre und tiefer liegende Anliegen scheint mir indes zu sein, eine „Pädagogik der Gleichheit“ aus der Taufe zu heben:

> „Ausgangspunkt eines demokratischen Differenzbegriffs ist, dass er sich gegen Hierarchien wendet. Es geht um die Entwicklung egalitärer Diffe-

renz! Diese wendet sich damit auch gegen die Legitimation von Unterdrückung, Ausbeutung, Entwertung und Ausgrenzungen durch Differenzen. Differenzen dürfen nicht zur Legitimation von Hierarchien herangezogen werden. Die Pseudologik der Verknüpfung von Differenz und Hierarchie gilt es zu durchkreuzen" (Prengel 2019, 190).

Die historische Bedeutung der Dialektik von Gleichheit und Differenz beschreibt Prengel in dem Aufsatz von 1988 so: „Gleichheit und Differenz sind seit der Antike zentrale Begriffe, wenn es um die Legitimation von gesellschaftlicher Ungleichheit geht, sie sind aber auch Leitideen für Emanzipationsbewegungen" (1988; 1999, 93). Die eingehenden Analysen der Feministischen, Interkulturellen und Integrativen Pädagogik haben hohe strukturelle Gemeinsamkeiten ergeben, hinter denen die gruppenspezifischen Gemeinsamkeiten deutlich zurückstehen. Die strukturelle Gemeinsamkeit bestand dabei in der allgegenwärtigen Verweigerung der Gleichberechtigung und hierarchisierenden Unterordnung auf der legitimatorischen Basis einer zugeschriebenen Minderwertigkeit (Prengel 1990).

Konservative Menschen- und Gesellschaftsbilder haben in der Geschichte der Menschheit die Verschiedenheit der Menschen regelhaft dazu genutzt, gesellschaftliche Hierarchien zu begründen und zu etablieren. Auf der ersten Stufe einer systematischen Deklassierungsprozedur wird den Verschiedenen Minderwertigkeit zugeschrieben. Sie werden also der menschenrechtlichen Gleichheit beraubt, aus der Gesellschaft der „Normalen" ausgeschlossen und in den Status einer naturhaften Inferiorität versetzt. Die menschenfeindlichen Ideologien sind bekannt: Schwarze sind weniger intelligent, Migranten sind gefährliche Kriminelle, Juden sind der Abschaum der Menschheit, Arme sind asozial, Arbeitslose sind faul und beuten den Sozialstaat aus, Frauen sind Menschen zweiter Klasse, Zigeuner sind Diebe, Linke sind Vaterlandsverräter, Behinderte sind lebensunwertes Leben. Die Abwertung von Personen und Gruppen steht immer (!) am Anfang von Erniedrigung, Verachtung, Entrechtung, Ausbeutung, Verfolgung, Dehumanisierung. Wenn die Verschiedenen erfolgreich als nichtsnutzige soziale Schmarotzer etikettierbar sind und ihnen eine unabänderliche, naturwüchsige Minderwertigkeit zugeschrieben werden kann, dann ist der Weg frei für die zweite Stufe der Deklassierung und Entmenschlichung: Die Verschiedenen werden ausgegrenzt, separiert, ghettoisiert, stigmatisiert, diskriminiert, versklavt, ausgebeutet, eingesperrt, ja verbrannt und vergast. Der Weg in Unterordnung, Aussonderung und Dehumanisierung führt – das ist die Lehre der Geschichte – immer über die Aberkennung der menschlichen Gleichheit und die Zuerkennung einer verachtenswerten Minderwertigkeit. So entstanden und entstehen je aufs Neue Frau-

enfeindlichkeit, Behindertendiskriminierung, Antisemitismus, Ausländerfeindlichkeit, Rassismus, Diskriminierung von Flüchtlingen, Kasernierung und Ausrottung von völkischen Minderheiten.
Aus diesem, gewiss vereinfachend dargestellten Entstehungszusammenhang von Formen und Praxen der Unmenschlichkeit zieht Prengel eine sehr entschiedene, generelle Schlussfolgerung: „Erst auf der Basis gleicher Rechte ist ein nichthierarchisches ‚Miteinander der Verschiedenen‘ (Adorno) möglich“ (Prengel 1988; 1999, 95). Die Verwirklichung einer humanen Gesellschaft und einer humanen Schule durch die konsequente und radikale Einforderung gleicher Menschenwürde und gleicher Menschenrechte sowie durch die Bekämpfung und den Abbau hierarchischer Strukturen und Verhältnisse – dies identifiziere ich als das herausragende Anliegen, Motiv und Ziel der Pädagogik der Vielfalt von Annedore Prengel. Gleiche Menschenwürde und gleiche Menschenrechte gibt es allein auf dem Wege der Gleichheit, auf dem Wege einer intersubjektiven Freiheit für alle. Alle Emanzipationsbewegungen seit der Aufklärung sind daher im Kern ein Kampf um die menschenrechtliche Gleichheit aller.
Ein zentraler Begriff der Pädagogik der Vielfalt (PV) ist Heterogenität. Heterogenität gibt es nicht im Singular, sondern nur im Plural. Damit von Heterogenität gesprochen werden kann, müssen mindestens zwei Personen oder zwei Gruppen vorhanden sein. Erst wenn diese Voraussetzung gegeben ist, können Unterschiede, also Heterogenität, festgestellt werden. Die beteiligten Elemente einer Heterogenität sind deutlich voneinander verschieden, und zwar auf eine besondere Art und Weise. Sie sind einander nicht fremd, sie kennen sich und stehen einander gegenüber. Aber sie haben keineswegs ein feindliches, antagonistisches Verhältnis zueinander. Ihre Verschiedenheit darf nicht als Antinomie oder Paradoxie, als brüske wechselseitige Ablehnung oder aggressive Distanzierung verstanden werden.

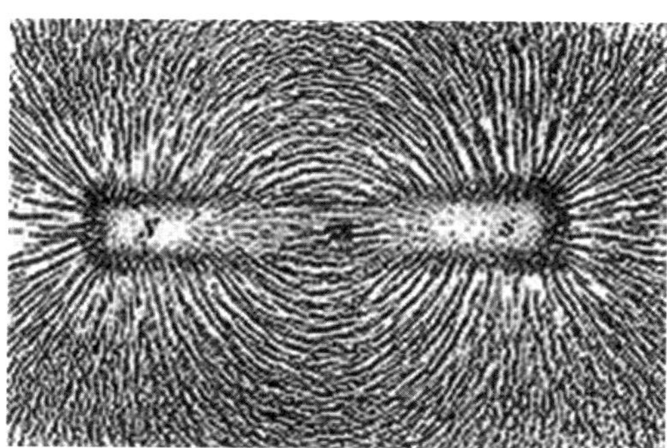

Abb. 12: Magnetisches Kraftfeld

Im Kontext von Inklusion wird Heterogenität nach Art einer Polarität verstanden. Zwischen den beiden Seiten der Polarität herrscht weder Liebe noch Hass, sondern ein dialektisches Spannungsverhältnis. Die beiden Pole sind zwar deutlich voneinander verschieden, aber sie wollen nicht alleine sein, nicht auseinandergehen, sondern sie gehören funktional zusammen wie die Pole eines magnetischen Kraftfeldes. Die Frankfurter Forschungsgruppe der TIP hat für das Verhältnis einer dialektischen Beziehung das treffliche Wort ‚Gegensatzeinheit' geprägt. Dieser Begriff drückt genau das aus, was eine dialektische Beziehung ausmacht: Verschiedenheit und Zusammengehörigkeit.

> „Die begriffliche Verbindung *egalitäre Differenz* eröffnet eine Perspektive, in der nach Verschiedenheit *und* Gleichberechtigung von Menschen gefragt wird. Egalität und Differenz werden nicht als gegensätzlich, sondern als einander wechselseitig bedingend verstanden" (Prengel 2020, 93; kursiv im Original).

Annedore Prengel hat den Heterogenitätsbegriff um eine bedeutende Facette bereichert. Sie verweist auf die antike Tradition, in der „heterogen" definiert wurde als *„verschiedenes, das einander nicht untergeordnet ist"* (Prengel 2013, 33; kursiv im Original; 2015). Heterogenität meint also sehr wohl Verschiedenheit, aber keineswegs eine Ungleichheit der Verschiedenen. Mit diesem gleichheitstheoretischem Verständnis von Heterogenität wird allen konservativen Praktiken, Ungleichheit als Ungleichwertigkeit auszudeuten, in gesellschaftliche Hierarchien zu übersetzen und alle dem zugeschriebenen Wert entsprechend mit ungleichen Rechten, ungleicher Macht, ungleichem Besitz und Status auszustatten trachten, der Boden entzogen.
Der Begriff Heterogenität kann vierfach ausdifferenziert werden: Verschiedenheit, Vielschichtigkeit, Veränderlichkeit und Unbestimmtheit.

- Gemeinhin wird Heterogenität als interindividuelle *Verschiedenheit* gedacht. Diese wird in der Theorie integrativer Prozesse und der Pädagogik der Vielfalt auf der horizontalen Achse abgebildet. Hier ist Platz für die Unterscheidung kategorialer Sektionen wie Alter, Gender, Kultur/Ethnie, soziale Klassen, Weltanschauungen und anderes mehr. Für alle Sektionen gilt gleichermaßen das Gebot der Gleichwertigkeit und Gleichberechtigung sowohl innerhalb wie zwischen den Sektionen. Der Begriff Heterogenität ist mit einem egalitären und hierarchiekritischen Verständnis von Verschiedenheit verknüpft.
- *Vielschichtigkeit* ist als intrapersonale Vielfalt und Gleichwürdigkeit zu verstehen. Intrapersonale Heterogenität legt pädagogisch einen „ganzheitlichen" Umgang mit Kindern sowie eine gleichwertige Berücksichtigung von Kopf, Herz und Hand, von Kognition, Emotionalität, Sozialität und Motorik nahe:
  „Selbstwahrnehmung fördern bedeutet, dass neben der Aufmerksamkeit

für bereits bekannte Seiten der Person auch Aufmerksamkeit für verdrängte Gefühle entsteht, dass nichtbehinderte Kinder ihre Behinderungen sehen lernen, Jungen ihre Kleinheitsgefühle, Mädchen ihre Aggressivität und Kinder mit Behinderungen ihren Zorn und ihre Trauer darüber. Das Gewahrwerden all dieser widersprüchlichen und abgelehnten Seiten der eigenen Persönlichkeit ist die Kehrseite des Kennenlernens und Achtens der Anderen. Pädagogik der Vielfalt bedeutet die Aufmerksamkeit für solche innerpsychische Heterogenität" (Prengel 2019, 198).

- *Veränderlichkeit* meint eine biografische, lebensgeschichtliche Dynamik der menschlichen Entwicklung und wendet sich vor allem gegen Festlegungen kindlicher Entwicklungspotentiale:

  „Heterogenität zeichnet sich durch ihre Unbestimmbarkeit aus. Dabei geht es gerade nicht darum, Menschen auf ihre Identität festzulegen, beispielsweise als behindert, als Ausländer, als Migrant, als Mädchen oder als Junge" (Prengel 2019, 6).
- Gemäß dem Moment der *Unbestimmbarkeit* ist all unser Wissen über Kinder fragmentarisch, begrenzt und niemals endgültig:

  „Definitionen kommen verdinglichenden Etikettierungen gleich und werden der Vielfalt und Prozesshaftigkeit menschlicher Realität nicht gerecht" (Prengel 2019, 192).

  „Pädagogik der Vielfalt geht aus von der ‚Unbestimmbarkeit der Menschen'; sie kann darum nicht diagnostizieren, ‚was jemand ist', noch, ‚was aus ihr oder ihm werden soll'" (Prengel 2019, 200).

Der inklusionspädagogische Heterogenitätsbegriff importiert in pädagogische Prozesse dynamische Antriebe und bewegliche Entwicklungen; er widersetzt sich insbesondere (sonder)pädagogischen Praxen, Kinder frühzeitig auf bestimmte Schullaufbahnen festzulegen und in lebenslängliche Behinderungskategorien einzusortieren.

Die gesamte Pädagogik der Vielfalt kulminiert schließlich in einem einzigen, hochkomprimierten Begriff: „Egalitäre Differenz". Ich zögere keinen Augenblick, diesem Begriff eine vorzügliche, einzigartige Exzellenz zu attestieren. Dieser sprachliche Zwilling bindet in einem begrifflichen Junktim zwei menschenrechtliche Prinzipien zusammen, die ganz und gar nicht zusammenzupassen scheinen, ja sogar als unvereinbare Gegensätze gehandelt werden: Freiheit und Gleichheit! Prengel bringt Inklusion immer wieder mit der menschenrechtlichen Trias Freiheit, Gleichheit, Solidarität (Brüderlichkeit) in Verbindung. Auch Artikel 1 der Allgemeinen Erklärung der Menschenrechte verknüpft in einem Satz genau jene menschenrechtlichen Grundsätze, die nur als eine dialektische Gegensatzeinheit gedacht werden können: „Alle Menschen sind frei *und* gleich geboren und sollen einander in Brüderlichkeit begegnen" (AEM 1948).

Postmoderne Bildungskonzepte wollen der Wertschätzung heterogener Lebensweisen in und durch Bildungseinrichtungen zur Geltung verhelfen. „Im Sinne von *Freiheit* sollen verschiedene Lebensweisen nicht unterdrückt werden, im Sinne von *Gleichheit* sollen verschiedene Lebensweisen nicht hierarchisiert werden, und im Sinne von *Brüderlichkeit* sollen verschieden lebende Menschen sich wechselseitig existentiell anerkennen" (Prengel 2020a, 98; kursiv von Verfasserin).

Das recht verbreitete Missverstehen der Dialektik von Freiheit und Gleichheit bezieht sich insbesondere auf ein völlig falsches Verständnis des Gleichheitsprinzips. Nicht nur in Stammtischgesprächen, sondern durchaus in so manchen öffentlichen Runden, von denen eigentlich eine gewisse Seriosität zu erwarten wäre, wird Gleichheit etwa so kolportiert: Gleichheit der Kleidung, der Frisuren, der Automarke, des Fußballvereins, der politischen Meinung, der Sitten, der Religion und vor allem des materiellen Besitzes und des Einkommens. Den Vogel an Unverständnis und bewusster Diskriminierung der menschenrechtlichen Gleichheit hat der langjährige Präsident des Deutschen Lehrerverbandes abgeschossen. In seiner Abschiedsrede als Präsident des Deutschen Lehrerverbandes hat Josef Kraus sein bildungspolitisches Vermächtnis in das Motto gekleidet: „Freiheit *statt* Gleichheit!" (Kraus 2017c). Mit der Philosophie der Aufklärung und der Menschenrechte hat diese unsägliche Plattitüde „Freiheit *statt* Gleichheit" nichts mehr gemein, sie ist vielmehr Ausdruck eines dumpfen und reaktionären Antisozialismus.

Ein angemessenes Verständnis des menschenrechtlichen Prinzips Gleichheit ist so einfach, dass es schon jedem Primarschüler vermittelt werden kann. Gleichheit meint schlicht, dass alle Menschen die gleichen Freiheiten haben. Die Freiheit jedes Einzelnen muss immer die Freiheit der Anderen berücksichtigen und ist daher als eine intersubjektive Freiheit zu denken. Weil allen Menschen das Grundrecht auf Freiheit zukommt, folgt aus dem uneingeschränkten Universalismus der Menschenrechte das Prinzip der Gleichheit. „Gleichheit ist damit die Bedingung der Möglichkeit von Differenz" (Prengel 2006, 184). Gleichheit darf also nicht als Gleichmacherei und Unterschiedslosigkeit verstanden werden, sondern als Gleichberechtigung aller, als universeller Anspruch auf gleiche Menschenwürde und als Verbot von Diskriminierung, Ausbeutung und Ausgrenzung. Ein demokratischer Freiheitsbegriff „ist der Vision der Gerechtigkeit verpflichtet" (Prengel 2006, 184).

„Frei *und* gleich", Freiheit *und* Gleichheit gehören gemäß der Allgemeinen Erklärung der Menschenrechte (AEM 1948) unauflöslich zusammen. Freiheit ohne Gleichheit mündet in sozialdarwinistischen Terror. Gleichheit ohne Frei-

heit mündet in totale Anpassung und in die Auslöschung von Individualität. Gleiche Rechte für alle sind nicht „Gleichmacherei". Menschenrechtliche Gleichheit bezieht sich gemäß Artikel 1 GG auf gleiche Würde und Rechte, nicht auf einen Uniformismus von Besitz, Kleidung, Meinungen, Kulturen, Begabungen und anderem mehr. Gleichheit ist nicht der Feind der Freiheit, sondern der Garant der Freiheit aller! Mit den Worten des Gerechtigkeitstheoretikers John Rawls (1979): Gleichheit meint das Recht auf gleiche Freiheit aller! Gleichheit meint intersubjektive Freiheit.
Die Allgemeine Erklärung der Menschenrechte (AEM) benennt sehr konkret die Hinsichten, auf die sich die Gleichheit bezieht: Würde und Rechte. Und sie sagt ergänzend und abgrenzend, bezüglich welcher Merkmale keine Unterschiede zwischen Menschen gemacht werden dürfen: „Jeder hat Anspruch auf alle in dieser Erklärung verkündeten Rechte und Freiheiten, ohne irgendeinen Unterschied, etwa nach Rasse, Hautfarbe, Geschlecht, Sprache, Religion, politischer oder sonstiger Anschauung, nationaler oder sozialer Herkunft, Vermögen, Geburt oder sonstigem Stand" (AEM Art. 2). Egalitäre Differenz meint eine unauflösliche Gegensatzeinheit von Freiheit und Gleichheit bzw. von dem Recht auf gleichberechtigte Unterschiedlichkeit und auf freiheitliche Gleichheit. Egalitäre Differenz ist der Garant, dass wir „ohne Angst verschieden" (Adorno 1997, 114) sein dürfen.
Genau dieses Verständnis von Freiheit und Gleichheit bringt auch Annedore Prengel immer wieder zur Geltung. Ihrem leidenschaftlichen Eintreten für egalitäre Differenz soll in ausgewählten authentischen Zitaten Ausdruck verliehen werden:

- „Egalitäre Differenz ist die grundlegende – empirisch und theoretisch begründete – Idee der Pädagogik der Vielfalt, die ein nichthierarchisches, freiheitliches und entwicklungsoffenes Miteinander der Verschiedenen anstrebt. Diese Vielfalt in der Bildung steht im Konflikt mit der Selektionsfunktion des Bildungswesens, die die Einmündung in gesellschaftliche Statushierarchien aufgrund von linear-vergleichenden Leistungsbeurteilungen ermöglicht" (Prengel 2020a, 96).
- „Die Denkfigur der *egalitären Differenz* bringt den genannten Zusammenhang präzise auf den Begriff. Sie stellt nichts anderes als ein Wortspiel für das dar, was den Kern der Menschenrechtsidee ausmacht: Die gleiche Freiheit, die allen Menschen zukommt! Das Wertschätzen von Vielfalt ist nichts anderes als das Wertschätzen von Freiheit" (Prengel 2019, 6; kursiv im Original).
- „Differenz ohne Gleichheit bedeutet gesellschaftlich Hierarchie, kulturell Entwertung, ökonomisch Ausbeutung. Gleichheit ohne Differenz

bedeutet Assimilation, Anpassung, Gleichschaltung, Ausgrenzung von ‚Anderen'" (Prengel 2006, 184).
- „Egalitäre Differenz als Handlungsmotiv von Bildung beruht auf dem Ziel des freiheitlichen, gleichberechtigten Zusammenlebens verschiedener Menschen" (Prengel 2020a, 102).

Unbeschadet der hohen Wertschätzung für die Pädagogik der Vielfalt darf auch ein kritischer Vermerk geäußert werden. Ein zentrales Moment der Theorie integrativer Prozesse (TIP) sind die dialektischen Prozesse der Annäherung, Abgrenzung und der Einigung. Dieses Element der TIP kommt – soweit meine Kenntnisse reichen – in der Pädagogik der Vielfalt (PV) nicht mehr zur Sprache. Dies ist ein bedauerlicher Verlust, sowohl in wissenschaftlicher wie auch in praktisch-pädagogischer Hinsicht. Ein wissenschaftliches Erklären und ein pädagogisches Sinnverstehen etwa der wunderbaren Fallgeschichten in dem Kindergartenbuch (Klein u. a.1987) ist ohne Bezugnahme auf die integrativen Prozesse der Annäherung, Abgrenzung und Einigung schwerlich möglich. Die TIP kann damit nicht ad acta gelegt werden. Wo immer es um einen „verstehenden Zugang" (Reiser u. a. 1987, 53) zu realen integrativen Prozessen geht, ist die theoretische und methodologische Konzeption der TIP unverändert bedeutsam und hilfreich.
Ich schließe die Darstellung der Pädagogik der Vielfalt mit einem Wunsch, einer Empfehlung. Nach meinem Dafürhalten ist die Nomination der Theorie unzulänglich; sie fokussiert einseitig oder gar ausschließlich den Aspekt der Vielfalt, vernachlässigt in der Namensgebung aber ganz und gar den unverzichtbaren Aspekt der Gemeinsamkeit. Weil in den Begriffen Integration und Inklusion aber gerade der Aspekt der Gemeinsamkeit angesprochen wird, sollte er deshalb in Definitionen und Denominationen niemals fehlen. Es gibt nicht den allergeringsten Zweifel, dass die Pädagogik der Vielfalt in Wirklichkeit eine „Pädagogik der Vielfalt *und* Gemeinsamkeit" ist und sich auch selbst so versteht. Der Aspekt der Gemeinsamkeit ist sehr wohl „mitgemeint"; das wohlwollende Mitmeinen genügt aber hier genauso wenig wie auch bei der ausschließlichen Verwendung von maskulinen Wörtern in geschlechterbezogenen Aussagen.
In einer sehr ausführlichen Analyse mit dem Titel „Vielfalt allein reicht nicht! Zur dialektischen Einheit von Vielfalt und Gemeinsamkeit" (Wocken 2017) habe ich zeigen können, dass mittlerweile das Konzept „Vielfalt" ein allseits geschätztes, sympathisches und werbewirksames Konzept ist und dass es sich gerade in konservativen und nationalistischen Kreisen besonderer Beliebtheit erfreut; wenn es aber um das zugehörige Konzept „Gemeinsamkeit", um das Miteinander der Verschiedenen geht, dann hebt nicht selten ein großes Kopfschütteln an und dann werden massive Abwehrreaktionen an den Tag gelegt.

Unterschiedlichkeit, Differenz und Verschiedenheit werden vielfach mit gönnerhafter Großzügigkeit durchaus gestattet, aber um den substantiellen Preis der Zugehörigkeit.
Ein Beispiel. In Bayern haben sowohl die wissenschaftliche Inklusionspädagogik wie auch die bildungspolitischen Inklusionsbemühungen sich der Vokabel „Vielfalt“ angenommen. Aber beide meinen einvernehmlich damit nicht eine Vielfalt „*in* den Lernorten“, sondern ausdrücklich nur eine Vielfalt „*der* Lernorte“. Mit dieser drastischen und mutwilligen Verdrehung des Inklusionsaspekts „Vielfalt“ ist dann das nach separierenden Schulformen gegliederte Schulsystem Bayerns wieder gerettet. Der hochangesehene Senior der bayerischen Sonderpädagogik Otto Speck deutet das real existierende bayerische Schulsystem als „dual inklusiv“ und blendet mit dieser Formulierung die dominante Realität von Separation und Segregation aus. Die Wissenschaftliche Begleitung der Inklusion in Bayern hat ihren ersten Forschungsbericht ohne jegliche intellektuelle Skrupel mit „Inklusives Schulsystem: Analysen, Befunde, Empfehlungen zum bayerischen Weg“ (Heimlich u. a. 2016) überschrieben. Inklusionspolitik und Inklusionswissenschaft gehen in Bayern Hand in Hand. Bildungspolitik und Wissenschaft in Bayern meiden den Begriff der UN-BRK „inklusives Bildungssystem“ wie der Teufel das Weihwasser und reden lieber unverbindlich und nebulös von einer „inklusiven Bildungslandschaft“ (Wocken 2019). Der menschenrechtliche Wert der Vielfalt wird ideologisch für die Erhaltung eines „vielfältigen“ gegliederten Bildungssystems instrumentalisiert.
Der kritische Impuls von Integration und Inklusion geht eher weniger von dem Aspekt der Vielfalt als von dem Aspekt der Gemeinsamkeit aus. Das gegliederte Schulwesen ist durchaus ein System der Vielfalt, nicht aber ein System der Gemeinsamkeit! Die Pädagogik der Vielfalt ist nicht genügend dagegen gefeit, gründlich missverstanden zu werden. Um also derartigen mutwilligen Missverständnissen und ideologisch motiviertem Missbrauch ein wenig vorzubeugen, wünsche und empfehle ich, statt nur von einer Pädagogik der Vielfalt zu reden, immer wieder mal in Wort und Schrift die vollständige und bessere Denomination „Pädagogik der Vielfalt & der Gemeinsamkeit“ zu verwenden. Pädagogik der Vielfalt ist mittlerweile ein Markenname, ein eingetragenes Warenzeichen, das keine Änderung zulässt. Inklusionspädagogik kann aber durch ihre Sprache dafür Sorge tragen, dass die Pädagogik der Vielfalt nicht halbiert wird und unter die Räuber fällt. Im Sinne meiner Bitte sollte es dann auch möglich und angeraten sein, Integration und Inklusion als ein egalitäres *und* konviviales Miteinander der Verschiedenen auszulegen[5]. Aber diese Idee könnte als eine harmonisierende Befriedung der ewigen, unversöhnlichen Gegensatzeinheit von Freiheit und Gleichheit (miss)verstanden werden.

---

[5] konvivial entstammt dem Lateinischen convivere = zusammenleben (Adloff/Leggewie (2010)

Die Pädagogik der Vielfalt ist ein wahrhaft emanzipatorisches, kämpferisches und – im positiven Sinn – rebellisches Konzept, das ohne Vorbehalte und mit fundamentalistischer Klarheit für Gleichheit und für Gleichberechtigung eintritt. Diesen emanzipatorischen Drive hat die Autorin mutmaßlich aus der feministischen Bewegung mitgenommen und in die Pädagogik importiert. Die hohe Wertschätzung, die der PV mit vollem Recht bezeugt wird und die ich ihr mit aufrichtiger Überzeugung entgegenbringe, mag erlauben, dass ich gleichwohl ein Desiderat anmelde, bezüglich dessen mich die Pädagogik der Vielfalt (PV) noch nicht zufrieden stellen kann.

Ich vermisse nicht allein in der PV, sondern in der gesamten Inklusionspädagogik eine elaborierte theoretische Position, die in überzeugender Weise die humane Notwendigkeit und das demokratische Recht auf ein gleichberechtigtes Miteinander der Verschiedenen darlegt. Das brillante Motto des Bundesbehindertenbeauftragten Jürgen Dusel „Demokratie braucht Inklusion!" weist in diese Richtung. Ich warte auf eine sozial-, human- und erziehungswissenschaftliche Theorie, die in ähnlicher Weise eine Losung auslobt und einfordert: Diversity braucht Gemeinsamkeit!

Ohne ein hinlängliches Maß an Gemeinsamkeit fliegen Partnerschaften, Lerngruppen, Vereine, Gemeinden, Gesellschaft und transnationale Vereinigungen auseinander. Gegenwärtig mangelt es in unseren privaten Beziehungen, in formellen und informellen Gruppierungen, im gesellschaftlichen Raum, in den politischen Kontroversen und demokratischen Auseinandersetzungen, in der europäischen Politik und in den internationalen Beziehungen an Kräften, die auf Zusammenhalt und Zusammenarbeit drängen. In allzu vielen großen wie kleinen Sozialräumen haben derzeit eher die Bedürfnisse nach Autonomie die Oberhand, die dann nicht selten in Tendenzen zu einer „splendid isolation", in soziale Abschottung, in eine narzisstische Präferierung des privaten Egos und des nationalen Firsts, in partikulare Interessen, in nationalistische Positionen umschlagen.

Not tut Gemeinsamkeit! Wenn Menschen gemäß dem ethischen Postulat der egalitären Differenz frei und gleich sind, dann ist damit keineswegs schon ihre Gemeinsamkeit gestiftet. Gleichheit der Rechte ist fraglos eine Voraussetzung für Gemeinsamkeit. Gemeinsamkeit ist aber nicht ein Effekt, der sich quasi von selbst ohne weiteres Zutun aus gleichberechtigten Verhältnissen und Strukturen ergibt.

Egalitäre Differenz ist die unabdingbare Voraussetzung (sine qua non) für Integration und Inklusion, sie ist aber nicht schon deren Erfüllung. Egalitäre Differenz ist noch nicht Inklusion, da fehlt noch was, da muss noch etwas kommen: Verbundenheit, Zusammengehörigkeit, gemeinsam arbeiten, gemeinsam leben, zusammen sein. Integration und Inklusion meinen mehr als egalitäre Differenz. Sie verlangen obendrein das verbindliche Versprechen einer unverbrüchlichen Zugehörigkeit: „Du gehörst zu uns! Ich gehöre zu Euch!“ – das sind die beiden Sätze, die gefühlt und gesagt sein wollen, wenn Inklusion Realität sein soll (vgl. Stähling/Wenders 2009). Es bedarf in der Integration und Inklusion nicht allein des Rechts auf gleichberechtigte Verschiedenheit, sondern zugleich und zusätzlich des Rechts auf unkündbare Mitgliedschaft in gemeinschaftlichen und gesellschaftlichen Vereinigungen. Auch in diesem Sinne mag mein Anliegen verständlich sein, immer wieder eine vollständige Inklusionsformel zu benutzen und von einer egalitären und konvivialen Differenz, schlichter: von einem gleichberechtigten Miteinander der Verschiedenen zu sprechen.

3.4 Die Methode Dialektische Wertequadrate

Alltagstheorien der Ethik, also der Vorstellungen über Prinzipien, Werte, Tugenden und Sitten, sind vielfach durch ein Denken in Schwarz-Weiß-Kategorien geprägt. Die Welt der Werte und Tugenden wird dichotom gedacht: Es gibt „gut“ und „böse“ oder „positiv“ und „negativ“. Zu jeder Tugend gibt es als konträren Gegensatz eine Untugend, zu jedem Wert einen entgegengesetzten Unwert. Die jeweiligen Extreme existieren in blütenreiner Unvermischtheit und monotoner Klarheit; das Gute ist nur gut ohne jegliche Abstriche, und das Schlechte ist nur schlecht und sonst nichts anderes. Tugenden und Untugenden, Werte und Unwerte gleichen Himmel und Hölle, etwas anderes und etwas dazwischen gibt es nicht. Werte und Tugenden werden in einem binären Modus des Entweder-Oder oder als rigide Ja-Nein-Alternativen vorgestellt.

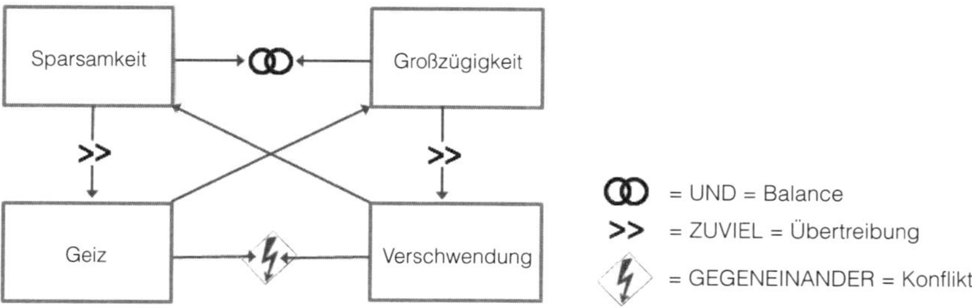

Abb. 13: Beispiel für ein Wertequadrat

Die Methode der sog. „Werte- und Entwicklungsquadrate“ (Schulz von Thun 2009) geht von einer anderen Werte- und Tugendphilosophie aus. Für die Beschreibung des methodischen Instruments wird als anschauliches Beispiel das Wertequadrat „Geiz – Sparsamkeit – Großzügigkeit – Verschwendung“ gewählt (Abb. 12). Den Wertequadraten liegen drei zentrale Axiome zugrunde:

1. Axiom: Alle Werte haben komplementäre Geschwister
Werte und Tugenden haben in ihrem Geltungsbereich jeweils einen gleichwertigen Mitbewerber. Jeder Wert hat immer auch einen komplementären Gegenwert. Werte existieren also nicht als einsame Solisten, sondern immer als Wertepaare. Einfache Beispiele wären etwa die Paare „Planung und Spontaneität“ oder „Mut und Vorsicht“. Das klassische Beispiel einer positiven Polarität ist das spannungsreiche Verhältnis von Sparsamkeit und Großzügigkeit (Abb. 13). Der Geltungsbereich des Wertequadrats ist der Umgang mit finanziellen Mitteln.
Das Wertepaar Sparsamkeit versus Großzügigkeit besteht nicht aus einem positiven und einem negativen Wert, die an den Enden einer bipolaren Skala angesiedelt sind, sondern aus zwei Werten, die gleichwertig und beide gut sind! Zu jedem positiven Wert gibt es immer auch einen positiven Gegenwert. Großzügigkeit ist die „Schwestertugend“ (Schulz v. Thun 2009, 38) von Sparsamkeit, und umgekehrt. Alle Werte existieren auf ihrem Gebiet nicht als alleinige Statthalter, sondern immer nur in Gesellschaft eines positiven Gegenwertes. Der Wertehimmel besteht damit nicht mehr aus lauter Solisten, die keine anderen Götter neben sich fürchten müssen, sondern aus lauter Paarlingen: „Im Wertehimmel gibt es nur Paare“ (Schulz von Thun 2009).

2. Axiom: Wahre Werte sind die rechte Mitte zwischen zwei Werten; sie entstehen aus einer Balance zwischen komplementären Werten.
Das erste Theorem bestreitet, dass Werten eine monopolartige Alleinherrschaft zukommt. Das zweite Theorem fügt als Ergänzung hinzu, dass der wirkliche Wert weder einer der beiden Geschwisterwerte noch eine beliebige Mischung von beiden ist. Die Werte eines Wertepaares stehen sich in einer komplementären Konkurrenz gegenüber, sie befinden sich in einem Spannungsverhältnis. Die verschwisterten Werte fungieren wechselseitig als Korrektive. Die Sparsamkeit korrigiert die Großzügigkeit, und die Großzügigkeit korrigiert die Sparsamkeit. Kein Wert ist für sich allein schon wertvoll, sondern erhält seine wahre Wertigkeit erst durch eine mäßigende Berücksichtigung des positiven Gegenwertes.
In der Abb. 13 sind sowohl Sparsamkeit als auch Großzügigkeit positiv besetzte Grundwerte, aber beide können nicht gleichzeitig und in vollem Umfang zur Geltung kommen, sondern die beiden Tugenden wollen in einer ausgewogenen Balance realisiert werden. Das Wertequadrat fordert dazu auf, zwei komplementäre Werte so auszubalancieren, dass ein „Regenbogen“

(Schulz von Thun 2009) entsteht: Ein Regenbogen kann nur entstehen, wenn scheinbare Gegensätze wie Sonne und Regen gleichzeitig vorhanden sind und kooperativ zusammenwirken. Bei der Kooperation scheinbarer Gegensätze behalten beide Seiten ihre ureigene, unverwechselbare Identität, sie erzeugen aber durch ihre komplementäre Kooperation etwas Neues, den Regenbogen. Während in der klassischen Dialektik eine Synthese die These und Antithese auf einem höheren Niveau „aufhebt", führt eine Balance die beiden Pole zu einer Gegensatzeinheit zusammen, ohne dabei deren Existenz anzutasten oder „aufzuheben". Die Spannung zwischen den Polen bleibt erhalten und muss „ausgehalten" werden. Jeder Wert ist nur in ausgehaltener Spannung zu seinem positiven Gegenwert ein wirklicher Wert.

3. Axiom: Unwerte sind Übertreibungen von Werten

Gemeinhin werden Unwerte als das Gegenteil von Werten angesehen. In Wertequadraten dagegen sind Unwerte sowohl eine Übertreibung der Tugend als auch ein Mangel der Schwestertugend. Geiz ist sowohl eine Übertreibung der Tugend Sparsamkeit als auch ein Mangel an der Schwestertugend Großzügigkeit. Die Untugend Verschwendung ist sowohl eine Übertreibung der Tugend Großzügigkeit als auch ein Mangel der Tugend Sparsamkeit. Die Untugenden Geiz und Verschwendung sind extreme, antagonistische Gegensätze, die sich in einem unversöhnlichen Dauerkonflikt befinden (Symbol Blitz).

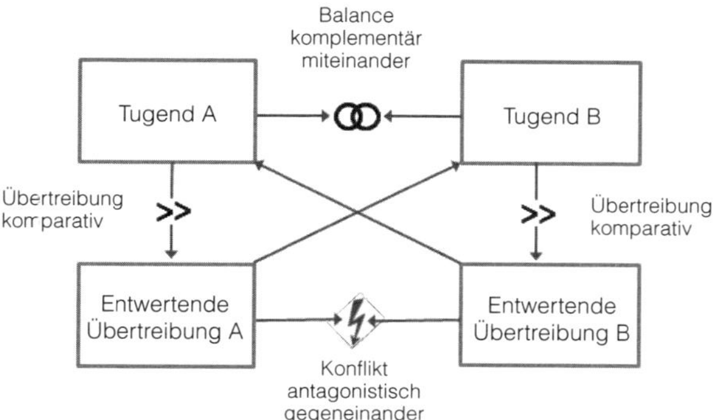

Abb. 14: Logik von Wertequadraten

In verallgemeinerter Form kann die logische Struktur von Wertequadraten folgendermaßen beschrieben werden:

- In der oberen Hälfte des Quadrats befinden sich die positiven Wertepaare, in der unteren Hälfte die negativen Wertepaare bzw. Unwertepaare.

- Das positive Wertepaar befindet sich in einem dialektischen Spannungs- und Ergänzungsverhältnis. Das Verhältnis der Schwestertugenden und -werte ist „komplementär“, sie kooperieren „miteinander“ mit dem Ziel eines Ausgleichs oder einer „Balance“.
- Das untere Unwertepaar repräsentiert Übertreibungen (>>) und Entartungen von Werten und Tugenden.
- Das untere Unwertepaar liegt in einem unversöhnlichen „Konflikt“; es ist „antagonistisch“ strukturiert, der Interaktionsmodus ist „gegeneinander“.
- Die senkrechten Linien bezeichnen jeweils „ein Zuviel des Guten“, was auf beiden Seiten in eine „entwertende Übertreibung“ mündet.
- Die Diagonalen symbolisieren jeweils konträre Gegensätze zwischen einem Wert und einem Unwert. Sie zeigen auch an, in welche Richtung sich Besserungen bewegen sollten.

Sinn und Zweck von Wertequadraten ist es, für die Konkurrenz komplementärer Qualitäten (Werte, Tugenden, Prinzipien, Normen) eine situativ angemessene Lösung in Form einer dynamischen Balance zu finden. Die vermeintlichen Polaritäten werden ersetzt durch spannungsreiche, dialektische Beziehungen, die sich dauerhaft in einem schwebenden Gleichgewicht befinden. „In einer ausgehaltenen Spannung“ konstruieren dann beide Wertepartner ohne Gesichts- und Identitätsverlust ein neues Drittes. Aus Sonne und Regen entsteht ein Regenbogen als neues, gemeinsames Produkt (Schulz von Thun 2009).
Die konkurrierenden Qualitäten eines Wertequadrates sind in einer ganz bestimmten Weise miteinander verknüpft:

- Mit dynamischer Balance ist nicht die wohlfeile Devise „sowohl als auch“ gemeint. Das sorgfältige Auspendeln einer tragfähigen Balance wird gelegentlich als „fauler Kompromiss“ diskreditiert. Faule Kompromisse bleiben bei der bloßen Koexistenz stehen und gehen nicht den letzten entscheidenden Schritt der Kooperation und Koproduktion.
- Die Logik komplementärer Wertedyaden ist auch nicht die Verknüpfung ODER (Wert1 oder Wert2). Die Verknüpfung ODER hat eine gnadenlose Konkurrenz mit dem Ziel einer Verdrängung oder gar Vernichtung der konkurrierenden Alternative zur Folge.
- Die konkurrierenden Qualitäten in einem Wertequadrat sind vielmehr durch die Konjunktion UND miteinander verbunden, die ein kooperatives Verhältnis von Wert1 und Wert2 zum Ausdruck bringt. Die logische Verknüpfung UND strebt eine faire, synergetische Zusammenar-

beit gleichwertiger Partner an. Der Regenbogen entsteht eben nicht aus einer Alternative Sonne ODER Regen, sondern einzig und allein aus einer Koproduktion von Sonne UND Regen.

Das Denken in dialektischen Gegensatzeinheiten hat eine lange Geschichte, die in meinem Aufsatz „Inklusion als Balance“ (2013) ausführlich nacherzählt wird. Die heutige Form der Wertequadrat-Methode geht wesentlich auf die Arbeiten des Psychologen Friedemann Schulz von Thun zurück. In dem dreiteiligen, äußerst populären Standardwerk „Miteinander reden“ (Schulz von Thun) hat der Autor das Wertequadrat systematisch für eine Grundlegung der Kommunikationspsychologie genutzt und seine Brauchbarkeit unter Beweis gestellt.
Im vorliegenden Zusammenhang soll die Methode der Wertequadrate angewendet werden, um die Dialektik inklusiver Prozesse, Situationen, Probleme, Konflikte, Dilemmata, Paradoxien aufzuzeigen und zu klären; mit dem Ziel, die konkurrierenden, widerstreitenden Positionen in einen Dialog zu bringen und zur Suche nach ausgewogenen, ko-konstruktiven Antworten zu animieren.
Mit der Anwendung dieses methodischen Instruments auf zahlreiche Fragen der Inklusionspädagogik soll zugleich eine Theorie entworfen und skizziert werden, die Inklusion als „dynamische Balance komplementärer Werte“ versteht. Der präsentierte Theorieentwurf ist keineswegs rundherum neu, sondern eher eine Weiterentwicklung und Reformulierung der „Theorie integrativer Prozesse“ (Reiser u. a. 1986; Hinz 1993).

Grundstrukturen inklusiver Pädagogik

Um Inklusion geht es nicht allein im Klassenzimmer, sondern auch in Politik und Gesellschaft, in zwischenmenschlichen Beziehungen und im innerpsychischen Haushalt eines jeden Menschen. Im Folgenden werden fünf Ebenen unterschieden und als Grundstrukturen inklusiver Pädagogik angesehen (vgl. Hinz 1993): 1. Individuelle Ebene (Person), 2. Interpersonelle Ebene (Gruppe), 3. Didaktische Ebene (Unterricht), 4. Institutionelle Ebene (Schule), 5. Gesellschaftliche Ebene (Politik und Kultur). Die Auswahl dieser 5 Ebenen erfolgt in loser Anlehnung an den ökosystemischen Ansatz von Bronfenbrenner. Tab. 7 gibt eine Übersicht über die ausgewählten Wertequadrate und ihre Zuordnung zu den inhaltlichen Ebenen.

Ebene		Wertequadrate
Individuelle Ebene	Person	Selbstakzeptanz versus Selbstkritik
Interpersonelle E.	Gruppe	Bindung versus Unabhängigkeit
Didaktische Ebene	Unterricht	Gemeinsames versus individuelles Lernen
	Unterricht	Führung versus Selbsttätigkeit
	Unterricht	Ressourcen- versus Problemorientierung
	Unterricht	Kollektivierung versus Individualisierung
Institutionelle Ebene	Schule	Heterogene versus homogene Lerngruppen
Gesellschaftliche Ebene	Politik	Philosophie versus Pragmatismus
	Kultur	Vielfalt versus Einheit
	Kultur	Gleichheit versus Verschiedenheit

Tab. 7: Inhaltliche Ebenen und Wertequadrate

Individuelle Ebene (Person): Selbstakzeptanz versus Selbstkritik

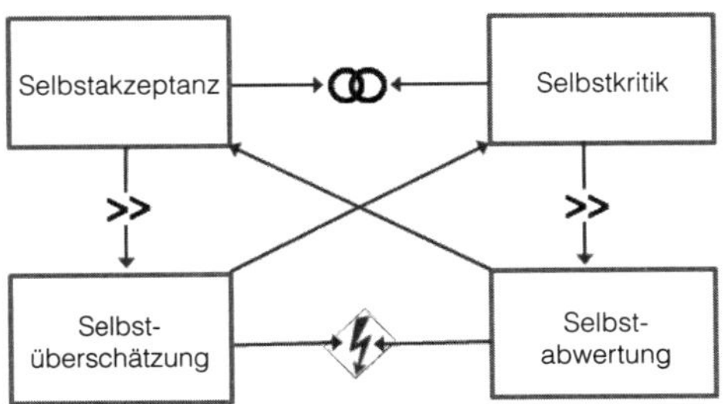

Abb. 15: Wertequadrat Selbstakzeptanz versus Selbstkritik

Bei dem Wertequadrat „Selbst-Akzeptanz" geht es um eine angemessene Selbstwahrnehmung, die alle Seiten der eigenen Person, sowohl ihre Stärken und als auch ihre Schwächen möglichst realistisch zur Kenntnis nimmt. Die Sonnenseiten der eigenen Person sollen ebenso wahrgenommen werden wie auch ihre Schattenseiten. Eine akzeptierende Haltung drückt sich in einer ausgewogenen Balance von einer Selbstwertschätzung der positiven Merkmale auf der einen Seite und einer Selbstkritik der unvorteilhaften Merkmale auf der anderen Seite aus. Eine übertriebene Selbstwertschätzung kann sich in vielfältigen Formen ausdrücken: Mangelnde Einsicht in eigene Fehler und Begrenzungen, auffällige Selbstwerterhöhung, ungezügelter Selbstdarstellungsdrang; eine übersteigerte Selbstliebe äußert sich schließlich in Selbstbewunderung, Selbstverliebtheit und Narzissmus. Der übertrieben selbstkritische Mensch hingegen stellt sein Licht unter den Scheffel und nimmt einseitig die unvorteilhaften und unerwünschten Aspekte in den Blick. Die Selbstkritik kann im Extremfall in Depressionen, Selbstzerstörung und Selbsthass münden.

Allen Menschen ist die Annahme ihrer selbst als Lebensaufgabe aufgegeben. Weil Menschen mit Beeinträchtigungen und Behinderungen in aller Regel mancherlei Mängel, Defizite und Schwächen zugeschrieben werden, ist die Ausbildung einer gesunden, selbstbewussten Selbst-Akzeptanz eine herausfordernde Aufgabe für die Betroffenen selbst wie auch für die Pädagogik. Für Menschen mit Beeinträchtigungen und Behinderungen sind negative Selbstkonzepte und Minderwertigkeitsgefühle naheliegend. Dem gilt es entgegenzuwirken. Es müssen nachhaltige Anstrengungen unternommen werden, allen Menschen mit Behinderungen „a sense of dignity", ein Gefühl von Würde zu vermitteln, wie es die UN-Behindertenrechtskonvention (BRK 2009) formuliert. Das Menschenbild der inklusiven Pädagogik versteht nämlich Behinderungen keineswegs von vorneherein negativ als ein defizitäres Anderssein, sondern als Ausdruck und Manifestation menschlicher Vielfalt. Der Diversity-Ansatz bzw. das sogenannte soziale Modell verorten die „Defizite" nicht in den betroffenen Menschen selbst, sondern im ausgrenzenden und diskriminierenden gesellschaftlichen Umgang.

Interpersonelle Ebene (Gruppe): Bindung versus Unabhängigkeit

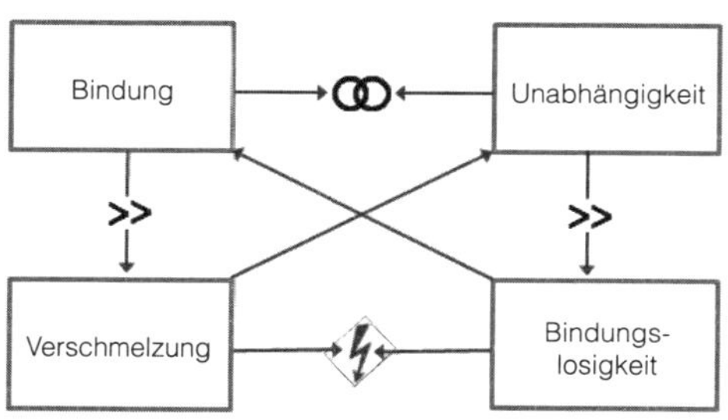

Abb. 16: Wertequadrat Bindung versus Unabhängigkeit

Beim Wertequadrat „Soziale Einbindung" geht es um die Frage, wie eng man soziale Beziehungen zu anderen Menschen gestalten möchte. Der überzeugte Single möchte keine feste und enge Beziehung eingehen, ihm geht persönliche Unabhängigkeit über alles. Je stärker ein Single soziale Unabhängigkeit zu seinem persönlichen Lebensmotto macht, desto lichter, unverbindlicher und flüchtiger wird auch sein soziales Netzwerk. Im Extremfall rutscht der Single in völlige Bindungslosigkeit und Selbstisolation ab. Auf der anderen Seite stehen Menschen, die sich dauerhafte soziale Bindungen wünschen und auch eingehen. Nicht die Anzahl der Bindungen ist entscheidend, vielmehr geht es um die Tiefe, Intensität und Verlässlichkeit der Beziehungen. Die innige Verbundenheit mit anderen kann dann zu einem problematischen Verhältnis werden, wenn sie sich zu einer symbiotischen Verschmelzung steigert und die Unabhängigkeit der eigenen Person von dem geliebten Anderen nicht mehr gegeben ist. Es sollte möglich bleiben, von Zeit zu Zeit und von Fall zu Fall auch ohne den geliebten Anderen ein eigenes Leben zu führen.

Im inklusionspädagogischen Bereich sind symbiotische Beziehungen etwa in inklusiven Lerngruppen der Grundschule zu beobachten. Hier kümmern sich insbesondere Mädchen in rührender, zugleich aber auch bemutternder und überbehütender Weise um Kinder mit einem Down-Syndrom. Overprotektion kann man auch nicht selten bei Integrationshelfern beobachten, die einem behinderten Kind als persönliche Assistenz zugeordnet sind. Manche Integrationshelfer befinden sich pausenlos in der unmittelbaren Nähe der behinderten Kinder und leisten fortwährende Unterstützung. Ihre allgegenwärtige Umsorgung der behinderten Kinder verhindert ungewollt wünschenswerte Kontakte mit den nichtbehinderten Kindern. So merkwürdig dies scheinen mag: Eine protektionistische Assistenz verhindert Inklusion. Auch hier ist eine Balance anzustreben: Beziehung und Support dürfen die Entfaltung individueller Autonomie und die Entwicklung hilfreicher Sozialbeziehungen zwischen den Peers nicht behindern.

Didaktische Ebene (Unterricht): Gemeinsames versus individuelles Lernen

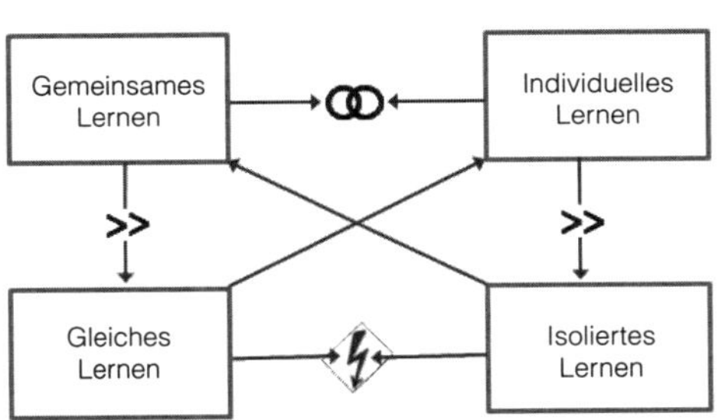

Abb. 17: Wertequadrat Gemeinsames versus individuelles Lernen

In der Didaktik werden Einzelarbeit, Partnerarbeit, Gruppenarbeit und Klassenunterricht als die klassischen Sozialformen gehandelt. „Gemeinsames Lernen" und „individuelles Lernen" bilden eigentlich in jedem Unterricht spannungsreiche Pole, in einem inklusiven Unterricht jedoch in einem verstärkten Maße. Es ist ein weit verbreitetes Missverständnis, dass in einem inklusiven Unterricht behinderte und nichtbehinderte Kinder allezeit beieinander sein müssen und immer miteinander lernen, und dass jedwede, auch nur zeitweilige Trennung einer heterogenen Lerngruppe ein Sündenfall wider den Geist der Inklusion darstelle. Dieses Missverständnis wird auch durch das theoretische Postulat gestützt und befördert, dass ein inklusiver Unterricht als „Kooperation aller Kinder an einem gemeinsamen Gegenstand" zu verstehen sei (Feuser 1982). Ein inklusiver Unterricht realisiert dagegen nach meinem Verständnis eine ausgewogene „Balance von gemeinsamen und individuellen Lernsituationen" (Wocken 1987).

Inklusive Didaktik ist eine Didaktik der Vielfalt. Das bedeutet erstens: Die zeitweilige, temporär begrenzte Zusammenfassung von Kindern zu Fördergruppen ist nicht nur legitim, sondern kann auch nützlich bis notwendig sein. Und zweitens: Es bedarf fortwährender Anstrengungen und kreativer didaktischer Phantasie, immer wieder für ein hinlängliches Maß an gemeinsamen Lernsituationen, an denen alle Kinder mit und ohne Beeinträchtigungen teilhaben, Sorge zu tragen. Die Extremformen dieses Wertepaares sind einerseits eine „Gemeinsamkeit", die alle Kinder zu gleichschrittigem Lernen in einem lehrergesteuerten Frontalunterricht verpflichtet; wahrlich kein didaktisches Ideal, sondern eine abstruse Vorstellung. Andererseits ein unterrichtliches Szenarium, in dem alle Kinder als isolierte Atome ihre eigenen Wege gehen und keinen Kontakt mehr miteinander haben. Ein inklusiver Unterricht ist weder synchrones Exerzieren noch eine pluralistische Privatisiererei. Gemeinsamkeit ohne Individualisierung ist sozialer Terror; Individualisierung ohne Gemeinsamkeit führt zum sozialen Tod.

Didaktische Ebene (Unterricht): Lenkung versus Selbständigkeit

Die unterrichtsmethodische Dimension Steuerung der Lernprozesse ist durch eine antinomische Grundstruktur gekennzeichnet. Je heterogener eine Schülergruppe ist, desto schwieriger wird es, diese Gruppe als Ganzes „zentral" und „von vorne" durch eine direkte Unterrichtung zu steuern. Vielfalt nötigt dazu, die frontale Steuerung der gesamten Gruppe zurückzunehmen und die Steuerung der Lernprozesse zu diversifizieren. Die Organisation und die Verantwortung für einen Arbeitsprozess werden delegiert an kleine Arbeitsgruppen oder gar an einzelne Individuen. Die Führung und Steuerung des Lehr- und Lernprozesses erfolgen nicht mehr direkt durch Anordnungen, Fragen, Aufforderungen oder Hinweise, sondern indirekt über verschiedene „Erziehungs- und Unterrichtsmittel".

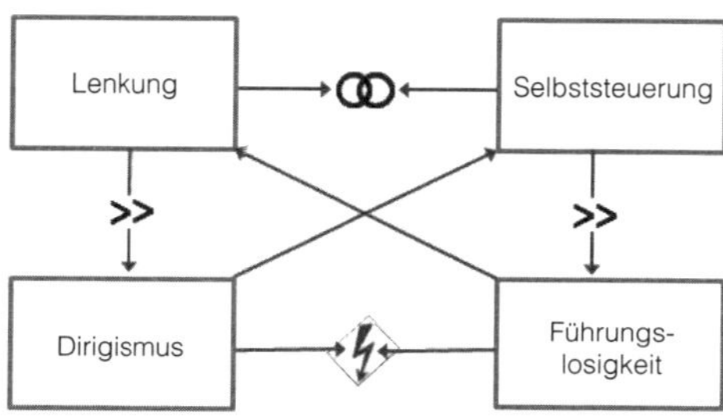

Abb. 18: Wertequadrat Lenkung versus Selbstständigkeit

Dieses Prinzip der Delegation von Steuerung war geschichtlich schon der Landschulpädagogik vertraut, die ja mehrere Jahrgänge in einer Klasse zusammengefasst hat und damit das gleiche Heterogenitätsproblem zu bewältigen hatte. In einem Lehrbuch der Landschulpädagogik heißt es: „Die wenig gegliederte Schule ist darauf angewiesen, ihre Schüler auf größere und kleinere Zeitstrecken aus der unmittelbaren Führung durch den Lehrer zu entlassen; in dieser Zeit müssen sie sich dann allein behelfen. Statt dass der Lehrer die Schüler selbst unterrichtet, haben sie sich allein an und mit einem Unterrichtsmittel zu unterrichten" (Huber 1961, 60).

Die Delegation von Verantwortung und Lenkung an die Schüler selbst wird in der Literatur mit unterschiedlichen Begriffen belegt. Geläufige Assoziationen sind etwa entdeckendes Lernen, Schüleraktivierung, Subjektorientierung, Lernerautonomie und ähnliches. Freinet hat die gemeinte Dezentralisierung der Steuerung mit der schönen Formel „Den Kindern das Wort geben" zum Ausdruck gebracht. Für den Sachverhalt eines eigenaktiven, selbstgesteuerten Lernens verwendet Klingberg (1974) in seiner dialektischen Didaktik den Begriff „Selbsttätigkeit".

Die konstruktivistische Lerntheorie und Didaktik schließlich begreifen Lernen als einen eigenaktiven Konstruktionsprozess des Schülers. Maria Montessori, die – neben anderen Reformpädagogen – als eine frühe Konstruktivistin angesehen werden kann, betrachtet das Kind als „Baumeister seiner selbst" oder als „Akteur seiner Entwicklung" (Kautter/Klein/Laupheimer/Wiegand 1998). Ihre berühmte Grundregel „Hilf mir, es selbst zu tun!" unterstreicht nachhaltig, dass jedwede pädagogische Führung, Anleitung und Unterstützung als Hilfe zur Selbsthilfe verstanden werden muss. Der Maßstab für unabdingbar geschuldete Führung und noch angemessene, d. h. notwendige und noch gestattete Hilfe ist ausschließlich die Ermöglichung von Schülerautonomie (Empowerment). Jegliche Überbehütung, unerbetene und unnötige Hilfe sind als pädagogischer Übergriff oder als „Freiheitsberaubung" (Boban/Hinz 2008) zu werten.

Schließlich unterstreicht auch das wegweisende Angebot-Nutzungs-Modell (Helmke 2009), dass Lernen keine lineare Folge von Lehren ist, sondern dass Lernangebote und Lernchancen auch aktiv von den Schülern selbst ergriffen werden müssen. Eine Redensart sagt es sehr anschaulich: „Man kann die Pferde zur Tränke führen, saufen müssen sie selbst." – In meiner Arbeit „ Inklusive Unterrichtsorganisation. Inklusiver Unterricht als Maxime einer inklusiven Unterrichtsmethodik" (Wocken 2015) habe ich diese Delegation der Steuerung vom Lehrer auf den Schüler als „indirekten Unterricht" beschrieben.

Das Bestreben, das Lernen in hohem Maße dem Schüler selbst zu übereignen, könnte man auch mit einem Begriff aus der Sozialpolitik und Sozialpädagogik überschreiben: Empowerment. Empowerment bedeutet wörtlich übersetzt „Ermächtigung" oder „Bevollmächtigung". Der einschlägige Wikipedia-Artikel definiert recht treffend: „Mit Empowerment bezeichnet man Strategien und Maßnahmen, die geeignet sind, den Grad an Autonomie und Selbstbestimmung im Leben von Menschen oder Gemeinschaften zu erhöhen und die es ihnen ermöglichen, ihre Interessen (wieder) eigenmächtig, selbstverantwortlich und selbstbestimmt zu vertreten und zu gestalten. Empowerment bezeichnet dabei sowohl den Prozess der Selbstbemächtigung als auch die professionelle Unterstützung der Menschen, ihr subjektives Gefühl der Macht- und Einflusslosigkeit (powerlessness) zu überwinden und ihre Gestaltungsspielräume und Ressourcen wahrzunehmen und zu nutzen." Dieses Verständnis kann unverändert auf das unterrichtsmethodische Anliegen der Aktivierung und Selbsttätigkeit von Schülern übertragen werden.

Das spannungsvolle Verhältnis der gegensätzlichen Pole Lenkung und Selbsttätigkeit kann aus dem Gleichgewicht kommen und vereinseitigen; das Wertequadrat stellt die Pole der Steuerungsdimension als spannungsvolle Einheit von Gegensätzen sowie die Übertreibungen dieser Gegensätze dar. Auch die Freisetzung des Schülers als autonomes, selbstregulatives Lernsubjekt hat Grenzen. Die individuelle Freiheit des Schülers kann zu geringerem Arbeitseifer führen, statt planvoller, zielstrebiger Arbeit greift ein planloses Trial-and-Error-Verhalten um sich und das geringere Engagement des Lehrers wird als Desinteresse gewertet. Ohne jegliche Anregung, Unterstützung, Begleitung, Rückmeldung ist schulisches Lernen vielfach weniger erfolgreich und droht in Lustlosigkeit und Beliebigkeit abzugleiten. Die Unterrichtsforschung betont immer wieder die Notwendigkeit strukturierender Lernhilfen und aktiver Lernunterstützung insonderheit bei schulleistungsschwachen Kindern (Hartke 2003). Bei einer extremen Untersteuerung drohen ein unruhiges Lernchaos, demotivierende Lernöde und unproduktiver Leerlauf. Als Gegensteuerung ist eine hinlängliche Beachtung des Gegenpols erforderlich: Führung des Lernprozesses durch den Lehrer und direkter Unterricht.

Wember definiert direkten Unterricht folgendermaßen: „Direkter Unterricht als Form effektiven Lehrverhaltens führt zu einem relativ direktiven und eher lehrerzentrierten Unterricht, der die kognitiven Lernziele betont und der durch deutliche Lenkung und wenig Wahlfreiheit auf Seiten der Lernenden gekennzeichnet ist" (Wember 2007, 442). Die Übersteigerung eines direkten, lehrergeleiteten Unterrichts kann man als „Dirigismus" bezeichnen. Die Schüler werden autoritär gegängelt, vom Lehrer wie Marionetten behandelt, zu passiven Empfängern degradiert und nach dem Modell des Nürnberger Trichters belehrt, „instruiert" und indoktriniert.

Die unterrichtsmethodische Dimension Steuerung ist also als ein polares Spannungsfeld, als eine Gegensatzeinheit von Führung und Selbsttätigkeit strukturiert. Auch hier gilt: Ein inklusiver Unterricht ist nicht durch eine Alternative Führung oder Selbsttätigkeit gekennzeichnet, sondern verlangt ein Sowohl-als-auch in Form einer dialektischen Balance.

Didaktische Ebene (Unterricht): Ressourcenorientierung versus Problemorientierung

Das pädagogische Geschäft ist durchwirkt von zahlreichen Antinomien: Führen oder Wachsenlassen, soziales oder kognitives Lernen, indirekter Unterricht oder direkte Instruktion, ganzheitliche Förderung versus Förderung der Sonderbegabung. Mit Hilfe von Wertequadraten lässt sich zeigen, dass die vermeintlichen Gegensätze eher als spannungsvolle, zusammengehörige Schwesternwerte zu verstehen sind, die nicht in einem alternativen Oder-Modus, sondern in einem komplementären Und-Modus zu traktieren sind. So ist es auch um die Frage bestellt, ob für eine inklusive Unterrichtung eher die Problemorientierung oder die Ressourcenorientierung der angemessene pädagogische Förderansatz ist.

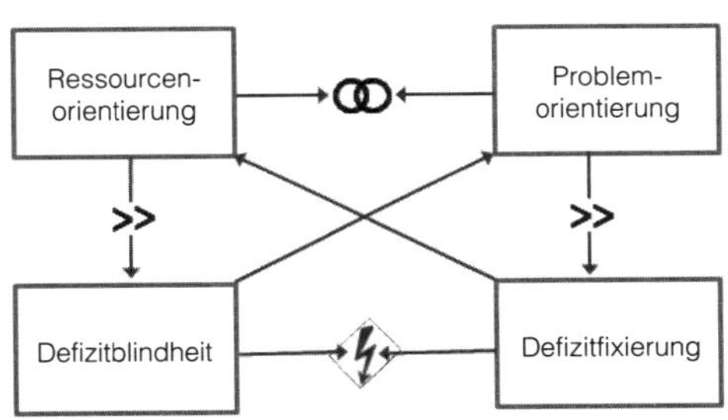

Abb. 19: Wertequadrat Ressourcenorientierung versus Problemorientierung

Medizin, Psychotherapie und auch Sonderpädagogik sind sehr stark der Problemorientierung verhaftet. Immer geht es darum, zuerst eine Krankheit, ein Leiden, ein Fehlverhalten, einen Mangel, ein Versagen zu diagnostizieren. Und dann werden dieser Problemdiagnose entsprechend Interventionen geplant und durchgeführt, die aussichtsreich erscheinen, das Defizit oder den Defekt zu beheben, wegzutherapieren und wegzutrainieren. Nicht selten versteift sich dann das medizinische, therapeutische und sonderpädagogische Handeln zu einer starren Problem- und Defektfixierung, die die gesunden, starken und intakten Anteile jedes Menschen nicht mehr wahrnehmen kann und kein Zutrauen in die verbliebenen Selbstheilungskräfte und Wachstumspotentiale mehr hat. Der Patient, Klient oder Behinderte wird zum Objekt von „Reparaturmaßnahmen".

Gegen eine derartige Defizitorientierung wendet sich der Ressourcenansatz: „Von den Stärken ausgehen!" (Eggert 2001). Als Vertreter des Ressourcenansatzes können in der Medizin die „Salutogenese" (Antonowski), in der Psychologie das humanistische Menschenbild (Rogers 1985) und in der Pädagogik ganz allgemein Konzepte gelten, die einem konstruktivistischen Verständnis von Lernen und Entwicklung verpflichtet sind.

Auch hier kann ein Zuviel des Guten in die Irre führen. Eine übertriebene Ressourcenfixierung pickt sich die verbliebenen Stärken wie die Rosinen aus dem Kuchen heraus und wird blind für real vorhandene Schwächen und Probleme, die fremder Hilfe bedürfen. Ressourcenfixierung rutscht ab in Schönfärberei, Problemverleugnung und Defizitblindheit; alle Mängel und Fehler werden mit dem Mantel der Blauäugigkeit zugedeckt. Das Wertequadrat mahnt, Ressourcen- und Problemorientierung nicht alternativ miteinander zu konfrontieren (Ahrbeck 2011), sondern eine situativ angemessene Balance anzustreben.

Didaktische Ebene (Unterricht) Kollektivierung versus Individualisierung

Das Wertequadrat veranschaulicht das spannungsreiche Verhältnis der Pole Kollektivierung und Individualisierung sowie deren Übersteigerungen; dies soll nun erläutert werden. In einer heterogenen Lerngruppe gibt es ein außerordentlich breites Spektrum an Fähigkeiten, Interessen, Fertigkeiten und Neigungen. Will man in Erziehung und Unterricht den Eigenheiten aller Kinder gerecht werden, ist eine Individualisierung des Unterrichts unumgänglich und geboten. Die logische Konsequenz von Vielfalt ist Individualisierung, eine Anpassung des Unterrichts an die individuellen Lernvoraussetzungen und -möglichkeiten. Diese unbedingt notwendige Individualisierung, die zunächst eine positive Reaktion auf Unterschiedlichkeit darstellt, kann jedoch ins Uferlose abdriften und zu einer heillosen Atomisierung, einem völligen Zerfall der Lerngruppe führen. Die einzelnen Schüler existieren dann gleichsam als einsame Eremiten, als Einzelwesen, die keine soziale Bindung mehr zur Gruppe haben.

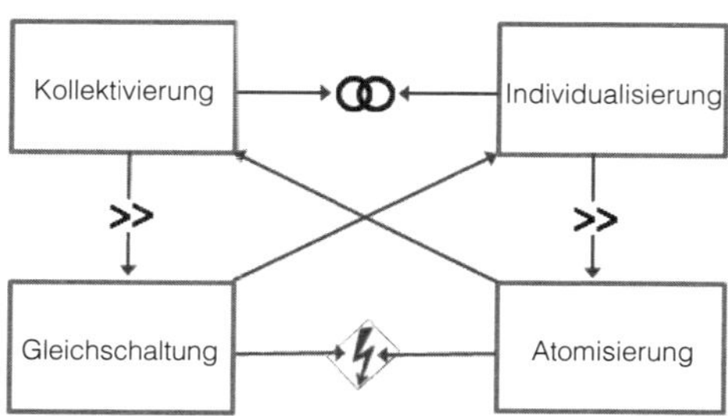

Abb. 20: Wertequadrat Kollektivierung versus Individualisierung

Ein Beispiel mag eine solche problematische Übersteigerung von Individualisierung verdeutlichen. Die Lerngeschwindigkeiten der Schülerinnen und Schüler unterscheiden sich erheblich. Lehrerinnen und Lehrer plagt die Sorge, was man mit jenen Schülern macht, die schon längst fertig sind, und mit jenen Schülern, die hinter der Lerngruppe hinterherhinken. Die Freigabe der Lernzeiten dient zunächst der Anpassung des Unterrichts an die divergierenden Lerngeschwindigkeiten, eine völlig unlimitierte Lernzeit kann

aber die Individualisierung in nicht mehr akzeptabler und beherrschbarer Weise extremisieren. Bei einer Variation von Lernzeit und Lerntempo driftet die Lerngruppe immer mehr auseinander. Am Ende befindet sich jeder an einem anderen Punkt des Lernprozesses, keiner hat mit anderen noch etwas gemein, das gesamte „Teilnehmer-Feld“ ist auseinandergerissen und wird unübersichtlich. Eine zunehmende Individualisierung von Lernprozessen geht also unvermeidlich einher mit einer fortschreitenden Abnahme sozialer Gruppierungen und gemeinsamer Lernsituationen sowie mit einer wachsenden Minderung sozialer Interaktionen. Individualisierung kann im Extremfall auf Vereinzelung, Kontaktarmut und „Vereinsamung“ hinauslaufen. Individualisierung fokussiert die Differenz der Schüler und vernachlässigt die Gemeinsamkeit.
Die drohende „Atomisierung“ erfordert als pädagogische Gegensteuerung eine Kollektivierung. Der Begriff Kollektivierung meint Vergemeinschaftung oder Vergesellschaftung der Unterrichtsprozesse; durch die Handlung „Kollektivierung“ wird Gemeinsamkeit hergestellt. Durch eine stetige Einbindung der individualisierten Lernprozesse in soziale Zusammenhänge, etwa durch Partnerarbeit, Gruppenarbeit, Projektarbeit, wird der Zerfall der Lerngruppe aufgehalten. Kollektivierung initiiert also kooperative Arbeitsprozesse und erzeugt Kohäsion.
Durch den dialektischen Gegenpol der Kollektivierung werden die Lernprozesse der einzelnen Schüler koordiniert und miteinander verknüpft. So weit, so gut. Aber auch die Kollektivierung kann das Maß des Möglichen und Notwendigen übersteigen und entarten. Im Extremfall führt Kollektivierung zu einer völligen Gleichschaltung des Schülerkollektivs. Bei einer vollständigen Kollektivierung des Unterrichtsprozesses gibt es keinerlei Spielräume für eigene Lernwege und subjektive Lernentfaltung mehr. Der Schüler wird quasi als Individuum negiert und dem Kollektiv bedingungslos unterstellt.
Aus dieser Antinomie zwischen Individualisierung und Kollektivierung gibt es keinen Ausweg. Es ist weder möglich noch erlaubt, im Unterricht das Eine zu tun und das Andere zu unterlassen. Die Alternative heißt eben nicht Individualisierung oder Kollektivierung. Die unterrichtsmethodische Lösung kann nur eine dialektische Balance der gegensätzlichen Tendenzen sein. Der Unterricht muss der Verschiedenheit der Kinder Wertschätzung entgegenbringen und zugleich ermöglichen, dass die Kinder Gemeinsamkeiten miteinander teilen und trotz aller Verschiedenheit auch sich in kooperativer Arbeit zusammenfinden. Es kommt also darauf an, gemeinsame und differentielle Lernsituationen in ein ausgewogenes Verhältnis zu bringen. Diese Grundregel inklusiver Didaktik wurde 1987 so formuliert:
„Integrativer Unterricht ist ein schwieriger Balanceakt. Es gilt die Balance zu wahren zwischen individuellen Lernangeboten einerseits, damit jedes Kind zu

seinen Möglichkeiten findet, und gemeinsamen Lernsituationen andererseits, damit die soziale Integration der Kindergruppe gefördert wird. Das Grundproblem eines integrativen Unterrichts besteht also darin, verschiedene Kinder gemeinsam zu fördern, und zwar so, dass sowohl die Verschiedenheit der Kinder als auch die Gemeinsamkeit der Gruppe zu ihrem Recht kommen. Das dialektische Spannungsverhältnis von individuellen und gemeinsamen Lernprozessen muss in ausgewogener Weise zur Geltung kommen" (Wocken 1987, 75).

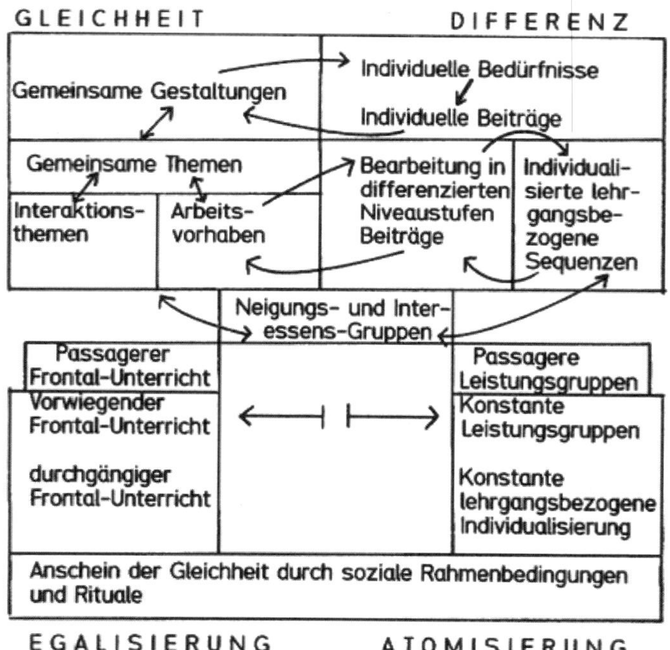

Abb. 21: „Elemente der dynamischen Balance von Gleichheit und Differenz in heterogenen Lenrngruppe" (Reiser 1991, 24)

Nach der Niederschrift dieser Abhandlung kam mir eher zufällig ein Artikel von Helmut Reiser in die Hände. In seinem Aufsatz „Wege und Irrwege der Integeration" aus dem Jahre 1991 entfaltet er in Grundzügen seine Vorstellungen von einer integrativen Didaktik. Reiser benutzt für die Darstellung seines Konzepts intutiv die Methode der Wertequadrate. In seiner Grafik (Abb. 21) ist erkennbar sowohl die positive, dialektische Gegensatzeinheit „Gleichheit versus Differenz" enthalten als auch die negative, hypertrophe Übersteigerung

„Egalisierung versus Atomisierung". Inhaltlich und begrifflich stimmen die Abb. 20 und 21 in hohem Maße überein. Eine bemerkenswerte Parallele und ein erfreulicher Gleichklang.

Institutionelle Ebene (Schule): Heterogene versus homogene Lerngruppen

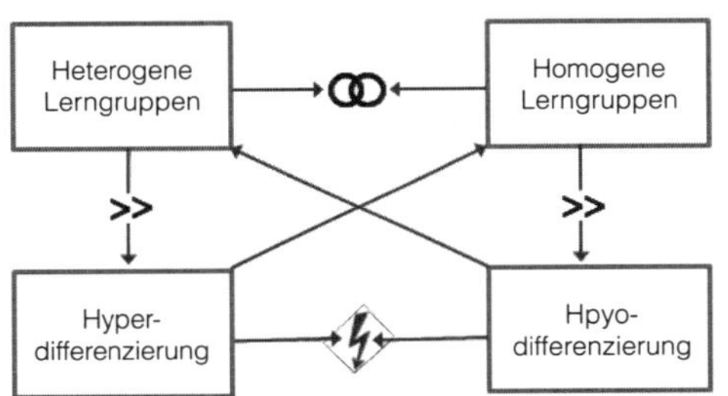

Abb. 22: Wertequadrat Heterogene versus homogene Lerngruppen

Auch Inklusion, die erklärtermaßen eine „Pädagogik der Vielfalt" ist, kommt nicht um die Frage herum, wie und nach welchen Kriterien denn innerhalb der gemeinsamen Schule die vielen Kinder aufgeteilt und zu überschaubaren Lerngruppen zusammengefasst werden sollen. Die pauschale Empfehlung „möglichst heterogen" riecht nicht, sie weicht aus und lässt viele Fragen offen: Alle Jahrgangsstufen von 1 bis 8? Ausschließlich heterogene Gruppen und niemals homogene Gruppen, auch nicht im Sexualkunde- oder Sportunterricht oder in Neigungskursen?

Inklusive Pädagogik betrachtet Heterogenität als Chance und Bereicherung. Gerade die Ungleichheit der Begabungen, Interessen, Motive und Kulturen machen gemeinsames Leben und Lernen zu einer anregenden und angeregten, wechselvollen und produktiven Angelegenheit. Doch auch Heterogenität kann nicht unermesslich und grenzenlos sein. Das Bild der babylonischen Sprachenvielfalt und -verwirrung lehrt, dass gemeinsames Lernen auch einen ansehnlichen Fundus an Gemeinsamkeiten gebraucht: eine gemeinsame Sprache, gemeinsame Werte, Regeln, Kulturen, Aktivitäten und Vorhaben.

Der Grundsatz Heterogene Lerngruppen sollte keineswegs als Dogma verstanden werden und ein rigides Verbot aller homogenen Lerngruppen begründen. In der Sekundarstufe wollen etwa Mädchen mit körperlichen Beeinträchtigungen gerne einmal unter ihresgleichen sein und Probleme der Menstruation und Sexualität nur untereinander bereden. Die empirische Unterrichtsforschung kann Belege beibringen, dass Mädchen in Naturwissenschaften und in Informatik erfolgreicher lernen, wenn die Jungen nicht dabei sind. Und gegen eine Förderung von Kindern, die in einer Sondergruppe Flöte spielen, ist ebenso wenig einzuwenden wie gegen eine zeitweilige Bildung einer sonderpädagogischen Fördergruppe. Der fundamentale Grundsatz der Heterogenität und die deutliche Präferenz der inneren Differenzierung sind durchaus mit begrenzten Maßnahmen der äußeren Differenzierung innerhalb der Schule verträglich. Eine unmäßige Steigerung der Heterogenität leidet an einer ausufernden Hyperdifferenzierung, eine auf maximale Homogenität der intraschulischen Lerngruppen versessene Strategie führt zu einer rigiden, monotonen Hypodifferenzierung. Eine Ausbalancierung des Wertepaares heterogene versus homogene Lerngruppen wird sich auch in einer flexiblen, variationsreichen und sparsamen Handhabung von Formen äußerer Differenzierung erweisen. Vorsicht ist immer dann geboten, wenn sich an homogene intraschulische Lerngruppen stabile negative oder auch positive Wertschätzungen heften; dies hätte unweigerlich die Stigmatisierung von Problemgruppen oder die Auszeichnung von Elitegruppen und damit Spaltung und Entsolidarisierung der Schulgemeinde zur Folge.

Systemebene (Bildungspolitik): Philosophie versus Pragmatismus

Im inklusionspolitischen Diskurs flackert immer wieder ein Streit zwischen „Ideologen" und „Pragmatikern" um die richtige Reformstrategie auf. Hier soll erörtert werden, welche Grundhaltung für eine hochwertige Umsetzung der Inklusionsreform am besten geeignet erscheint.

Die kleine Schrift „Politik als Beruf" des großen deutschen Soziologen Max Weber endet mit dem vielzitierten Satz: „Politik bedeutet ein starkes langsames Bohren von harten Brettern mit Leidenschaft und Augenmaß zugleich" (Weber 1992, 82). Dieser Satz postuliert „Leidenschaft" und „Augenmaß" als grundlegende Postulate für politisches Handeln. Die „Leidenschaft" soll im Folgenden als der Verhaltenskodex „Philosophie", das „Augenmaß" als der Verhaltenskodex „Pragmatismus" übersetzt werden. In Anlehnung an Max Weber wird die These formuliert, dass eine gelingende Inklusionsreform dieser beiden Tugenden zugleich bedarf.

Der Kodex „Philosophie" postuliert: „Inklusion braucht Leidenschaft!" Die Forderung überrascht und scheint auf den ersten Blick unüberlegt. Leidenschaft hat nicht immer den allerbesten Ruf. Leidenschaft wird mit übergroßer Emotionalität, mit mangelnder Kontrolle oder auch – etwa als Spielleidenschaft – mit Sucht in Verbindung gebracht. Derartige Konnotationen sollen indes ausgeschlossen sein. Max Weber formuliert den gemeinten Sinn so: „Leidenschaft im Sinne von Sachlichkeit: leidenschaftliche Hingabe an eine ‚Sache'" (Weber 1992, 62). Diese nahezu unterkühlte Beschreibung macht deutlich, dass bei der Leidenschaft als einer professionellen Qualität zwar auch der Eros im Spiel ist, aber eben als einer Liebe zu einer Aufgabe oder einer Idee. Der Kodex „Philosophie" meint also nicht pure Emotionalität in Verbindung mit rationaler Enthaltsamkeit, sondern verbindet Liebe und Weisheit zur „Philosophie“. Man mag dabei etwa an Lehrer/-innen denken, die ganz in ihrem Fach aufgehen und durch ihre Begeisterung selbst jene Schüler mitzureißen vermögen, die diesem Fach vorher nichts abgewinnen konnten. Der Kodex „Philosophie“ rüstet uns zu für eine leidenschaftliche Hingabe an eine große Idee: „I had a dream“ (Martin Luther King).

Was meint der Kodex „Pragmatismus“? Zuerst soll Max Weber wiederum Gehör finden. Er definiert Augenmaß als „die Fähigkeit, die Realitäten mit innerer Sammlung und Ruhe auf sich wirken zu lassen“ (Weber 1992, 62). Die Weber'sche Definition brilliert nicht gerade durch strenge Begrifflichkeit, verweist aber recht anschaulich in die richtige Richtung. Es geht darum, die über den Dingen schwebende Idee der Inklusion in der konkreten Realität zu verankern und die abstrakte Idee mit der realen Wirklichkeit in einen fruchtbaren, mitunter auch spannungsreichen Austausch zu bringen. Der Blick richtet sich nicht mehr, wie bei Wilhelm Busch's „Hans-Guck-in-die-Luft“, nach oben zu dem „Nordstern“ oder zu den Leuchttürmen, sondern auf den Boden der Tatsachen. Der unmittelbar vor uns liegende Weg mitsamt seinen Tücken und Unwägbarkeiten findet nun die ungeteilte Aufmerksamkeit. Berthold Brecht hat die pragmatisch anstehende Aufgabe mit einem schönen Bild ausgedrückt: „Die Mühen der Berge haben wir hinter uns, vor uns liegen die Mühen der Ebenen.“ Das idealistische Erstürmen der Gipfel hat ein Ende, nun steht die Praxis als Handlungsfeld und Bewährungsprobe an. Die Vision muss geerdet, in einem realen Kontext angesiedelt werden. Die Idee der Inklusion muss operationalisiert, auf eine operative Ebene heruntergebrochen werden.

Der Kodex „Pragmatismus“ verlangt von uns, die Vision der Inklusion im Hier und Jetzt zu verankern, die gegebenen Verhältnisse, Ausgangslagen und Kontexte so, wie sie nun einmal sind, analytisch zur Kenntnis zu nehmen und respektvoll in Kalküle und Konzepte zur Implementation der Reform einzubeziehen. Aus einem kreativen und konstruktiven Mix von Vision und Kontextualisierung erwachsen dann handfeste Pläne: Baupläne, Zeitpläne, Aktionspläne. Inklusion braucht nicht nur Leidenschaft, sondern auch pragmatisches Augenmaß. Vom Philosophen Ernst Bloch stammt das Wort: „Visionen brauchen Fahrpläne!“

„Philosophie“ und „Pragmatismus“ lassen sich im Sinne einer Dialektik als Antipoden, als gegensätzliche Kräfte, als These und Antithese verstehen, die wohl ausbalanciert sein wollen. Die Dialektik von „Philosophie“ und „Pragmatismus“ kann man recht gut mit der Methode des Wertequadrates (Schulz von Thun 2019) darstellen.

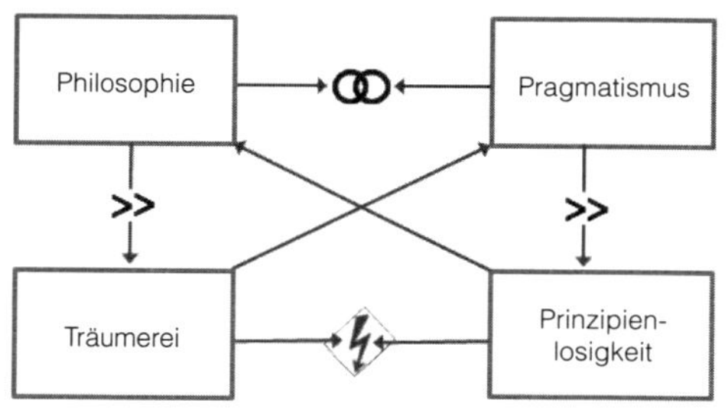

Abb. 23: Wertequadrat Philosophie versus Pragmatismus

„Philosophie“ und „Pragmatismus“ sind keine natürlichen Freunde, im Gegenteil. Den einen, die „Philosophie“, zieht es unentwegt von den widerstrebenden, sperrigen Tatsachen und banalen Alltäglichkeiten hinauf in jene Regionen, wo das Gute und Wahre in reinster Form zuhause sind. Der andere, der „Pragmatismus“, richtet seine Blicke nach unten und steht mit beiden Beinen fest auf dem Boden der Tatsachen und nur dort. Es wäre nun ein Unding, würde man die beiden ungleichen Kontrahenten sich selbst überlassen. Die „Philosophie“ würde sich dann weltentrückt über den Wolken einrichten und ganz unbekümmert um den Zustand der irdischen Verhältnisse und den Lauf der Dinge ein Reich der Utopie und der Träume aufbauen. Der „Pragmatismus“ hingegen würde sich vor lauter Wirklichkeitssinn in den Realitäten verlieren und verheddern. Ihm ginge schließlich jegliche Orientierung an leitenden Grundsätzen und konstanten Regeln abhanden, er verfiele ganz und gar den Launen des Augenblicks und den Zufällen der Situation. Ein ausgewachsener Pragmatiker ist zu guter Letzt ein Spielball von Zufällen und Augenblicken, gefangen von angeblichen Sachzwängen und unfähig, diesen mutig mit Überzeugungen und Zielen zu begegnen. Pragmatismus braucht Orientierungen und Grundsätze. Fundamentalismus ist der Kompass für Pragmatismus.

Beides kann man übertreiben (>>), sowohl „Philosophie“ als auch „Pragmatismus“. Damit beide nicht in die Irre gehen, muss man sie – auch zum Wohle des Ganzen – an einen Tisch bringen. „Philosophie“ und „Pragmatismus“ gehören unauflöslich zusammen, soll eine Bildungsreform gelingen. Sie erreichen nur dann ihre je eigene Bestform, wenn sie in einem steten Austausch miteinander die anstehenden Probleme und Aufgaben erörtern, um zielkonforme wie auch umsetzbare Lösungen ringen und das Wünschenswerte und Mögliche miteinander aushandeln. Es geht nicht etwa um eine Versöhnung oder um eine symbiotische Verschmelzung, sondern um einen Dialog und um Kooperation der Geschwistertugenden. „Philosophie“ und „Pragmatismus“ bilden eine dialektische Einheit von zwei Kontrahenten. Wir brauchen beide. Keiner kann ohne die Mitwirkung des anderen erfolgreich sein. Fundamentalismus ohne Pragmatismus stirbt zu guter Letzt in Schönheit und Wahrheit; Pragmatismus ohne Fundamentalismus verkümmert zu sinn- und planloser Betriebsamkeit.

In der Inklusionsreform geht es eben nicht um die Alternative „Leidenschaft" oder „Augenmaß". Inklusion braucht beides: „Leidenschaft" und „Augenmaß". Die bildungspolitische Realisierung inklusiver Bildung gelingt dann am besten, wenn „Leidenschaft" und „Augenmaß", „Philosophie" und „Pragmatismus" beide an Bord sind und sich in einer guten Balance befinden (Zeichen: Ringe).

Gesellschaftliche Ebene (Kultur): Vielfalt versus Einheit

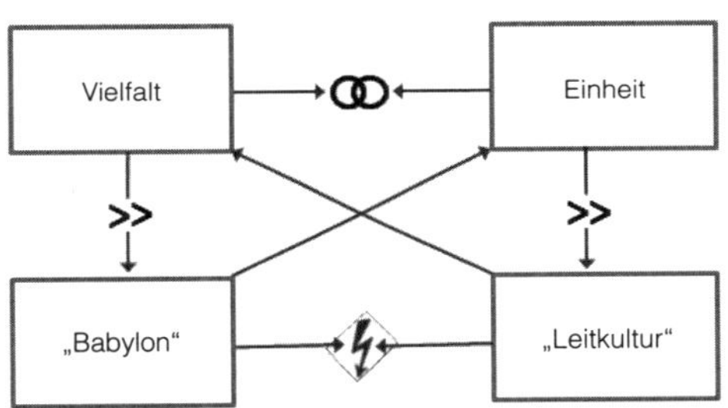

Abb. 24: Wertequadrat Vielfalt versus Einheit

Kultur ist ein außergewöhnlich facettenreicher und komplexer Begriff. Er umfasst nicht alleine die schönen Künste Theater, Literatur, Malerei und Musik, sondern viele andere Bereiche: Religion, Recht, Gesundheitswesen, Essen, Kleidung, Wohnen, Sitten, Gebräuche und anderes mehr. Wie kulturelle Einheit und Vielfalt gewahrt und gelebt werden können, ist ein großes Thema unserer Tage. Die Flüchtlingsströme aus Afrika, Vorderasien, Osteuropa, Afghanistan stellen an die europäischen Länder sehr große Herausforderungen. Wie kann die Einheit einer nationalen Kultur gewahrt und gelebt werden angesichts einer großen Vielfalt von immigrierenden Kulturen? Ein wohlmeinender Multikulturalismus würde die Tore öffnen für eine Vielfalt von Kulturen. Die neuen Kulturen stellen zunächst eine erfreuliche Bereicherung der heimischen Kultur dar. Ein Beispiel aus der Esskultur: Es ist ein abwechslungsreiches Vergnügen, anstelle von bayrischen Weißwürsten oder norddeutscher Scholle mit Bratkartoffeln auch mal eine spanische Paella, eine französische Crêpe, griechisches Gyros, ein japanisches Sushi, eine chinesische Ente, ein argentinisches Rumpsteak, italienische Pizza oder türkischen Döner zu sich zu nehmen.

Nach aller Erfahrung ist Menschen kulturelle Vielfalt nicht in unbeschränktem Maße zuträglich. Kulturelle Vielfalt hat Grenzen, quantitativ wie qualitativ. In dem Maße, in dem die Vielfalt der Kulturen quantitativ anwächst, nehmen gemeinhin auch Orientierungslosigkeit und Verhaltensunsicherheit zu, die sich schließlich zur Angst vor allem Fremden steigern können. Die nationale Kultur schlittert in einen Zustand der Anomie (Durkheim), der durch eine Schwächung sozialer Konventionen, Normen und Regeln gekennzeichnet ist. In qua-

litativer Hinsicht stößt kulturelle Vielfalt umso mehr an Grenzen, je weniger andere, fremde Kulturen mit der heimischen Kultur vereinbar und kompatibel ist. Ein nahezu klassisches Beispiel ist der interkulturelle Streit um die Burka. In dem Maße, in dem verschiedene Kulturen eine qualitative, distinkte Besonderung aufweisen und miteinander unverträglich sind, tendieren sie zur Bildung von Parallelgesellschaften mit eigenen Gesetzen und Ordnungen. Parallelgesellschaften gefährden den Zusammenhalt der Gesamtgesellschaft. Je mehr sich autarke Parallelgesellschaften ausbreiten, desto mehr kann eine Gesellschaft in anarchistische Verhältnisse abdriften.
Aber auch das Streben nach kultureller Einheit kann überhandnehmen und dann unerwünschte Folgen zeitigen sowie verabscheuungswürdige Produkte hervorbringen. Kultureller Rassismus schürt die Angst vor kultureller Entfremdung und schwört damit die Nation auf eine von oben verordnete, einheitliche Kultur ein. Der nationalsozialistische Propagandaminister Josef Goebels rief seinerzeit dazu auf, eine kulturelle „Festung Europa" aufzubauen, und nutzte dieses ideologische Konstrukt zur Legitimierung der neuen, „germanischen" Einheitskultur. Nationalistische Politiken schrecken vor Kulturdiktaten nicht zurück. Als aktueller Exzess einer nationalistischen Kulturpolitik darf nicht unerwähnt bleiben, dass zur Wahrung der kulturellen Identität (wieder) zunehmend Stacheldrahtzäume und Mauern in Mode kommen. Totale kulturelle Einheit mündet unweigerlich in einen kulturellen Totalitarismus; die bayerische „Leitkultur" ist gegenüber den totalitären Einheitskulturen eher ein moderater Vertreter kultureller Uniformierung. Dem dialektischen Spannungsverhältnis folgend ist es ein grober Anachronismus, kulturelle Einheit als kulturelle Gleichheit im Sinne einer homogenen Einheitskultur zu verstehen.
Auch die unaufhaltsame Globalisierung kann über den Austausch von Waren, Informationen und Wertorientierungen die Bildung einer weltweiten Monokultur befördern. In informellen Kreisen der Kulturtheoretiker wird das Kompositum „Coca-Cola-Kolonialismus" als spöttisches Kürzel benutzt, um das Phänomen einer globalisierten Mono-Kultur zu karikieren. Tendenzen zu einer weltweiten Einheitskultur lassen sich am ehesten in der Mode beobachten. Von Los Angeles bis Saarbrücken und von Kapstadt bis St. Petersburg gibt heute die westliche Mode den Ton an, und zwar vom Scheitel bis zur Sohle. Die Jeans gelten allerorten als „die" Hose schlechthin, und trendige Haarfrisuren sind international „in".
Sind kulturelle Einheit und Vielfalt gleichzeitig und zu allseitiger Zufriedenheit lebbar? Da lohnt ein Blick über den Zaun in das Nachbarland Schweiz. In der Schweiz leben etwa 25 Prozent Ausländer, die keinen Schweizer Pass besitzen. Etwa 35 Prozent der schweizerischen Gesamtbevölkerung weist einen Migrationshintergrund auf. Die Eidgenossen haben vier Amtssprachen:

Deutsch (Anteil: 65 Prozent), Französisch (23 Prozent), Italienisch (8 Prozent) und Rätoromanisch (0,5 Prozent); auch die Minderheitensprache Rätoromanisch wurde durch eine Volkabstimmung auf Bundesebene zu einer verfassungsmäßig anerkannten Amtssprache erhoben. Im öffentlichen Leben werden alle wichtigen Hinweise und Etikettierungen in mindestens drei Amtssprachen angezeigt. Die Schweiz ist multilingual und kein homogener Sprachraum!
Eine gemeinsame „Leitkultur" auf Bundesebene gibt es nicht. Und was hält die multilinguale und multikulturelle Schweiz dann zusammen? Das Internetlexikon Wikipedia meint: „Die nationale Identität und der Zusammenhalt der Schweiz basieren nicht auf einer gemeinsamen Sprache, Ethnie oder Religion, sondern auf interkulturellen Faktoren wie dem Glauben an die direkte Demokratie, einem hohen Maß an lokaler und regionaler Autonomie sowie einer ausgeprägten Kultur der Kompromissbereitschaft bei der politischen Entscheidungsfindung. Die Schweiz wird in dieser Hinsicht oft als Vorbild für andere Staaten genannt" (Schweiz o.J.).
Vielleicht darf man das „Geheimnis" der Schweiz auch so formulieren und verallgemeinern:

1. Wo unterschiedlichen Menschen und sozial identifizierbaren Gruppen Autonomie und das Recht auf Unterschiedlichkeit gewährt wird, ohne dies mit hierarchisierenden Abstufungen zu versehen, und
2. wo ihnen trotz der Unterschiedlichkeit Gleichwertigkeit, also gleiche Rechte und gleiche Würde zugestanden werden,

da wachsen auch die Chancen, dass Trennung und Spaltung abnehmen und Zusammenhalt wächst. Wer Zusammenhalt und Gemeinsamkeit will, muss Ungleichheit missbilligen und mindern.

Gesellschaftliche Ebene (Kultur): Gleichheit versus Verschiedenheit

Mit dem „Übereinkommen über die Rechte von Menschen mit Behinderungen" (BRK 2009) der Vereinten Nationen aus dem Jahre 2006 bricht für behinderte Menschen ein neuer Tag an. Nach Jahrhunderten der Dehumanisierung, Diskriminierung und Entrechtung, der Tötung, der Geringschätzung, der Vernachlässigung, der Entwürdigung, des Ausschlusses und der Ausgrenzung wird nun das Menschsein von Menschen mit Behinderungen durch ein völkerrechtliches Dokument förmlich anerkannt. Es ist ein historischer Triumph für die Menschen mit Behinderungen, und es ist ein historischer Triumph für die Menschenrechtsentwicklung (Bielefeldt 2009; Wocken 2013). Menschen mit Behinderungen sind fortan nicht mehr Menschen zweiter Klasse, rechtlose

Wesen ohne Anspruch auf Würde, Gleichberechtigung und Gemeinsamkeit. Menschen mit Behinderungen haben nun Rechte, die gleichen Rechte wie alle anderen Menschen auch: das Recht auf Leben, das Recht auf Bildung, das Recht auf Zugehörigkeit und das Recht auf Selbstbestimmung. Die Behindertenrechtskonvention ist dem Grunde nach ein „Gleichstellungsgesetz“: Menschen mit Behinderungen werden mit anderen Menschen als Träger von Menschenrechten gleichgestellt. Die menschenrechtliche Gleichheit ist zutiefst der philosophische und anthropologische Kern der Behindertenrechtskonvention. Vor allen Überlegungen darüber, was Inklusion bedeutet, ist immer dieser menschenrechtliche Urgrund in den Mittelpunkt zu stellen.

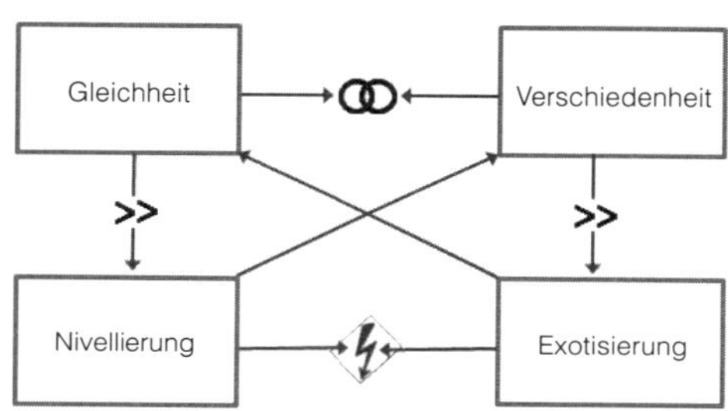

Abb. 25: Wertequadrat Gleichheit versus Verschiedenheit

Die menschenrechtliche „Gleichstellung“ von Menschen mit und ohne Behinderungen bedeutet nicht, dass Behinderte nun nur noch als Gleiche leben sollen und dürfen und ihre bisherige Identität als Verschiedene aufgeben müssen. In den historischen Teilhabemodi Exklusion, Separation und Integration waren Menschen mit Behinderungen bislang auf ihre Rolle als Verschiedene festgelegt, auf Differenz und Devianz festgenagelt. In dem Maße, in dem Behinderte das Recht auf Anderssein, Einzigsein und Identität in Anspruch nahmen, setzten sie aber zugleich das komplementäre Recht auf Zugehörigkeit, Teilhabe und Integration aufs Spiel. Wer anders und besonders ist, läuft Gefahr, als Sonderling exkludiert zu werden. In inklusiven Verhältnissen dürfen sie nun beides, Gleichheit und Verschiedenheit, leben. Inklusion ist ein lebendiges Wechselspiel der widersprüchlichen „Gegensatzeinheit“ Gleichheit und Verschiedenheit, die in einem spannungsreichen Verhältnis zueinander stehen und in unabschließbaren Aushandlungsprozessen in eine ausgewogene Balance gebracht werden wollen. Dieses dialektische Verständnis von Inklusion wurde in der „Theorie integrativer Prozesse“ der Frankfurter Schule (Reiser/Klein/Kreie/Kron 1986; Prengel 1995) grundgelegt, von Andreas Hinz (1993) entfaltet und von Annedore Prengel auf die prägnante Formel der „egalitären Differenz“ (Prengel 2019) gebracht. Egalitäre Differenz drückt in kompakter Dichte die dynamische Gleichzeitigkeit von Gleichheit und Verschiedenheit in inklusiven Situationen und Verhältnissen aus.

Die Balance zwischen Gleichheit und Verschiedenheit kann aus den Fugen geraten. Wird das Streben nach Einzigartigkeit und Verschiedenheit über die Maßen kultiviert, entgleitet es in skurrilen Eigensinn und entartet in Exotentum. Auf der anderen Seite kann ein übermäßiges Verlangen nach Gleichheit und Gemeinsamkeit in Überanpassung, Uniformität und Nivellierung abdriften. „Egalitäre Differenz" postuliert, dass auf der einen Seite Anderssein nicht eine Gefahr für Zugehörigkeit und Teilhabe sein darf und auf der anderen Seite die Gewährung von Teilhabe nicht die Preisgabe persönlicher Identität implizieren darf. Im Inklusionsgedicht heißt es: „Inklusion will beides: Verschiedenheit in Gemeinsamkeit" (Wocken 2014, 10).
Menschenrechtliche Gleichheit ist nicht totale Gleichheit. Alle biopsychosozialen Differenzen zwischen Menschen mit und ohne Behinderungen bleiben in der Inklusion vollumfänglich erhalten. Inklusion führt nicht zu einer Heilung, Normalisierung oder Assimilation von Behinderungen. Gleichstellung bedeutet nicht Gleichmachung. Die Gleichstellung von Menschen mit und ohne Behinderungen hat nicht die Einebnung von Persönlichkeitsdifferenzen zum Ziel, sondern die Aufhebung illegitimer hierarchischer Verhältnisse zwischen behinderten und nichtbehinderten Menschen. Menschenrechte und Menschenwürde gelten für alle Menschen gleich; ohne jegliche Unterschiede der Begabung, der Behinderung, der Rasse, des Geschlechts, der Ethnie, der Sprache, der Kultur. Kein hochbegabtes Kind ist würdiger als ein geistig behindertes Kind. Kein gesundes Kind hat mehr Rechte als irgendein eingeschränktes Kind. Die menschenrechtliche Gleichstellung von behinderten und nichtbehinderten Kindern impliziert auch, dass aus differenten Persönlichkeitsmerkmalen (Begabung, Fähigkeiten usw.) nicht die Notwendigkeit separierender schulischer Strukturen abgeleitet werden kann. Differenz begründet nicht Separation! Verschiedenheit ist kein Grund für Trennung. Behinderung darf kein Grund sein für Ungleichbehandlung und Diskriminierung, das ist die eindeutige und unmissverständliche Botschaft der Behindertenrechtskonvention. Sie bestimmt mit klaren Worten: Menschen mit Behinderung dürfen „nicht aufgrund von Behinderung vom allgemeinen Bildungssystem ausgeschlossen werden" (BRK, Art. 24, 2), sondern sollen „gleichberechtigt mit anderen in der Gemeinschaft, in der sie leben, Zugang zu einem inklusiven, hochwertigen und unentgeltlichen Unterricht" (BRK 2009, Art. 24, 2) haben.
Die konservative Inklusionskritik (Ahrbeck 2011) unterstellt, dass Inklusion zwischen Behinderten und Nichtbehinderten keine Unterschiede mehr machen wolle. Da ist von Nivellierung, Begriffsentsorgung, Aufmerksamkeitsentzug oder defect-blindness die Rede. Diese Kritik verwechselt menschenrechtliche Gleichstellung ganz offensichtlich mit alltagspraktischer Gleichschaltung. Ein derart eindimensionales Verständnis ist der Idee der Inklusion fremd. Eine

Analogie: Die Gleichstellung von Frau und Mann etwa als eine Leugnung oder Annullierung von Geschlechterdifferenzen misszuverstehen, wäre ebenso absurd wie eine „Gleichschaltung“ und „Gleichmacherei“ von Menschen mit und ohne Behinderungen.

3.5 Maximen einer dialektischen Unterrichtstheorie[6]

Lehrerinnen und Lehrer, denen die Unterrichtung einer inklusiven, heterogenen Lerngruppe aufgegeben ist, stehen vor einer großen didaktischen Herausforderung. Die inklusionspädagogische Aufgabe lautet in kompakter Vereinfachung: Sie sollen einen „Haufen verschiedener Kinder zur gleichen Zeit erziehen und unterrichten“ (Ernst August Trapp 1780). Die inklusionsmethodische Herausforderung der simultanen Unterrichtung verschiedener Kinder in einer heterogenen Lerngruppe wird im Folgenden als eine aus zwei Antinomien bestehende dialektische Grundstruktur von zwei Antinomien beschrieben. Die unterrichtsmethodische Dimension „Kooperation“ besteht aus der polaren Antinomie von Kommunalisierung und Individualisierung, die zweite unterrichtsmethodische Dimension „Steuerung“ aus Antinomie von Führung und Selbständigkeit. Das soll nun eingehend erläutert werden.

1. Antinomie Kommunalisierung versus Individualisierung

Das Wertequadrat (Wocken 2013) veranschaulicht das spannungsreiche Verhältnis der Pole Kommunalisierung und Individualisierung sowie deren Übersteigerungen. In einer heterogenen Lerngruppe gibt es ein außerordentlich breites Spektrum an Fähigkeiten, Interessen, Fertigkeiten und Neigungen. Will man in Erziehung und Unterricht den Eigenheiten aller Kinder gerecht werden, ist eine Individualisierung des Unterrichts unumgänglich und geboten. Die logische Konsequenz von Vielfalt ist Individualisierung, eine Anpassung des Unterrichts an die individuellen Lernvoraussetzungen und -möglichkeiten. Diese unbedingt notwendige Individualisierung, die zunächst eine positive Reaktion auf Unterschiedlichkeit darstellt, kann jedoch ins Uferlose abdriften und zu einer heillosen Atomisierung, einem völligen Zerfall der Lerngruppe führen. Die einzelnen Schüler existieren dann gleichsam als Eremiten, als isolierte Atome, als Einzelwesen, die keine soziale Bindung mehr zur Gruppe haben.

---

[6] Der Text ist die stark gekürzte Fassung meines Aufsatzes: Entwurf einer inklusiven Unterrichtstheorie.
Inklusiver Unterricht als Balance der Dimensionen Kooperation und Steuerung. In: Wocken, Hans (Hrsg.):

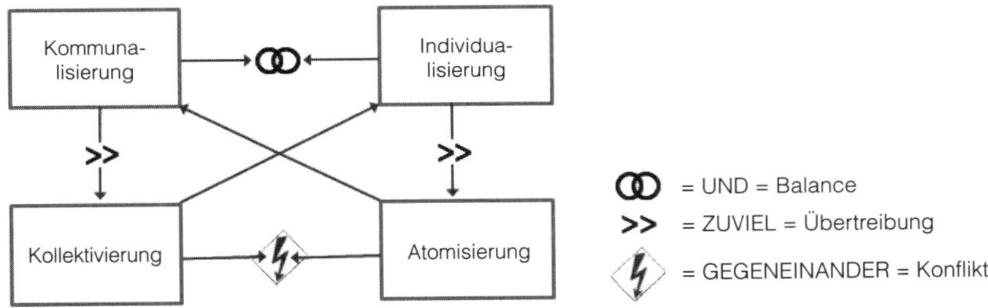

Abb: 26: Wertequadrat Kommunalisierung versus Individualisierung

Ein Beispiel mag eine solche problematische Übersteigerung von Individualisierung verdeutlichen. Die Lerngeschwindigkeiten der Schülerinnen und Schüler unterscheiden sich erheblich. Lehrerinnen und Lehrer plagt die Sorge, was man mit jenen Schülern macht, die schon längst fertig sind, und mit jenen Schülern, die hinter der Lerngruppe hinterherhinken. Die Freigabe der Lernzeiten dient zunächst der Anpassung des Unterrichts an die divergierenden Lerngeschwindigkeiten, eine völlig unlimitierte Lernzeit kann aber die Individualisierung in nicht mehr akzeptabler und beherrschbarer Weise extremisieren. Bei einer Variation von Lernzeit und Lerntempo driftet die Lerngruppe immer mehr auseinander. Am Ende befindet sich jeder an einem anderen Punkt des Lernprozesses, keiner hat mit anderen noch etwas gemein, das gesamte „Teilnehmer-Feld“ ist auseinandergerissen und wird unübersichtlich. Eine zunehmende Individualisierung von Lernprozessen geht also unvermeidlich einher mit einer fortschreitenden Abnahme sozialer Gruppierungen und gemeinsamer Lernsituationen sowie mit einer wachsenden Minderung sozialer Interaktionen. Individualisierung kann im Extremfall auf Vereinzelung, Kontaktarmut und „Vereinsamung“ hinauslaufen. Individualisierung fokussiert die Differenz der Schüler und vernachlässigt die Gemeinsamkeit.

Die drohende „Atomisierung“ erfordert als pädagogische Gegensteuerung eine Kommunalisierung. In der deutschen Sprache gibt es leider kein passendes Antonym zu Individualisierung. Individualisierung bezeichnet eine Handlung des Lehrers, der den Unterricht für individuelle Schüler „passend“ macht und adaptiert. Naheliegende Gegenbegriffe wie Sozialisierung, Sozialisation usw. sind aber keine Tätigkeitsbegriffe, bereits mit anderen Inhalten gefüllt und daher nicht brauchbar. Der neue Begriff Kommunalisierung meint Vergemeinschaftung oder Vergesellschaftung der Unterrichtsprozesse; durch die Handlung „Kommunalisierung“ wird Gemeinsamkeit hergestellt. Durch eine stetige Einbindung der individualisierten Lernprozesse in soziale Zusammen-

hänge, etwa durch Partnerarbeit, Gruppenarbeit, Projektarbeit, wird der Zerfall der Lerngruppe aufgehalten. Kommunalisierung initiiert also kooperative Arbeitsprozesse und erzeugt Kohäsion.
Durch den dialektischen Gegenpol der Kommunalisierung werden die Lernprozesse der einzelnen Schüler koordiniert und miteinander verknüpft. So weit, so gut. Aber auch die Kommunalisierung kann das Maß des Möglichen und Notwendigen übersteigen und entarten. Im Extremfall führt Kommunalisieren zu einer völligen Gleichschaltung des Schülerkollektivs. Bei einer vollständigen Kollektivierung des Unterrichtsprozesses gibt es keinerlei Spielräume für eigene Lernwege und subjektive Lernentfaltung mehr. Der Schüler wird quasi als Individuum negiert und dem Kollektiv bedingungslos unterstellt.
Aus dieser Antinomie zwischen Individualisierung und Kommunalisierung gibt es keinen Ausweg. Es ist weder möglich noch erlaubt, im Unterricht das Eine zu tun und das Andere zu unterlassen. Die Alternative heißt eben nicht Individualisierung oder Kommunalisierung. Die unterrichtsmethodische Lösung kann nur eine dialektische Balance der gegensätzlichen Tendenzen sein. Der Unterricht muss der Verschiedenheit der Kinder Wertschätzung entgegenbringen und zugleich ermöglichen, dass die Kinder Gemeinsamkeiten miteinander teilen und trotz aller Verschiedenheit auch sich in kooperativer Arbeit zusammenfinden. Es kommt also darauf an, gemeinsame und differentielle Lernsituationen in ein ausgewogenes Verhältnis zu bringen. Diese Grundregel inklusiver Didaktik wurde 1987 so formuliert:

> „Integrativer Unterricht ist ein schwieriger Balanceakt. Es gilt die Balance zu wahren zwischen individuellen Lernangeboten einerseits, damit jedes Kind zu seinen Möglichkeiten findet, und gemeinsamen Lernsituationen andererseits, damit die soziale Integration der Kindergruppe gefördert wird. Das Grundproblem eines integrativen Unterrichts besteht also darin, verschiedene Kinder gemeinsam zu fördern, und zwar so, dass sowohl die Verschiedenheit der Kinder als auch die Gemeinsamkeit der Gruppe zu ihrem Recht kommen. Das dialektische Spannungsverhältnis von individuellen und gemeinsamen Lernprozessen muss in ausgewogener Weise zur Geltung kommen“ (Wocken 1987, 75).

2. Antinomie Führung versus Selbständigkeit

Die unterrichtsmethodische Dimension Steuerung ist ebenfalls durch eine antinomische Grundstruktur gekennzeichnet. Je heterogener eine Schülergruppe ist, desto schwieriger wird es, diese Gruppe als Ganzes „zentral“ und „von vorne“ durch eine direkte Unterrichtung zu steuern. Vielfalt nötigt dazu, die zentrale Steuerung der gesamten Gruppe zurückzunehmen und die Steuerung der Lernprozesse zu diversifizieren. Die Organisation und die Verantwortung für einen Arbeitsprozess werden delegiert an kleine Arbeitsgruppen oder gar an einzelne Individuen. Die Führung und Steuerung des Lehr- und Lernprozesses erfolgen nicht mehr direkt durch Anordnungen, Fragen, Aufforderungen oder Hinweise, sondern indirekt über verschiedene „Erziehungs- und Unterrichtsmittel“.

Dieses Prinzip der Delegation von Steuerung war geschichtlich schon der Landschulpädagogik vertraut, die ja mehrere Jahrgänge in einer Klasse zusammengefasst hat und damit das gleiche Heterogenitätsproblem zu bewältigen hatte. Bei Huber heißt es: „Die wenig gegliederte Schule ist darauf angewiesen, ihre Schüler auf größere und kleinere Zeitstrecken aus der unmittelbaren Führung durch den Lehrer zu entlassen; in dieser Zeit müssen sie sich dann allein behelfen. Statt dass der Lehrer die Schüler selbst unterrichtet, haben sie sich allein an und mit einem Unterrichtsmittel zu unterrichten“ Huber 1961, 60).

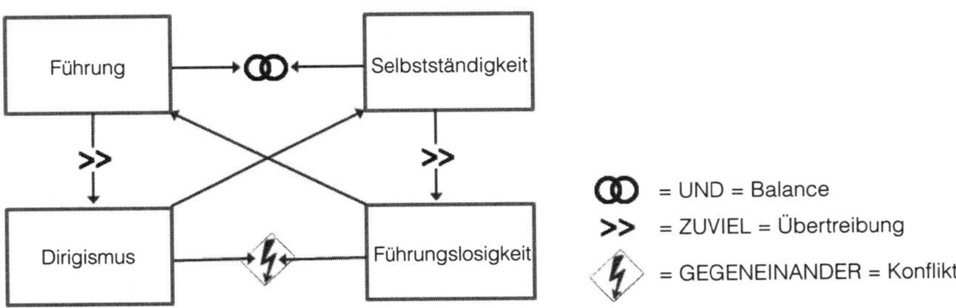

Abb. 27: Wertequadrat Führung versus Selbstständigkeit

Die Delegation von Verantwortung und Lenkung an die Schüler selbst wird in der Literatur mit unterschiedlichen Begriffen belegt. Geläufige Assoziationen sind etwa entdeckendes Lernen, Schüleraktivierung, Subjektorientierung, Lernerautonomie und ähnliches. Freinet hat die gemeinte Dezentralisierung der Steuerung mit der schönen Formel „Den Kindern das Wort geben“ zum Ausdruck gebracht. Für den Sachverhalt eines eigenaktiven, selbstgesteuerten Lernens verwendet Klingberg (1974) in seiner dialektischen Didaktik den Begriff „Selbsttätigkeit“.

Die konstruktivistische Lerntheorie und Didaktik schließlich begreifen Lernen als einen eigenaktiven Konstruktionsprozess des Schülers. Maria Montessori, die – neben anderen Reformpädagogen – als eine frühe Konstruktivistin angesehen werden kann, betrachtet das Kind als „Baumeister seiner selbst“ oder als „Akteur seiner Entwicklung“ (Kautter/Klein/Laupheimer/Wiegand 1988). Ihre berühmte Grundregel „Hilf mir, es selbst zu tun!“ unterstreicht nachhaltig, dass jedwede pädagogische Führung, Anleitung und Unterstützung als Hilfe zur Selbsthilfe verstanden werden muss. Der Maßstab für unabdingbar geschuldete Führung und noch angemessene, d. h. notwendige und noch gestattete Hilfe ist ausschließlich die Ermöglichung von Schülerautonomie (Empowerment). Jegliche Überbehütung, unerbetene und unnötige Hilfe sind als pädagogischer Übergriff oder als „Freiheitsberaubung“ (Boban/Hinz 2008) zu werten.

Schließlich unterstreicht auch das wegweisende Angebot-Nutzungs-Modell (Helmke 2009), dass Lernen keine lineare Folge von Lehren ist, sondern dass Lernangebote und Lernchancen auch aktiv von den Schülern selbst ergriffen werden müssen. Ein Sprichwort sagt es sehr anschaulich: „Man kann die Pferde zur Tränke führen, saufen müssen sie selbst.“ – In meiner Arbeit „Inklusive Unterrichtsorganisation. Inklusiver Unterricht als Maxime einer inklusiven Unterrichtsmethodik“ (Wocken 2015) habe ich diese Delegation der Steuerung vom Lehrer auf den Schüler als indirekten Unterricht beschrieben.

Das spannungsvolle Verhältnis der gegensätzlichen Pole Führung und Selbsttätigkeit kann aus dem Gleichgewicht kommen und vereinseitigen; das Wertequadrat stellt die Pole der Steuerungsdimension als spannungsvolle Einheit von Gegensätzen sowie die Übertreibungen dieser Gegensätze dar. Auch die Freisetzung des Schülers als autonomes, selbstregulatives Lernsubjekt hat Grenzen. Die individuelle Freiheit des Schülers kann zu geringerem Arbeitseifer führen. Statt planvoller, zielstrebiger Arbeit greift ein planloses Trial-and-Error-Verhalten um sich und das geringere Engagement des Lehrers wird als Desinteresse gewertet. Ohne jegliche Anregung, Unterstützung, Begleitung, Rückmeldung ist schulisches Lernen vielfach weniger erfolgreich und droht in Lustlosigkeit und Beliebigkeit abzugleiten. Die Unterrichtsforschung betont immer wieder die Notwendigkeit strukturierender Lernhilfen und aktiver Lernunterstützung insonderheit bei schulleistungsschwachen Kindern (Hartke 2003). Bei einer extremen Untersteuerung drohen ein unruhiges Lernchaos, demotivierende Lernöde und unproduktiver Leerlauf. Als Gegensteuerung ist eine hinlängliche Beachtung des Gegenpols erforderlich: Führung des Lernprozesses durch den Lehrer und direkter Unterricht.

Wember definiert direkten Unterricht folgendermaßen: „Direkter Unterricht als Form effektiven Lehrverhaltens führt zu einem relativ direktiven und eher lehrerzentrierten Unterricht, der die kognitiven Lernziele betont und der durch deutliche Lenkung und wenig Wahlfreiheit auf Seiten der Lernenden gekennzeichnet ist“ (Wember 2007, 442).

Die Übersteigerung eines direkten, lehrergeleiteten Unterrichts kann man als „Dirigismus" bezeichnen. Die Schüler werden autoritär gegängelt, vom Lehrer wie Marionetten behandelt, zu passiven Empfängern degradiert und nach dem Modell des Nürnberger Trichters belehrt, „instruiert" und indoktriniert.
Die unterrichtsmethodische Dimension Steuerung ist also als ein polares Spannungsfeld, als eine Gegensatzeinheit von Führung und Selbsttätigkeit strukturiert. Auch hier gilt: Ein inklusiver Unterricht ist nicht durch eine Alternative Führung oder Selbsttätigkeit gekennzeichnet, sondern verlangt ein Sowohl-als-auch in Form einer dialektischen Balance.
Comenius hat das dialektische Verhältnis von pädagogischer Führung und Selbsttätigkeit des Schülers in die Formel gekleidet: „Dem Lernenden die Arbeit, dem Lehrenden die Leitung" (in: Klingberg u. a. 1966, 125). Insbesondere die dialektische Didaktik von Klingberg (1974) hat die spannungsreiche, polare Struktur der Steuerungsdimension sehr deutlich herausgearbeitet:
„Lehren und Lernen stehen in einem dialektischen Verhältnis zueinander. ... Der Unterricht soll sich sowohl durch zielklare Führung als auch durch Selbsttätigkeit der Schüler auszeichnen. Der Lehrer muss sich immer wieder um einen Ausgleich beider ‚Kräfte' bemühen. Wird das Prinzip der führenden Rolle des Lehrers dogmatisch ausgelegt, kann sich der Lernprozess des Schülers nicht voll entfalten und die Selbsttätigkeit der Schüler wird unterdrückt; wird dagegen die Selbsttätigkeit der Schüler verabsolutiert, kommt es zu ‚Selbstlauf' und didaktischer Zufälligkeit" (Klingberg 1974, 229).

3. Postulate einer inklusiven Unterrichtsmethodik

Die Überlegungen zur Theorie einer inklusiven Unterrichtsmethodik münden damit in folgendem Resultat:
Eine inklusive Gestaltung eines Unterrichts in heterogenen Gruppen sollte einer doppelten Erwartung entsprechen. Die zu erbringenden Leistungen sind „Vielfalt in Gemeinsamkeit" und „Selbstständigkeit in Begleitung". Die Unterrichtung einer heterogenen Lerngruppe unterliegt auf den beiden Unterrichtsdimensionen Kooperation und Steuerung einem doppelten Spannungsverhältnis.
Die Unterrichtung einer heterogenen Lerngruppe muss insgesamt vier Imperativen Folge leisten:

1. Dimension KOOPERATION: Kommunalisieren.
   Imperativ: „Stelle gemeinsame Lernsituationen her!"
2. Dimension KOOPERATION: Individualisieren.
   Imperativ: „Organisiere individuelle Lernsituationen!"

3. Dimension STEUERUNG: Lehrersteuerung.
   Imperativ: „Biete Führung der Lernorganisation an!“
4. Dimension STEUERUNG: Schülersteuerung.
   Imperativ: „Gewähre Autonomie und Selbsttätigkeit!“

Die Botschaften sind auf ihrer Dimension jeweils paradox und widersprüchlich. Ihre gegensätzliche Polarität gestattet nicht, die antinomischen Handlungstendenzen gleichzeitig zur realisieren. Die antinomische, bipolare Verfassung der Handlungstendenzen ist strukturell durch die Diversität der Bildungsansprüche einer heterogenen Lerngruppe gegeben. Die Gegensätzlichkeit bzw. Widersprüchlichkeit der bipolaren Alternativen kann grundsätzlich nicht aufgehoben werden.
Das spannungsreiche, bipolare Grundverhältnis der beiden Dimensionen KOOPERATION und STEUERUNG konstituiert in der Folge jegliche Theorie und Praxis eines Unterrichts mit heterogenen Lerngruppen als Dialektik. Die zweifache dialektische Grundstruktur eines inklusiven unterrichtsmethodischen Handelns kann in angemessener Weise nur durch eine zweifache Balance bewältigt werden.
Ein inklusiver Unterricht muss eine doppelte Balance wahren, und zwar

1. eine Balance zwischen kollektiven und individuellen Lernsituationen (Balance auf der unterrichtsmethodischen Dimension KOOPERATION), und
2. eine Balance zwischen lehrergesteuertem und schülergesteuertem Unterricht
   (Balance auf der Unterrichtsdimension STEUERUNG).

Allein ein schwebendes Gleichgewicht der beiden Unterrichtsdimensionen Kooperation und Steuerung kann bewirken, dass ein inklusiver Unterricht sowohl der Vielfalt der Individuen gerecht wird als auch die Gemeinsamkeit der Verschiedenen fördert und zugleich sowohl eine hinlängliche Lehrersteuerung als auch das höchstmögliche Maß an Schülerautonomie gewährleistet.
In dem Maße, in dem die Dialektik eines inklusiven Unterrichts gänzlich negiert oder in unausgewogener, unbalancierter Weise realisiert wird, in dem Maße wird auch die Heterogenität der Lerngruppe unterrichtlich nicht angemessen „bewältigt“ bzw. in dem Maße werden die Chancen einer heterogenen Lerngruppe nicht voll „genutzt“.
Eine objektiv richtige oder allgemeingültige Mitte der Balancen gibt es nicht. Die Einheit der widersprüchlichen Tendenzen von Kommunalisierung und Individualisierung sowie von pädagogischer Führung und selbständiger Lern-

aktivität muss unter Berücksichtigung der jeweiligen Lerngruppe und der vorfindlichen Lernsituation jeweils neu hergestellt werden.
Die entworfene Theorie ist dialektisch konzipiert. Sie schreibt nicht vor, dass ein inklusiver Unterricht nur so und nicht anders sein darf. Gerade die Dialektik, also das Gebot eines spannungsreichen Ausgleichs widersprüchlicher Tendenzen und Anforderungen, fordert ausdrücklich zu flexiblen Anpassungen an gegebene situative und individuelle Bedingungen der jeweiligen Lerngruppe auf. Das dialektische Postulat „Tue das Eine, aber vergiss nicht das Andere" ermöglicht ein Höchstmaß an Adaptivität und zielt auf einen stetigen Wandel ab. Die aktuelle Konstruktion einer pädagogischen Situation mag gerade hier und jetzt stimmig sein, danach müssen die antagonistischen Pole wieder neu austariert und neue Balancen gefunden werden. Der Unterricht steht nicht still, sondern ist im Fluss.
Ein inklusiver Unterricht räumt keiner Unterrichtsmethode und keinem unterrichtsmethodischen Grundtyp einen grundsätzlichen Vorrang ein, sondern praktiziert eine Methodik der Vielfalt. Weder Methodenmonotonie noch Methodendogmatismus sind am Platze. Variabilität und Mischung machen's! Der Unterricht wird bunt und vielfältig, aber nicht beliebig.
Die vorgelegte Theorie einer inklusiven Unterrichtsmethodik ist dialektisch ausgerichtet. Sie lehnt Monismen, Vereinseitigungen und Extreme ab. Sie widersetzt sich damit auch einer einseitigen Festlegung auf ein Verständnis von inklusivem Unterricht als „Kooperation am gemeinsamen Gegenstand", die vornehmlich durch Projektunterricht zu realisieren sei.

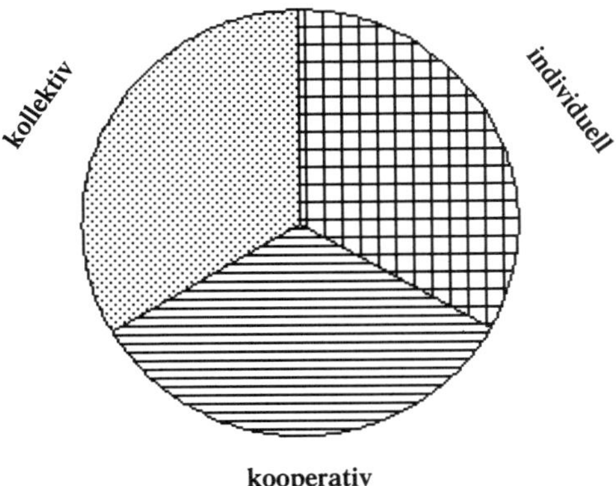

Abb. 28: Unterricht als Trias von kollektiven, kooperativen und individuellen Lernsituationen

Ein vorläufiges Modell einer „idealen“ Mischung könnte so aussehen: Ein inklusiver Unterricht realisiert eine ausgewogene Trias von kollektiven, kooperativem und individualisierten Lernsituationen.

3.6 Eine Metatheorie der Antinomien und Dilemmata

Das Thema Inklusion wird im bildungspolitischen und erziehungswissenschaftlichen Raum intensiv und kontrovers diskutiert, ist aber keineswegs nur ein pädagogisches Thema, sondern ein soziales Phänomen, das in vielen gesellschaftlichen Teilsystemen von Bedeutung ist. Weil Inklusion als ein linguistischer, rechtlicher, soziologischer, (inklusions)pädagogischer, philosophischer und theologischer Forschungsgegenstand disziplinübergreifende Bezüge aufweist, hält der Theologe und Sonderpädagoge Wolfhard Schweiker den Entwurf einer Metatheorie der Inklusion von der Sache her für dringend geboten. Diesem Anliegen geht seine umfängliche Habilitationsschrift „Prinzip Inklusion“ (2017) nach. Es ist hier nicht einmal in Ansätzen möglich, diese hochkomplexe und perspektivenreiche Schrift in ihren Grundzügen nachzuzeichnen. Im Zusammenhang dieser Abhandlung werden nur jene Aspekte der Schrift thematisiert, die mit der Rahmenthematik „Dialektik der Inklusion“ in Verbindung stehen. In diesem Sinne werden als besonders relevant nur die Kapitel von „Prinzip Inklusion“ erachtet, in denen „inklusionspädagogische Antinomien und Dilemmata“ zur Sprache kommen.
Aus den aktuellen inklusionspädagogischen Diskursen hat Schweiker fünf „inklusionspädagogische Antinomien“ und sechs „inklusionspädagogische Dilemmata“ destilliert. Diese sollen im Folgenden in gebotener Kürze beschrieben werden. Unter Antinomien werden unauflösbare Widersprüche von Gesetzen und Aussagen verstanden. Als Dilemmata werden praktische Handlungssituationen definiert, die durch entgegengesetzte oder widersprüchliche Ziele, Motive oder Regulative charakterisiert sind. Dilemmata haben mit Antinomien ihre grundsätzliche Unauflösbarkeit gemeinsam.

Antinomie von Gleichheit und Differenz

Diese Antinomie wird gleich im allerersten Satz der Allgemeinen Erklärung der Menschenrechte mit einer nahezu brutalen Simultaneität ausgesprochen: „Alle Menschen sind *frei und gleich* geboren“ (AEM Art. 1). Wie kann man sich eine solche Gleichzeitigkeit von Freiheit und Gleichheit denken? Nach einem populären Missverständnis ist Gleichheit der Tod der Freiheit und totale Freiheit das Ende jeglicher Vergesellschaftung und jeglicher Gerechtigkeit. Schweiker beschreibt diese Antinomie aber – überraschender-

weise – nicht aus menschenrechtlicher, sondern aus einer realgesellschaftlichen Perspektive[7]. Die inklusionspädagogische Forderung, menschliche Unterschiede als gleichwertig anzuerkennen, stehe in einem krassen Gegensatz zur Praxis meritokratischer Gesellschaften, Menschen nach ihren Leistungen und Gütemerkmalen unterschiedlich zu bewerten und zu hierarchisieren. Der Diskurs lasse die Frage offen, ob alle Differenzen jedweder Art als gleichwertig anerkannt werden sollen. Die Inklusionspädagogik tendiere zu einer „glorifizierenden Egalisierung von Differenzen und die Sonderpädagogik zu ihrer problematisierenden Hochstilisierung“ (211).
Vielleicht könnte der Polarität mit einer wohl austarierten Balance zu mehr Klarheit und zu akzeptablen Kompromissen, die fortwährend neu zu justieren sind, ein wenig geholfen werden.

Antinomie von Anerkennung und Veränderung

Bei Kindern, die mit offenkundigen Defiziten, Mängeln, Fehlern und Unzulänglichkeiten behaftet sind, tut sich in der pädagogischen Praxis eine unaufhebbare Antinomie auf, diese gegebenen Unterschiede entweder ohne Murren zu akzeptieren oder nach Kräften durch Förder- und Therapiemaßnahmen aufzuheben und auszugleichen. Es wären theoretisch zu begründende Entscheidungskriterien vonnöten, „welche Ungleichheiten als gleichwertig anzuerkennen und welche aufgrund von Ungerechtigkeiten oder anderen Gründen zu beseitigen sind“ (212). Da die Kinder in vielen Fällen lediglich die Symptomträger sozial verursachter Ungleichheiten sind, sieht sich Inklusion vor die Notwendigkeit gestellt, auch für eine Veränderung der gesellschaftlichen Ungleichheiten einzutreten. Die Vision einer veränderten Gesellschaft könnte sich aber „als eine Illusion und als ein nicht realisierbares Vorhaben erweisen“ (213).
Der Mutmaßung, dass eine Veränderung der Gesellschaft ein ganz harter Brocken ist, kann man kaum widersprechen. An radikalen, umstürzlerischen Projekten haben sich auch andere, etwa die rebellischen 68er, versucht und die Zähne ausgebissen. Alle Widrigkeiten und Kalamitäten können indes die inklusive Pädagogik nicht von der anwaltlichen Pflicht befreien, gesellschaftliche Schädigungen von den Schwachen fernzuhalten und gegen kindesfeindliche Zumutungen aufzustehen.

[7] Die realgesellschaftliche Argumentation steht nicht im Einklang mit der Kategorisierung dieser Antinomie als ein (meta)theoretisches Problem und auch nicht mit der wiederholten Vorhaltung eines Theoriedefizits an die Adresse der wissenschaftlichen Inklusionspädagogik.

Antinomie von Sollen und Sein

Inklusion verfolgt in Politik und Pädagogik überaus hohe Ideale (Sollen). Inklusion will eine inklusive Gesellschaft, eine inklusive Schule und eine inklusive Bildung aller Kinder. Diese hohen Ideale stehen aber in einer unüberbrückbaren Diskrepanz zu den Realitäten (Sein). Die inklusive Schule trifft auf ein strukturell segregiertes Schulsystem. Die Allokations- und Selektionsfunktion der Schule wird von dem real existierenden Bildungssystem unverändert aufrechterhalten, die Zuweisung zu gesellschaftlichen Positionen, Ausbildungsplätzen und Weiterbildungsmöglichkeiten ist unausweichlich mit exkludierenden und separierenden Effekten verbunden. Die Formulierung verbindlicher allgemeiner Bildungsstandards steht in einem unauflöslichen Widerspruch zur Realität von individuellen Lernausgangslagen der Kinder mit Behinderungen. Für den Transformationsprozess sind weder die Rahmenbedingungen noch die finanziellen Ressourcen noch die pädagogischen Kompetenzen in einem wünschenswerten Maße vorhanden. Die hohen Ideale und die realen Verhältnisse passen also rundherum nicht zusammen. Die gesellschaftliche Realität leistet geballten Widerstand und lässt – vermöge ihrer Macht – manches inklusive Ansinnen abprallen oder schlichtweg vor die Wand laufen. Die Pragmatiker werfen den Inklusionsvertretern Realitätsblindheit vor und umgekehrt wird den Realisten Visionsverlust und bloßes Streben nach Stabilisierung der gesellschaftlicher Macht- und Besitzverhältnisse vorgeworfen. Zu guter Letzt: Die Inklusionstheorie müsse die Freiwilligkeit von Inklusion respektieren und das Recht auf Selbst-Exklusion gewährleisten (Kontroverse: Wocken 2017; Schweiker 2017).
Besitzt das Sein, zumal wenn es problematisch und unerträglich ist, eine Legitimation, ein ethisch gebotenes Sollen aufzuheben und außer Kraft zu setzen? Muss Inklusion, um nicht als realitätsblinde Ideologie gescholten zu werden, angesichts widerwärtiger und sperriger Realitäten, schon im Vorhinein die Flinte ins Korn werfen und sich willig der Macht der Verhältnisse ergeben?

Antinomie von Wertesetzung und Werteinhaltung

Die UN-BRK traf Deutschland relativ unvorbereitet. Integration war bis dahin eine freiwillige Angelegenheit. Schulen konnten – häufig gegen heftige Widerstände der Bildungsverwaltung – Integration machen oder auch nicht. Die Weigerung von Regelschulen, bei der Integration mitzumachen, wurde von der Bildungsadministration offen gutgeheißen; die Schulen mussten für eine Integrationsverweigerung jedenfalls keinerlei Sanktionen befürchten. Die UN-Konvention verpflichtete nun mit der freiwilligen Ratifizierung Deutschland zum Aufbau eines inklusiven Bildungswesens.

Die von oben verordnete Inklusionsnorm (Wertesetzung) könnte als eine zwanghafte Verpflichtung empfunden werden und „die Gefahr einer Werteverweigerung" in Bildungspolitik, in der Wissenschaft und in der Schulpraxis heraufbeschwören. Es sei nicht davon auszugehen, dass alle pädagogischen Akteure bereits über die erforderlichen Inklusionskompetenzen und Werthaltungen verfügten. Das Sollen (Wertesetzung) bliebe ohne beherztes Zupacken und tatkräftige Umsetzung (Werteeinhaltung) aber ohne jegliche Wirkung. Um die erwartbaren Abwehrreaktionen möglichst gering zu halten, sei ein maßvolles Tempo des Transformationsprozesses empfehlenswert.
Ein herausragender Beleg für die Antinomie von normativem Inklusionsgebot (Wertesetzung) und mangelhafter Normbefolgung (Werteeinhaltung) ist die bisher wenig erfolgreiche Geschichte der Inklusionsentwicklung in Deutschland. Nur ein geringer Teil der Bundesländer hat sich aufrichtig bemüht, das existierende Schulsystem schrittweise zu einem inklusiven Bildungswesen zu entwickeln. Ein nicht minder geringerer Anteil der Bundesländer hat jedoch teils offen, teils mit wenig glaubwürdigen Inklusionsbekenntnissen oder teils mit erheblichen Verformungen und mutwilligen Missdeutungen der UN-Behindertenrechtskonvention den progressiven Rückbau des Sonderschulwesens konsequent verweigert und alternativ eine pseudoinklusive Schulreform inszeniert. Die Fehlentwicklungen der Inklusionsreform in Deutschland habe ich mit den Stichworten „Separationsstillstand" und „Etikettierungsschwemme" in mehreren Arbeiten beschrieben und kritisiert (Wocken 2016).

Antinomie von Sollen und Wollen

Die vorherige Antinomie beschrieb die Diskrepanz zwischen einer verordneten Norm (Wertesetzung) und dem realen, faktischen Befolgen dieser Norm (Werteeinhaltung). Die Antinomie zwischen Sollen und Wollen liegt auf einer ähnlichen Ebene; sie artikuliert das Problem, dass der rechtliche Imperativ der Inklusion folgenlos bleibt, wenn es den pädagogischen Akteuren an inklusiven Werthaltungen und Handlungsmotiven mangelt. Beim Reformstart waren alle Lehrer/-innen, sowohl an den Regelschulen wie an den Förderschulen, jeweils für andere Schüler/-innen ausgebildet und sozialisiert. In inklusiven, gemischten Lerngruppen fühlen sie sich nun für die jeweils andere Schülergruppe nicht qualifiziert und nicht zuständig. Die Antinomie zwischen rechtlichem Sollen und persönlichem Nicht-Wollen könnte dazu führen, dass die Lehrkräfte ohne innere Überzeugung und ohne innere Bereitschaft einen lustlosen „Dienst nach Vorschrift" leisten und durch „die Haltung verschränkter Arme" das Anliegen der Inklusion unterlaufen und konterkarieren. „Das Sollen würde am fehlenden Wollen scheitern" (217).

Der Antinomie sei eine Rückfrage gestellt: Wenn das geforderte Sollen legitim ist und gute Gründe hat, kann und darf es dann einfach durch subversives Verhalten unterminiert werden?
Das Ensemble der Antinomien wird von Schweiker durch sechs ausgewählte Dilemmata ergänzt.

Dilemma von Differenz als Bereicherung und Anstrengung

Vielfalt gilt in inklusiven Kontexten als eine anregende Bereicherung, sowohl für das gemeinsame Leben wie auch für das gemeinsame Lernen. Wenn etwa Schüler/-innen unterschiedliche Ansichten zu einem Problem vertreten, dann muss dieser Dissens miteinander in respektvollen und geduldigen Gesprächen ausgehandelt werden. Solche kokonstruktiven Lernsituationen werden als bereichernd und lernförderlich angesehen. Aber alle Unterschiede und Andersartigkeiten sind keineswegs immer angenehm und erfreulich, sondern sie können auch anstrengend und belastend sein. Der Umgang mit Fremdem, mit abweichendem Lern- und Sozialverhalten, mit Krankem und mit Behinderungen ist für die Schüler/-innen und Lehrer/-innen gleichermaßen eine Herausforderung. Die Bewältigung der vielfältigen, mitunter belastenden Heterogenitätserfahrungen kann einerseits die Lern- und Sozialkompetenzen steigern, andererseits aber auch überfordern oder gar misslingen. Es ist eine bedeutsame Aufgabe inklusiver Pädagogik, die Erfahrungen von Begrenzungen und Beeinträchtigungen mit taktvollen und reflektierten Auseinandersetzungen zu begleiten.
Die Vermeidung von Über- und Unterforderungen intellektueller wie emotionaler Art und die rechte, kindgemäße Dosierung von Anforderungen und Zumutung ist eine anspruchsvolle, längst anerkannte Aufgabe, von der keine Pädagogik dispensiert werden kann.

Dilemma von Individualität und Kollektivität

Mit steigender Heterogenität von inklusiven Lerngruppen wächst einerseits die unabdingbare Notwendigkeit, den Unterricht zu individualisieren und die je einzelnen Kinder mit ihren individuellen Bedürfnissen und Ausgangslagen zu berücksichtigen, andererseits nimmt zugleich die Schwierigkeit kontinuierlich zu, die vielfältig verschiedenen Schüler/-innen in gemeinsame Lernprozesse der gesamten Gruppe einzubinden. Ein inklusiver Unterricht befindet sich dauerhaft in einem Spannungsfeld zwischen Individualisierung und Kollektivierung. „Die didaktische Herausforderung besteht nun gerade darin, zwischen individueller und gemeinsamer Tätigkeit ein ausgewogenes dialektisches Verhältnis zu ermöglichen bzw. Individualisierung und Kooperation in einen sich ergänzenden komplementären Zusammenhang zu bringen" (219). Diese Formulierung – das sei als Zwischenbemerkung angefügt – erinnert doch sehr an mein Verständnis von Inklusion als dialektische Balance komplementärer Qualitäten.

Dilemma von inklusiven und exklusiven Bedürfnissen

Wohl alle Menschen haben zweierlei unterschiedliche soziale Bedürfnisse: Einerseits schätzen wir die Gemeinsamkeit mit Gleichen, andererseits wünschen wir auch die Gemeinsamkeit mit Verschiedenen. Beide Bedürfnisse wollen in unserer persönlichen Lebensgestaltung möglichst ausgewogen gelebt werden. Das Bildungswesen im Ganzen wie auch jede einzelne Schule sollten idealerweise so gestaltet werden, dass schulisches Lernen sowohl in homogenen als auch in heterogenen Gruppen möglich ist, und zwar mit einer höchstmöglichen Flexibilität und möglichst am gleichen Ort. Ein flexibler und variantenreicher Wechsel zwischen homogenen und heterogenen Lerngruppen wird dann zu einem schwierigen, unlösbaren Dilemma, wenn entweder das Schulsystem institutionelle Versäulungen aufweist oder die Einzelschule rigide verfestigte Organisationsstrukturen hat. Das gegliederte Schulwesen gestattet nur den Besuch einer Schulart und verunmöglicht nahezu vollständig das Lernen mit Verschiedenen in einem inklusiven Sinne. Wenn andererseits eine „inklusive" Schule sich dogmatisch auf heterogene Lerngruppen festlegt und keinerlei äußere Differenzierung nach Begabung, Interessen oder Förderbedarf zulässt, können „exklusive" Bedürfnisse von Schüler/-innen, mindestens phasenweise mit gleichen oder ähnlichen Mitschüler/-innen zu lernen, nicht befriedigt werden. Den Gegensatz von inklusiven und exklusiven Bedürfnissen rubriziert Schweiker als ein unauflösliches Dilemma, das sich auch nicht ausbalancieren lässt. Dieser Einschätzung muss man wohl nur dann zustimmen, wenn man irrigerweise einen Unterricht dann nur als „inklusiv" gelten lässt, in dem „jederzeit alle alles gemeinsam tun müssen" (220). Innerhalb einer gemeinsamen Schule für alle kann durch eine flexible, variable Unterrichts- und Gruppenorganisation das beklagte Dilemma einigermaßen ausbalanciert und immer wieder in akzeptabler Weise „gelöst" werden.

Dilemma von äußerer und innerer Differenzierung

Schweiker siedelt das Dilemma von äußerer und innerer Differenzierung vorwiegend auf der Makro-Ebene des Schulsystems an. Der Autor folgert aus dem inklusiven Votum für Vielfalt, dass dieses Prinzip auch für die Gestaltung des Schulwesens und von differentiellen Schularten gelten müsse – eine logische Schlussfolgerung, die mir nicht zwingend zu sein scheint. Inklusion bejaht zwar uneingeschränkt die Vielfalt der Kinder, aber nicht jedwede Vielfalt jedweder Art. Eine emphatische Begeisterung für Vielfalt bedeutet ja nicht, dass Inklusionsbefürworter auch für eine mathematische Aufgabe möglichst viele Lösungen erwarten. Die hochbrisante Frage lautet: „Wie weit darf die Vielfalt der Schularten gehen? Kann sie auch die Diversität unterschiedlicher Sonder- bzw. Förderschulen einschließen?“ Und die ebenso ausbalancierte wie ausweichende Antwort lautet: „Beide Extreme im Dilemma dürften unangemessen sein, sowohl ein Schulsystem mit uniformen Einheitsschulen mit pluriformer Binnendifferenzierung als auch ein äußerlich differenziertes Schulsystem mit hierarchisierten und separierten Schulformen“ (221).

Da wüsste man zu gerne, was denn zwischen den beiden Extremen liegt. Die erste einer zweiteiligen Antwort nimmt Bezug auf das sog. Readiness-Modell. Nach dem Readiness-Modell bestimmt das Maß der Normabweichung von Schüler/-innen über das Maß ihrer Inkludierbarkeit. Je weniger ein/-e Schüler*in als normal und fit gilt, desto weniger ist er bzw. sie auch inkludierbar. Diesem Modell folgend bestehe die Gefahr, dass Schüler/-innen mit extremen Förderbedarfen herausgedrängt und in andere Sondereinrichtungen (z. B. Psychiatrie; Strafvollzug) abgeschoben werden. Als besonders gefährdet werden Schüler/-innen mit komplexen Behinderungen sowie mit dem Förderschwerpunkt sozial-emotionale Entwicklung angesehen.

Das Readiness-Modell muss man aber durchaus nicht als faktische Norm widerspruchslos hinnehmen, hier wäre durchaus eine kritische Widerrede angebracht. Die inklusionspädagogische Theorie hat jedenfalls von Anbeginn an das Konstrukt „Inklusionsfähigkeit“ gänzlich abgelehnt und das Postulat ausgesprochen: „Inklusion ist unteilbar“ (Jakob Muth).

Der zweite Teil der Antwort nennt als mögliche und sinnvolle Formen einer äußeren, institutionellen Differenzierung Schwerpunktschulen, Internatsschulen, bilinguale Schulen mit Deutscher Gebärdensprache – ja, und auch Förderschulen! Der Autor geht davon aus, dass es unweigerlich auch in einem inklusiven Schulsystem eine „Restproblematik“ geben werde, die sich nicht beheben lasse – eben ein uneinlösbares Dilemma.

Diese Antwort, die man je nach ideologischer Bindung und persönlichem Naturell als realistisch oder resignativ einstufen kann, lässt alle Freunde eines „differenzierten, begabungsgerechten“ Schulwesens befreit aufatmen: Es muss doch Sonderschulen geben! Wenn erst einmal die Tür für unabdingbar notwendige „Restschulen“ aufgestoßen ist, könnte die etablierte Logik einer unvermeidlichen Separation systemstabilisierende Wirkungen und expansive Tendenzen entfalten.

Dilemma von Etikettierung und Ressourcenzuweisung

Dieses Dilemma hat mittlerweile eine große Bekanntheit erreicht und in Verbindung mit der Dekategorisierungsdebatte zu heftigen Kontroversen im Inklusionsdiskurs geführt (Wocken 2015; 2020). Schüler/-innen mit besonderen Förderbedarfen benötigen folgerichtig auch besondere Förderressourcen, insbesondere professionelle Kompetenzen und angemessene Vorkehrungen. Die Ressourcenakquise und Ressourcenlegitimation wird durch ein Bedarfs-Angebots-Junktim begründet. Konkret: Ohne ein diagnostisches Etikett werden keine Extra-Ressourcen bewilligt und bereitgestellt.
Die negativen Implikationen der diagnostischen Kategorisierung sind hinlänglich bekannt: Stigmatisierung der Kinder, grassierende Etikettierungsschwemme und eine schwindende Normalitätstoleranz. Der verständliche Wunsch nach auskömmlichen Ressourcen erzeugt eine erhöhte Aufmerksamkeit für einträgliche, kapitalisierbare Defizite und Defekte.
Das Dilemma ist unstrittig, aber immerhin partiell lösbar. Für Kinder mit den Förderschwerpunkten Lernen, Sprache und Verhalten sollte eine systemische, prävalenzbasierte Ressourcenausstattung inklusiver Schulen realisiert und auf eine diagnostische Etikettierung einzelner Kinder verzichtet werden.

Dilemma von gleicher Anerkennung und notwendiger Ungleichbehandlung

Gerechtigkeit besteht nicht immer darin, dass alle gleichbehandelt und über einen Leisten geschlagen werden, sondern auch darin, dass Ungleiches ungleich behandelt wird. Die verschiedenen Kinder in der Inklusion müssen ungleich behandelt werden. Sie erhalten im Bedarfsfalle etwa mehr Lernzeit, leichtere Aufgaben, Gelegenheit zum Rückzug oder Nachteilsausgleich. All diese individualisierenden Maßnahmen und Angebote gelten nicht als Diskriminierung, also als Verstoß gegen das Gebot gleicher Anerkennung, sondern als sogenannte positive Diskriminierung.
Die Akzeptanz einer solchen Ungleichbehandlung, die ja im Namen einer ausgleichenden Gerechtigkeit erfolgt, ist nicht immer leicht und muss in reflektierten Gesprächen gelernt werden. Lehrer/-innen in inklusiven Lerngruppen können ein Lied davon singen, wie sehr Kinder auf gleiche Behandlung pochen und nur diese als Gerechtigkeit verstehen wollen. Gerade die inklusive Schule bietet die Chance, ein schematisiertes Gerechtigkeitsempfinden durch eine reflektierte Sensibilisierung für individuelle Bedarfslagen aufzubrechen und zu ergänzen.

Zwischenfazit

Nachdem die Galerie der Antinomien und Dilemmata abgeschritten ist, soll eine kritische Zwischenbilanz gezogen werden.

- Die Liste der Antinomien und Dilemmata unterstreicht eindrucksvoll, dass Theorie und Praxis der Inklusion voller Widersprüche, Gegensätzlichkeiten und Paradoxien ist. Die fünf Antinomien und sechs Dilemmata können nicht als eine abschließende Aufzählung verstanden werden. Es ist fraglich, ob jemals mit dem Anspruch der Vollständigkeit ein Kompendium der Antinomien und Dilemmata vorgelegt werden kann. In generalisierender Form lässt sich daraus der Schluss ziehen: Inklusion ist von Grund auf dialektisch strukturiert. Die dialektische Struktur gilt dabei nicht allein für den Gegenstandsbereich Inklusive Pädagogik, sondern für Erziehung und Bildung schlechthin. Die dialektische Verfasstheit gilt für zahlreiche Phänomene, aber keineswegs für alle.
- Wenn Dialektik ein konstitutives Element inklusiver Pädagogik ist, dann wäre daraus die Konsequenz zu folgern, dass auch die wissenschaftliche Inklusionspädagogik dialektische Momente enthalten sollte. Ohne die Anwendung dialektischer Denkformen und Methoden kann die Wirklichkeit inklusiver Erziehung und Bildung nicht angemessen beschrieben, gedacht und erklärt werden. Es geht nicht um einen Alleinvertretungsanspruch dialektischer Verfahren und Zugänge, sondern um die Legitimität, Nützlichkeit und Notwendigkeit, diese in die wissenschaftliche Analyse, Bearbeitung und Klärung inklusionspädagogischer Phänomene einzubeziehen.
- Ob die aufgelisteten Antinomien und Dilemmata der Schrift „Prinzip Inklusion“ immer zu Recht diese Denominationen tragen und angemessen kategorisiert sind, darf man in so manchen Fällen auch wohl in Frage stellen. Manche Gegensatzpaare entpuppen sich bei näherer Betrachtung eher als recht harmlose Gegensätzlichkeiten, die kaum angestrengter gedanklicher Mühen wert sind und keinerlei Anlass für Besorgnisse, Aufregungen und Kopfschmerzen geben. Die Denominationen und Klassifikationen sollten einer sorgsamen Überprüfung unterzogen werden. Diese scheint vor allem deshalb geboten, weil Antinomien und Dilemmata beide mit dem Diktum der „prinzipiellen Unauflösbarkeit“ oder der grundsätzlichen Unausweichlichkeit verbunden werden. Dieses Diktum könnte gravierende Zustände kognitiver Hilfslosigkeit, emotionaler Verzweiflung und motivationaler Depression auslösen. Warum sollte man sich in einer Dilemma-Situation zwi-

schen zwei Auswegen entscheiden, die beide gleichermaßen unangenehm sind, keine gewünschten Resultate und zielführenden Lösungen erbringen? Und warum sollte man bei logischen Widerspruchssituationen alle verfügbaren Geisteskräfte mobilisieren, wenn vorab schon feststeht, dass das Problem eh nicht lösbar ist? Bei Antinomien und Dilemmata werden Menschen wissentlich – mitunter gar böswillig – in ausweglose Fallen verlockt, denen sie nicht entkommen können.
Ein Beispiel: Das Gegensatzpaar „inklusive versus exklusive Bedürfnisse" wird vom „Prinzip Inklusion" als ein Dilemma klassifiziert. Ist das wirklich eine ausweglose Dilemma-Situation? Die Alltagsempirie spricht recht deutlich gegen diese Einstufung. Die meisten Menschen dürften in ihrem Leben eine recht ausgeglichene Gestaltung inklusiver und exklusiver Lebenssituationen realisieren. Mal erfreuen wir uns an einem sozialen Umgang mit Gleichgesinnten, z. B. in richtigen Männervereinen oder in einer reinen Sauna „nur für Frauen" und ein anderes Mal besuchen wir den Diskussionsabend einer Bürgerinitiative; mal mischen wir uns unters Volk und besuchen eine gesellige Veranstaltung und ein anderes Mal privatisieren wir und wollen mit niemandem etwas zu tun haben. Das geht; ein auswegloses Dilemma kann man das wohl nicht nennen. Das Attribut der prinzipiellen Unlösbarkeit sollte nicht leichtfertig auf inklusionspädagogische Praxissituationen aufgeklebt werden. Das Attribut „unlösbar" ist ein totaler Motivationskiller.

– Zur Klarstellung soll explizit hervorgehoben werden, was implizit längst mitgedacht ist: Antinomien und Dilemmata sind keineswegs ein exklusive Privilegien, die allein im Haus der inklusiven Pädagogik anzutreffen sind, sondern sie begegnen uns allerorten in der Pädagogik überhaupt. Ferner darf die kühne Behauptung gewagt werden, dass von den benannten Gegensatzpaaren, widersprüchlichen Konstellationen und Paradoxien keine einzige dabei ist, die inklusionsspezifisch wäre und allein der Inklusion zugerechnet werden müsste. Dieser Hinweis ist nicht ganz unwichtig. Die Erörterung von Dilemmata und Antinomien in inklusionsspezifischen Kontexten könnte den irrigen Eindruck erwecken, dass Inklusion eine Menge von unnötigen Problemen und unerfreulichen Widerwärtigkeiten mit sich bringt, die man ohne Inklusion nicht hätte und sich deshalb ersparen sollte. Gewiss, inklusive pädagogische Handlungsfelder und -situationen führen hier und da zu manchen Zuspitzungen und Verstärkungen von dialektischen Verhältnissen, die allerdings in Theorie und Praxis der Pädagogik überhaupt schon in nuce angelegt sind. Diese Pointierung dialektischer Problemlagen rechtfertigt es, ihnen in inklusiven Kontexten auch eine erhöhte Aufmerksamkeit zu schenken.

Der Schrift „Prinzip Inklusion“ zufolge handelt es sich bei den Antinomien und Dilemmata um „zentrale Theorieprobleme der Inklusionspädagogik“ (209). Das Ensemble der angeführten Problemfelder und Herausforderungen wird allerdings „ohne Anspruch auf Vollständigkeit“ (209 und 217) gelistet. Die diversen Problemstellungen werden in der metatheoretischen Schrift lediglich in ihren wesentlichen Konturen dargestellt, „nicht aber theoretisch vertiefend bearbeitet“ (28) – so die Ankündigung in der Einleitung. Damit ruhen alle Hoffnungen auf den Entwurf einer interdisziplinären Metatheorie, der ja die erklärte zentrale Zielsetzung der Schrift ist.
Eine Metatheorie befasst sich nicht mit der Wirklichkeit selbst, sondern mit Theorien über diese Wirklichkeit. Sie setzt sich mit vorliegenden Theorieentwürfen auseinander und nimmt in der disziplinübergreifenden Metatheorie Vergleiche, Abwägungen und Bewertungen vor. Zu diesem Zweck lädt das „Prinzip Inklusion“ die wissenschaftlichen Disziplinen Linguistik, Rechtswissenschaft, Soziologie, (Inklusions)pädagogik und Religionspädagogik zu einer interdisziplinären Konferenz ein. Der wissenschaftliche Ertrag des interdisziplinären Symposions ist leider ein noch nicht abgeschlossenes metatheoretisches Gebäude. „Eine konsistente interdisziplinäre Metatheorie des Inklusionsprinzips steht noch aus“ (429). Statt einer abgeschlossenen Metatheorie werden abschließend die wesentlichen Grundlagen in „zehn interdisziplinären Grundsätzen“ zusammengefasst. Die zehn Grundsätze können gleichsam als das Kommuniqué der interdisziplinären Konferenz angesehen werden. Sie werden hier unkommentiert in einer Textbox wiedergegeben.

1. Relationalität und Menschenwürde
2. Partizipation und Freiheit
3. Differenz und Pluralismus
4. Anerkennung und Gleichheit
5. Veränderung und Gerechtigkeit
6. Divergenzen und Klärungen
7. Begrenzungen und Motivationen
8. Sozialität und Bildung
9. Differenzen und Einheit
10. Prozess und Vision

Box 3: Interdisziplinäre Grundsätze der Inklusion (Schweiker 2017, Kap. 6)

Das Interesse der vorliegenden Arbeit ist ja auf die Thematik „Dialektik der Inklusion“ ausgerichtet. Aufgrund dieses spezifischen Erkenntnisinteresses ist hier von dem metatheoretischen Schlussdokument lediglich der Grundsatz „Divergenzen und Klärungen“ von Belang. Weil das umfängliche Werk von Schweiker nicht jedermann zugänglich sein dürfte und wegen seiner denkschriftartigen Bedeutung wird der sechste Grundsatz hier als umfängliches Zitat vollständig wiedergegeben.

Divergenzen und Klärungen

Inklusion befindet sich in ihren Theorie- und Praxiskontexten in pluralen unauflösbaren Antinomien und Dilemmata. Sie bedürfen der weiteren Klärungen.

Zu den Divergenzen, in denen sich Inklusion bewegt, gehören Antinomien auf der Ebene der Metatheorie sowie pädagogische und religionspädagogische Dilemmata auf unterschiedlichen Ebenen der Praxistheorie. Sie können zwar durch die Bemühungen der Theoriebildung nicht aufgelöst, jedoch differenzierter wahrgenommen und bearbeitet werden. Inklusion befindet sich in metatheoretischer Hinsicht z. B. in den antinomischen Widersprüchen (1) der Anerkennung von Ungleichheiten als gleichwertig, (2) der Anerkennung von ungleichen Gegebenheiten bei gleichzeitiger Veränderung derselben, (3) des Imperativs der Inklusion (Sollen) und des Indikativs der Separationen (Sein), (4) der gleichzeitigen Forderung der präskriptiven Wertsetzung und der deskriptiven Wertenthaltung im Inklusionsprinzip oder (5) dem externen normativen Menschenrechtsanspruch auf Verwicklung einerseits (Sollen) und dem nicht Wollen oder Können von Menschen andererseits. An diesen prinzipiellen und nicht vollständig auflösbaren divergenten Spannungsfeldern gilt es im Sinne metatheoretischer Klärungen weiter zu arbeiten. Darüber hinaus bedürfen die unterschiedlichsten praxistheoretischen Dilemmata neuer Erkenntnisse und Lösungsansätze. Sie wurden in den Kapiteln der Pädagogik und der Religionspädagogik bereits benannt und ausgeführt. Verschiedene Dilemmata konnten hier nur andeutungsweise skizziert bzw. im Blick auf das Dilemma von Konfessionsprinzip und Inklusionsprinzip im Praxisfeld des Religionsunterrichts nur grob exemplarisch analysiert werden. Hier müssten jeweils umfassende Analysen auf der Grundlage des Inklusionsprinzips erstellt und, wenn nicht lösende, so doch klärende Prozesse der Theoriebildung vorangetrieben werden.

Box 4: Interdisziplinärer Grundsatz Divergenzen und Klärungen (Schweiker 2017, 438 f.)

Ich nehme diesen Abschnitt aus der Schlusserklärung eines interdisziplinären Diskurses mit einiger Ernüchterung und Enttäuschung zur Kenntnis. Die metatheoretischen Bemühungen haben die Möglichkeit einer differenzierteren Wahrnehmung und Bearbeitung angekündigt und versprochen. Statt dessen werden Forderungen nach neuen Erkenntnissen und Lösungsansätzen, nach umfassenden Analysen und weiteren Anstrengungen der Theoriebildung gestellt. Das offene Eingeständnis, dass die Antinomien und Dilemmata „nur andeutungsweise skizziert“ und „nur exemplarisch grob analysiert“ werden konnten, will ganz und gar nicht zu den weitreichenden, hochgesteckten Hoffnungen passen, die man mit dem großen Wort Metatheorie verbindet. Ich lese dieses Schlusskapitel wie eine partielle Bankrotterklärung. Bankrotterklärung, weil die immensen metatheoretischen Klärungen keine Einsichten und Erkenntnis hervorbringen konnten, die nicht schon vor Beginn der interdisziplinären Runde bekannt waren. Bankrotterklärung auch, weil die „differenzierte Wahrnehmung und Bearbeitung“ der Problemfelder auf die Zukunft vertagt wurden. Partiell, weil meine Einschätzung sich ausschließlich auf das Arbeitsthema Antinomien und Dilemmata bezieht, keinesfalls und in keiner Hinsicht auf den gesamten metatheoretischen Entwurf oder die übrigen interdisziplinären Grundlagen.

Rehabilitation der Balancetheorien

Die Metatheorie „Prinzip Inklusion" hat keine zufriedenstellende Klärung der Antinomien und Dilemmata herbeiführen können. Nun sind Theorie und Praxis der Inklusionspädagogik wieder auf sich selbst zurückgeworfen. Jetzt muss dringend irgendetwas passieren, denn die ungeliebten Antinomien und Dilemmata sind ja immer noch da! Sie sind je nicht einfach verschwunden, nur weil die Metatheorie sich ihrer nicht angenommen hat.
Die Antinomien und Dilemmata sind keineswegs Hirngespinste oder Phantastereien, sondern empirische Tatsachen und bedrängende Probleme der Inklusionswirklichkeit. Und sie sind auch nicht irgendwelche Kinderkrankheiten und bedeutungslose Nebensächlichkeiten, die man getrost vernachlässigen könnte und dürfte. Es geht eben nicht um Banalitäten und Trivialitäten, sondern um substantielle Probleme, bedrängende Konfliktlagen und „systemrelevante" Fragen. Daher wäre es unverantwortlich und moralisch bedenklich, würde die Inklusionspädagogik sich jetzt mit achselzuckendem Bedauern und unverrichteter Dinge auf und davon machen. Nein, es muss etwas passieren. Die Gleichgültigkeit der Metatheorie erscheint befremdlich, wenn nicht gar bestürzend.
Die dringliche Notwendigkeit einer rationalen Problembearbeitung sei mit einem konkreten Beispiel illustriert. Wenn in einer Lebenspartnerschaft der eine Partner eher der Sparsamkeit zugetan ist, der andere jedoch zur Großzügigkeit neigt, dann stehen sicherlich regelhaft Konflikte ins Haus, die sich mittelfristig zu einem handfesten Beziehungskrach entwickeln können. Die beiden Lebenspartner müssen wohl oder übel ihre entgegengesetzten Wertorientierungen ausbalancieren und sich notgedrungen einigen, es sei denn, sie riskieren leichtfertig das vorzeitige Ende ihrer Partnerschaft.
Die Not ist groß. Da ist es durchaus naheliegend, mangels einer besseren, „metatheoretischen" Lösung zu Strategien und Konzepten Zuflucht zu nehmen, die nicht perfekt sein mögen, die sich aber nicht drücken und gleichwohl zu brauchbaren und akzeptablen Kompromissen führen. In diesem Sinne scheint es akzeptabel, die von der Metatheorie gescholtenen Balancetheorien zu rehabilitieren und mit der Problemklärung und -bearbeitung zu beauftragen. Die Metatheorie hebt damit paradoxerweise wieder jene Theoriefamilie in den Sattel, die sie als unzulänglich und defizitär kritisiert hat.

Die Rehabilitation der Balancetheorien wird durch zwei Thesen argumentativ untermauert:

> (a) Die Balancetheorien praktizieren formale Lösungen. Damit sind gewiss Begrenzungen, aber auch Chancen sowie Optimierungsperspektiven verbunden.
> (b) Die Balancetheorien sind erklärtermaßen in menschenrechtliche Diskurse eingebunden, der philosophischen Tradition der Aufklärung wie auch der historischen Trias Freiheit, Gleichheit und Brüderlichkeit eng verbunden.

(a) Die Balancetheorien praktizieren formale Lösungen. Damit sind einerseits Begrenzungen, andererseits aber auch Chancen und Optimierungsperspektiven verbunden.

Zur Familie der Balancetheorien zählen etwa die Theorie integrativer Prozesse (Reiser u.a.), die Pädagogik der Vielfalt (Prengel) und mein Theorieentwurf „Inklusion als Balance komplementärer Qualitäten".[8]
Antinomien und Dilemmata sind Konflikte, die in der Regel normative Implikationen haben. Es sind Konflikte zwischen Tugenden, Werten, Regeln, Handlungsimperativen und so fort. Die Konflikte haben also eine dialektische Struktur. In allen Konflikten stehen sich entgegengesetzte oder widersprüchliche Qualitäten (Tugenden, Werte, Prinzipien, Regeln) gegenüber. Der Widerpart einer „These" ist die „Antithese". Diese dialektische Grundstruktur ist auch der Theorie und Praxis inklusiver Pädagogik eigen. Die Dialektik wird nicht im Nachhinein in die Inklusionswirklichkeit importiert, sondern sie ist immer schon in die inklusiven Problem- und Handlungsfelder eingelassen. Dialektik ist ein inhärentes, immanentes Merkmal von Theorie und Praxis der Inklusionspädagogik.
Eine probate Methode zur Bearbeitung dialektischer Problemlagen ist das sog. Wertequadrat. Diese Methode ist in Kapitel 3.4 ausführlich beschrieben worden und muss nicht erneut erläutert werden. Weil, wie ausgeführt, Antinomien und Dilemmata als dialektische Konflikte angesehen werden können, sind zu ihrer Klärung und Bearbeitung die Wertequadrate eine Methode der Wahl. Das bedeutet in der Konsequenz: Alle Antinomien und Dilemmata können recht einfach in Wertequadrate transformiert und mit ihrer Unterstützung diskursi-

---

[8] Im Folgenden nehme ich weitgehend auf meinen eigenen Theorieentwurf Bezug. Diese Selbstreferenz mag als narzisstische Eitelkeit gelten. Es geschieht deshalb, weil ich kein autorisiertes Mandat habe, für alle relevanten Inklusionstheorien zu sprechen.

ven Erörterungen zugeführt werden. Das Ziel ist, jeweils eine Balance der komplementären Qualitäten herzustellen. Wertequadrate sind im Unterschied zur klassischen Dialektik nicht darauf aus, These und Antithese in einer höheren Synthese aufzuheben und damit quasi zu annullieren, sondern der dialektische Gegensatz ist unaufhebbar und muss in einer ausgehaltenen Spannung ertragen werden.

Die Metatheorie kritisiert die Balancetheorien als mechanisch und formal: „Statt einem mechanistischen, rein formalen Ausbalancieren von Werten bedarf das Inklusionsprinzip einer detaillierten Ethik" (Schweiker 2017, 436). Dieser Kritik sollen wenige antikritische Argumente entgegengesetzt werden:

1. Das Balanceprinzip ist in der Tat eine formale Strategie. Die Methode beinhaltet kein Kriterium, wann ein dialektischer Konflikt als ausbalanciert gelten kann. Das fehlende Wahrheitskriterium ist ohne Frage eine Schwäche des Balancemodells.
2. Ob es überhaupt ein generelles Balancekriterium geben kann, erscheint fraglich und zweifelhaft. Die Vielfalt von Problemlagen erfordern möglicherweise, dass ihre spezifische Qualität auch in der auszubalancierenden Lösung inhaltlich berücksichtigt werden muss. Die derzeitige Unbestimmtheit des Balancekriteriums kann auch als eine Chance für flexible, problemorientierte Lösungen angesehen werden.
3. Es gibt in der wissenschaftlichen Inklusionspädagogik auch Kontroversen und Dissense, die nur sehr gering normativ aufgeladen sind und daher eher eine Angelegenheit fachlicher Klärungen und sachlicher Argumente sind. Ein Beispiel ist mein Entwurf einer dialektischen Unterrichtstheorie (Wocken 2013), die eine doppelte Balance einfordert, nämlich eine Balance auf der Kooperationsebene zwischen gemeinsamen und individuellen Lernsituationen und auf der Steuerungsebene eine Balance zwischen lehrer- und schülergesteuerten Lernprozessen. Bei primär sachlichen Problem- und Konfliktlagen sind ethische Erwägungen kontraindiziert und unerwünscht. Die Ethik tut gut daran, die eigenen Begrenzungen zu erkennen und zu achten.
4. Die Wertequadrate beinhalten meines Erachtens auch ein eigenes, internes Gütekriterium. Die besten Richter, ob ein streitiger Konflikt „gut" ausbalanciert ist, sind die beiden beteiligten Kontrahenten selbst. Die widerstreitenden Normen, Tugenden, Werte und Regeln müssen sich in dem gefundenen Kompromiss wiederfinden; sie müssen zu der ermittelten Balance „Ja" sagen. Die antithetischen Qualitäten können daher als die besten Wächter über „gerechte", gleichberechtigte Lösungen angesehen werden, weil die „Lösung" sie selbst betrifft und ihnen

nicht gleichgültig sein kann. Möglicherweise kann man sich durch eine Art Mediationsverfahren die Anrufung eines ethischen Schiedsgerichtes ersparen.

5. Um die kritisierte Formalität des Balancekonzepts ein wenig auszugleichen, sehe ich derzeit zweierlei Möglichkeiten einer theoretischen Optimierung. Erstens wären Mediationskonzepte und -verfahren nach möglichen konstruktiven Beiträgen zu befragen. Zweitens erscheint es mir sehr aussichtsreich zu sein, das systemtheoretisch fundierte Konzept „Legitimation durch Verfahren" (Luhmann 1969) zu Rate zu ziehen. Die beiden Vorschläge bedürfen gediegener Studien, die späteren Arbeiten vorbehalten sind. Es erscheint mithin denkbar, dass nicht bei allen sog. Antinomien und Dilemmata die Philosophie angerufen oder gar eine große metatheoretische Konferenz abgehalten werden muss, sondern die Konflikte problemnah vor Ort in akzeptabler Weise geklärt werden können.
   Gerade weil in postmodernen Gesellschaften der monopolartige Besitz einer einzigen Wahrheit kaum auf konsensuale Anerkennung hoffen kann, ist die Verlagerung der Wahrheitssuche in kommunikative Diskurse bzw. auf formale Verfahren, die die Kontrahenten als Gleichberechtigte beteiligen, in zunehmende Maße eine probate und bedenkenswerte Lösung. Erprobte Methoden für eine Legitimation durch Verfahren und durch Dialoge sind die sog. „Zukunftskonferenzen" (Robert Jungk) oder auch die „Persönliche Zukunftsplanung" (Hinz/Boban 2009). Die beiden Verfahren sind exzellente Beispiele, wie durch dialogischen Austausch und durch Betroffenenbeteiligung neue Wahrheiten generiert und gute Entscheidungen gefunden werden können, die von vorneherein auf Zustimmung setzen und deshalb einen tragfähigen Konsens hervorbringen
   Die abschätzige Beurteilung der Balancetheorien als „mechanistisch-formal" durch die Metatheorie dürfte bei einer Ergänzung durch die Habermas'sche Diskursethik oder die Luhmann'sche „Legitimation durch Verfahren" kaum noch Bestand haben.

(b) Die Balancetheorien sind erklärtermaßen in menschenrechtliche Diskurse eingebunden, der philosophischen Tradition der Aufklärung wie auch der historischen Trias Freiheit, Gleichheit und Brüderlichkeit eng verbunden.

Einen überaus prominenten Stellenwert hat in der Metatheorie „Prinzip Inklusion" die Hypothese vom Theoriedefizit der Inklusionspädagogik. Auf etlichen Seiten und in immer neuen Anläufen wird dieses Theoriedefizit beanstandet, beklagt und schlussendlich als bestätigt bescheinigt. Zusammenfassend stellt Schweiker fest: „Die Integrations- und Inklusionspädagogik hat (1) ihre integrative bzw. inklusive Gegenstandstheorie ungenügend ausgearbeitet, (2) sie nicht zureichend im Zusammenhang von Denktraditionen sowie ausgewiesener Forschungsmethoden systematisch entfaltet und (3) in ihrer Grundlagentheorie philosophisch-ethisch, religiös oder anthropologisch zu wenig verankert“ (2017, 155f).

Das Urteil über die wissenschaftliche Qualität der Inklusionspädagogik ist unerfreulich und hart. Die Inklusionswissenschaftler haben von 1980 bis 2020 ganze Bibliotheken an fachwissenschaftlicher Literatur zusammengeschrieben, sowohl empirische Untersuchungen durchgeführt als auch gehaltvolle theoretische Arbeiten vorgelegt. Die Metatheorie geht ungeachtet der reichlichen literarischen Produktivität mit dem Stand der Theoriebildung sehr hart ins Gericht. Möglicherweise hat die ungnädige Kritik aber auch eine zweckdienliche Funktion. Wenn die einschlägige, zuständige Inklusionspädagogik unzulänglich, lückenhaft und defizitär ist, dann ist der Weg geebnet für einen Ruf nach einem neuen, qualifizierten Anlauf in der wissenschaftlichen Bearbeitung der Inklusion. Auf den Trümmern einer desolaten Inklusionspädagogik kann dann das neue Gebäude einer Metatheorie errichtet werden und sich glanzvoll von dem Vorläufer abheben. Die Kritik an dem Theoriedefizit unterstützt und legitimiert das Vorhaben, den niederen Mühen der Täler zu entfliehen und sich den höheren Mühen der Berge zuzuwenden.

Worin besteht inhaltlich die Klage über das Theoriedefizit? Die „Pädagogik der Vielfalt“ von Annedore Prengel kann sich durchaus einer grundlegenden Wertschätzung durch die Metatheorie erfreuen. Aber: „Diese ist jedoch durch eine vertiefende Normenklärung und die Verortung in philosophisch-ethischen Denktraditionen sowie an eine inklusive Anthropologie bzw. Wirklichkeitstheorie zu ergänzen“ (2017, 231; kursiv im Original). Neben eigenen Analysen beruft sich Schweiker bei seinem Urteil auch auf einen Beitrag von Martin Giese, der den Inklusionsdiskurs als „ein anthropologisches Niemandsland“ (2011) empfindet.

Nun, die Geschichte der Integration und Inklusion in Deutschland hat nichts Anderes zugelassen. Die Geschichte der Integration begann mit Elterninitiativen zum gemeinsamen Lernen. Diese Eltern mussten erbitterte Kämpfe gegen die herrschende, allgegenwärtige und allmächtige Separation in Bildungsverwaltung, in der Schulpraxis und in der Erziehungswissenschaft resp. Sonderpädagogik austragen. Hätte in dieser historischen Situation die wissenschaftliche Integrationspädagogik sich etwa zwecks Normenklärung und Grundlagenforschung in einen elfenbeinernen Turm zurückziehen sollen? Und dann begann Inklusion in den Klassenzimmern der Grundschulen, immer mit Lehrerinnen und Lehrern, die durchweg keinerlei integrationspädagogische

Erfahrungen hatten, denen keinerlei Literatur zum Selbststudium zur Verfügung stand und die sich alles per trial and error erarbeiten mussten. War es in dieser historischen Lage nicht ein zwingendes Gebot für alle wissenschaftlich tätigen Integrationspädagogen, zuerst einmal den Lehrer/-innen beizustehen und – nicht zuletzt – auch erst einmal selbst Integration zu lernen?

Ich kann den Vorwurf eines Theoriedefizits in der vorgebrachten Radikalität weder verstehen noch nachvollziehen noch akzeptieren. Eine detaillierte Entgegnung würde eine eigenständige Abhandlung erfordern. Ich beschränke mich hier auf die Vorhaltung, die Inklusionspädagogik lasse es an einer gründlichen Normenklärung und an einer gediegenen ethisch-philosophischen Fundierung fehlen.

Der Vorwurf einer unzulänglichen ethischen, anthropologischen und philosophischen Grundlegung der Inklusionspädagogik halte ich in der vorgebrachten Form für überzogen, ja für falsch. Die wissenschaftliche Inklusionspädagogik hat ihre Wertebasis von Anbeginn an klar und explizit benannt. Die heutige Inklusionspädagogik versteht sich eindeutig als ein menschenrechtsbasiertes pädagogisches Konzept, wie es insbesondere in den diversen Menschenrechtserklärungen der Vereinten Nationen niedergelegt ist (Allgemeine Erklärung der Menschenrechte (AEM); Kinderrechtskonvention (KRK) und natürlich die sog. Behindertenrechtskonvention (BRK)). Die sog. Integrationsbewegung ist noch fast ohne irgendeine theoretische Grundlegung ausgekommen, die Inklusionspädagogik hat dagegen mit großer Freude und Dankbarkeit die Verabschiedung der Behindertenrechtskonvention aufgenommen und als ihr verbindliches ethisch-philosophisches Fundament inthronisiert. Die UN-BRK ist gleichsam „die Bibel“ der Inklusionspädagogik!

Die Berufung auf die Behindertenrechtskonvention als dem Kronzeugen ihres Menschenbildes und Weltverständnisses hat unschätzbare Vorteile:

- Die UN-BRK ist ein menschenrechtliches Dokument, das von zahlreichen Ländern unterschiedlicher Kontinente, unterschiedlicher Weltanschauungen und Kulturen ratifiziert worden ist. Sie genießt mithin weltweite Anerkennung und Wertschätzung.
- Die UN-BRK ist von der Bundesrepublik Deutschland durch förmliche parlamentarische Verfahren ratifiziert worden und hat damit völkerrechtliche Verbindlichkeit erlangt. Sie ist ferner in ihrer Wertebasis mit dem Grundgesetz vollauf kompatibel.
- Die UN-BRK wird von allen Wissenschaftlern in der Rechtswissenschaft, Erziehungswissenschaft, in der Sonderpädagogik und in der Inklusionspädagogik ausnahmslos anerkannt und respektiert. Gegenteiliges oder Ausnahmen sind mir nicht bekannt.

- Die UN-BRK ist in Deutschland weithin emphatisch aufgenommen worden. Diese Feststellung gilt unbeschadet der Tatsache, dass in der durchaus auch kontroversen Debatte zum Teil erhebliche Missverständnisse und Fehlinterpretationen anzutreffen sind.
- Die UN_BRK ist kommunizierbar und plausibilisierbar. Sie wird von vielen Menschen unterschiedlicher Herkunft, Weltanschauung, politischer Orientierung verstanden und zustimmend angenommen. Die UN-Konvention beinhaltet eine klare und verständliche Botschaft. Weil Inklusion zutiefst sich demokratischen Grundwerten verpflichtet fühlt, ist sie auf Zustimmung, Konsens und Verständlichkeit in hohem Maße angewiesen. Es reicht absolut nicht aus, wenn Idee und Philosophie der Inklusion lediglich in Meta-Seminaren einer theologischen Fakultät nachvollzogen werden können.

Die normative Selbstverpflichtung auf die BRK wird in Teilen der Inklusionspädagogik nachhaltig unterstützt durch einen expliziten Anschluss an die Philosophie der Aufklärung und an die philosophische Trias der französischen Revolution „Freiheit, Gleichheit, Brüderlichkeit“ (z. B. Wocken 2013). Eine weitere eigenständige Normenklärung und vertiefende Wertefundierung schien der Inklusionspädagogik auch deshalb nicht vordringlich zu sein, weil sie z. T. auf eine bloße Reproduktion von längst Bekanntem und Anerkanntem hinausliefe.
Ich habe erhebliche Zweifel, ob es jemals irgendeiner Metatheorie gleich welchen Zuschnitts gelingen kann, die aufgelisteten Vorzüge der UN-BRK auch nur ansatzweise einzuholen. Der weltumspannende Konsens über die BRK, die gute Resonanz in Wissenschaft und Praxis sowie die allgemeine Verständlichkeit und breite Akzeptanz sind ein unschätzbares Pfand, das auf reichliche Früchte hoffen lässt.
Angesichts der klaren und ausdrücklichen menschenrechtlichen Fundierung ist mir unverständlich, wie der Inklusionspädagogik ein „anthropologisches Niemandsland“ und ein grundlegendes ethisch-philosophisches Defizit attestiert werden kann. Einer erziehungswissenschaftlichen Disziplin, die sich dezidiert und substantiell auf Idee und Geschichte sowie auf die völkerrechtlichen Kodifizierungen der Menschenrechte bezieht, anthropologische Ahnungslosigkeit vorzuwerfen, ist doch recht verwegen und eine abwegige Fehlinformation.
Die verbindliche Selbstverpflichtung der Inklusionspädagogik auf die BRK findet allerdings nicht den Beifall der Metatheorie. Schweiker äußert die Vermutung, dass die Inklusionspädagogik sich durch die Bindung an die BRK in das „Schlepptau der Jurisprudenz“ (2017, 168) begeben habe: „Damit begibt

sie sich ins Schlepptau externer Kräfte und reduziert ihre eigene Wirksamkeit auf den Status einer reinen Anwendungswissenschaft“ (2017, 192). Kann man denn umgekehrt sicher sein, ob im Falle einer Metatheorie der Inklusion, die sich im Besitz einer höheren Wahrheit wähnt, diese eines Tages das Monitoring an sich zieht, Aufsicht- und Weisungsbefugnisse beansprucht und damit die Inklusionspädagogik in das Schlepptau der Metatheorie nimmt?

Die Mutmaßung oder Unterstellung eines Abhängigkeitsverhältnisses der Inklusionspädagogik empfinde ich als despektierlich und diskreditierend. Ich persönlich fühle mich im Fahrwasser der Menschenrechte, der Aufklärung und der philosophischen Trias „Freiheit, Gleichheit und Brüderlichkeit“ bestens aufgehoben und sehe gegenwärtig keine Veranlassung, dieses sichere Gewässer zugunsten einer metatheoretischen Fata Morgana zu verlassen.

4. Schluss: „Diversity ist beautiful!“

In einem kurzen Schlusswort sollen in bündiger Dichte zentrale Erkenntnisse der beiden Hauptkapitel benannt und auf ihre Bedeutung für ein angemessenes Verständnis von Inklusion und Inklusiver Pädagogik befragt werden.

Das *erste Kapitel* „Ideengeschichtliche Erinnerungen“ legt mit Verweis auf große historische Vorbilder exemplarisch dar, dass Erziehung und Bildung, und mithin auch inklusive Pädagogik, dialektisch strukturiert sind. Dialektik ist keineswegs etwas, das im Nachhinein in die lebendige Wirklichkeit von Pädagogik und Inklusion importiert wird, sondern die Realität pädagogischer Kulturen und Verhältnisse, Prozesse und Praktiken ist von vorneherein und immer schon eine Welt voller Widersprüche und Ambivalenzen, Gegensätze und Ungereimtheiten. Die dialektische Denkform ist nichts anderes als das Bemühen um eine gegenstandsgerechte Wahrnehmung und Abbildung einer widersprüchlichen Wirklichkeit. Dialektik ist gleichsam eine „phänomenologische“ Wesensschau der unmittelbar gegebenen Erscheinungen der Realität. Daraus folgt notwendigerweise, dass eine erziehungswissenschaftliche Rekonstruktion der inklusiven Wirklichkeit nicht ohne die Anwendung dialektischer Denkformen vorstellbar ist. Wenn die Wirklichkeit dialektisch ist, dann sollte auch die Erkenntnis dieser Wirklichkeit dialektisch sein.

Eine weitere Einsicht des ersten Kapitels: Erziehung und Bildung sind nicht leblose Produkte, sondern lebendige Prozesse; nicht statische Objektivationen, sondern dynamische Entwicklungen; nicht unveränderliche Tatsachen, sondern prozesshafte Verläufe; nicht objektive Gegebenheiten, sondern subjektive Erfahrungen; nicht ruhende Fakten, sondern lebendige Interaktionen und menschliche Handlungen. In der Inklusionsforschung sollte daher Inklusion nicht allein unter Outcomes-Aspekten betrachtet werden, sondern immer auch unter Prozessaspekten. Die Frankfurter Forschungsgruppe um Helmut Reiser hat deshalb auch die Darstellung der „Theorie integrativer Prozesse" programmatisch mit „Integration als Prozess" überschrieben. Die Einigungsmodi Annähern und Abgrenzen sind Prozesse!

Die herausragende Bedeutung einer prozessualen Betrachtungsweise möchte ich am Beispiel einer menschlichen Lebensgemeinschaft verdeutlichen. Die Ehe kann man als eine inklusive Lebensgemeinschaft ansehen. Eine Ehe wird zwar formal mit dem ehelichen Gelöbnis auf dem Standesamt geschlossen und definitiv besiegelt, aber sie ist damit keineswegs ein für allemal „fertig". Eine Ehe ist nie „fertig", sie muss Tag für Tag neu gelebt werden. Tag für Tag finden inklusive Prozesse der Annäherung und der Abgrenzung statt. Tag für Tag finden „Einigungen" zwischen „widersprüchlichen Positionen", unterschiedlichen Interessen und gegensätzlichen Meinungen statt, und das ein ganzes Eheleben lang. Die Anzahl der Ehejahre oder die Anzahl der gemeinsamen Kinder sagen wenig über die Qualität einer ehelichen Beziehung aus. Erst wenn man die Realität der „integrativen Prozesse" innerhalb einer ehelichen Gemeinschaft in Augenschein nimmt, entsteht ein wahres, valides Bild über eine gelebte, inklusive Lebensgemeinschaft.

Das *zweite Hauptkapitel* „Inklusionstheoretische Entwürfe" präsentierte vor allem ein neues, verändertes Verständnis von Dialektik.

Das „klassische" Dialektik-Verständnis zeichnet sich u.a. durch zwei Merkmale aus:

1. Der Widerspruch von These und Antithese wird in einer Synthese „aufgehoben". Dialektik ist nach Hegel als ein Diskurs zu verstehen, bei dem einer bestehenden Auffassung oder Position (These) aufgrund interner Widersprüche und Probleme eine Antithese gegenübergestellt wird. Die Erörterung der Einseitigkeiten und Widersprüche destilliert die positiven Gehalte von These und Antithese und führt sie zu einer neuen Lösung (Synthese) zusammen.
2. Die bisherige These und Antithese werden in der neuen Synthese „aufgehoben". Mit der Bildung einer Synthese wird der Widerstreit zwischen These und Antithese als geklärt und erledigt angesehen.

In der Literatur wird das Verhältnis von These und Antithese auch mit den Begriffen Antinomien, Paradoxien, Dilemmata und Aporien belegt; diese werden – in deutlicher Abweichung vom klassischen Dialektik-Verständnis – als „unlösbar", „unaufhebbar" (z. B. Schweiker) oder „problematisch" (z. B. Helsper) angesehen. Den Antinomien, Gegensätzen, Dilemmata und Aporien haftet allesamt eine negative Konnotation an. Sie gelten als unerfreulich, uner-

wünscht, schwierig, belastend, unentrinnbar, schicksalshaft – insgesamt eine widerwärtige und zugleich nicht änderbare Begleiterscheinung in pädagogischen Handlungsfeldern.
Die Autorinnen Hainschink und Zahra-Ecker (2018) betrachten gerade diese Widersprüchlichkeit pädagogischer Handlungsfelder als einen gewichtigen Faktor, der professionell tätige Pädagogen in hohem Maße belastet und ihre Gesundheit gefährdet:
„Pädagogisches Handeln beinhaltet zu jeder Zeit und in jeder Umgebung konstitutive Widersprüche bzw. Antinomien, die nicht aufgehoben werden können, sondern denen nur reflexiv begegnet werden kann. Die widersprüchlichen, oft unvereinbaren Erwartungen der verschiedenen Stakeholdergruppen an Lehrende können balanciert, jedoch nicht aufgelöst werden. Der professionelle Umgang von Pädagoginnen und Pädagogen mit Antinomien beinhaltet vor allem das Wahrnehmen und Reflektieren derselben. Dennoch können Antinomien und Dilemmata des Berufsalltages zu erheblichen Belastungen für Lehrer/-innen führen“ (2018, 179).
Das Ziel ihrer Forschungen ist „eine empirisch belegte genaue Klassifizierung antinomieresistenter Lehrpersonen“, die sich „auf den einzelnen Spannungsbögen konstitutiver Antinomien gut positionieren können“ (2018, 191).
Dieses Verständnis von Antinomien, Paradoxien, Dilemmata und Aporien, das nicht allein in dem angeführten Text aufscheint, ist negativistisch und nahezu fatalistisch. Lehrerinnen und Lehrer sind einer Welt voller Widersprüche nahezu hilflos ausgeliefert. Die antinomisch strukturierte Erziehungswirklichkeit lässt sich diesem Dialektik-Verständnis zufolge nicht ändern, man kann sich bestenfalls durch eine hohe Reflexionsfähigkeit gut gegen sie wappnen. Die widersprüchliche Wirklichkeit bleibt aber von Grund auf hässlich und hat nichts Gutes an sich.
Die inklusionspädagogischen Theorieentwürfe unterscheiden sich dagegen – mit Ausnahme der Metatheorie von Schweiker (Kap. 3.6) – sehr deutlich von dem klassischen Dialektikbegriff. Die Dialektik-Verständnisse der Inklusionskonzepte und von Wolfgang Klafki (Kap. 2.6) sind weitgehend kongruent. Ich mache drei wesentliche Unterschiede zwischen dem klassischen und inklusiven Dialektik-Begriff geltend:

1. Balance der Widersprüche statt Aufhebung in einer Synthese.
   Die inklusionspädagogischen Theorieentwürfe kennen keine Synthese und keine „Aufhebung“ der Widersprüche zwischen These und Antithese. Sie halten hartnäckig und konsequent daran fest, dass die dialektischen Widersprüche nicht „aufgehoben“ werden, sondern weiterhin als Spannungsfelder bestehen bleiben. Die widerstreitenden Positio-

nen, Auffassungen, Prinzipien, Polaritäten können grundsätzlich nicht beseitigt und „vernichtet" werden, sie sollen und müssen sogar erhalten bleiben. Das ist der erklärte Wille der inklusionspädagogischen Dialektik! Die Bewältigung der dialektischen Spannungen geschieht nicht durch ihre Aufhebung und Annullierung, sondern durch ein dynamisches, fortwährendes Ausbalancieren der polaren Widersprüche.

2. Polare Gegensatzeinheiten statt antagonistische Antinomien
   Den inklusionstheoretischen Konzepten ist ein ausgesprochen positives Verhältnis zu Unterschieden, Alternativen, Differenzen und Gegensätzen eigen. Unterschiede und Widersprüche gelten nicht nur als normal, sondern werden darüber hinaus als die wahren Antriebskräfte angesehen, die Lernen und Entwicklung in Gang setzen und in Gang halten. Diese ausgesprochene Wertschätzung von Differenzen und Widersprüchen lässt sich vielfach begründen. Ohne ausgreifende Erörterungen sei etwa auf das Prinzip der Homöostase in der Äquilibrationstheorie von Piaget verwiesen; neues Lernen beginnt erst dann, wenn bisherige Routinen auf Widerstand stoßen und nicht mehr gelingen. Die Soziologie könnte etwa auf die Konflikttheorie von Ralf Dahrendorf verweisen, die Widerstand, Opposition und Konflikte als die Mutter von gesellschaftlichem Fortschritt ansieht.
3. Begriff Gegensatzeinheiten statt Antinomien
   Die gewandelte Auffassung von Dialektik äußert sich auch in einer anderen Begrifflichkeit. Die inklusionstheoretischen Konzepte sprechen nicht mehr von unlösbaren Widersprüchen oder unaufhebbaren Antinomien; sie bevorzugen den Begriff Gegensatzeinheit.
   Der Begriff Gegensatzeinheit kommt ursprünglich aus der Philosophie des griechischen Philosophen Heraklit. Die heraklitische Philosophie beinhaltet u.a. zwei zentrale Grundsätze:
   1. Gegensätze sind etwas Notwendiges.
   2. Gegensätze bilden eine Einheit.
   Die Parallele zur inklusionstheoretischen Auffassung ist augenscheinlich. Auf eine Erläuterung dieser Philosophie muss gleichwohl hier verzichtet werden.

Der Begriff Gegensatzeinheit hat erhebliche Vorteile:
a) Der Begriff Gegensatzeinheit impliziert eine grundsätzliche Bejahung von Unterschieden, Alternativen und Widersprüchen. Er verleugnet oder verniedlicht nicht die Widersprüchlichkeit der Verhältnisse und Prozesse, aber er sieht nachdrücklich von einer Verunglimpfung von Differenzen und Verschiedenheiten ab. Insonderheit bauscht der Begriff nicht Widersprüche und Differen-

zen zu antagonistischen Antinomien, unlösbaren Aporien und bedrohlichen, aggressiven Antithesen auf.
b) Der Begriff Gegensatzeinheit betont nachdrücklich die Zusammengehörigkeit der Widersprüche und Gegensätze. Ein Gedanke, der dem Konsortium von Antinomien, Aporien und Paradoxien völlig fremd ist. Die Gegensätze sind sehr wohl da, aber sie werden nicht als verfeindete Mächte beschrieben, die auf eine kriegerische Vernichtung des Gegners aus sind. Die Gegensätze werden eher als Polaritäten verstanden, die miteinander rivalisieren und konkurrieren, die aber gleichwohl zusammengehören! Einige Beispiele:

- Schraube und Mutter sind völlig verschieden, aber sie gehören zusammen und können nur zusammen ihre Funktion einer festen Verbindung erfüllen..
- Sonne und Regen sind differente Wettermerkmale, die nur durch ihr Zusammenwirken einen schönen Regebogen zaubern können.
- Zu jedem Schloss gehört ein Schlüssel, der genau dazu und nur dazu passt. Beide gehören zusammen, Schloss und Schlüssel für sich allein sind völlig wertlos.
- Plus und Minus eines Magneten erzeugen ein magnetisches Kraftfeld. Ein Pol kann nicht alleine existieren und auch keinerlei Wirkung entfalten.
- Die pädagogische Dialektik Nähe versus Distanz (Kap, 2.5, Abb. 8) kann und darf nicht „aufgehoben" werden, sondern muss um einer flexiblen Anpassung der pädagogischen Beziehung an wechselnde Bedarfslagen willen erhalten bleiben. Eine synthetisierende Aufhebung des Spannungsfeldes wäre ein pädagogischer Fehler.
- Auch die Dialektik von Gegenwarts- und Zukunftsbedeutung (Kap. 2.4, Abb.6) darf nicht synthetisiert werden, sondern muss ein Spannungsfeld abwägenden und reflexiven pädagogischen Denkens bleiben.

Gegensatzeinheit meint folglich ein komplementäres Verhältnis von zwei Polaritäten, die existentiell zusammengehören. Sobald einer von den beiden verschwindet, verschwindet auch der andere und die einstige Gegensatzeinheit ist im gleichen Atemzuge ebenfalls dahin. Der Begriff der Gegensatzeinheit bedenkt also nicht allein die Widersprüchlichkeit der paarigen Pole, sondern denkt zugleich ihre unabdingbare Zusammengehörigkeit mit!

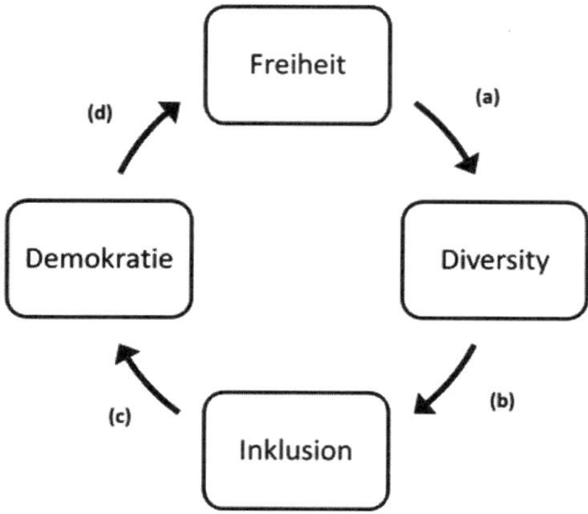

Abb. 29: Der logische Zirkel von Freiheit, Diversity, Inklusion und Demokratie

Das inklusionstheoretische Verständnis von Dialektik, Widersprüchen und Gegensatzeinheit weist eine wunderbare Verwandtschaft zu den Konzepten Demokratie und Inklusion auf. Demokratie, Inklusion und Dialektik bejahen gleichermaßen Diversität und Zusammengehörigkeit. Man kann die genannten Konzepte in einem logischen Zirkel miteinander verknüpfen (Abb. 29).

(a) Freiheit: Die Bejahung von Diversity hat ihren logischen und politischen Urgrund in dem demokratischen Basisprinzip der Freiheit. Freiheit ist die Bedingung der Möglichkeit von Diversity.

(b) Diversity: Freiheit impliziert die Möglichkeit, anders zu sein, sich von anderen zu unterscheiden. Freiheit bewirkt Vielfalt, Freiheit produziert Diversity.

(c) Inklusion: Damit Unterschiedlichkeit und Vielfalt sich nicht auflösen und die Zusammengehörigkeit zerbricht, bedarf es der Inklusion. „Demokratie braucht Inklusion", so lautet der großartige Wahlspruch des Bundesbehindertenbeauftragten Jürgen Dusel.

(d) Demokratie: Wenn Inklusion all die vielen Verschiedenen zusammenbringt und verbindet, dann ist ein demokratisches „Miteinander der Verschiedenen"[9] (Adorno) möglich. Die demokratische Staatsform schließlich garantiert durch eine rechtsstaatliche Verfassung eine intersubjektive, gleiche Freiheit für alle. So schließt sich der Kreis zwischen Freiheit, Diversity, Demokratie und Inklusion.

[9] Das Zitat stammt aus: Adorno, Th. W.: Negative Dialektik. Frankfurt (Suhrkamp) 8. Auflage 2018. Es lautet im Original: „Miteinander des Verschiedenen".

Die vorstehenden Überlegungen lassen sich abschließend in drei Sentenzen bündeln:

1. *Diversity is based an freedom.*
2. *Diversity doesn't mean inequality.*
3. *Diversity absolutly needs inclusion.*

Das Kapitel „Inklusionstheoretische Entwürfe" kann alternativ durch drei andere „Merksätze" zusammengefasst werden, die auch als Kurzdefinitionen von Inklusion gelten und benutzt werden können:

1. *Inklusion meint egalitäre* ***und*** *conviviale Differenz.*
2. *Inklusion meint ein gleichberechtigtes „Miteinander der Verschiedenen".*
3. *Inklusion meint die „Bewältigung der Andernheit in der gelebten Einheit" (Buber 1962, 55).*

Literatur

[AEM] Vereinte Nationen (1948): Allgemeine Erklärung der Menschenrechte. Resolution 217 der Generalversammlung vom 10. Dezember 1948 New York

[BRK] (2009): Übereinkommen über die Rechte von Menschen mit Behinderungen (Schattenübersetzung der Behindertenrechtskonvention hrsg. von Netzwerk Artikel 3 e.V.)

[Salamanca 1994] Unesco-Weltkonferenz (2000): Die Salamanca Erklärung über Prinzipien, Politik und Praxis in der Pädagogik für besondere Bedürfnisse (1994). In: Hans, M./Ginnold, A. (Hrsg.) : Integration von Menschen mit Behinderung – Entwicklungen in Europa. Neuwied: Luchterhand, S. 35–42

[UNESCO 1994] (1994): Die Salamanca Erklärung und der Aktionsrahmen zur Pädagogik für besondere Bedürfnisse. o.O.: In: http://bidok.uibk.ac.at/library/unesco-salamanca.html

Adorno, T. W. (1944/1997): Minima moralia. Frankfurt

Ahrbeck, Bernd (2011): Vom Umgang mit Behinderten. Stuttgart: Kohlhammer

Benner, Dietrich (2007): Laudatio. In: Klattenhoff, Klaus (Hrsg.): Beiträge zu schulpädagogischen Grundsätzen Johann Friedrich Herberts. Oldenburg: BIS-Verlag, S. 193–213

Bielefeldt, Heiner (2009): Zum Innovationspotenzial der UN-Behindertenrechtskonvention. 3. Aufl. Berlin: Institut für Menschenrechte

Boban, Ines/Hinz, Andreas (2008): „The inclusive classroom“ – Didaktik im Spannungsfeld zwischen Lernprozesssteuerung und Freiheitsberaubung. In: Ziemen, Kerstin (Hrsg.): Reflexive Didaktik. Annäherungen an eine Schule für alle. Oberhausen: Athena, S. 71–100

Boban, Ines/Hinz, Andreas (2009): Bürgerzentrierte Zukunftsplanung im Unterstützerkreis. Ein Schlüssel zu inklusiven Lebensperspektiven. In: Theunissen, G./Wüllenweber, E. (Hrsg.): Zwischen Tradition und Innovation. Methoden und Handlungskonzepte in der Heilpädagogik und Behindertenhilfe. Marburg: Lebenshilfe, S. 453–460

Bohnsack, Fritz (2008): Martin Bubers personale Pädagogik. Bad Heilbrunn: Klinkhardt

Breitenbach, Erwin (2018): Alle fördern – was auch immer sie tun. Anmerkungen zu einem unsäglichen und fragwürdigen „Fachbegriff“. In: www.praxis-förderdiagnositk.de, 08.11.2018

Bronfenbrenner, Urie (1989): Die Ökologie der menschlichen Entwicklung. Natürliche und geplante Experimente. Frankfurt: Fischer

Buber, Martin (1962): Reden über Erziehung. Heidelberg: Schneider

Buber, Martin (1978): Urdistanz und Beziehung. 4. Aufl. Heidelberg: Schneider

Buber, Martin (1995): Ich und Du. Stuttgart: Reclam

Buber, Martin (2018): Der Weg des Menschen nach der chassidischen Lehre. 20. Aufl. Gütersloh: Gütersloher Verlagshaus

Buber, Martin (2019): Das dialogische Prinzip. 15. Aufl. Gütersloh: Gütersloher Verlagshaus

Cloerkes, Günther (Hrsg.) (2007): Soziologie der Behinderten. Eine Einführung. 3. Aufl. Darmstadt: edition s

Cohn, Ruth C. (1992): Von der Psychoanalyse zur Themenzentrierten Interaktion. 11. Aufl. Stuttgart: Klett-Cotta

Deppe-Wolfinger, Helga/Reiser, Helmut/Prengel, Annedore (Hrsg.) (1990): Integrative Pädagogik in der Grundschule. Bilanz und Perspektiven der Integration behinderter Kinder in der Bundesrepublik Deutschland 1976–1988. München: Juventa

Eggert, Dietrich (2001): Von den Stärken ausgehen – Individuelle Entwicklungs- und Förderpläne in der sonderpädagogischen Diagnostik. In: Schulverwaltungsblatt, 12, S. 513–519

Fatke, Rainer (1991): Jean Piaget (1896-1980) In: Scheuerl, Hans (Hrsg.): Klassiker der Pädagogik. Zweiter Band. 2. Aufl. München: Beck, S. 290–315

Fatke, Rainer (2012): Jean Piaget (1896-1980). In: Tenorth, Heinz-Elmar (Hrsg.): Klassiker der Pädagogik. Band 2: Von John Dewey bis Paulo Freire. 2. Aufl. München: Beck, S. 183–193

Feuser, Georg (1982): Integration = die gemeinsame Tätigkeit (Spielen/Lernen/Arbeiten) am gemeinsamen Gegenstand/Produkt in Kooperation von behinderten und nichtbehinderten Menschen. In: Behindertenpädagogik 21, 86–105

Feuser, Georg (1985): Integration muß in den Köpfen beginnen. In: Welt des Kindes 63, 3, S. 189–195

Flitner, Andreas (2009): Konrad, sprach die Frau Mama. (1982). 2. Aufl. Weinheim: Beltz

Frost, Ursula (2010): Friedrich Daniel Ernst Schleiermacher. In: Zierer, Klaus/Saalfrank, Wolf-Dieter (Hrsg.): Zeitgemäße Klassiker der Pädagogik. Leben – Werk – Wirken. Paderborn: Schöningh, S. 102–114

Fuchs, Birgitta (2015): Friedrich Schleiermacher. Einführung mit pädagogischen Texten. Paderborn: Schöningh

Hainschink, Vera/Zahra-Ecker, Rim Abu (2018): Leben in Antinomien. Bewältigungsdispositionen aus arbeitsbezogenen Verhaltens- und Erlebensmustern. In: Pädagogische Horizonte, 2, S. 179–194

Hartke, Bodo (2003): Offener Unterricht bei besonderem Förderbedarf. In: Leonhardt, Annette/Wember, Franz B. (Hrsg.): Grundfragen der Sonderpädagogik. Bildung – Erziehung – Behinderung. Weinheim: Beltz, S.

Heimlich, Ulrich (2014): Teilhabe, Teilgabe oder Teilsein? Auf der Suche nach den Grundlagen inklusiver Bildung. In: Vierteljahresschrift für Heilpädagogik und ihre Nachbargebiete 83, S. 1–5

Heimlich, Ulrich (2019): Inklusive Pädagogik. Eine Einführung. Stuttgart: Kohlhammer

Heimlich, Ulrich/Kahlert, Joachim/Lelgemann, Reinhard/Fischer, Erhard (Hrsg.) (2016): Inklusives Schulsysystem. Analysen, Befunde, Empfehlung zum bayerischen Weg. Bad Heilbrunn: Klinkhardt

Helmke, Andreas (2009): Unterrichtsqualität und Lehrerprofessionalität. Diagnose, Evaluation und Verbesserung des Unterrichts. 2. Aufl. Stuttgart: Klett

Helsper, Werner (2006): Pädagogisches Handeln in den Antinomien der Moderne. In: Krüger, H.-H./Helsper, W. (Hrsg.): Einführung in Grundbegriffe und Grundfragen der Erziehungswissenschaft. 7. Aufl. Opladen: Budrich, S. 15–34

Helsper, Werner (2012): Antinomien des Lehrerhandelns. In: Lernende Schule, 60, S. 30–34

Hinz, Andreas (1993): Heterogenität in der Schule. Integration – Interkulturelle Erziehung – Koedukation. Hamburg: Curio

Hinz, Andreas (1998): Pädagogik der Vielfalt – ein Ansatz auch für Schulen in Armutsgebieten? Überlegungen zu einer theoretischen Weiterentwicklung. In: Hildeschmidt, A./Schnell, I. (Hrsg.): Integrationspädagogik. Auf dem Weg zu einer Schule für alle. Weinheim/München: Juventa, S. 127–144

Hinz, Andreas (2006): Kanada – ein 'Nordstern' in Sachen Inklusion. In: Platte, A./Seitz, S./Terfloth, K. (Hrsg.): Inklusive Bildungsprozesse. Bad Heilbrunn, S. 149–158

Horn, Klaus Peter/Ritzi, Christian (Hrsg.) (2001): Klassiker und Außenseiter. Pädagogische Veröffentlichungen des 20. Jahrhunderts. Hohengehren: Schneider

Huber, Franz (1961): Unsere Landschule. Bad Heilbrunn: Klinkhardt

Jank, Werner/Meyer, Hilbert (2014): Didaktische Modelle. 11. Aufl. Berlin: Cornelsen-Scriptor

Jantzen, Wolfgang (2017): Förderung. In: Ziemen, Kerstin (Hrsg.): Lexikon Inklusion. Göttingen: Vandenhoeck & Ruprecht, S. 79–80

Kant, Immanuel (1784): Über Pädagogik. (Printed in Poland) o.O.: The Perfect Library

Kautter, Hansjörg/Klein, Gerhard/Laupheimer, Werner (Hrsg.) (1998): Das Kind als Akteur seiner Entwicklung. Idee und Praxis der Selbstgestaltung in der Frühförderung entwicklungsverzögerter und entwicklungsgefährdeter Kinder. 4. Aufl. Heidelberg: Edition Schindele

Klafki, Wolfgang (1963): Studien zur Bildungstheorie und Didaktik Weinheim: Beltz

Klafki, Wolfgang (1966): Dialektisches Denken in der Pädagogik. In: Oppholzer, Siegried (Hrsg.): Denkformen und Forschungsmethoden der Erziehungwissenschaft. Band I: Hermeneutik – Phänomenologie -Dialektik – Methodenkritik. München: Ehrenwirth, S. 159–184

Klafki, Wolfgang (1973): Dialogik und Dialektik in der gegenwärtigen Erziehungswissenschaft. In: Kluge, Norbert (Hrsg.): Das pädagogische Verhältnis. Darmstadt: Wissenschaftliche Buchgesellschaft, S. 344–377

Klafki, Wolfgang (1991): Theodor Litt (1880-1862). In: Scheuerl, Hans (Hrsg.): Klassiker der Pädagogik. Zweiter Band. 2. Aufl. München: Beck, S. 241–258

Klafki, Wolfgang (1994): „Recht auf Gleichheit – Recht auf Differenz“ in bildungstheoretischer Perspektive. In: Neue Sammlung 34, 4, S. 579–594

Klafki, Wolfgang (2007): Neue Studien zur Bildungstheorie und Didaktik. Zeitgemässe Allgemeinbildung und kritisch-konstruktive Didaktik. 6. Aufl. Weinheim: Beltz

Klein, Gabriele/Kron, Maria/Reiser, Helmut (1987): Integrative Prozesse in Kindergartengruppen. Über die gemeinsame Erziehung von behinderten und nichtbehinderten Kindern. München: Deutsches Jugendinstitut

Klingberg, Lothar (1984): Einführung in die Allgemeine Didaktik. Vorlesungen. 6. Aufl. Berlin: Volk und Wissen

Klingberg, Lothar (1990): Lehrende und Lernende im Unterricht. Berlin: Volk und Wissen

Klingberg, Lothar (1994): Zur Problematik des pädagogischen Begriffs „Führen“ in allgemein-didaktischer Sicht. In: Cloer, Ermst/Wernstedt, Rolf (Hrsg.): Pädagogik in der DDR. Eröffnung einer notwendigen Bilanzierung. Weinheim: Deutscher Studienverlag, S. 223–245

Klingberg, Lothar/Paul, Hans-Georg/Wenige, Horst/Winke, Günter (1968): Abriß der Allgemeinen Didaktik. Berlin: Volk und Wissen

Konferenz der Kultusminister (KMK) (1994): Empfehlungen zur sonderpädagogischen Förderung in den Schulen in der Bundesrepublik Deutschland (beschlossen von der Ständigen Konferenz der Kultusminister der Länder in der Bundesrepublik Deutschland am 6. Mai 1994). In: Zeitschrift für Heilpädagogik, 45, S. 484–494

Korczak, Janus (2005): Wie man ein Kind lieben soll. Göttingen: Vandenhoeck & Ruprecht

Krappmann, Lothar (1997/2016): Soziologische Dimensionen der Identität. 12. Aufl. Stuttgart

Kraus, Josef (2017): 30 Jahre Bildungspolitik. Eine kleine Geschichte neuer und wiederkehrende Dogmen. In: lehrernrw, 4, S. 13–16

Kron, Maria (1988): Integrative Prozesse im Kindergarten – Theorie und Erfahrungen aus der Praxis. In: Eberwein, Hans (Hrsg.): Behinderte und Nichtbehinderte lernen gemeinsam. Handbuch der Integrationspädagogik. Weinheim: Beltz, S. 123–127

Luhmann, Niklas (1969): Legitimation durch Verfahren. Neuwied

Matthes, Eva (2001): Theodor Litt: Führen oder Wachsenlassen. In: Horn, Klaus Peter/Ritzi, Christian (Hrsg.): Klassiker und Außenseiter. Pädagogische Veröffentlichungen des 20. Jahrhunderts. Hohengehren: Schneider, S. 87–104

Meyer, Hilbert (2015): Unterrichtsentwicklung. Berlin: Cornelsen

Milani-Comparetti, Adriano (1987): Grundlagen der Integration behinderter Kinder und Jugendlicher in Italien. In: Behindertenpädagogik, 26, S. 227–234

Müller, Frank J. (Hrsg.) (2018): Blick zurück nach vorn – WegbereiterInnen der Inklusion. Band 1. Gießen: Psychosozial

Muth, Jakob (1986): Integration von Behinderten. Über die Gemeinsamkeit im Bildungswesen. Essen: Neue Deutsche Schule

Neill, A. S. (1994): Theorie und Praxis der antiautoritären Erziehung. Das Beispiel Summerhill. 51. Aufl. Hamburg: Rowohlt

Papke, Birgit (2016): Das bildungstheoretische Potential inklusiver Pädagogik. Meilensteine der Konstruktion von Bildung und Behinderung am Beispiel von Kindern mit Lernschwierigkeiten. Bad Heilbrunn: Klinkhardt

Piaget, Jean (2003): Meine Theorie der geistigen Entwicklung. Weinheim: Beltz

Prengel, Annedore (1988): Zur Dialektik von Gleichheit und Differenz in der Bildung. In: Eberwein, Hans (Hrsg.): Behinderte und Nichtbehinderte lernen gemeinsam. Handbuch der Integrationspädagogik. Weinheim: Beltz, S. 70–74

Prengel, Annedore (1990): Erziehung von Mädchen und Jungen. Plädyoer für eine demokratische Differenz. In: Pädagogik 42, 7-8, S. 40–44

Prengel, Annedore (1993/2019): Pädagogik der Vielfalt. Verschiedenheit und Gleichberechtigung in Interkultureller, Feministischer und Integrativer Pädagogik. 4. Aufl. Wiesbaden: VS Verl. für Sozialwiss. (Schule und Gesellschaft, 2)

Prengel, Annedore (2001): Egalitäre Differenz in der Bildung. In: Lutz, Helma/u.a. (Hrsg.): Unterschiedlich verschieden. Differenz in der Erziehungswissenschaft. Opladen: Leske u. Budrich, S. 93–107

Prengel, Annedore (2013): Inklusive Bildung in der Primarstufe. Eine wissenschaftliche Expertise des Grundschulverbandes. Unter Mitarbeit von Elja Horn. Frankfurt: Grundschulverband

Prengel, Annedore (2014): Wieviel Unterschiedlichkeit passt in eine Kita? Theoretische Grundlagen einer inklusiven Praxis in der Frühpädagogik. In: Jerg, Jo/Schumann, Werner/Thalheim, Stephan (Hrsg.): Vielfalt gemeinsam gestalten. Inklusion in Kindertageseinrichtungen und Kommunen. Erfahrungen und Erkenntnisse aus dem Projekt IQUAnet. Reutlingen: Diakonie Verlag, S. 17–32

Prengel, Annedore (2015): Verschiedenes, das einander nicht untergeordnet ist. In: Ethik und Unterricht 26, 3, S. 16–19

Prengel, Annedore (2020a): Ethische Pädagogik in Kitas und Schulen. Weinheim: Beltz

Prengel, Annedore (2020b): Pädagogik der Vielfalt. Ein Überblick. In: König, Anke/Heimlich, Ulrich (Hrsg.): Inklusion in Kindertagesstätten. Eine Frühpädagogik der Vielfalt. Stuttgart: Kohlhammer, S. 31–47

Rawls, John (1979): Eine Theorie der Gerechtigkeit. (1971). Frankfurt am Main

Reble, Albert (1950): Theodor Litt. Stuttgart: Klett

Reiser, Helmut (1990): Entwicklung der Fragestellung und Untersuchungsplan. In: Deppe-Wolfinger, Helga/Reiser, Helmut/Prengel, Annedore (Hrsg.): Integrative Pädagogik in der Grundschule. Bilanz und Perspektiven der Integration behinderter Kinder in der Bundesrepublik Deutschland 1976 – 1988. München: Juventa, S. 102–106

Reiser, Helmut (1991): Wege und Irrwege zur Integration. In: Sander, Alfred/Raidt, Peter (Hrsg.): Integration und Sonderpädagogik. Referate der 27. Dozententagung für Sonderpädagogik in deutschsprachigen Ländern im

Oktober 1990 in Saarbrücken. St. Ingbert: Röhrig, S. 13–33
Reiser, Helmut (2006): Psychoanalytisch-systemische Pädagogik. Erziehung auf der Grundlage der Themenzentrierten Interkaktion. Stuttgart: Kohlhammer
Reitemeyer, Ursula (1995): Dialogisches Prinzip und pädagogische Begegnung. In: Vierteljahresschrift für wissenschaftliche Pädagogik 51, 4, S. 442–454
Rogers, Carl R. (1985): Die Kraft des Guten. Frankfurt: Fischer
Rosenow, Eliyahu (2011): Mordechai Martin Buber (1878–1965). In: Tenorth, Heinz-Elmar (Hrsg.): Klassiker der Pädagogik. Band 2: Von John Dewey bis Paulo Freire. 2. Aufl. München: Beck, S. 112–122
Roser, Ludwig O. (1987): Die Förderung der Normalität im behinderten Kinde. In: Hinz, Andreas/Wocken, Hans (Hrsg.): Gemeinsam leben – gemeinsam lernen beim Hamburger Integrationszirkus. Hamburg: Curio, S. 97–103
Rousseau, Jean-Jacques (1995): Emil oder Über die Erziehung. 2. Aufl. Paderborn: Schöningh
Ruth-Cohn-Institut (o.J.): Was ist TZI? Berlin: https://www.ruth-cohn-institute.org/…
Saalfrank, Wolf-Thorsten (2010): Martin Buber. In: Zierer, Klaus/Saalfrank, Wolf-Dieter (Hrsg.): Zeitgemäße Klassiker der Pädagogik. Leben – Werk – Wirken. Paderborn: Schöningh, S. 193–205
Scarbath, Horst/Scheuerl, Hans (1991b): Martin Buber (1878–1965). In: Scheuerl, Hans (Hrsg.): Klassiker der Pädagogik. Zweiter Band. 2. Aufl. München: Beck, S. 212–224
Scheuerl, Hans (Hrsg.) (1991a): Klassiker der Pädagogik. Erster Band. 2. Aufl. München: Beck
Schlömerkemper, Jörg (2017): Pädagogische Prozesse in antinomischer Deutung. Begriffliche Klärungen und Entwürfe für Lernen und Lehren. Weinheim: Beltz
Scheuerl, Hans (Hrsg.) (1991b): Klassiker der Pädagogik. Zweiter Band. 2. Aufl. München: Beck
Schmidt, Günter R. (1991): Friedrich Schleiermacher (1767–1835). In: Scheuerl, Hans (Hrsg.): Klassiker der Pädagogik. Erster Band. 2. Aufl. München: Beck, S. 217–233
Schneider-Landolf, Mina/Spielmann, Jochen/Zitterbarth, Walter (Hrsg.) (2014): Handbuch Themenzentrierte Intraktion (TZI). 3. Aufl. Göttingen: Vandenhoeck & Ruprecht
Schulz von Thun, Friedemann (2009): Miteinander reden. Band 2: Stile, Werte und Persönlichkeitsentwicklung. 30. Aufl. Reinbek bei Hamburg: Rowohlt

Schweiker, Wolfhard (2017): Bedingte „Selbstexklusion“ als Freiheitsrecht der Inklusion. Kritische Kommentierung zur Hans Wocken: Gibt es ein „Recht auf Exklusion“? In: Wocken, Hans : Beim Haus der inklusiven Schule. Praktiken – Kontroversen – Statistiken. Hamburg: Feldhaus Verlag, S. 107–117

Schweiker, Wolfhard (2017a): Prinzip Inklusion. Grundlagen einer interdisziplinären Metatheorie in religionspädagogischer Perspektive. Göttingen: Vandenhoeck & Ruprecht

Schweiker, Wolfhard (2017b): Bedingte „Selbstexklusion“ als Freiheitsrecht der Inklusion. Kritische Kommentierung zu Hans Wocken: Gibt es ein „Recht auf Exklusion“? In: Wocken, Hans (Hrsg.): Beim Haus der inklusiven Schule. Praktiken – Kontroversen – Statistiken. Hamburg: Feldhaus Verlag, S. 107–117

Seichter, Sabine (2011): Führen oder Wachsenlassen. Eine Erörterung des pädagogischen Grundproblems. In: Böhm, Wilfried/Fuchs, Birgitta/Seichter, Sabine (Hrsg.): Hauptwerke der Pädagogik. Paderborn: Schöningh, S. 257–259

Speck, Otto (1995): Aktuelle Fragen sonderpädagogischer Förderung. In: Die Sonderschule 40, 3, S. 166–180

Speck, Otto (1996): Sonderpädagogische Förderung neu verstehen. In: Forum E 49, 5, S. 17-21 und 6, 9–12

Stähling, Reinhard (2009): „Du gehörst zu uns“. Inklusive Schule. Ein Praxisbuch für den Umbau der Schule. 2. Aufl. Hohengehren: Schneider

Steinherr, Eva (2012): „Wie kultiviere ich die Freiheit bei dem Zwange?“ In: Kiel, Ewald (Hrsg.): Erziehung sehen, analysieren, gestalten. Bad Heilbrunn: Klinkhardt, S. 45–80

Tausch, Reinhard/Tausch, Annemarie (Hrsg.) (1998): Erziehungspsychologie. Begegnung von Person zu Person. 11. Aufl. Göttingen: Verlag für Psychologie

Tenorth, Heinz-Elmar (Hrsg.) (2010): Klassiker der Pädagogik. Band 1: Vom Erasmus bis Helene Lange. München: Beck

Tenorth, Heinz-Elmar (Hrsg.) (2011): Klassiker der Pädagogik. Band 2: Von John Dewey bis Paulo Freire. 2. Aufl. München: Beck

Thimm, Walter (1975): Behinderung als Stigma. Überlegungen zu einer Paradigma-Alternative. In: Sonderpädagogik 5, 4, S. 149–157

Thimm, Walter (1980): Lernbehinderung als Stigma. In: Leber, Aloys (Hrsg.): Heilpädagogik. Darmstadt: Wissenschaftliche Buchgesellschaft, S. 168–190

Weber, Max (1992): Politik als Beruf. Mit einem Nachwort von Ralf Dahrendorf. Stuttgart: Reclam

Wember, Franz (2007): Direkter Unterricht. In: Wember, Franz B./Heimlich, Ulrich (Hrsg.): Didaktik des Unterrichts im Förderschwerpunkt „Lernen“. Stuttgart: Kohlhammer, S. 163–175

Willmann, Marc/Bärmig, Sven (2020): Inklusionshilfe – Exklusionsrisiko. Sonderpädagogische Bildungspraktiken zwischen Ideologie und Wirklichkeit. Stuttgart: Kohlhammer

Winkler, Michael/Brachmann, Jens (Hrsg.) (2000): Friedrich Schleiermacher. Texte zur Pädagogik. Band 2. Frankfurt a.M.: Suhrkamp

Wocken, Hans (1987): Integrationsklassen in Hamburg. In: Wocken, H./Antor, G. (Hrsg.): Integrationsklassen in Hamburg. Erfahrungen – Untersuchungen – Anregungen. Oberbiel: Jarick, S. 65–90

Wocken, Hans (1998): Gemeinsame Lernsituationen. Eine Skizze zur Theorie des gemeinsamen Unterrichts. In: Hildeschmidt, A./Schnell, I. (Hrsg.): Integrationspädagogik. Auf dem Wege zu einer Schule für alle. Weinheim, München: Juventa, S. 37–52

Wocken, Hans (2013): Entwurf einer inklusiven Unterrichtstheorie. Inklusiver Unterricht als Balance der Dimensionen Kooperation und Steuerung. In: Wocken, Hans : Zum Haus der inklusiven Schule. Ansichten – Zugänge – Wege. Hamburg: Feldhaus, S. 199–221

Wocken, Hans (2013a): Entwurf einer inklusiven Unterrichtstheorie. Inklusiver Unterricht als Balance der Dimensionen Kooperation und Steuerung. In: Wocken, Hans : Zum Haus der inklusiven Schule. Ansichten – Zugänge – Wege. Hamburg: Feldhaus, S. 199–221

Wocken, Hans (2013b): Inklusion als Balance. Eine theoretische Skizze zu Grundstrukturen der inklusiven Pädagogik. In: Wocken, Hans : Zum Haus der inklusiven Schule. Ansichten – Zugänge – Wege. Hamburg: Feldhaus, S. 171–198

Wocken, Hans (2013d): Zur Philosophie der Inklusion. Eckpfeiler und Wegmarken der Behindertenrechtskonvention In: Wocken, Hans : Zum Haus der inklusiven Schule. Ansichten – Zugänge – Wege. Hamburg: Feldhaus, S. 109–127

Wocken, Hans (2015a): Dekategorisierung: Eine Einladung zur kategorialen Bescheidenheit. Sozialpsychologische Grundlagen und inklusionspädagogische Konsequenzen In: Vierteljahresschrift für Heilpädagogik und ihre Nachbargebiete 84, 2, S. 100–112

Wocken, Hans (2015b): Inklusive Unterrichtsorganisation. Indirekter Unterricht als Maxime einer inklusiven Unterrichtsmethodik. In: Wocken, Hans : Das Haus der inklusiven Schule. Baustellen – Baupläne – Bausteine. 6. Aufl. Hamburg: Hamburger Buchwerkstatt, S. 140–198

Wocken, Hans (2016): Die verführerische Faszination der Inklusionsquote. Ein Aufschrei gegen die Etikettierungsschwemme und den Separationsstillstand. In: Wocken, Hans : Am Haus der inklusiven Schule. Anbauten – Anlagen – Haltestellen. Hamburg: Feldhaus Verlag, S. 45–65

Wocken, Hans (2017): Gibt es ein „Recht auf Exklusion“? Menschen-, verfassungs- und schulrechtliche Überlegungen zu einem umstrittenen Freiheitsrecht. In: Wocken, Hans : Beim Haus der inklusiven Schule. Praktiken – Kontroversen – Statistiken. Hamburg: Feldhaus Verlag, S. 68–106

Wocken, Hans (2017a): Vielfalt allein genügt nicht! Zur dialektischen Einheit von Vielfalt und Gemeinsamkeit. In: Wocken, Hans (Hrsg.): Beim Haus der inklusiven Schule. Praktiken – Kontroversen – Statistiken. Hamburg: Feldhaus Verlag, S. 170–250

Wocken, Hans (2017b): Gibt es ein „Recht auf Exklusion“? Menschen-, verfassungs- und schulrechtliche Überlegungen zu einem umstrittenen Freiheitsrecht. In: Wocken, Hans (Hrsg.): Beim Haus der inklusiven Schule. Praktiken – Kontroversen – Statistiken. Hamburg: Feldhaus Verlag, S. 68–106

Wocken, Hans (2019): „Radikale“ und „moderate“ Inklusion. Rekonstruktion inklusionspädagogischer Konzepte und Positionen. In: Wocken, Hans : Die AUCH-Inklusion. Standpunkte – Praktiken – Horizonte. Hamburg: Feldhaus Verlag, S. 17–26

Wocken, Hans (2020): Das Phantom der Nonkategorisierung. Wider die Hyperkategorisierung im pädagogischen Umgang mit Verschiedenen. In: Wocken, Hans (Hrsg.): Die Zähmung der Inklusion. Separation assimiliert Inklusion. Hamburg: Feldhaus Verlag, S. 193–201

Zierer, Klaus/Saalfrank, Wolf-Dieter (Hrsg.) (2010): Zeitgemäße Klassiker der Pädagogik. Leben – Werk – Wirken. Paderborn: Schöningh

3. Update Theorie Integrativer Prozesse
Wie der Inklusionsdiskurs Vitalisierung aus ihrer Weiterentwicklung erfahren könnte[10]

von Andreas Hinz

Im folgenden Text blicke ich aus 35jähriger Distanz auf die Theorie integrativer Prozesse zurück. Dabei betrachte ich im ersten Schritt im Anschluss an die ausführliche Darstellung von Hans Wocken (2021 in diesem Band) kurz ergänzend ihre Stärken. Im zweiten Schritt richte ich zwei kritische Rückfragen an sie. Im dritten Schritt zeige ich Bezüge zwischen der Theorie integrativer Prozesse und der Theorie des Partnerismus von Riane Eisler auf, die eine sinnvolle Ergänzung darstellen und eine hilfreiche Rahmung bilden. Daran schließe ich eine Reflexion dieser Anregungen aus meiner Perspektive an. Im fünften Schritt zeige ich die Bedeutung des Partnerismus für Bildung – und insbesondere inklusive Bildung – auf. Der Text schließt mit einem Fazit.

1. Bedeutung der Theorie integrativer Prozesse im Rückblick

Die Theorie integrativer Prozesse wird gemeinhin als eine der drei grundlegenden integrationspädagogischen Theorien angesehen (vgl. z. B. Cloerkes 2007), neben dem ökosystemischen Ansatz (vgl. Hildeschmidt & Sander 1988) und dem Lernen am gemeinsamen Gegenstand (vgl. Feuser 1995). Dass sie nun eine Aktualisierung und Aufarbeitung und damit auch eine Würdigung erfährt, ist erfreulich und sinnvoll, denn sie hat eine ganze Reihe von Stärken, die auch für den heutigen Diskurs um Inklusion bedeutsam sind. Nachdem Hans Wocken (2021 in diesem Band) sie ausführlich dargestellt hat, werden sie kurz und zuspitzend aufgeführt:

– Die Theorie integrativer Prozesse ist entsprechend den damaligen Modellversuchen primär im Hinblick auf die Praxisbereiche Kita und Schule entwickelt worden, sie eignet sich aber auch zur Analyse anderer Situationen, wie etwa in der damaligen „integrativen Berufsvorbereitung“ in Betrieben des ersten Arbeitsmarkts im Vergleich mit Werkstätten für behinderte Menschen (Hinz & Boban 2001). Ebenso kam sie bei zahlreichen Examensarbeiten als Strukturierungshilfe zum Einsatz.

---

[10] Ich bedanke mich bei Hans Wocken für den ‚Anschubser‘ und die Gelegenheit zu diesem Text, bei Ines Boban für die intensiven Gespräche im Prozess des Schreibens und bei Peter Tiedeken für seine gewohnt kritischen Rückmeldungen – I like it!

- Die Theorie integrativer Prozesse stellt keine behinderungsspezifische Theorie dar, auch wenn sie im Umfeld der Sonderpädagogik entwickelt wurde. Vielmehr ist sie eine allgemeine Theorie, die ökologisch verschiedene Ebenen miteinander verbindet (horizontale Ebene) und auf verschiedene Heterogenitätsdimensionen bezogen werden kann (vgl. Reiser 1991, 16; ebenso Hinz 1993, 1998, 2004, Boban & Hinz 2017). Zunächst geschah dies für die drei Aspekte Nicht/Behinderung, Multikulturalität und Gender (vgl. Prengel 1993, Hinz 1993), später auch für sozialen Status bzw. Armut und für Altersmischung (vgl. Hinz 1998).
- Im Unterschied zu Hans Wockens Darstellung beschreibt sie mit dem Bezug auf verschiedene Hetergenitätsdimensionen keineswegs „verschiedene ‚Sektionen‘ oder Kategorien“ (Wocken 2021 in diesem Band, S. 82), sondern richtet den Blick – quasi als Vorläuferin und deutsche Variante der inklusiven Bildung – auf ein nicht-diskriminierendes Miteinander der immer zugleich Gleichen und Verschiedenen. So wendet sie sich dekategorial gegen die Konstruktion zweier klar abgrenzbarer Gruppen (vgl. Hinz 2002) und schließt die bei allen Menschen vorhandene Mehrfachgruppenzugehörigkeit und damit Intersektionalität ein (vgl. Amirpur & Platte 2017, Hinz 2017).
- Damit entspricht sie dem Menschenrechtsdiskurs, bei dem es auch nicht primär um die Frage geht, welche Gruppen – nach welchen einbeziehenden und ausschließenden Kriterien – menschenrechtlich vulnerabel sind und wie insofern für welche Zielgruppe für ihre menschenrechtliche Gleichstellung gesorgt werden kann, sondern vielmehr um die grundlegende Frage, wo insgesamt Diskriminierungen im Sinne der Menschenrechte geschehen (vgl. z. B. DIMR 2020, Kapitel 4). Auch hier wäre es unnötig fragmentierend und Komplexität reduzierend, jeweils nach einzelne Gruppenkategorien vorzugehen und im Nachhinein wieder die Mehrfachgruppenzugehörigkeiten jedes Menschen intersektional zusammenzubringen. Dass sich einzelne Konventionen gegen Menschenrechtsverletzungen richten und z. T. gruppenkategorial ausgerichtet sind, ist der offenbar notwendigen Nachdrücklichkeit menschenrechtlicher Ansprüche auf der Basis gruppenbezogener Diskriminierung geschuldet und ergänzt die universelle Menschenwürde – auch hier also gilt Gleichheit als Basis für Verschiedenheit.
- Eine weitere Stärke dieser Theorie ist genau das, was Georg Feuser auf der Abschlusstagung des Hessischen Schulversuchs in Frankfurt am Main 1992 kritisierte: Sie stellt nicht eindeutig klar und versucht wissenschaftlich nachzuweisen, was ‚richtig‘ und was ‚falsch‘ ist. Statt eines schlichten ‚richtig-falsch-Schemas‘, das einen Dualismus – damals von integra-

tiv und desintegrativ und heute von inklusiv und exklusiv – ‚guter' und ‚schlechter' Situationen und Strukturen stärkt, bietet sie einen Rahmen für die Analyse und die Reflexion von Strukturen praktischer Arbeit an, die zudem so angelegt ist, dass nicht einzelne Situationen als das eine oder das andere qualifiziert, sondern erst in ihrem Zusammenhang als Gesamtstruktur eingeschätzt werden können. Dies ist anspruchsvoll, wie auch Reisers Abbildung (1991, 15; vgl. Wocken 2021 in diesem Band, S. 124) zeigt, und erfordert für Teams – bei aller Tragfähigkeit für die Weiterentwicklung von Praxis – viel Zeit. Vielleicht ist dies auch einer der Hintergründe, warum sie nicht sehr breit rezipiert und praxiswirksam wurde.
– Die Verweigerung einer ‚richtig-falsch-Logik' und die Betonung einer Analyseperspektive, die gerade Ausbalancierungen, Brüche, Widersprüche und Gegensatzeinheiten in den Blick nimmt, stellt auch ein spezifisches Potenzial für die aktuelle Situation bereit, in der der Prozess der Umsetzung der BRK als „Integration der Inklusion in die Segregation" (Feuser 2018) verstanden werden kann. Allerdings gilt es, diese Situation nicht zu verurteilen und ihr den eigenen Ansatz als „conditio sine qua non" (Feuser 2021) entgegenzustellen, sondern bei aller grundlegenden Kritik konkret zu analysieren und stimmige Handlungsschritte in dieser widersprüchlichen Situation zu diskutieren – es braucht eben, wie Hans Wocken Bloch zitiert, ‚Fahrpläne zu Visionen'.

Insgesamt nimmt also die Theorie integrativer Prozesse einige Momente späterer inklusionsorientierter und vor allem menschenrechtsbasierter Theorieentwicklung vorweg – sie lässt sich dekategorial auf verschiedene Dimensionen beziehen und hat hohes Potenzial für die (selbst-)kritische Analyse von Gesamtsituationen, ihre Widersprüche und den Grad des Gelingens des ‚Gemeinsamen der Verschiedenen', ganz im Sinne der „egalitären Differenz" (vgl. Prengel 1993).

2. Kritische Rückfragen an die Theorie integrativer Prozesse

Bereits in der intensiven Auseinandersetzung Ende der 1980er/Anfang der 1990er Jahre war ein kritischer Punkt, dass nicht wirklich geklärt war, wie die einzelnen Ebenen der Theorie miteinander zusammenhängen; das blieb eher nebulös. Vielleicht erklärt sich auch damit, dass sie in ihrer Entwicklung zunächst – auf integrative Kindertageseinrichtungen bezogen – vier Ebenen enthielt (vgl. Reiser u. a. 1986, Cowlan u. a. 1991, 1993). Später – offenbar mit dem Versuch, die anderen integrationspädagogischen Theorien einzubeziehen – hatte sie sieben (vgl. Reiser 1991, 32ff.); dabei ging allerdings der dialektische Grundaufbau verloren. In der Adaption für die Schule (vgl. Hinz

1993, 52-54) hatte sie fünf Ebenen, da in der Schule deutlich mehr Wert auf die Auseinandersetzung mit Inhalten gelegt wird als in der Kita, in der die Prozesse in und zwischen Individuen und Gruppen stärker im Vordergrund stehen. Es hat sich bis heute keine/-r die Mühe gemacht auszuleuchten, wie der Zusammenhang zwischen den Ebenen sich gestaltet.

Eine andere Rückfrage kommt quasi von außen: Auf der Basis einer „reflexiven Koedukation" (vgl. Faustich-Wieland 1994) und einer „reflexiven Interkulturalität" (vgl. Hamburger 2000) schlagen Budde & Hummrich den Zugang einer „reflexiven Inklusion" vor (vgl. hierzu bereits Hinz 1993, 250 und 296). Hintergrund ist dafür, dass ihrer Sicht nach Inklusion „bislang zumeist aus einer sonder- und rehabilitationspädagogischen Perspektive die Anerkennung bzw. die Teilhabe von Menschen mit Behinderungen gefordert" wird (Budde & Hummrich 2014, o. S.). „Andere Ungleichheitsdimensionen scheinen demgegenüber in den Hintergrund zu geraten" (ebd.).

So richtig dieser Eindruck für weite Bereiche der ‚Inklusionsdebatte' ist (vgl. kritisch Hinz 2013), so falsch ist er für die Theorie integrativer Prozesse – und dies gilt noch offensichtlicher für die Pädagogik der Vielfalt (vgl. Prengel 1993, Hinz 1993, Preuss-Lausitz 1993), die sich damals zunächst v. a. auf die angesprochenen drei Heterogenitätsdimensionen bezieht und später ausgeweitet wird. Und er kennzeichnet die Wahrnehmung von Inklusiver Bildung in der Erziehungswissenschaft (vgl. den hierzu hoch interessanten Sammelband von Schwohl & Sturm 2010, in dem sie in verschiedenen Subdisziplinen aufgezeigt wird). Die Erziehungswissenschaft hat dieses Thema nicht nur lange Zeit weitgehend ignoriert, sondern sich auch mitunter einer Analogie der Mechanismen bei unterschiedlichen Heterogenitätsdimensionen verweigert – nach dem 1992 so geäußerten, sich diskreditierend abgrenzenden Motto: ‚Menschen mit Migrationshintergrund kann man ja nun wirklich nicht mit Behinderten in einen Topf stecken.' Dies ist sicherlich auch der (fach-)öffentlichkeitswirksamen Auseinandersetzung um die UN-Behindertenrechtskonvention geschuldet, die allzu oft den größeren menschenrechtlichen Rahmen seit der Allgemeinen Erklärung der Menschenrechte 1948 ignoriert hat (vgl. Gummich & Hinz 2017). Es hängt aber auch mit dem allzu bereitwilligen Delegieren des Themas an die Sonderpädagogik zusammen – die allerdings auch einiges dafür getan hat, indem sie versucht(e), sich per se zur Expertin für Inklusion zu erklären (vgl. z. B. vds 2008). Dies ist sie genau so sehr oder wenig wie andere Subdisziplinen der Erziehungswissenschaft, auch wenn das Thema bei ihr größeren Raum einnimmt (vgl. Wocken 2011).

Gleichwohl weist der Vorschlag zur „reflexiven Inklusion" doch auf einen Problempunkt der Theorie integrativer Prozesse hin: Sie steht in der Gefahr, Vielfalt der Kinder essentialistisch zu verstehen, also von einer gegebenen

individuellen Unterschiedlichkeit der Beteiligten auszugehen. Wenngleich immer die Rede davon war, wie Kinder von unterschiedlichen Positionen aus ‚gesehen werden' – primär als gleich oder als verschieden oder dialektisch als beides (vgl. Hinz 1993, 398-400) –, erscheint es manchmal so, als ob ihre Verschiedenheit doch vor allem mit ihrem So-Sein zusammenhängt. Dies wird z. B. deutlich in Formulierungen wie: „Wenn Kinder, die bisher in Schulen für Behinderte eingeschult wurden, nun allgemeine Schulen besuchen, besteht das Ziel nicht mehr in der Minimierung von Verschiedenheit, sondern in der Veränderung von Schule im Ganzen, innerhalb dessen die Verschiedenen ihren Möglichkeiten gemäß sich entwickeln können sollen" (Hinz 1993, 403). Diese Aussage zielt auf die Kritik an assimilatorischen Vorstellungen in der Schule, mag aber essentialistisch missverstanden werden.
Dennoch scheint bei der Kritik am Essenzialismus ein verkürztes Verständnis von Normalität durch, wenn sie die Heterogenität von Kindern ausschließlich als gesellschaftlich konstruiert ansieht und die „Annahme von Differenz" (Budde & Hummrich, o. S.) kritisiert: „So wie Geschlecht, Migrationshintergrund oder etwa Milieu auch in sozialen Mikropraktiken konstruiert wird, so ist Behinderung keine feststehende Tatsache, sondern Resultat von Praktiken des ‚doing Disability'" (ebd.). Sicherlich ist es richtig, dass Heterogenität konstruiert, also auch gesellschaftlich bewertet und insbesondere unter Leistungsaspekten durch die Schule hergestellt wird. Dies kann jedoch nicht ausschließlich gelten, zumal wenn das ganze Spektrum von individueller Unterschiedlichkeit in den Blick genommen wird – vom Kind mit ‚schwerer Mehrfachbegabung' bis zum Kind mit ‚elementaren Unterstützungsbedarfen' (vgl. Hinz 2007, Boban & Hinz 2020), bei dem u. U. unklar ist, wie weit es verbale Sprache versteht, da es sie nicht aktiv benutzt, und das bei allen alltäglichen Verrichtungen auf Unterstützung durch Andere angewiesen ist. Das volle Spektrum von Heterogenität exklusiv gesellschaftlicher Konstruktion zuschreiben zu wollen, erscheint nur plausibel, wenn ein erheblicher Teil ausgeblendet – also ‚falscher Universalismus' (vgl. Prengel 1993) betrieben – wird. Hier treffen verengte Normalitätsvorstellungen auf das volle Spektrum menschlichen Lebens, und das mit dramatischen Folgen, was z. B. die Perspektiven präventiver Konzepte angeht – ähnlich der Kontroverse in den 1990er Jahren um den Hamburger Schulversuch ‚Integrative Grundschule im sozialen Brennpunkt' zwischen Integration und Prävention, bei dem die Wissenschaftliche Begleitung ihren Dissens in zwei Positionen deutlich machte (vgl. Hinz u. a. 1998).
Damit erscheint die Theorie integrativer Prozesse nach wie vor als anregende und tragfähige Theorie, die ein Gewinn für den Inklusionsdiskurs wie in der Erziehungswissenschaft insgesamt sein kann und vermehrt für die Reflexion von Praxis – von der Kita bis zur Universität – genutzt werden könnte.

3. Eine Bestärkung und Erweiterung – die Theorie des Partnerismus

In seinem Beitrag vermisst Hans Wocken eine „elaborierte theoretische Position, die in überzeugender Weise die humane Notwendigkeit und das demokratische Recht auf ein gleichberechtigtes Miteinander der Verschiedenen darlegt“ (2021 in diesem Band, S. 109). Womöglich gibt es eine, die diese Lücke zu füllen hilft: Die Theorie des Partnerismus.[11] Zwar erscheint sie auf den ersten Blick nicht als dialektisch angelegt, jedoch wird sie ebenso gekennzeichnet durch die Vorstellung einer Balance.

Die „theory of partnerism“ wurde von der amerikanischen Historikerin, Soziologin, Juristin und Systemwissenschaftlerin Riane Eisler seit den 1980er Jahren entwickelt. Als Kind mit ihrer Familie vor dem Naziregime aus Wien geflohen und zunächst nach Kuba und später in die USA emigriert, war ihr Erkenntnisinteresse u. a. angetrieben von ihren frühen Erfahrungen, wie nämlich eine Alternative zu den unmenschlichen Verhältnissen in Nazideutschland aussehen könnte. Als feministische Historikerin setzt sie sich grundlegend mit matrilinear strukturierten Gesellschaften auseinander (vgl. Eisler 2018) und arbeitet so die Ausblendung der Mehrheit der Menschheit – Frauen und Kinder – aus der Geschichtsbetrachtung heraus, bevor sie die Theorie dann auf verschiedene gesellschaftliche Bereiche wie Bildung (vgl. Eisler 2005) und Ökonomie (vgl. Eisler 2020) ausweitet. Sie geht – wie so viele andere Ansätze, etwa Scharmer (2009), Göpel (2020) oder Horx (2020) – davon aus, dass zukünftige Perspektiven angesichts der ungelösten ökologischen wie ökonomischen Probleme nicht mehr in einem schlichten ‚weiter so‘ bisheriger Praktiken und Politiken – oder womöglich in einem ‚zurück zum Bewährten‘ – bestehen können. Vielmehr gilt es andere Strukturen zu entwickeln (und es gibt sie in Teilen schon), die in einem partnerschaftlicheren (Selbst-)Verständnis liegen (vgl. Eisler 2020, 35f.). Damit vertritt sie ein Verständnis als Wissenschaftlerin, die sowohl distanziert-analytisch auf die Gesellschaft gerichtet ist, als auch gesellschaftlich für bestimmte Zielsetzungen – hier partnerschaftliche Verhältnisse – aktiv wird, wie es auch in der frühen Phase der Integrati-

[11] In diesem Text geht es nicht darum, die Theorie des Partnerismus in ihrer Gänze darzustellen (vgl. hierzu die zahlreichen Monografien von Riane Eisler) und ihre interdisziplinäre Bedeutung zu belegen. Vielmehr ist das Ziel, durch die Skizzierung ihr Potenzial für die Weiterentwicklung der Theorie integrativer Prozesse aufzuzeigen – ungeachtet mancher frag- und kritikwürdiger Aspekte. So stößt z. B. folgender Satz im Kontext der Chancen der Biotechnologie massiv auf: „Chirurgische Eingriffe am Genom von Embryos oder Föten könnten Chromosomenmutationen korrigieren, die zu schrecklichem Leid führen“ (Eisler 2020, 139) – ein drastisches Beispiel für das tradierte, oft automatisch zugeschriebene ‚Leiden‘ von Menschen mit Behinderungserfahrungen…

onspädagogik verbreitet war und gelegentlich als ‚grässlich normativ' kritisiert wird.
Die Basis von Eislers Theorie besteht darin, dass der grundlegendste Unterschied zwischen Gesellschaften nicht in den häufig postulierten Differenzen wie Kapitalismus/Kommunismus, Norden/Süden, Osten/Westen, entwickelt/unterentwickelt, religiös/säkular besteht, sondern im Unterschied zwischen dominatorischen und partnerschaftlichen Systemen liegt. Dominatorische und partnerschaftliche Systeme gibt es in allen sonst angeführten Unterschieden auf beiden Seiten. Mehrfach führt sie „das technisch hoch entwickelte, westliche und rechtsgerichtete Hitler-Deutschland, die säkulare, linksgerichtete UdSSR Stalins, das religiöse, östliche Iran Khomeinis und das ebenfalls religiöse und östliche Afghanistan der Taliban ebenso wie Idi Amins stammesgesellschaftliche Uganda" an (Eisler 2020, 59). Alle weisen einen extremen Grad repressiver Herrschaftsausübung auf. Dabei geht es allerdings nicht um eine schwarz-weiß-Gegenüberstellung zwischen dominatorischen und partnerschaftlichen Systemen (mit einer ‚richtig-falsch-Logik', s. o.), sondern um ein Spektrum zwischen den beiden Polen, immer mit Anteilen von beiden – und hier wird der Bezug zur Balance und einer dialektischen Anlage der Theorie deutlicher. Aus Eislers Sicht gibt es keine rein partnerschaftliche oder rein dominatorische Gesellschaft (2020, 39), sondern vielmehr ein „Partnerschafts-Herrschafts-Kontinuum" (2005, 37), bei dem in unterschiedlicher Gewichtung beide Tendenzen vorhanden sind.
Eisler zufolge werden die Pole Herrschaftsmodell und Partnerschaftsmodell vor allem an vier Eckpfeilern deutlich (vgl. Tab. 1). Hier werden die wesentlichen Merkmale der beiden Modelle benannt: Einerseits geht es um Über- und Unterordnung bei der Geschlechter- und der Generationenfrage mit den Aspekten entsprechender Stereotypen und Gewaltverhältnissen sowie deren narrativer Legitimation. Diesen Verhältnissen der Herrschaftsausübung steht die Gleichstellung der Menschen unter verschiedenen Heterogenitätsdimensionen (Gender, Alter und weitere) mit der Achtung der Menschenrechte sowie Empathie und Gegenseitigkeit als Narrative der Partnerschaftlichkeit gegenüber. Bereits an dieser Stelle lässt sich leicht eine Verbindung zur Pädagogik der Vielfalt herstellen, deren zentrale Kritik sich ebenfalls an dominatorische Verhältnisse richtet. Interessant erscheint hier zudem, dass Hierarchien in beiden Modellen vorkommen – im dominatorischen als abwertende und anweisende Herrschaftshierarchie und im partnerschaftlichen als funktionale Hierarchie, bei der Erfahrungsvorsprünge und Kompetenzen bei Anerkennung der ‚Untergebenen' und ihres Potenzials fungieren.

	Herrschaftsmodell	Partnerschaftsmodell
Familien- und soziale Strukturen	Autoritäre Struktur per Wettbewerb und *dominanzgeprägte Hierarchien* in Familie und Gesellschaft. Top-down Kontrolle ökonomischer Ressourcen und Politiken. Kinder beobachten und erfahren Ungleichheit und Ungerechtigkeit als Norm.	Demokratische Struktur und manchmal *funktionelle Hierarchien*. Solidarisches Handeln wird ökonomisch wertgeschätzt. Egalitäre und gerechte Erwachsenenbeziehungen sind die Norm. Elternschaft ist *nicht* autoritär.
Geschlechterrollen und soziale Beziehungen	Ranking der männlichen Hälfte der Menschheit über die weibliche Hälfte. Rigide Geschlechterstereotypen mit der höheren Bewertung ‚maskuliner' Eigenschaften und Aktivitäten wie Härte und Besiegen gegenüber ‚femininen' wie Fürsorglichkeit und Gewaltfreiheit.	Gleiche Wertschätzung der männlichen und weiblichen Hälften der Menschheit. Fließende Geschlechterrollen mit einer hohen Wertschätzung für Empathie, Solidarität, solidarisches Handeln und Gewaltfreiheit bei Männern wie bei Frauen sowie in Sozial- und Wirtschaftspolitik.
Angst, Missbrauch und Gewalt	Hohes Maß an Angst und Gewalt, vom Schlagen bis zum Missbrauch durch ‚Obere' in Familien, Arbeitsverhältnissen und Gesellschaft.	Geringes Maß an Angst, Missbrauch und Gewalt. Respekt für Vielfalt und Menschenrechte.
Narrative	Überzeugungen und Geschichten rechtfertigen und idealisieren Herrschaft und Gewalt, die als unvermeidlich, moralisch und wünschenswert angesehen werden.	Überzeugungen und Geschichten, die empathische, beidseitig vorteilhafte und gewaltfreie Beziehungen als normal, moralisch und wünschenswert ansehen.

Tab. 1: Vergleich der Hauptmerkmale des Herrschafts- und des Partnerschaftsmodells (Eisler & Fry 2019, 148; eigene Übersetzung)

Insgesamt geht es Eisler darum, dass gesellschaftlich Härte und Durchsetzung – als Stereotyp dem Maskulinen zugeordnet – nicht mehr über sich und andere dominieren, sondern Fürsorglichkeit[12] und Gewaltfreiheit – als Stereotyp dem Weiblichen zugeordnet – gesellschaftlich zur Wirkung kommen und damit „unsere Humanität nähren", so einer der Buchtitel (Eisler & Fry 2019).
An dieser Stelle gilt es, einen kritischen Punkt anzusprechen: So sehr Lebensqualität und Wohlbefinden unter partnerschaftlichen Verhältnissen besser

[12] Eisler benutzt in deutscher Übersetzung durchgängig den Begriff ‚Fürsorge', der im hiesigen Kontext angesichts seiner institutionalisierenden und entmündigenden Tradition problematisch erscheint.

gestaltet sein können als unter repressiven Herrschaftsverhältnissen, so wenig bedeuten partnerschaftliche Ansätze, Herrschaftsausübung komplett ausschließen zu können. Im Gegenteil können partnerschaftliche und demokratische, ‚sanfte' Formen geradezu noch funktionaler für Herrschaftsausübung sein (vgl. Tiedeken 2020, 19f) – vielleicht auch gerade, weil es den Menschen besser geht, subjektiv wie objektiv.
Eine Stärke von Eislers Theorie ist dagegen, dass sie sich gleichzeitig auf die Gesellschaft insgesamt und ihre verschiedenen Teilsysteme bezieht – u. a. Bildung und Ökonomie. Selbst die Wirtschaft bringt Eisler mit dem Begriff des ‚caring' in der „Caring Economy" (Eisler 2020) zusammen – eine Vorstellung, die mit deren gängigen Modellen bricht (ebd., 23ff.):

- Private Haushalte bilden mit ihren Funktionen im Konsum sowie vor allem in der bisher nicht anerkannten Versorgung von ‚Kindern', ‚Kranken' und ‚Alten' die Basis und werden umgeben
- mit dem Non-Profit-Bereich (Gemeinwirtschaft der Zivilgesellschaft),
- mit der üblicherweise ausschließlich betrachteten profitorientierten Marktwirtschaft,
- mit der illegalen Schattenwirtschaft (Drogen-, Sex- und Waffenhandel, organisierte Kriminalität),
- mit der Staatswirtschaft (gesetzliche Rahmenbedingungen und Dienstleistungen) und
- mit der Ressourcenwirtschaft (Rohstoffe, mit der bislang ignorierten Subsistenzlandwirtschaft).

Die bisher ökonomisch ignorierte und für Eisler zentrale „Care-Arbeit" (ebd., 22) ist in den Privat-Haushalten ebenso zentral wie im Non-Profit-Bereich und in der Ressourcenwirtschaft. Diese Ausweitung des Fokus auf gesellschaftlich relevante Felder verändert die Analyse von Wirtschaft massiv und rückt auch Aspekte in den Fokus, die bisher ignoriert oder nur als Kosten behandelt werden, etwa im Umweltschutz. Mit einer solchen Optik kann eine Wirtschaft eher geschaffen werden, „die unseren Bedürfnissen und Fähigkeiten gerecht wird, unsere Mitwelt bewahrt und unser großartiges Potenzial an Fürsorge und Kreativität zur Entfaltung bringt" (ebd., 23). Eislers Modell mag auf den ersten Blick als Beispiel für die neoliberale Ökonomisierung aller gesellschaftlicher Bereiche erscheinen; jedoch würde dies mit ihrer Grundlage der Partnerschaftlichkeit und ihrer Orientierung an den menschlichen Grundbedürfnissen kollidieren – und gleichzeitig werden die Widersprüche im Bereich der Ökonomie sehr deutlich, denn Herrschaft wird auch partnerschaftlich ausgeübt.
Eisler hat durchgängig einen systemischen Zugang, der in einem ihrer Bücher

(2002) näher ausgebreitet wird. Sie beschreibt Partnerismus als insgesamt sieben Verhältnisse, die hier in einer Tabelle zusammengefasst und nach Bronfenbrenner auf ökosystemische Ebenen bezogen werden (vgl. Tab. 2). Zudem präsentiert sie für jede Ebene Vorschläge, wie sie reflektiert werden kann und welche Aktionen für Schritte in Richtung Partnerschaftlichkeit begonnen werden können.

	Verhältnis ...	Ebene	Systemebene
1	zu mir selbst	innerpsychisch	Mikro
2	zu meinen Vertrauten	interaktionell	Mikro
3	zu Kolleg/-innen und Community	handlungsbezogen	Meso
4	zur nationalen Community	gesellschaftlich-normativ	Makro
5	zur internationalen Community	gesellschaftlich-normativ	Makro
6	zur Natur	ökologisch	Meso-Makro
7	zur Spiritualität	transdzendental	Makro

Tab. 2: Ebenen des Partnerismus nach Eisler (2002; eigene Übersetzung)

Hier werden massive Parallelen zur Theorie integrativer Prozesse deutlich: Die ersten drei Ebenen erscheinen wie die Ecken des Dreiecks der Themenzentrierten Interaktion (TZI), die weiteren vier bilden den Globe, der weiter ausdifferenziert wird. Grafisch ließe sich das von Eisler adaptierte im Vergleich zum damaligen auf Schule bezogenen so darstellen, dass auch der direkte Bezug zur TZI deutlich wird (vgl. Abb. 1).

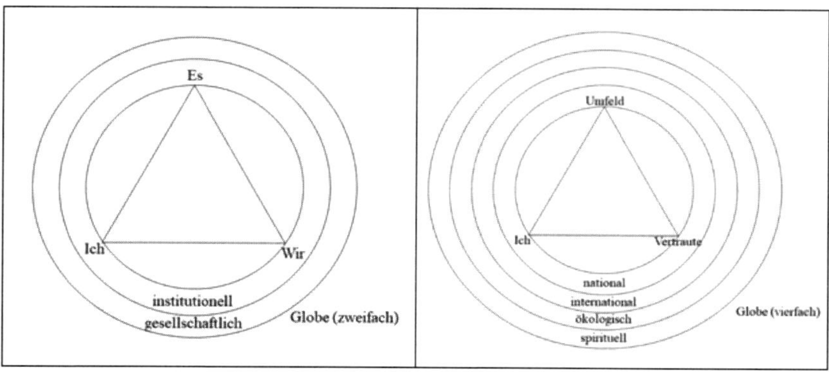

Abb. 1: Adaptionen des Vier-Faktoren-Modell der TZI nach Hinz (1993, 53) und nach Eisler (2002)

Damit ist dieses Mehrebenenmodell – ebenso wie das ursprüchliche, auf Kita und das modifiziert auf Schule bezogene der Theorie integrativer Prozesse – ein dialektisches, das den Globe jedoch weiter ausdifferenziert und – das mag überraschen – die siebente Ebene im modifizierten Modell von Reiser (1991) ebenfalls aufnimmt. Der Vorteil des Eislerschen Modells liegt darin, dass die gesellschaftlichen Ebenen einer detaillierteren Analyse zugänglich werden – was ja das zentrale Anliegen Eislers ist – und die Frage des ökologischen Überlebens deutlicher in den Fokus gerückt wird. Da die Darstellung des TZI-Modells diese Dialektik noch nicht hinreichend aufzeigt, wird sie ergänzend in einer Tabelle dargestellt, die die Pole und die Balance zeigt (Tab. 3). Hier wird auch deutlicher, dass die Polarität des Partnerschafts- und des Herrschaftsmodells sich dergestalt widerspiegelt, dass sich im Herrschaftsmodell der Pol der Gleichheit als auch der der Verschiedenheit ergänzen und die Gleichwertigkeit – als mittlere Spalte und Ausdruck von Balance – das Partnerschaftsmodell bildet, von dem aus problematisch dominatorische Tendenzen in beide Richtungen gehen können.

	Ebenen	Dominanz Unterlegenheit Abwertung Verschiedenheit	Partnerschaft Gleichwertigkeit Akzeptanz Egalitäre Differenz	Dominanz Überlegenheit Aufwertung Gleichheit
1	Person	Verfolgung	Selbstakzeptanz	Verabsolutierung
2	Vertraute	Distanzierung	Dialog	Verschmelzung
3	Unmittelbares Umfeld	Verweigerung	Kooperation	Vereinnahmung
4	Nationale Community	Dämonisierung	Demokratie	Monopolisierung
5	Internationale Community	Exotisierung	Menschenrechte	Kolonialisierung
6	Ökologie	Erschließung	Nachhaltigkeit	Ausbeutung
7	Spiritualität	Verteufelung	Sinnsuche	‚Gurutum‘

Tab. 3: Polaritäten in Herrschafts- und Partnerschaftsmodell (eigene Darstellung)

Während die beiden mit Dominanz überschriebenen Spalten die auf Verschiedenheit und Gleichheit gerichteten Dynamiken – oder um es genauer zu sagen: die Übertreibung von Dynamiken entsprechend den Wertequadraten (vgl. Wocken 2021 in diesem Band, Kap. 3.4) – aufzeigen, bildet die Spalte der Partnerschaft die dialektisch verschränkte Balancesituation ab.

Dass es auf den ersten drei Ebenen eine weitgehende Übereinstimmung mit der früheren Tabelle (Hinz 1993, 53, vgl. auch Wocken 2021 in diesem Band, S. 84) gibt, ist wenig überraschend.

- In der Beziehung der Person zu sich selbst sind es die problematischen Tendenzen der Verfolgung eigener, nicht erwünschter Anteile der Persönlichkeit und der Verabsolutierung erwünschter Anteile. Hier geht es um Selbstakzeptanz – gerade im Rahmen individueller Widersprüchlichkeit.
- Im Umgang mit Vertrauten geht es um Dialog (vgl. Wocken 2021 in diesem Band, Kapitel 2.2), jenseits von Verschmelzungs- und Distanzierungsbedürfnissen, genau im Sinne des ‚gemeinsam Möglichen' (vgl. Wocken 2021 in diesem Band, S. 81).
- Auf der handlungsbezogenen Ebene, bei Eisler v. a. bezogen auf die Arbeitswelt und die unmittelbare Community – wegen der fast unmöglich angemessenen Übersetzung wird hier der englische Begriff gebraucht – geht es um Kooperation ‚auf gleicher Augenhöhe', ohne andere zu vereinnahmen oder sich ihnen komplett zu verweigern – etwa in Genossenschaften oder insgesamt in der Gemeinwirtschaft, wie zahlreiche „Commons" (Helfrich & Bollier 2019) belegen.

Auf den weiteren Ebenen mit ihrer größeren Differenzierung gestalten sich die Konstellation und Dynamik folgendermaßen:

- In der nationalen Gesellschaft liegt das Ziel in der möglichst weitgehenden Realisierung von Demokratie, ohne dass monopolisierende Tendenzen (‚das ist hier die Leitkultur') oder populistische Tendenzen, die Andere, u. U. verschwörungserzählerisch oder als ‚die da oben' in ihrer Unterschiedlichkeit dämonisieren (vgl. Castro Varela & Mecheril 2016), überhand nehmen.
- International finden sich als problematische Tendenzen einerseits solche der globalisierenden Kolonialisierung und andererseits solche der Exotisierung – vom ‚Othering' (vgl. ebd.) bis zur Vernichtung – , die sich ergänzend zu einer globalen ‚Coca-Cola-Kultur' und dem zunehmenden Verschwinden regionaler Kulturen beitragen und durch eine Orientierung an den Menschenrechten – da etwas Sinnvolleres aktuell nicht vorhanden zu sein scheint – und an diplomatischem Umgang miteinander im Zaum gehalten werden.
- Auf ökologischer Ebene drohen als zwei Seiten der dominatorischen Medaille rücksichtslose, profitorientierte, ausgeweitete Erschließung und Ausbeutung von Ressourcen, die es im partnerschaftlichen Sinne zugunsten eines nachhaltigen Umgangs mit allen ökologischen Ressourcen zurückzudrängen gilt, wenn es global gelingen soll, „vom ‚Dolce Vita' für wenige zum ‚Buen Vivir' für alle" zu kommen (vgl. Boban & Hinz 2021, 50).
- Auf der Ebene der Spiritualität kann Sinnsuche mit ‚open mind' eine partnerschaftliche Zielrichtung sein, wogegen Verteufelung und ‚Guru-

tum‘ mit ‚einzig richtigen Wahrheiten‘ als dominatorische Versuche der Herrschaftsausübung über Haltungen gelten können.

Gesellschaftlich dominierende dominatorische und herrschaftssichernd hierarchische Narrative zeigen sich hier in der Ergänzung beider Pole als Überlegenheits-Unterlegenheits-Denken, als Freund-Feind-Denken, als win-loose-Denken, als Kosten-Nutzen-Denken, als Lob-Tadel-Denken, als Wir-Sie-Denken, auch als Förder-Forder-Denken und womöglich als Himmel-Hölle-Denken – etwa bei der Vorstellung einer ‚Achse des Bösen‘ und anderen populistischen Mythen.

4. Zwischenfazit – Reflexionsanstöße für inklusive Bildung durch die Theorie des Partnerismus

Die Überlegungen des vorigen Abschnitts könnten als Begriffsspielereien abgetan werden. Sie können aber auch als selbstreflexive Hilfe für die Durchdringung der Partnerschaftstheorie gesehen werden, um zu ergründen, welche Implikationen diese Theorie für die Analyse von Situationen hat.
Hierzu Beispiele aus dem eigenen Reflexionsprozess, die hier quasi ‚mit hochgezogenen Augenbrauen‘ wiedergegeben werden: Am Anfang des Beitrags wurde behauptet, die Theorie integrativer Prozesse sei die umfassendste integrationspädagogische Theorie. Mit einer ‚Partnerschaftsbrille‘ betrachtet, wird deutlich, dass es um die reflexive Annäherung an vorhandene Situationen, Strukturen und Handlungsweisen geht – auch und gerade in Widersprüchen zu dominatorisch-exklusiven gesellschaftlichen Narrativen. Die gesellschaftliche Ebene des Kita-Modells hatte ja u. a. die Funktion, sich nicht dazu verführen zu lassen, in Bildungseinrichtungen quasi eine nach außen abgeschottete ‚integrative Gegenwelt‘ zur gesellschaftlichen Realität entwickeln zu wollen – und das ist in Zeiten der ‚Umsetzung von Inklusion‘ umso dringlicher.
Im Kontrast dazu erscheint die Theorie des Lernens am gemeinsamen Gegenstand (vgl. Feuser 1995) nicht nur unter dem Aspekt, dass hier Theorie der Praxis vorzugeben versucht, wie ‚richtiger integrativer Unterricht‘ auszusehen hat, deutlich dominatorisch. Dies gilt offenbar auch ganz praktisch für Unterricht, denn mündlichen Berichten zufolge teilte zu Zeiten des Bremer Schulversuchs der Theoretiker im Nebenraum hinter einer Einwegscheibe über Mikrophon der Praktikerin über einen Ohrhörer mit, wie sie nun agieren solle. Das ist dominatorisches Denken und Handeln par excellence. Nicht nur das Theorie-Praxis-Verhältnis ist ein hierarchisches, sondern auch die entsprechende Fortbildungssituation. Und es ist zudem nicht unwahrscheinlich, dass lediglich die Lehrperson oder das Team exklusiv weiß, worin der ‚gemeinsa-

me Gegenstand‘ besteht, der ja deduktiv aus den Wissenschaften abgeleitet wird. Insofern kann es nicht wirklich verwundern, wenn manche in Halle berufsbegleitend studierenden Lehrkräfte angesichts dieses Ansatzes, der so klar zwischen ‚richtig‘ und ‚falsch‘ unterscheidet, mit Magenschmerzen zu tun hatten, bevor die „gemeinsamen Lernsituationen“ (Wocken 1998) für Entspannung sorgten. Es ist wohl kein Zufall, dass sie – ebenso wie die Theorie integrativer Prozesse – induktiv (und natürlich mit Theoriebezügen) in der und für die Reflexion von Praxis in Modellversuchen entwickelt wurden.

Dies ist keine Absage an wissenschaftlich begründete Unterrichtskonzepte; die Frage ist jedoch, ob sie dominatorisch Praxis definieren wollen oder partnerschaftlich Reflexionsmöglichkeiten bieten mit der Frage, wie ein Mehr an integrativem – bzw. inklusivem – Potenzial aushandelnd zur Geltung gebracht werden kann. Und dies gilt zumal – auch und gerade – unter dominatorischen Gesellschaftsbedingungen, die die grundlegenden pädagogischen Widersprüche (individuelle Entwicklung vs. gesellschaftliche Erwartungen) und ihre konkreten Ausgestaltungen in neoliberal geforderter Arbeitsverdichtung, in Vergleichsarbeiten, Standardisierungen, Versetzungsbestimmungen, kompensatorischen Ansätzen etc. eine ständige, kräftezehrende Auseinandersetzungen für Pädagog/-innen bedeuten – die allzu oft nur noch auszuhalten sind. Es ist fatal, wie wenig diese Verhältnisse im Inklusionsdiskurs kritisch und mit transformatorischem Anspruch diskutiert werden und wie sehr er weitgehend unkritisch und unpolitisch auf eine ‚gerechte‘ ‚inklusive‘ Beteiligung an kapitalistischer Konkurrenz in unveränderten Verhältnissen reduziert geführt wird (vgl. Tiedeken 2020, 29f).

Vor dem Hintergrund der Partnerschaftstheorie erscheint es, als ob mit der zweiten empirischen Wende nach dem PISA-Schock ein dominatorisch-exkludierendes System schwer verunsichert versucht, durch Ausweitung in den Ganztag und durch verstärkten Druck zu Konformität und Leistung seine Ordnung aufrechtzuerhalten. Und das Gleiche kann auch für die Verunsicherung durch die Inklusionsforderung gelten: Nachdem zunächst dominatorisch durch deren Ignorieren – etwa in der Kultusministerkonferenz – reagiert wurde und dann deren damalige Präsidentin Erdsiek-Rave nach einer internationalen UNESCO-Konferenz und ihren dortigen Legitimationsproblemen des deutschen Bildungssystems diese Ignoranz-Phase zugunsten einer ernsthaften Auseinandersetzung beendete, wurde die Inklusionsforderung systemkonform dem dominatorisch unveränderten System hinzugefügt: Juristisch geforderte Schulgesetzänderungen zugunsten der vermehrten Aufnahme von Schüler/-innen mit sonderpädagogischem Förderbedarf werden umgesetzt – und fertig ist die Inklusion (vgl. etwa für Bayern Wocken 2017). Da kommt ein ebenso dominatorisches Förderkonzept wie „Response to Intervention“ (vgl. Huber &

Grosche 2012) mit ständiger Test-Kontrolle und der Vorgabe von Unterrichtsmethoden für Lehrkräfte – von manchen als entmündigend kritisiert – gerade recht, denn es verspricht, dominatorisch-assimilativ durch ‚systematische Förderung' eine ‚normale', also die ‚richtige', nämlich ‚responsive' Entwicklung von Kindern zu sichern (vgl. Hinz 2016).
Zudem scheint es so, als wäre die Corona-Pandemie ein weiteres Beispiel von Verunsicherung, die dominatorisch-exkludierend einerseits mit dem Gebot der Verlagerung von Lernen aus der Schule in die Elternhäuser delegiert wird – und dies wird fälschlich auch noch als ‚Homeschooling' bezeichnet, das, in Deutschland illegal, von Eltern gewählt wird, weil sie ihr Kind nicht in die Schule schicken, sondern zuhause oder anderswo für Bildung sorgen *wollen*. Andererseits wird die Verunsicherung mit der Betonung eines Unterrichts für die Grundschulen und für die Abschlussklassen, bei denen die Tische als erste wieder in Reihen stehen – nun einzeln und mit Abstand – und wo Lehrkräfte in Hamburg Geld für die Beschaffung einer Plexiglasscheibe zur Abschirmung ‚vorne', ‚vor der Klasse' bekommen, auch didaktisch dominatorisch abgeschüttelt. Von den von der Bildungspolitik positiv konnotierten, übergriffig-assimilatorischen Brückenkursen in den Ferien, bei denen die Kinder wieder ‚den Anschluss finden' sollen, ganz zu schweigen. Und Kinder mit sonderpädagogischem Förderbedarf sind gleichzeitig weitestgehend aus dem Blick verschwunden. Aber das wäre ein anderes, eigenes Thema, das lohnend wäre, da es brennglasartig alle Probleme des segregativen Bildungssystems auch über die Pandemie hinaus deutlich werden lässt…
Mit dominatorischer und partnerschaftlicher Brille wird auch erklärbar, warum in kanadischen Schulen, die doch weltweit als Leuchtturm für inklusive Bildung gelten, massives Unbehagen aufkommt. Zwar rechtfertigen ihre Strukturen diese Leuchtturm-Sicht, jedenfalls in einzelnen Provinzen (vgl. Hinz 2006, Köpfer 2013), jedoch wird auch hier massiv dominatorisch gedacht und gehandelt – und zwar inklusiv: Es ist völlig klar, welche Handlungsweisen – bis hin zur professionellen Bekleidung – als ‚appropriate' gewünscht und akzeptiert sind und wie ‚gute kanadische Bürger/-innen' agieren (vgl. Boban & Hinz 2019a). Das war zunächst schwer verstehbar, wird jedoch mit der starken behavioristischen Tradition Nordamerikas doch ein Stück weit als ‚dominatorisch-inklusiv' erklärbar. Umso wichtiger ist es, die antirassistische Kritik an der kanadischen Schule und ihrem weißen und christlichen Kolonialismus aus indigener Perspektive wahrzunehmen (vgl. Kress 2017, Boban & Hinz 2019b).
Diese Beispiele können zeigen, dass die kritische Reflexion von einzelnen Aspekten von Bildung – und durchaus auch von inklusiver Bildung – aus dem Rahmen der Theorie von Partnerschaft und Herrschaft heraus eine tragfähige Basis hat.

5. Die Theorie des Partnerismus im Hinblick auf Bildung

Um diesen Horizont weiter aufzuhellen, gehe ich im Folgenden konkreter auf Eislers Perspektive einer partnerschaftlichen Bildung (2005, 2015) ein. Grundlegend sind hier drei Kernelemente:

- Bei der **Partnerschaftsstruktur** (Eisler 2005, 51–54) geht es darum, wo und wie Lern- und Lehraktivitäten stattfinden, wie das Lernumfeld gestaltet wird, wenn hier demokratische Prinzipien die Orientierung bilden. Entscheidungen und Verantwortung werden sowohl in horizontaler wie in vertikaler Richtung getragen – stets mit interaktiven Feedbackschleifen.
- Beim **Partnerschaftsprozess** (ebd., 41–45) geht es um das Verständnis von Lernen und Lehren. Dieser Prozess betrifft die Umsetzung der Leitgedanken durch das Arrangieren von Lernsituationen, die an Interessen und Fragestellungen von Lernenden anknüpfen und Selbststeuerungserfahrungen in Gemeinschaft ermöglichen.
- Der **Partnerschaftsinhalt** (ebd., 45–51) gibt Impulse für spezifische Formen pädagogischer Aktivitäten. Über die Vermittlung von Grundfertigkeiten wie Lesen, Schreiben und Rechnen hinaus sind Aspekte relevant, die Menschen darin stärken, kompetente und empathische Bürger/-innen, Eltern und Mitglieder von Gemeinschaften etc. sein zu können. Inhalte vermitteln somit – partnerschafts-, interdependenz- und menschenrechtsorientiert – Zugänge zum Vertrauen in die Möglichkeiten, das eigene wie das Zusammenleben auf partnerschaftlichen Prinzipien aufbauen zu können (vgl. hierzu auch Boban & Hinz 2019b, 152f.).

Wenn also die Narrative in Kindergarten und Schule vermitteln, dass nicht Distanzierung, Rankings, Gewaltausübung und Verfolgung, Anpassung und Kolonialisierung, sondern ‚nurturing and care' (vgl. Eisler & Fry 2019), also Nähe, das Nähren, das Anregen und Sorgetragen zu partnerschaftlichen und demokratischen Gemeinschaften führen, gewinnen andere Muster an Bedeutung für die Bilder der Akteur/-innen über deren Identität und Handlungsoptionen. Solange dominatorisch an Bildung herangegangen wird, ist die Folge, dass Kinder als von Natur aus schlecht, selbstsüchtig, faul und gewalttätig gesehen werden und als subalterne und zudem ‚unfertige Menschen' adultistisch diszipliniert werden müssen; dabei gibt es keine Ansatzpunkte für Veränderungen. Dagegen setzt partnerschaftliche Bildung darauf, dass es ein demokratisches, friedliches, gleichberechtigtes und naturverbundenes Leben geben

kann, an dem eine entsprechende Bildungspraxis dann mitwirkt (vgl. Eisler 2015, o. S.).
In Eislers Ansatz werden Anklänge an die Reformpädagogik deutlich – an Pestalozzi, Montessori, Dewey (vgl. Eisler 2015, o.S.) und besonders an Paulo Freire, der mit seinem Bankiers-Bild mit Investitionen und späterer Bildungsrendite ebenfalls von einem Herrschaftsmodell sprach (1977, 14ff.). Gleichzeitig entspricht partnerschaftliche Bildung sehr weitgehend inklusiven und demokratischen Ansprüchen (vgl. Boban & Hinz 2021). Das geht bis dahin, dass Riane Eisler dominatorische Bildung mit einer Pyramide und partnerschaftliche Bildung mit einem ballförmigen Netzwerk symbolisiert. Es sind genau die Symbole, mit denen der Nestor demokratischer Bildung in Israel, Yaacov Hecht (2017), traditionelle und demokratische Bildung kennzeichnet (vgl. Abb. 2): Von einer pyramidalen Struktur, in der die Lernenden aufgrund gleicher Anforderungen als wenige ‚exzellente', deutlich mehr ‚mittelmäßige' und noch mehr ‚schwache' Schüler/-innen konstruiert und somit struktureller Gewalt (vgl. Galtung 1975) ausgesetzt werden, gilt es zu Bildung als einem netzwerkartigen Gebilde auf gleicher Ebene zu kommen, in dem Lernende auf gleicher Augenhöhe in unterschiedlichen selbst gewählten Konstellationen von- und miteinander lernen können (vgl. Boban & Hinz 2019c). Zudem gibt es einen zweiten Aspekt struktureller Gewalt mit der Box, in der die Pyramide eingelagert ist, so dass die Einmaligkeit jedes einzelnen Menschen kaum mehr sichtbar werden kann: Sie gilt es zu öffnen und so nicht nur das curricular festgelegte und verbindlich gemachte, also das ‚wichtige' schulische Wissen, sondern das gesamte, sich ständig vergrößernde und verändernde Weltwissen zugänglich zu machen, so dass in dessen Rahmen einzelne oder mehrere Lernende ihren jeweiligen Interessen nachgehen können.

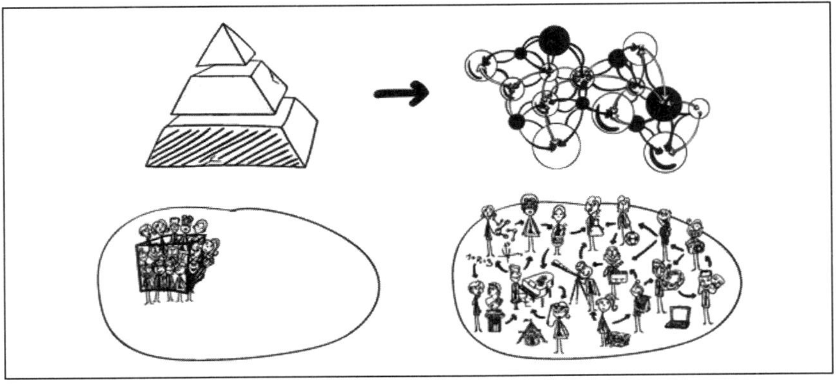

Abb. 2: Von tradierter zu demokratischer Bildung (Hecht 2017, Folie 31)

Offenbar gibt es nicht nur einen engen Zusammenhang zwischen inklusiver und demokratischer Bildung (vgl. Boban & Hinz 2019c), sondern eine wechselseitige Angewiesenheit – erstere bleibt ohne zweitere hohl und zweitere ohne erstere selektiv. Beide sind ohne die jeweils andere letztlich weder inklusiv noch demokratisch (vgl. Hinz 2021, i. E.). Beide hängen aufs Engste mit der partnerschaftlichen Bildung nach Eisler zusammen und sind in ihrem Zentrum auf die Frage nach dem gleichwürdigen „gemeinsam Möglichen" (vgl. Wocken 2021 in diesem Band, S. 81) fokussiert. Und alle drei stimmen mit der Theorie integrativer Prozesse darin überein, dass sie auf Aushandlungs- und Einigungsprozesse setzen, um Akzeptanz, Begegnung, Dialog, Kooperation, Demokratie, Menschenrechtsbasierung, Nachhaltigkeit und Sinnsuche zu realisieren, ganz im Sinne partnerschaftlich-demokratischer – und dann wirklich – inklusiver Prozesse.

6. Fazit

Wie die Überlegungen bis hierher zeigen, hat die Theorie integrativer Prozesse unter den intersektionalen Vorzeichen als ‚Pädagogik der Vielfalt in Gemeinsamkeit', d. h. als synergetisch mit demokratischer verbundene inklusive Bildung insbesondere für die (selbst-)kritische Analyse und Reflexion von Situationen nach wie vor hohes Potenzial. Durch Eislers Partnerschaftstheorie gewinnt sie einen breiteren und differenzierteren Fokus auf die Gesellschaft und ihre Teilsysteme. Gleichzeitig wird ihr gesellschaftlicher Bezug durch den Partnerismus gestärkt und mit einer konsistenten Basis verbunden. Und es ist ebenso klar, dass auch in partnerschaftlichen Verhältnissen gesellschaftlich Herrschaft ausgeübt wird – allerdings auf eine ‚sanfte' Art, die nicht nur für Ausübende Vorteile hat, sondern allen andere Freiheitsgrade der Gestaltung, Aushandlung und Selbstverwirklichung in sozialer Kohärenz ermöglicht. Die Konsequenz müsste dann wohl darin liegen, Pragmatismus im Sinne nächster Schritte und grundlegende kritische Programmatik als dialektische Ergänzung zu sehen und entsprechend ausbalancierend zu agieren.
Die Frage der Partnerschaftlichkeit in ‚Vielfalt und Gemeinsamkeit' und der Abbau dominatorischer Kulturen, Strukturen und Praktiken bezeichnen den Kern kritischer, inklusiver und demokratischer Bildung – und das jenseits komplexitätsreduzierender ‚richtig-falsch'-Logik und in anspruchsvoller Weise in den changierenden Tönen vielfältiger und widersprüchlicher Situationen. Das ist so viel mehr und grundsätzlicher als die allzu oft für ‚Inklusion' gehaltene Frage, ob nun mehr Schüler/-innen mit sonderpädagogischem Förderbedarf in der allgemeinen Schule lernen dürfen. Eislers Blickwinkel kann zudem dabei helfen, es für möglich zu halten, bisher prägend wirksame domi-

natorische Denk- und Handlungstraditionen eines stereotyp männlichen, weißen, christlichen Kolonialismus auch in der Bildung zu problematisieren und jenseits von Anpassungsdruck und Aussonderungsdrohung als zwei Seiten der gleichen dominatorischen Medaille reflexive, partnerschaftlichere, demokratischere und inklusivere Vertrauenskulturen in Richtung des inklusiven Nordsterns zu entwickeln – und die Theorie integrativer Prozesse ist mit ihrer dialektischen Grundstruktur nach wie vor der Kern.

Literatur

Amirpur, Donja & Platte, Andrea (2017): Die Erfindung der Anderen: Intersektionale und inklusive Perspektiven als Korrektiv für die Soziale Arbeit und Bildungsprozesse. In: Kruschel, Robert (Hrsg.): Menschenrechtsbasierte Pädagogik. Inklusive und demokratische Lern- und Erfahrungswelten im Fokus. Bad Heilbrunn: Klinkhardt, 69–80

Boban, Ines & Hinz, Andreas (2017): Das Inklusionsverständnis und seine Bedeutung für die Entwicklung von Bildungsprozessen. In: Boban, Ines & Hinz, Andreas (Hrsg.): Inklusive Bildungsprozesse gestalten – Nachdenken über Horizonte, Spannungsfelder und mögliche Schritte. Seelze: Klett Kallmeyer, 32–50

Boban, Ines & Hinz, Andreas (2019a): Menschenrechtsbasierte Pädagogik – inklusiv und ‚appropriate'? Fragen nach Besuchen in Toronto und New Brunswick. In: Jahr, David & Kruschel, Robert (Hrsg.): Inklusion in Kanada. Internationale Perspektiven auf heterogenitätssensible Bildung. Weinheim/Basel: Beltz Juventa, 445–458

Boban, Ines & Hinz, Andreas (2019b): ‚Gentle Teaching' – ein radikaler Impuls für eine inklusive Haltung. In Jahr, David & Kruschel, Robert (Hrsg.): Inklusion in Kanada. Internationale Perspektiven auf heterogenitätssensible Bildung. Weinheim/Basel: Beltz Juventa, 144–160

Boban, Ines & Hinz, Andreas (2019c): Zwischen Normalität und Diversität – Impulse aus der Perspektive Demokratischer Bildung. In: von Stechow, Elisabeth; Hackstein, Philipp; Müller, Kirsten; Esefeld, Marie & Klocke, Barbara (Hrsg.): Inklusion im Spannungsfeld von Normalität und Diversität. Band I: Grundfragen der Bildung und Erziehung. Bad Heilbrunn: Klinkhardt, 101–113

Boban, Ines & Hinz, Andreas (2020): Partizipationsmöglichkeiten für alle erweitern – und erkennen, was wirklich von Bedeutung ist. In: Boban, Ines & Hinz, Andreas (Hrsg.): Inklusion und Partizipation in Schule und Gesellschaft. Erfahrungen, Methoden, Analysen. Weinheim/Basel: Beltz Juventa, 107–120

Boban, Ines & Hinz, Andreas (2021): Box(en)stopp: Zeit für grundlegende Veränderungen. Eckpunkte einer inklusions-, demokratie- und partnerschaftsorientierten Pädagogik im 21. Jahrhundert. Leben mit Down-Syndrom, H. 96, 44–50

Budde, Jürgen & Hummrich, Merle (2014): Reflexive Inklusion. Zeitschrift für Inklusion 4. URL: www.inklusion-online.net/index.php/inklusion-online/article/view/193

Castro Varela, Maria do Mar & Mecheril, Paul (Hrsg.) (2016): Die Dämonisierung der Anderen. Rassismuskritik der Gegenwart. Bielefeld: transcript

Cloerkes, Günther (2007): Soziologie der Behinderten. 3. Auflage. Heidelberg: Winter

Cowlan, Gabriele; Deppe-Wolfinger, Helga; Kreie, Gisela; Kron, Maria & Reiser, Helmut (1991): Der Weg der integrativen Erziehung vom Kindergarten in die Schule. Bd. 12 der Schriftenreihe Lernziel Integration. Bonn: Reha

Cowlan, Gabriele; Deppe-Wolfinger, Helga; Kreie, Gisela; Kron, Maria & Reiser, Helmut (1993): Gemeinsame Förderung Behinderter und Nichtbehinderter in Kindergarten und Grundschule. Bd. 13 der Schriftenreihe Lernziel Integration. Bonn: Reha

DIMR (Deutsches Institut für Menschenrechte) (2020): Kompass. Handbuch zur Menschenrechtsbildung für die schulische und außerschulische Bildungsarbeit. Berlin: DIMR

Eisler, Riane (2005): Die Kinder von morgen. Die Grundlagen der partnerschaftlichen Bildung. Freiamt: Arbor

Eisler, Riane (2015). Nurturing Children's Humanity: Partnership Education. Interdisciplinary Journal of Partnership Studies: Vol. 2: Issue 2. http://pubs.lib.umn.edu/ijps/vol2/iss2/5

Eisler, Riane (2018): Kelch & Schwert. Weibliches & männliches Prinzip in der Geschichte. Unsere Geschichte, unsere Zukunft. 3. Auflage. Freiamt: Arbor

Eisler, Riane (2020): Die verkannten Grundlagen der Ökonomie. Wege zu einer Caring Economy. Marburg: Büchner

Eisler, Riane & Fry, Douglas P. (2019): Nurturing our Humanity: How Domination and Partnership Shape Our Brains, Lives and Future. New York: Oxford University Press

Faulstich-Wieland, Hannelore (1994): Reflexive Koedukation. Zur Entwicklung der Koedukationsdebatte in den Bundesländern. In: Bracht, Ulla & Keiner, Dieter (Hrsg.): Jahrbuch für Pädagogik 1994: Geschlechterverhältnisse und die Pädagogik. Frankfurt a.M.: Peter Lang, 325–342

Feuser, Georg (1995): Behinderte Kinder und Jugendliche zwischen Integration und Aussonderung. Darmstadt: Wissenschaftliche Buchgesellschaft

Feuser, Georg (2018): Wider die Integration der Inklusion in die Segregation: Zur Grundlegung einer allgemeinen Pädagogik und entwicklungslogischen Didaktik. Frankfurt am Main: Peter Lang

Feuser, Georg (2021): Entwicklungslogische Didaktik. Eine Conditio sine qua non einer humanen und demokratischen Schule ohne Ausgrenzung. In: Resch, Katharina; Lindner, Katharina-Theresa; Streese, Bettina; Proyer, Michelle & Schwab, Susanne (Hrsg.): Inklusive Schulentwicklung. Münster: Waxmann, 205–212

Freire, Paulo (1977): Erziehung als Praxis der Freiheit. Beispiele zur Pädagogik der Unterdrückten. Reinbek bei Hamburg: Rowohlt

Galtung, Johan (1975): Strukturelle Gewalt. Beiträge zur Friedens- und Konfliktforschung. Reinbek bei Hamburg: Rowohlt

Göpel, Maja (2020): Unsere Welt neu denken. Eine Einladung. 7. Auflage. Berlin: Ullstein

Gummich, Judy & Hinz, Andreas (2017): Inklusion – Strategie zur Realisierung von Menschenrechten In: Boban, Ines & Hinz, Andreas (Hrsg.): Inklusive Bildungsprozesse gestalten – Nachdenken über Horizonte, Spannungsfelder und mögliche Schritte. Seelze: Klett Kallmeyer, 16–30

Hamburger, Franz (2000): Reflexive Interkulturalität. In: Hamburger, Franz; Kolbe, Fritz-Ulrich & Tippelt, Rudolf (Hrsg.): Pädagogische Praxis und erziehungswissenschaftliche Theorie zwischen Lokalität und Globalität. Frankfurt a. M.: Suhrkamp, 191–200

Hecht, Yaacov (2017): Democratic Education: The Missing Piece of the Democratic Puzzle. Powerpoint von der IDEC 2017. Hadera (Israel): Selbstverlag

Helfrich, Silke & Bollier, David (2019): Frei, fair und lebendig – Die Macht der Commons. Bielefeld: transcript

Hildeschmidt, Anne & Sander, Alfred (1988): Der ökosystemische Ansatz als Grundlage für Einzelintegration. In: Eberwein, Hans (Hrsg.): Behinderte und Nichtbehinderte lernen gemeinsam. Handbuch der Integrationspädagogik. Weinheim: Beltz, 220–227

Hinz, Andreas (1993): Heterogenität in der Schule. Hamburg: Curio. URL: http://bidok. uibk.ac.at/library/hinz-heterogenitaet_schule.html

Hinz, Andreas (1998): Pädagogik der Vielfalt – ein Ansatz auch für Schulen in Armutsgebieten? Überlegungen zu einer theoretischen Weiterentwicklung. In: Hildeschmidt, Anne & Schnell, Irmtraud (Hrsg.): Integrationspädagogik. Auf dem Weg zu einer Schule für alle. Weinheim/München: Juventa, 127–144

Hinz, Andreas (2002): Von der Integration zur Inklusion – terminologisches Spiel oder konzeptionelle Weiterentwicklung? Zeitschrift für Heilpädagogik 53, 354–361

Hinz, Andreas (2004): Vom sonderpädagogischen Verständnis der Integration zum integrationspädagogischen Verständnis der Inklusion!? In: Schnell, Irmtraud & Sander, Alfred (Hrsg.): Inklusive Pädagogik. Bad Heilbrunn: Klinkhardt, 41–74

Hinz, Andreas (2006): Kanada – ein ‚Nordstern' in Sachen Inklusion. In: Platte, Andrea; Seitz, Simone & Terfloth, Karin (Hrsg.): Inklusive Bildungsprozesse. Bad Heilbrunn: Klinkhardt, 149–158

Hinz, Andreas (Hrsg.) (2007): Schwere Mehrfachbehinderung und Integration – Herausforderungen, Erfahrungen, Perspektiven. Marburg: Lebenshilfe

Hinz, Andreas (2013): Inklusion – von der Unkenntnis zur Unkenntlichkeit?! Kritische Anmerkungen zu zehn Jahren Diskurs zur schulischen Inklusion. Inklusion Online – Zeitschrift für Inklusion. H. 1. URL: www.inklusion-online.net/index.php/inklusion/article/view/201/182

Hinz, Andreas (2016): Response-To-Intervention – Königsweg der Inklusion oder systemstabilisierende Umformung von Inklusion? In: Amrhein, Bettina (Hrsg.): Diagnostik im Kontext inklusiver Bildung – Theorien, Ambivalenzen, Akteure, Konzepte. Bad Heilbrunn: Klinkhardt, 243–256

Hinz, Andreas (2017): Inklusion im Schulsystem. In: Holtappels, Heinz Günter (Hrsg.): Entwicklung und Qualität des deutschen Schulsystems – Neuere empirische Befunde und Entwicklungstendenzen. Münster: Waxmann, 173–193

Hinz, Andreas (2021): Inklusion – ein Rückblick auf Geschichte und Verortung eines Ansatzes In: Sallat, Stephan; Budnik, Ines & Grummt, Marek (Hrsg.): Sonderpädagogik – Rehabilitationspädagogik – Inklusionspädagogik: Hallesche Impulse für Disziplin und Profession. Beiheft der Zeitschrift Sonderpädagogische Förderung heute. Weinheim/Basel: Beltz Juventa (i. V.)

Hinz, Andreas & Boban, Ines (2001): Integrative Berufsvorbereitung. Unterstütztes Arbeitstraining für Menschen mit Behinderung. Neuwied/Berlin: Luchterhand

Hinz, Andreas; Katzenbach, Dieter; Rauer, Wulf; Schuck, Karl Dieter; Wocken, Hans & Wudtke, Hubert (1998): Die Integrative Grundschule im sozialen Brennpunkt. Ergebnisse eines Hamburger Schulversuchs. Hamburg: Feldhaus

Horx, Matthias (2020): Die Zukunft nach Corona. Wie eine Krise die Gesellschaft, unser Denken und unser Handeln verändert. 3. Auflage. Berlin: Ullstein

Huber, Christian & Grosche, Michael (2012): Das response-to-intervention-Modell als Grundlage für einen inklusiven Paradigmenwechsel in der Sonderpädagogik. Zeitschrift für Heilpädagogik, 63, 312–321

Köpfer, Andreas (2013): Inclusion in Kanada. Analyse inclusiver Unterrichtsprozesse, Unterstützungsstrukturen und Rollen am Beispiel kanadischer Schulen in den Provinzen New Brunswick, Prince Edward Island und Quebec. Bad Heilbrunn: Klinkhardt

Kress, Margaret M. (2017); Reclaiming Disability through Pimatisiwin: Indigenous Ethics, Spatial Justice, and Gentle Teaching. In: Ethics, Equity, and Inclusive Education, Online-Publikation. URL: https://doi.org/10.1108/S1479-363620170000009002

Prengel, Annedore (1993): Pädagogik der Vielfalt. Verschiedenheit und Gleichberechtigung in Interkultureller, Feministischer und Integrativer Pädagogik. Opladen: Leske + Budrich (2. Auflage 2006: Wiesbaden: VS)

Preuss-Lausitz, Ulf (1993): Die Kinder des Jahrhunderts. Zur Pädagogik der Vielfalt im Jahr 2000. Weinheim/Basel: Beltz

Reiser, Helmut (1991): Wege und Irrwege zur Integration. In: Sander, Alfred & Raidt, Peter (Hrsg.): Integration und Sonderpädagogik. St. Ingbert: Röhrig, 13–33

Reiser, Helmut; Klein, Gabriele; Kreie, Gisela & Kron, Maria (1986): Integration als Prozeß. Sonderpädagogik 16, 115–122 und 154–160

Scharmer, Otto (2009): Theorie U: Von der Zukunft her führen. Presencing als soziale Technik. Heidelberg: Carl-Auer

Schwohl, Joachim & Sturm, Tanja (Hrsg.) (2010): Inklusion als Herausforderung schulischer Entwicklung. Widersprüche und Perspektiven eines erziehungswissenschaftlichen Diskurses. Bielefeld: transcript

Tiedeken, Peter (2020): Inklusion und Partizipation. Oder: Von der Unmöglichkeit mitzumachen, ohne sich vereinnahmen zu lassen. In: Boban, Ines & Hinz, Andreas (Hrsg.): Inklusion und Partizipation in Schule und Gesellschaft. Weinheim: Beltz Juventa, 18–32

VDS (Verband Sonderpädagogik) (2008): Standards der sonderpädagogischen Förderung. Zeitschrift für Heilpädagogik 59, 42–64

Wocken, Hans (1998): Gemeinsame Lernsituationen. Eine Skizze zur Theorie des gemeinsamen Unterrichts. In: Hildeschmidt, Anne & Schnell, Irmtraud (Hrsg.): Integrationspädagogik. Auf dem Weg zu einer Schule für alle. Weinheim/München: Juventa, 37–52

Wocken, Hans (2011): Sonderpädagogen in der Inklusion. Was sie schon können, noch lernen und wieder verlernen müssen. In: Wocken, Hans: Das Haus der inklusiven Schule: Baustellen – Baupläne – Bausteine. Hamburg: Feldhaus, 223–271

Wocken, Hans (2017): Inklusion in Bayern: Stabile Fehlentwicklungen. Etikettierungsschwemme und Separationsstillstand auf hohem Niveau. In: Wocken, Hans: Beim Haus der inklusiven Schule. Praktiken – Kontroversen – Statistiken. Hamburg: Feldhaus, 155–169

4. Zum bildungstheoretischen Potenzial der Theorie Integrativer Prozesse

von Birgit Papke

Die Theorieentwicklung, die auf die frühen wissenschaftlichen Evaluationsstudien gemeinsamer Erziehung und Bildung von Kindern mit Behinderung und Kindern ohne Behinderung zurückgeht, formuliert bereits wesentliche inklusionstheoretische Grundlegungen[13]. Das kann insbesondere mit Bezug auf die Theorie Integrativer Prozesse aufgezeigt werden. Mit ihr wird auf ein Theoriemodell zurückgegriffen, das in den 1980er Jahren im Rahmen der empirischen Begleitforschung der hessischen Modellversuche zur gemeinsamen Erziehung in Kindertageseinrichtungen und Schulen entwickelt wurde (vgl. Reiser et al. 1986; Klein et al. 1987; Kron 2009; Reiser 2007). Die Theorie Integrativer Prozesse wird an anderer Stelle in diesem Buch bereits ausführlich vorgestellt und eingeordnet (Wocken 2021). Nachfolgend werden thematisch wichtige Aspekte der Theorie aufgegriffen und hinsichtlich bildungstheoretischer Überlegungen ausgewertet.

Den Ausgangspunkt bildet die Beobachtung, dass der Zusammenhang von Teilhabe und Bildung im Kontext inklusiver Pädagogik und im Zuge der Diskurse um Bildungsgerechtigkeit bisher kaum vor dem Hintergrund der Einflüsse wirkmächtiger Vorstellungen über Bildung diskutiert wurde (vgl. Dederich 2016, 93). Dies liegt sicher auch an den wechselnden Konjunkturen, die der Bildungsbegriff in erziehungswissenschaftlichen und pädagogischen Diskursen durchläuft. Zeitweise, so auch im Entstehungskontext der Theorie Integrativer Prozesse in den 1980er Jahren, dominieren Begriffe wie Erziehung, Lernen oder Sozialisation die wissenschaftlichen Diskurse über das Verhältnis menschlicher Entwicklung in gesellschaftlichen Bezügen. Diese zeitweilige Abwesenheit des Bildungsbegriffs illustriert dessen Problematik, auf die auch hier kurz eingegangen werden soll. Sie mag aber nicht darüber hinwegtäuschen, dass Vorstellungen über die Verhältnisse von ‚Mensch und Welt' weiterhin praxiswirksam sind. Besonders deutlich zeigt sich dies in der Betrachtung der beiden Konstruktionen Bildung und Behinderung, denn sie können im deutschsprachigen pädagogischen Fachdiskurs der letzten Jahrzehnte als

[13] Da der Ausgangspunkt einer tragfähigen Theorieentwicklung vor der Etablierung des Inklusionsbegriffs im deutschsprachigen Diskurs liegt und sich einige der bis heute bedeutsamen wissenschaftlichen Arbeiten im Bereich der gemeinsamen Erziehung und Bildung, die unter dem Begriff der Integration oder Integrationspädagogik firmieren, als hoch anschlussfähig an den Inklusionsbegriff erweisen, verwende ich diesen auch im Zusammenhang der Theorie Integrativer Prozesse.

problematische Konstellation gelten – wurden doch traditionell die Grenzen des ersten systemwirksam mit der Zuschreibung des zweiten markiert (vgl. Papke 2016; 2017). Die ersten konsistenten Theorien einer inklusiven Pädagogik überwinden diese Dichotomie (vgl. Hinz 2004).
Die empirischen und theoretischen Arbeiten im Entwicklungsprozess der Theorie Integrativer Prozesse erforschen und formulieren dabei bereits wesentliche Grundlagen der Veränderung bestehender Selbst- und Weltsichten von Kindern im Kontext irritierender Erfahrungen von Nicht/Behinderung. Diese Arbeiten erweisen sich als anschlussfähig an aktuelle bildungstheoretische Diskurse, in denen Bildung in der Prozessperspektive als Transformation von Selbst- und Weltverhältnissen gefasst wird (vgl. Koller 2018) und in denen bisher noch kaum Bezug zu inklusionspädagogischer Theoriebildung hergestellt ist (vgl. Herzog/Wieckert 2021).

1. Begriffliche Positionierung im Sinne der Theorie Integrativer Prozesse

Angesichts der unterschiedlichen begrifflichen Verwendungsweisen von Inklusion werden vorab zwei Kernaspekte hervorgehoben, die für das Verständnis im Kontext der Theorie Integrativer Prozesse und für die weitere Ausarbeitung zentral erscheinen. Angemerkt sei an dieser Stelle auch, dass in der hier vorliegenden Schwerpunktsetzung auf gemeinsame Bildungsangebote für Kinder mit Behinderungen und Kinder ohne diese Kategorisierung bereits ein Spannungsverhältnis zum (nicht dichotomen) Prinzip von Inklusion ausgemacht werden kann (vgl. Tiedeken 2020, 22). Umgekehrt wird der Inklusionsgedanke aber auch unzulässig verkürzt, wenn die reale oder potenzielle Anwesenheit von Personen mit Behinderungen in den Konzepten erst gar nicht vorgesehen ist (vgl. Wocken 2020, 12) – stehen die Konstruktionen von Bildung und Behinderung doch im pädagogischen Fachdiskurs immer wieder in einer problematischen Konstellation zueinander (vgl. Papke 2017).
Erstens: Inklusion bezeichnet eine im Ursprung bürgerrechtlich und heute menschenrechtlich begründete gesellschaftliche Leitidee. Das bürgerrechtliche Kernargument beruft sich dabei auf den Grundsatz der Nichtdiskriminierung. Dieser Logik folgend, muss nicht die gemeinsame Bildung begründet werden. Vielmehr bedarf jede Form der Separation einer Legitimation vor dem Hintergrund ihrer Folgen für das betroffene Individuum (und dessen Umfeld). So kritisieren bereits die Entwickler/-innen der Theorie Integrativer Prozesse die Forderungen, Wissenschaft möge darüber Nachweis erbringen, dass die gemeinsame Erziehung und Bildung besser sei als die separierende: „Die Beweispflicht wird damit auf den Kopf gestellt“ (Reiser, Klein, Kreie, Kron 1986, 118). Die Ausgangsfrage früher inklusiver Theorieentwicklung lautete

demnach nie, ob gemeinsame Erziehung und Bildung gelingen könne, sondern unter welchen Bedingungen die optimale Entwicklung jedes Kindes in inklusiven Bildungssettings ermöglicht wird (ebd.).

Die aktuellen Begründungsmuster für Inklusion basieren auf Nichtdiskriminierung. Ausgehend von einem Verständnis, nach dem Behinderung als soziale Konstruktion in Wechselwirkung mit einstellungs- und umweltbedingten Barrieren aufgefasst wird, gehen sie aber unter Berufung auf die Universalität der Menschenrechte und die darin angelegte Unmöglichkeit, diese zu erwerben oder zu verlieren, sowohl argumentativ als auch rechtlich darüber hinaus (vgl. Wocken 2013; Degener 2015, 64 ff).

Zweitens: Inklusion lässt sich nicht als Status beschreiben, sondern charakterisiert eine Zielperspektive und einen dynamischen Prozess, „der nur im gesamtgesellschaftlichen Kontext zu denken ist, der aber in jeder Dimension seine eigenen Charakteristika hat“ (Kron 2019, 25). Unterschiedliche gesellschaftliche Teilbereiche weisen verschiedene historisch gewachsene, rechtliche und andere feldspezifische Herausforderungen hinsichtlich inklusiver Prozesse auf. So berührt das Nachdenken über Inklusion im Bildungsbereich andere Aspekte als beispielsweise die Verwirklichung inklusiver Arbeitswelten. Die Theorie Integrativer Prozesse formuliert die theoretische Grundannahme der Wechselwirkungen integrativer Prozesse auf mehreren Ebenen. Damit können Zusammenhänge innerpsychischer Auseinandersetzungen mit inter-personellen/interaktionellen, institutionellen oder (teil-)gesellschaftlichen Kontextbedingungen in den Blick genommen werden. Andererseits ermöglicht eine bewusste Perspektivenwahl (im Bild gesprochen: eine Einstellung der Brennweite) auch ein genaues Ausloten spezifischer Prozesse und ihrer konkreten Bedingungen – etwa mit Blick auf Kommunikationsprozesse in inklusiven Kindergruppen.

Solche theoretischen Zugänge ermöglichen eine Fokussierung des komplexen Phänomens der Inklusion unter spezifischen Fragestellungen, ohne jedoch die Rückbindung an einen übergeordneten Bezugspunkt zu verlieren.

Die begriffliche Positionierung zusammenfassend, lässt sich mit Kron (2019) konstatieren: „Inklusion ist (…) kein Zugeständnis, kein Entgegenkommen der Gesellschaft für eine Minderheit, sondern ein menschenrechtsbasiertes Konzept, als gesellschaftspolitisches Programm auf Teilhabe zielend, als pädagogisches Konzept auf Entwicklungsförderung, Reduzierung von Barrieren und Chancengerechtigkeit bedacht. Insofern geht es darum, die Probleme und Entwicklungshemmnisse abzubauen, die Kinder durch diskriminierende Strukturen und Etikettierungen, durch limitierte Teilhabe an Bildung, Erziehung und vorurteilsgeprägte Einstellungen erfahren“ (ebd., 28).

2. Bildung und Teilhabe – Chance oder Risiko?

Nachfolgend werden – durch ein menschenrechtliches Inklusionsverständnis gerahmt – dominierende Vorstellungen über Bildung als Einflussfaktoren für Teilhabe an Bildungsangeboten thematisiert. In der Bearbeitung des Themas erweisen sich die zunehmend angemahnten begrifflichen Unschärfen der Bezugsgrößen Inklusion, Teilhabe und Bildung als herausfordernd[14]. Daher werden begriffliche Eingrenzungen zur Bearbeitung des Vorhabens vorangestellt.

Bildung – ein Denkmodell zum Verhältnis von Subjekt und Gesellschaft

Im erziehungswissenschaftlichen Diskurs gilt der Begriff der Bildung als problematisch. Gleichzeitig wird aber auch immer wieder hervorgehoben, dass die Erziehungswissenschaft bisher „keine bessere Referenzformel für ihre Probleme" (Tenorth 2003, 422) findet. So werden die Vorbehalte gegenüber Bildung, als einem hoch normativen und häufig in problematischer Weise instrumentalisierten Begriff, durchweg geteilt. Es wird aber auch darauf verwiesen, dass das sozialphilosophische Konzept der Bildung unverzichtbare „kontextüberschüssige Gehalte" (Hansmann/Marotzki 1988, 10) für pädagogische Theorie und Praxisentwicklung aufweise, dass es sich um ein theoretisch gehaltvolles Konzept handle (vgl. Dreßler/Sander 2015). Auch die aktuelle Kritik richtet sich selten pauschal gegen Bildungskonzepte, sondern problematisiert eine einseitige Instrumentalisierung der Bildungsidee. Diese zeichnet sich gerade dadurch aus, dass in ihr ein dialektisches Spannungsverhältnis angelegt ist, nämlich zwischen der Vorstellung von individueller Entfaltung durch Wissens- und Entscheidungszuwächse und der gleichzeitigen Begrenzung auf gesellschaftlich definierte Ziele hin. Durch die Institutionalisierung in Bildungseinrichtungen haftet ihr zudem ein Moment von Emanzipation aller Bevölkerungskreise bei hoher Selektions- und gesellschaftlicher Allokationsmacht an (vgl. Löw 2006). „So trägt *Bildung* von Anbeginn auch distinktive Züge" (ebd., 21, Herv. i. O.).

Im Zuge der Aufarbeitung der Verbrechen des Naziregimes in den Nachkriegsjahren kommt die Kritik am Versagen der emanzipatorisch-demokratischen Momente von Bildung besonders eindrücklich in Adornos Theorie der Halb-

[14] Einige dieser ‚Unschärfen' ergeben sich in konstruktivistischer Lesart aus den unterschiedlichen Perspektiven der Autor/-innen und sind als Beiträge zu einer vielschichtigen Debatte zu werten. Teilweise entsteht aber auch der Eindruck, dass in der Kritik an inklusiver Theoriebildung und ihren Grundbegriffen ein inhaltlicher Widerspruch verklausuliert wird, um sich die eigene Positionierung zu ersparen.

bildung (ebd. 1962) zum Ausdruck: Eine um ihre inhärenten dialektischen Spannungsfelder reduzierte Bildungsidee erscheint hier nicht als ‚leider nur halb vorhanden', sondern konterkariert die gesamte Idee in riskanter Weise, indem die widersprüchlichen, in ihrem Verhältnis zueinander durchaus schwierig angelegten Anteile des Bildungskonstrukts sich nicht mehr gegenseitig regulieren und begrenzen. Problematisch ist dies auch und gerade in demokratisch verfassten Gesellschaften, weil mit dem Ideal der Bildungsgerechtigkeit Zugangsregelungen, Abschlüsse und gesellschaftliche Positionierungen legitimiert werden. Insbesondere über die Faktoren, die in die Konstruktion von Bildungsgerechtigkeit einfließen und über die diese sich legitimiert, entsteht immer wieder Diskussions- und Reformbedarf. Aktuell werden solche Diskurse auf gesellschaftlicher Ebene aber vermisst, eher sei „die inflationäre Verbreitung des Bildungsbegriffs mit einem weitgehenden Verlust seines semantischen Gehalts erkauft" (Sander 2018, 5), was neue Schieflagen und Instrumentalisierungen des Bildungsbegriffs begünstige.

Wenn nun die Erziehungswissenschaft aus nachvollziehbaren Gründen keinen allgemein akzeptierten Bildungsbegriff aufweisen kann, worin bestehen dann die unverzichtbaren sogenannten kontextüberschüssigen Gehalte? Zentrale Bezugspunkte können in den Wechselwirkungen und Spannungsverhältnissen von Subjekt und Gesellschaft ausgemacht werden. Bildungstheorien als zentrale Elemente pädagogischer Sicht- und Zugangsweisen beschreiben und ordnen Vorstellungen über die Zusammenhänge der Auseinandersetzung des Individuums mit der Welt und die Positionierungen der Gesellschaft angesichts der Entwicklungstatsache des Einzelnen. Bildungstheorien sind demnach zunächst einmal Denkmodelle, in denen Dimensionen miteinander verbunden werden, die für die Beschreibung und das Verständnis des Verhältnisses von ‚Mensch und Welt' relevant erscheinen. Konkret existierende Bildungsvorstellungen bilden innerhalb dieser Dimensionen und mit Blick auf deren Verhältnis zueinander ganz unterschiedliche Vorstellungen, Ideale und inhaltliche Schwerpunktsetzungen aus. Solche unterschiedlichen Bildungsvorstellungen existieren immer auch gleichzeitig, meist gibt es aber dominierende Konzepte, die sich als wirkmächtiger für reale Bildungsstrukturen und -inhalte erweisen, als andere, mit ihnen konkurrierende (vgl. Papke 2016, 19 f). Hans Thiersch merkt in diesem Zusammenhang an, die Bedeutung und Tragweite des Bildungsbegriffs könne „nicht im Rekurs auf einen Begriff von der Sache selbst, also essentialistisch begründet werden, sondern nur in Rekonstruktion der Bedeutungen, die sich innerhalb gesellschaftlicher, nationaler und fachlich geprägter Diskurse ausgebildet haben" (Thiersch 2015, 206).

Das Potenzial des Bildungskonzepts als Referenzformel für aktuelle erziehungswissenschaftliche Probleme lässt sich also gerade nicht über konkrete

und immer gültige Inhalte und Ergebnisse erschließen. Vielmehr handelt es sich um Themenfelder und Dialektiken, die mit Blick auf das Verhältnis von Mensch und Welt, etwa mit Blick auf das zentrale Spannungsfeld von unverwechselbarer Subjektivität und allgemein erwartbaren Kompetenzen, von Emanzipation und Verantwortlichkeit – letztlich von Individualität und Gemeinschaftlichkeit – immer und immer wieder neu für konkrete Herausforderungen beantwortet werden müssen (vgl. Klafki 1996; Hansmann/Marotzki 1988). In diese Antworten spielen Vorstellungen über menschliche Entwicklung und Vorstellungen über gesellschaftliche Verfasstheiten ein. Die Bildungsidee kommt demnach nicht darum herum, normativ zu sein.
Im Umfeld erster Modellversuche gemeinsamer Erziehung und Bildung wird bereits auf notwendige Neujustierungen im Feld bildungstheoretischer Grundfragen hingewiesen. Die Autor/-innen der Theorie Integrativer Prozesse merken an, dass durch „die Aufhebung der Trennung von Regelerziehung und Sondererziehung Grundfragen der Erziehung aktualisiert werden, wie der Ausgleich zwischen Individuum und Gruppe, das Verhältnis von Gleichheit und Ungleichheit, der Widerspruch zwischen Selbstwertgefühl und gesellschaftlich definierter Tüchtigkeit“ (Reiser/Klein/Kreie/Kron 1986, 117). Übereinstimmend mit dem bildungskritischen Duktus der 1980er Jahre werden die hier genannten Kernaspekte des Verhältnisses von Individuum und Gruppe im Kontext gesellschaftlicher Wertmaßstäbe als Erziehungsfragen, an anderer Stelle auch als Sozialisationsfragen, gekennzeichnet.

Inklusion und Teilhabe – nur zustimmungspflichtig oder auch handlungsleitend?

Auch die Begriffe Inklusion und Teilhabe und ihr Verhältnis zueinander werden zunehmend als problematisch aufgefasst. Der Inklusionsbegriff fungiere aktuell als unbestimmte „Chiffre für die umfassenden und nicht-exklusiven Teilhabeversprechen der Moderne“ (Dederich 2020, 527). Damit riskiere der Begriff den Verlust kritisch-emanzipativen Potenzials, weil zwar in hohem Maße Zustimmung, umgekehrt aber auch kaum noch konkrete praktische Veränderungen mit der Rede von Inklusion verbunden werden (ebd.). Dass der Inklusionsbegriff weitreichende gesellschaftliche Teilhabeversprechen und die mit ihnen zusammenhängenden gesellschaftlichen Widersprüche aktualisiert, kann jedoch auch konstruktiv aufgegriffen werden. Komplexe Begriffe unterliegen zwar der Gefahr der Vereinfachung. Begriffliche Verwässerungen können aber nicht per se zum Anlass genommen werden, herausfordernde Begriffe mit kritischem Potenzial wieder zu verwerfen. Auch die angebliche Theorieleere der Inklusion wird ja nicht schon durch deren Unterstellung wahr. Oft liegt darin gerade eine Chance zu genauerem Hinsehen. Denn ob die Teilhabeversprechen der Moderne dem Anspruch nach bereits als hinreichend verwirklicht gelten können, wer sich überhaupt als wirkmächtig in der Definition von Teilhabechancen und -wegen erweist und wo in gesellschaftlichen Wirklichkeiten Unterschiede markiert werden, wie diese zudem hergestellt werden und wie die Verteilungen begehrter und knapper gesellschaftlicher Positionen legitimiert werden, das muss fortlaufend erforscht und diskutiert werden – insbesondere im Bildungsbereich, der für viele andere gesellschaftliche Bereiche ja gerade mit Blick auf Teilhabechancen als grundlegend gilt. Fragen nach Teilhabechancen sind im Kern Gerechtigkeitsfragen, die immer auch Begründungen ihrer Verteilungslogiken evozieren und die es daher kritisch und differenzsensibel zu reflektieren gilt. Mit der bürger- und menschenrechtlichen Positionierung inklusiver Theoriebildung wird Teilhabe zu einem bedeutenden Bezugspunkt. Impulse für eine gerechtigkeitstheoretische sowie empirisch bearbeitbare Einordnung von Bildung werden aktuell auch in der Theorieentwicklung der Sozialpädagogik und Sozialen Arbeit ausgemacht (vgl. Tenorth 2020, 413 ff). So etabliert sich in der Jugendhilfe und im außerschulischen Bildungsbereich ein Diskurs um eine normative Begründung inklusiver Ausrichtung, z. B. bezugnehmend auf gerechtigkeitstheoretische Ansätze, wie den Capabilities-Ansatz, und in Ausarbeitung der Bedeutung von Teilhabe für die Zuschnitte persönlicher Handlungsspielräume in gesellschaftlich relevanten Feldern (vgl. Hopmann 2021). Teilhabe gilt dabei als demokratischer Schlüsselbegriff und als weitreichende Form von Partizipation, nämlich als „(‘anteilige‘) Nutzung der zu einem gegebenen Stand der gesellschaftlichen Entwicklung verfügbaren Ressourcen und Möglichkeiten zur Realisierung individueller Lebensentwürfe und zur Herausbildung von Subjektivität“ (Schnurr 2018, 634, Herv. i. O.).

Implikationen

Ein zentraler Beitrag zu der Frage, welche Implikationen im Sinne der Verwicklungen, also des Einbeziehens einer Sache in eine andere (vgl. Platte 2014), sich aus der Leitidee der Inklusion und der Leitidee der Bildung ergeben (vgl. Papke 2017) lässt sich also in der Bedeutung von Teilhabe festmachen. So kann in bildungstheoretischen Denkmodellen die Dialektik von Individualität und Gemeinschaftlichkeit über den Bezugspunkt des Teilhabegedankens konkretisiert werden. Eine theoretische Grundposition von Inklusion liegt in der Verbindung der Aspekte von Verschiedenheit und Gleichheit (vgl. Prengel 2019; 2009; Wocken 2021). Diese verweist darauf, dass in der Wertschätzung von Vielfalt alleine noch keine grundsätzliche Entscheidung für Inklusion liegt. Vielmehr geht es „um die doppelte Zielsetzung, sowohl die Entwicklung der individuellen Potenziale zu ermöglichen und anzuregen als auch die Gemeinsamkeit und Zugehörigkeit aller zu pflegen“ (Wocken 2014, 55). Wenn für Bildungsangebote die Maßgabe der Inklusion als Maßgabe der Ausgestaltung von Teilhabemöglichkeiten aller Kinder und Jugendlichen verstanden wird, dann kann über den Begriff der Teilhabe, politisch wie pädagogisch handlungsrelevant argumentiert werden, welche Aspekte umgesetzt werden müssen, damit Bildungsangebote sich als Teil der Realisierung individueller Lebensentwürfe und des bedingungslosen Angebots von Zugehörigkeit erweisen.

3. Grundbedingung inklusiver Bildung: Allgemeingültige theoretische Konzepte menschlicher Entwicklung als Grundlage pädagogischen Handelns

Dass Teilhabeversprechen im Bildungsbereich immer wieder erhebliche Blindstellen aufweisen können, zeigt sich auch im Entstehungskontext der Theorie Integrativer Prozesse. In den Jahren zuvor konnte die Gleichzeitigkeit von demokratisch argumentierenden Bildungsreformforderungen und dem Ausklammern von Kindern mit Behinderungen von diesen Forderungen beobachtet werden. Die knappe Schilderung dieser Entwicklungen macht bedeutende Merkmale integrations- und inklusionspädagogischer Theorieentwicklung deutlich, die einen ganz zentralen Aspekt inklusiver Pädagogik darstellen: Die explizite Bezugnahme auf theoretische Konzepte menschlicher Entwicklung, die für alle Kinder gleichermaßen zutreffen.
Im Zuge der (gerechtigkeitsmotivierten) Bildungsreformstimmung der ausgehenden 1960er und 1970er Jahre erfährt die Logik einer begabungsspezifischen Zuteilung zu Bildungsangeboten im mehrgliedrigen Schulsystem vor dem Hintergrund einer empirischen Wende tiefgreifende Kritik. Angestoßen von empirischen Forschungen zu Bildungszugängen und beeinflusst von konstruktivistischen Entwicklungstheorien, geraten die Wechselwirkungen zwischen Bildungschancen und Bildungsbedingungen zunehmend in den Blick und fließen in die Überlegungen im Zuge der Gesamtschuldebatten ein (vgl. Papke 2016, 104 ff). Im Umfeld des Deutschen Bildungsrats entstehen eine Reihe wegweisender Empfehlungen und Gutachten. Die Kernaussagen des Gutachtenbands ‚Begabung und Lernen‘ einordnend, merkt der Herausgeber Heinrich Roth an: „Es ist deshalb nach meiner Auffassung heute schlicht unmöglich geworden, für Gruppen von Menschen durch die Vorwegzuweisung in eine in ihren Zielen begrenzte Schulart den Rahmen im Voraus festzulegen, den sie nicht überschreiten dürfen. Wir sind auf keinen Fall berechtigt,

für jemanden die Abstraktionsebene festzulegen, die er höchstens erreichen darf, oder die Methoden des Lernens und Denkens, für die allein er aufgeschlossen werden darf" (Roth 1969, 67).

Abgesehen davon, dass ohnehin nur wenige der Reformgedanken in der breiten Praxis des Bildungssystems wirksam wurden, zeigten sich Bildungsüberlegungen für Kinder mit Behinderungen, insbesondere für Kinder mit sogenannter geistiger Behinderung, davon zunächst weitgehend unberührt und gingen sogar in eine entgegengesetzte Richtung. So ist der komplementäre Entwurf von praktischer und abstrakter Bildbarkeit, wie er in der sogenannten Geistigbehindertenpädagogik der 1960er und 1970er Jahre für eine als weitgehend homogen konstruierte Gruppe der Kinder mit einer sogenannten geistigen Behinderung erarbeitet wurde (vgl. Bach 1969), ein Beispiel dafür, wie bildungstheoretische Begründungsmuster nachhaltig separierende Bildungswirklichkeiten untermauern. Zunächst erzwang die bereits mit bürgerrechtlichen Argumenten geforderte Öffnung des Bildungssystems (vgl. Lebenshilfe 1960) für eine bis dato als bildungsunfähig markierte Schüler/-innenschaft auf theoretischer und konzeptioneller Ebene eine neue Positionierung hinsichtlich des geltenden Bildungsverständnisses. Es lässt sich rekonstruieren, wie, von spezifischen und idealtypisch entworfenen Entwicklungsvorstellungen der sogenannten geistig behinderten Kinder ausgehend, zirkelschlüssig sowohl die Zugangsvoraussetzung als auch das pädagogische Angebot auf die Konzeption einer praktischen Bildbarkeit abgestimmt wurden (vgl. Papke 2016). Neue Attribute zur Beschreibung einer besonderen Bildungsfähigkeit charakterisierten diese in nahezu allen Belangen als spezielle Bildbarkeit und als Gegenpol zu bestehenden Vorstellungen über Bildung. Die zu gründenden Schulen sollten sich auszeichnen durch „eine eigenständige Konzeption ihrer Arbeit, die eben auf die vorliegende praktische Bildbarkeit ihrer Schüler abgestellt ist" (Bach 1966, 13). Die Anpassung an sozial erwünschtes Verhalten als „Erziehung zur Umgänglichkeit" (Ziebell 1966, 167) nimmt dabei einen hohen Stellenwert ein und meint eine Erziehung im Sinne „von Verhaltensweisen bzw. von Verhaltensbereitschaften, die notwendig sind, mit einem behinderten Kind überhaupt *umzugehen*, bzw. mit anderen Umgang pflegen zu lassen" (ebd., Herv. i. O.).

Die Beteiligung bisher Ausgeschlossener regte, zeitlich parallel zu den kritischen Überlegungen zum Begabungsbegriff, innerhalb der Behindertenpädagogik damals nicht dazu an, Bildungsvorstellungen zu hinterfragen, sondern führte zu einer Erweiterung an der bisherigen Untergrenze des Bildungssystems. Das Nachdenken über Bildung endete in der Formulierung eines Spezialfalls als deutlich reduzierte Variante des Bildungsbegriffs (vgl. Papke 2016).

Beiträge der Theorie Integrativer Prozesse

Die Theorie Integrativer Prozesse fußt auf einem eklektisch psychoanalytisch, systemisch und humanistisch ausgerichteten Verständnis menschlicher Entwicklung (vgl. Reiser 2006). Als wesentliche Referenztheorien gelten die Entwicklungspsychologie Jean Piagets, die psychoanalytische Interaktionstheorie Alfred Lorenzers, die dialogische Philosophie Martin Bubers sowie das Konzept der Themenzentrierten Interaktion Ruth Cohns. Sie bilden gewissermaßen den Rahmen für das Verständnis und die Interpretation der in der gemeinsamen Erziehung und Bildung beobachteten Entwicklungsprozesse (vgl. Klein et al. 1987, 36; Wocken 2021).

Durch die Überwindung der bis dato vorherrschenden Annahme grundsätzlich verschiedener Entwicklungslogiken wird die Legitimationsfigur der Aufteilung in getrennte pädagogische Orte und professionelle Zuständigkeiten grundständig und aus einer fachwissenschaftlichen Position heraus hinterfragt. Reiser konstatiert später, „dass professionelle Erziehung und Erziehungshilfe ohne ein fundiertes theoretisches Konzept der menschlichen Entwicklung einem Blindflug ohne Radarsystem gleicht“ (ebd. 2006, 7).

Ausgehend von einem bürgerrechtlichen und politischen Anspruch aller Kinder auf Zugang zu allgemeinen Bildungsprogrammen, fokussiert die Theorie Integrativer Prozesse in ihrer theoretischen Grundlegung die konkrete Handlungsebene der Teilhabe im alltäglichen Kerngeschäft von Bildungsangeboten und erarbeitet detaillierte Grundlagen für ein positiv gerichtetes Entwicklungs- und Bildungsverständnis mit Blick auf alle Kinder. Trotzdem ist auch aktuell noch anzunehmen, dass solche, als Abgrenzung zwischen besonderer und regulärer Bildung konzipierten Bildungsvorstellungen, in gemeinsame (eventuell auch als inklusiv bezeichnete) Bildungssettings hineinwirken. Die dominierende Thematisierung gemeinsamer Erziehung und Bildung unter Gesichtspunkten individueller Förderung jener Kinder, für die zuvor ein sogenannter besonderer pädagogischer Förderbedarf festgestellt wurde, kann ein Indiz für den weitgehenden Verbleib in der Logik einer Parallelstruktur sein, auch wenn der Förderort seit geraumer Zeit durchaus die Regelschule sein mag (vgl. Lindmeier 2019, 10).

4. Grundbedingung inklusiver Bildung: Bildung in der Prozessperspektive

Im bildungstheoretischen Diskurs der 1980er Jahre beginnt sich ein Perspektivwechsel durchzusetzen: Zunehmend wird Bildung als Prozess gefasst. Dabei geht die Prozessperspektive weit über den Blick auf Entwicklung in der

Zeit hinaus, indem die Beschäftigung mit dem qualitativen Charakter von Bildungsprozessen als Schnittstelle zwischen Person und Welt ins Zentrum des Interesses rückt. Bildungsprozesse selbst werden als Transformation innerpsychischer Strukturen (Kokemohr 2007), als biografische Ordnungsleistung (Marotzki 2006) sowie aktueller und daran anknüpfend, als Transformation von Welt- und Selbstverhältnissen (Koller 2018) gefasst.

Bildungsprozesse zeichnen sich demnach gerade dadurch aus, dass sie bestehende Wissens- und Deutungsmuster in Frage stellen: sie irritieren die bestehenden Selbst- und Weltsichten, erzwingen entweder Neuordnung oder Abwehr – Bildungsprozesse können krisenhafte Momente sein. Kokemohr fasst den Bildungsprozess „als qualitativ spezifischen Prozess auf, der (...) die kategorialen Figuren betrifft, kraft derer sich das Verhältnis von Subjekt und Welt entwirft und modifiziert. Diese Auffassung schließt ein, dass ein Bildungsprozess Subjekt und Welt in ihrer je gegebenen symbolisch typisierenden Konfiguration aufbricht und anders refiguriert" (Kokemohr 2007, 16, Herv. i. O.). Damit fokussiert der Bildungsbegriff zunehmend integrative Leistungen des Subjekts in Auseinandersetzung mit Umweltbedingungen und in Kommunikation mit diesen.

Dabei wird das Subjekt nicht mehr als Instanz, sondern selbst als Moment eines Prozesses gedacht (ebd. 21). Das Verhältnis zwischen Mensch und Welt selbst wird als wechselseitiger Aushandlungsprozess verstanden: „Welt und Selbst sind somit nicht ein Gegebenes, sondern werden aufgrund unserer perspektiven- und deutungsgebundenen Wahrnehmung zu etwas, was erst hergestellt und über soziale Interaktionen aufrechterhalten oder verändert wird" (Marotzki 2006, 61).

Die Prozessperspektive rückt auch die Einflussfaktoren und spezifischen persönlichen, institutionellen und gesellschaftlichen Bedingungen in den Blick. So verorten Koller/Marotzki/Sanders „die Konzeption von Bildung als Transformation grundlegender Figuren des Welt- und Selbstbezugs" (ebd. 2007, 7) in der bildungstheoretischen Tradition seit Humboldt, betonen aber zwei Erweiterungen dieser Konzeption: „Zum einen hebt sie hervor, was den Anlass bzw. die Herausforderungen für Bildungsprozesse darstellt, nämlich eine Art von Krisenerfahrung, in der sich das bisherige Welt- und Selbstverständnis eines Menschen als nicht mehr ausreichend erweist. Und zum anderen umfasst diese Neufassung des Bildungsbegriffs im Unterschied zur klassischen Bildungsphilosophie ausdrücklich eine empirische Perspektive, der zufolge bildungstheoretische Überlegungen auch einen Anschluss an die (qualitativ-) empirische Untersuchung von Bildungsprozessen eröffnen sollten" (ebd.).

Beiträge der Theorie Integrativer Prozesse und Anschlussmöglichkeiten an aktuelle Diskurse

Die Theorie Integrativer Prozesse repräsentiert beide Gedanken – den der Neuordnung von Selbst- und Weltverhältnissen durch irritierende (widersprüchliche) Anteile und Erfahrungen sowie den der empirischen Grundlegung – bereits in den späten 1980er Jahren. Sie fußt auf einem interaktiven Verständnis von Integrationsprozessen im Sinne von Einigungsprozessen, die wechselwirksam auf mehreren Ebenen stattfinden. Das Kernverständnis von Integration kann zusammengefasst werden „als Einigungsprozesse in der konflikthaften Dynamik von Annäherung und Abgrenzung in der Auseinandersetzung mit dem Anderen auf der innerpsychischen Ebene, der interaktionalen Ebene, der institutionellen und der kulturell-gesellschaftlichen Ebene“ (Reiser 2007, 99). Grundsätzlich werden also innerhalb des Theorieansatzes solche Prozesse als integrativ bezeichnet, „bei denen Einigungen zwischen widersprüchlichen innerpsychischen Anteilen, gegensätzlichen Sichtweisen, interagierenden Personen und Personengruppen zustande kommen“ (Klein et al. 1987, 37 f., Herv. i. O.). Bedeutsam ist dabei das Verständnis von Einigung. Einigung ist in diesem Zusammenhang nicht als die Auflösung von Gegensätzen oder das Finden eines Kompromisses zu verstehen. Vielmehr haben Einigungsprozesse eine dialektische Struktur, bestehend aus Schritten der Abgrenzung und Schritten der Annäherung. Sie „erfordern nicht einheitliche Interpretationen, Ziele und Vorgehensweisen, sondern vielmehr die Bereitschaft, die Positionen der jeweils anderen gelten zu lassen, ohne diese oder die eigene Position als Abweichung zu verstehen“ (ebd., 38). Kron (2009) präzisiert Prozesse der Abgrenzung als Prozesse, in denen sich Personen ihrer Positionen sicherer werden und Prozesse der Annäherung als solche, die es ermöglichen, die Position des Anderen zu verstehen und zu berücksichtigen (vgl. ebd., 186).

Mit Blick auf die Anschlussfähigkeit an aktuelle Bildungsdiskurse eröffnen sich gleich mehrere Aspekte, die hier exemplarisch angedacht werden können. So ist es bedeutsam, dass Integration in dieser Perspektive zuerst und grundlegend als Prozesse der Balance widersprüchlicher Anteile auf individueller, intra-psychischer Ebene verstanden wird, diese Prozesse aber gleichsam nur in dynamischer Wechselwirkung zu weiteren Erlebens- und Handlungsebenen zu denken sind. Hier spielen konkrete Bedingungen auf institutioneller Ebene genauso eine Rolle, wie die Wirkungen gesellschaftlicher Deutungs- und Bewertungsmuster. Die Elementarpädagogik greift diese Einflussfaktoren in frühkindlichen Bildungsprozessen beispielsweise in Ansätzen der Vorurteilsbewussten Bildung (Anti-Bias-Pädagogik) auf (vgl. Wagner 2017).

Integrative Prozesse im Sinne der Theorie werden angestoßen durch eine Dynamik dialektischer Spannung von Gleichheit und Verschiedenheit zwischen Individuen, die sich in der Interaktion durch Spannung von Autonomie und wechselseitigem Bezug – von Abgrenzung und Annäherung – ausdrücken: „So sprechen wir heute von integrativen Prozessen, um die Dynamik des Geschehens zu betonen. Wir arbeiteten die Dialektik der integrativen Prozesse verstärkt heraus: Die gesellschaftliche Dialektik von Gleichheit und Ungleichheit findet ihre Entsprechung in der Dialektik der Interaktionen, in denen die Person zugleich autonom und interdependent ist“ (Reiser/Klein/Kreie/Kron 1986, 119). Die Theorie Integrativer Prozesse konkretisiert damit auf der intra-psychischen Ebene in Wechselwirkung mit der inter-personellen Ebene Kommunikationsprozesse als maßgeblich für die Veränderung von Persönlichkeitsstrukturen. Damit kommt sie der Vorstellung von Bildung als fortwährender Transformation von Selbst- und Weltverhältnissen, die der Irritation bedarf (vgl. Marotzki 2006, 61 ff; Kokemohr 2007, 16 ff.; Koller 2018, 9 ff.) sehr nahe – ohne jedoch Integrationsprozesse explizit als Bildungsprozesse zu bezeichnen.
Dabei ist es als zentral hervorzuheben, dass integrative Prozesse als Auseinandersetzungsprozesse auf der intra-psychischen Ebene in Verwobenheit mit interindividuellen Kommunikationsprozessen gefasst werden und dass Irritationen von Welt- und Selbstverhältnissen durch Kommunikationsprozesse initiiert sind. Dies impliziert nicht den Ausschluss anderer Bildungsanlässe, die situativ ohne sozialen Kontakt (etwa beim Lesen, in der pädagogischen Einzelarbeit, beim Fernsehen, Nachdenken, usw.) stattfinden können. Die Theorie Integrativer Prozesse fokussiert aber Kommunikationsprozesse, schon wegen ihrer empirischen Grundlegung.

Dies soll an einem Beispiel verdeutlicht werden

Entwickelt wurde die Theorie integrativer Prozesse maßgeblich auf Basis empirischer Beobachtungsstudien zu Interaktionsprozessen in Kindergruppen (Kindertageseinrichtungen und Schulen), deren Gruppenmitglieder in ihrer Entwicklung und ihrem Interaktionsverhalten sehr unterschiedlich sind. Kron (1988) schildert auf Basis dieser empirischen Studien, wie Kinder ohne Beeinträchtigung die Behinderung eines anderen Kindes in der Kindergartengruppe erleben. Die Beobachtungen zeigen, wie Kinder mit Variationen und mit Irritationen ihnen bisher vertrauter Ereignisse und angenommener Abläufe und Wahrheiten umgehen:

> *„Lena, 5 J. […]; Mirko 4 J. Die Erzieherin sitzt mit Lena auf dem Schoß am Frühstückstisch. Mirko schaut sie eine Weile an, dann sagt er zur*

Erzieherin: ‚Gell, die kann nicht laufen!‘ Die Erzieherin: ‚Nein, das kann Lena nicht.‘ Mirko: ‚Gell, weil die immer so faul ist!‘“ (Kron 1988, 81).

Deutlich wird, wie Mirkos Erwartungen an das Können eines älteren oder als annähernd gleichaltrig wahrgenommenen Kindes durchkreuzt werden. Er gleicht seine Erfahrungen mit den Beobachtungen bei Lena ab und erkundigt sich zunächst bei der erwachsenen Person, ob er mit seiner Wahrnehmung richtig liegt. Dann zieht er seine Schlüsse über Nicht/Laufen-Können auf der Basis seiner bisherigen Erfahrung und der in diesem Kontext entwickelten momentanen Selbst- und Weltsicht. Er interpretiert die irritierende Erfahrung und ordnet sie in ihm bekannte Muster und Beweggründe ein – da Kinder dieses Alters oder dieser Körpergröße nach seiner Erfahrung laufen können, *will* Lena es wohl nicht, bzw. strengt sie sich wohl nicht genug an: Sie scheint zu faul zu sein. Mit dem Zusatz ‚Gell‘ öffnet Mirko seine Interpretation aber bereits, sucht zumindest nach Bestätigung, scheint sich nicht ganz sicher zu sein. Hier deutet sich ein Infrage-Stellen bisher angenommener Wahrheiten und Gewissheiten an. Die hier geschilderte Irritation kann als Impulsgeberin für Auseinandersetzungen mit der eigenen Selbst- und Weltsicht gedeutet werden.
Kron beschreibt in ihrer Interpretation die Einordnung dieser Erlebnisse bei den beobachteten Kindern als Variationen der bisherigen Erfahrungen. Insgesamt kann sie an ihrem empirischen Material aufzeigen, dass Irritationen so weit gehen können, „dass die Kinder in dieser Auseinandersetzung ihr bisheriges Weltbild um ein bedeutendes Maß erweitern: In der Erfahrung, dass seine Assimilationen zu Widersprüchen und Konflikten führen, differenziert sich die Weltsicht des Kindes. Es lernt, behinderte Kinder (wie im übrigen auch andere Personen und Situationen) anders wahrzunehmen. Durch die Konfrontation mit den ihnen ungewohnten Realitäten erfahren sie, dass sich die Verschiedenheiten von Individuen über ein ungemein breites Spektrum erstrecken, dass dies oder jenes zu können keine Selbstverständlichkeit ist. Gerade die Irritation in der gewohnten Vorstellungswelt ermöglicht ihnen erst, über die Auseinandersetzung mit dem Neuen zu einer offeneren, realitätsgerechteren Sichtweise von Personen und Situationen zu gelangen“ (Kron 1988, 87).
Vor der Hintergrundfolie aktueller bildungstheoretischer Arbeiten können diese Beobachtungen auch als Momente von Bildungsprozessen gelesen werden, aus denen ein Subjekt in seinem gesamten Verhältnis zur Welt, zu den Personen und Dingen und zu sich selbst in der Welt, verändert hervorgeht.

5. Fazit

Mit zunehmendem Umsetzungsanspruch inklusiver Erziehung und Bildung in schulischen und nichtschulischen Bereichen mehrt sich die Kritik am theoretischen Fundament dieser Teilhabe- und Inklusionsforderungen im Bildungsbereich. Kritische Stimmen sind so berechtigt wie notwendig. Dies gilt schon alleine, da Theorieentwicklung sich fortwährend mit aktuellen Fragestellungen und Anforderungen befassen muss und theoretische Fundamente sich bei gesellschaftsrelevanten Themen nie auf ein Vorhanden- oder Nichtvorhandensein reduzieren lassen. Zudem lebt jeder Diskurs geradezu von unterschiedlichen Positionen. So gerechtfertigt die Forderung nach theoretischer Einordnung bzw. fortwährender Theorieentwicklung im Feld inklusiver Pädagogik also ist, so wirkt der Vorwurf der Theorieleere bisheriger Inklusionsforderungen aber geradezu irritierend – und dies schon nur angesichts der Beiträge der Theorie Integrativer Prozesse.

Exemplarisch konnten hier einige ausgewählte Aspekte vertieft werden, die sich als zentral für Bildungsvorstellungen in inklusiven schulischen wie nichtschulischen Bildungssettings erweisen. Abschließend soll einer dieser Aspekte noch einmal hervorgehoben werden: Pädagogisches Handeln benötigt den reflektierten Rückbezug auf Konzepte menschlicher Entwicklung unter Bedingungen von Gesellschaft, um nicht im „Blindflug ohne Radarsystem" (Reiser 2006, 7) hinter wechselnden gesellschaftlichen Anforderungen herzufliegen. Dazu müssen sie ausnahmslos für alle Kinder, Jugendlichen und Erwachsenen gelten, was ihnen abverlangt, Individualität und Zugehörigkeit in einer Art und Weise zu bedenken, in der keine ‚Sonderfälle' ausgewiesen werden müssen – denn der Rückblick in die Geschichte aller Sondererziehung zeigt, wie exklusive Entwicklungs- und Bildungsvorstellungen nachhaltige Diskriminierungseffekte auslösen und legitimieren. Ob diese Denkmodelle als Bildungs-, Sozialisations- oder Entwicklungstheorie bezeichnet werden, mag in disziplinärer Logik wichtig sein, für pädagogische Praxis ist dies jedoch nicht unbedingt die entscheidende Frage. Wichtiger ist, dass die Denkmodelle auf Teilhabe als Brücke zwischen Individualität und Gemeinschaftlichkeit bauen.

Die Integration inklusionspädagogischer Theoriebildung in das Nachdenken über Bildung verspricht jedenfalls ein weiterführender und lohnender Ansatz zu sein.

Literatur

Adorno, Theodor (1962): Theorie der Halbbildung. In: Theodor Adorno; Walter Dierks (Hrsg.): Max Horkheimer, Theodor W. Adorno. Sociologica II. Reden und Vorträge. Frankfurt/M.: Europäische Verlagsanstalt, 168–192

Bach, Heinz (1969): Geistigbehindertenpädagogik. Berlin: Marhold

Dederich, Markus (2020): Inklusion. In: Gabriele Weiß; Jörg Zirfas (Hrsg.): Handbuch Bildungs- und Erziehungsphilosophie. Wiesbaden: Springer VS, 527–536

Dederich, Markus (2016): Bildungsgerechtigkeit. In: Ingeborg Hedderich et al. (Hrsg.): Handbuch Inklusion und Sonderpädagogik. Bad Heilbrunn: Klinkhardt, 92–96

Degener, Theresia (2015): Die UN-Behindertenrechtskonvention – ein neues Verständnis von Behinderung. In: Theresia Degener; Elke Diehl (Hrsg.): Handbuch Behindertenrechtskonvention. Teilhabe als Menschenrecht – Inklusion als gesellschaftliche Aufgabe. Bonn: Bundeszentrale für politische Bildung, 55–74

Dreßler, Jens/Sander, Wolfgang (2015): Bildung – Renaissance einer Leitidee. In: Zeitschrift für Pädagogik 61 (4), 461–463

Herzog, Sonja/Wieckert, Sarah (Hrsg.): Inklusion – eine Chance, Bildung neu zu denken?! Weinheim: Beltz Juventa

Hinz, Andreas (2004): Vom sonderpädagogischen Verständnis der Integration zum integrationspädagogischen Verständnis der Inklusion!? In: Irmtraud Schnell; Alfred Sander (Hrsg.): Inklusive Pädagogik. Bad Heilbrunn: Klinkhardt, 41–74

Hansmann, Otto/Marotzki, Winfried (1988): Die Eröffnung des Diskurses. In: Dies. (Hrsg.): Diskurs Bildungstheorie I: Systematische Markierungen. Rekonstruktion der Bildungstheorie unter Bedingungen der gegenwärtigen Gesellschaft. Weinheim: Deutscher Studienverlag, 9–17

Hopmann, Benedikt (2021): Inklusion als Befähigung – der Capabilities-Ansatz als normativ-theoretische Metrik für Inklusion. In: Bettina Fritzsche et al. (Hrsg.): Inklusionsforschung zwischen Normativität und Empirie – Abgrenzungen und Brückenschläge. Opladen, Berlin, Toronto: Verlag Barbara Budrich, 88–105

Klafki, Wolfgang (1996): Neue Studien zur Bildungstheorie und Didaktik. Weinheim: Beltz

Klein, Gabriele/Kreie, Gisela/Kron, Maria/Reiser, Helmut (1987): Integrative Prozesse in Kindergartengruppen. Über die gemeinsame Erziehung von behinderten und nichtbehinderten Kindern. Weinheim: Juventa/DJI Verlag.

Kokemohr, Rainer (2007): Bildung als Welt- und Selbstentwurf im Anspruch des Fremden. Eine theoretisch-empirische Annäherung an eine Bildungsprozesstheorie. In: Hans-Christoph Koller et al. (Hrsg.): Bildungsprozesse und Fremdheitserfahrung. Beiträge zu einer Theorie transformatorischer Bildungsprozesse. Bielefeld: transcript Verlag, 13–68

Koller, Hans-Christoph (2018): Bildung anders denken. Einführung in die Theorie transformatorischer Bildungsprozesse. 2. Aufl. Stuttgart: Kohlhammer.

Koller, Hans-Christoph/Marotzki, Winfried/Sanders, Olaf (2007): Einleitung. In: Dies. (Hrsg.): Bildungsprozesse und Fremdheitserfahrung. Beiträge zu einer Theorie transformatorischer Bildungsprozesse. Bielefeld: transcript Verlag, 7–12

Kron, Maria (2019): Inklusion und Entwicklung: Kinder mit besonderen Bedürfnissen in (frühen) Bildungsprozessen. In: Roland Stein et al. (Hrsg.): Frühpädagogische Inklusion und Übergänge. Berlin: Frank & Timme Verlag, 25–43

Kron, Maria (2009): Gemeinsame Erziehung von Kindern mit und ohne Behinderung im Elementarbereich. Theorieansätze und Praxiserfahrungen. In: Hans Eberwein; Sabine Knauer (Hrsg.): Integrationspädagogik. 7. Aufl., Weinheim: Beltz, 178–190

Kron, Maria (1988): Kindliche Entwicklung und die Erfahrung von Behinderung. Eine Analyse der Fremdwahrnehmung von Behinderung und ihre psychische Verarbeitung bei Kindergartenkindern. Frankfurt u. Griedel: AFRA Verlag

Marotzki, Winfried (2006): Bildungstheorie und Allgemeine Biographieforschung. In: Heinz-Hermann Krüger; Winfried Marotzki (Hrsg.): Handbuch erziehungswissenschaftliche Biographieforschung. Wiesbaden: VS, 59–70

Lebenshilfe – Lebenshilfe für das geistig behinderte Kind e. V. (1960): Denkschrift zur Lage der geistig behinderten Kinder, die noch bildungsfähig sind, aber nicht durch öffentliche Bildungseinrichtungen erfasst werden. Marburg/Lahn: Archiv der Bundesvereinigung Lebenshilfe e. V.

Lindmeier, Christian (2019): Differenz, Inklusion, Nicht/Behinderung. Grundlinien einer diversitätsbewussten Pädagogik. Stuttgart: Kohlhammer

Löw, Martina (2006): Einführung in die Soziologie der Bildung und Erziehung. Opladen: Barbara Budrich

Papke, Birgit (2021): Impulse integrationspädagogischer Theoriebildung für die Entwicklung inklusiver Bildungsvorstellungen. In: Sonja Herzog; Sarah Wieckert (Hrsg.): Inklusion – eine Chance, Bildung neu zu denken?! Weinheim: Beltz Juventa, 32–47

Papke, Birgit (2017): Bildung in Separation und Inklusion – Vorschläge zur Reflexion und Revision von Bildungsvorstellungen für eine inklusive Pädagogik. In: Donja Amirpur; Andrea Platte (Hrsg): Handbuch Inklusive Kindheiten. Opladen, Toronto: Verlag Barbara Budrich, 115–130

Papke, Birgit (2016): Das bildungstheoretische Potenzial inklusiver Pädagogik. Meilensteine der Konstruktion von Bildung und Behinderung am Beispiel von Kindern mit Lernschwierigkeiten. Bad Heilbrunn: Klinkhardt

Platte, Andrea (2014): Inklusion – Implikationen eines Leitbegriffs für die Pädagogik der frühen Kindheit. In: Rita Braches-Chyrek et al. (Hrsg.): Handbuch frühe Kindheit. Opladen: Verlag Barbara Budrich, 85–96

Prengel, Annedore (2009): Zur Dialektik von Gleichheit und Differenz in der Bildung. Impulse der Integrationspädagogik. In: Hans Eberwein; Sabine Knauer (Hrsg.): Integrationspädagogik. 7. Aufl., Weinheim: Beltz, 140–147

Prengel, Annedore (2019): Pädagogik der Vielfalt. Verschiedenheit und Gleichberechtigung in Interkultureller, Feministischer und Integrativer Pädagogik Wiesbaden: Springer Fachmedien. 4. Auflage/Erstausgabe 1993

Reiser, Helmut (2007): Inklusion – Vision oder Illusion? In: Katzenbach, Dieter (Hrsg.): Vielfalt braucht Struktur. Heterogenität als Herausforderung für die Unterrichts- und Schulentwicklung. Frankfurt/M: Johann-Wolfgang-Goethe-Universität, 99–105

Reiser, Helmut (2006): Psychoanalytisch-systemische Pädagogik. Erziehung auf der Grundlage der Themenzentrierten Interaktion. Stuttgart: Kohlhammer

Reiser, Helmut/Klein, Gabriele/Kreie Gisela/Kron, Maria (1986): Integration als Prozess. In: Zeitschrift für Sonderpädagogik, 16. Jg., Heft 3, 115–122; Heft 4, 154–160

Roth, Heinrich (1969): Einleitung und Überblick. In: Heinrich Roth (Hrsg.): Begabung und Lernen. Ergebnisse und Folgerungen neuer Forschungen (im Auftrag des Deutschen Bildungsrats – Gutachten und Studien der Bildungskommission, Band 4. Stuttgart: Ernst Klett, 17–67

Sander, Wolfgang (2018): Bildung. Ein kulturelles Erbe für die Weltgesellschaft. Frankfurt: Wochenschau Verlag

Schnurr, Stefan (2018): Partizipation. In: Gunther Graßhoff et al. (Hrsg.): Soziale Arbeit. Eine elementare Einführung. Wiesbaden: Springer VS, 631–648

Tenorth, Heinz-Elmar (2020): Gerecht. In: Ders.: Die Rede von Bildung. Tradition, Praxis, Geltung – Beobachtungen aus der Distanz. Berlin: J. B. Metzler/ Springer Nature, 401–427

Tenorth, Heinz-Elmar (2003): Wie ist Bildung möglich? Einige Antworten – und die Perspektive der Erziehungswissenschaft. In: Zeitschrift für Pädagogik 49 (3), 422–430

Thiersch, Hans (2015): Bildung. In: Hans-Uwe Otto; Hans Thiersch (Hrsg.): Handbuch Soziale Arbeit. München: Ernst Reinhardt, 206–217

Tiedeken, Peter (2020): Inklusion und Partizipation. Oder: Von der Unmöglichkeit mitzumachen, ohne sich vereinnahmen zu lassen. In: Ines Boban; Andras Hinz (Hrsg.): Inklusion und Partizipation in Schule und Gesellschaft. Weinheim: Beltz, Juventa, 18–32

Wagner, Petra (2017): Der Ansatz Vorurteilsbewusster Bildung und Erziehung als inklusives Praxiskonzept. In: Dies. (Hrsg.): Handbuch Inklusion. Grundlagen vorurteilsbewusster Bildung und Erziehung. Freiburg i. B.: Herder, 22–41

Wocken, Hans (2020): Inklusive Bildung. Annäherungen an den Begriff der Inklusion. In: Ders. (Hrsg.): Die Zähmung der Inklusion. Hamburg: Feldhaus, 9–52

Wocken, Hans (2014): Die inklusive Schule. Ein Grundriss. In: Ders. (Hrsg.): Im Haus der inklusiven Schule. Hamburg: Feldhaus, 49–58

Wocken, Hans (2013): Zur Philosophie der Inklusion. Eckpfeiler und Wegmarken der Behindertenrechtskonvention. In: Ders. (Hrsg.): Zum Haus der inklusiven Schule. Hamburg: Feldhaus, 109–127

Wocken, Hans (2021): Dialektik der Inklusion. Inklusion als Balance dialektischer Gegensatzeinheiten. In: Wocken, Hans (2021): Dialektik der Inklusion. Inklusion als Balance. Hamburg: Feldhaus, 25–176

Ziebell, Horst (1966): Grundsätze zur Aufstellung von Bildungsplänen für Heilpädagogische Tagesschulen. In: Zeitschrift für Heilpädagogik, Sonderheft, 163–176

5. Inklusive Momente in Bildungsprozessen
Kritik einer bildungstheoretischen Grundlegung der schulischen Inklusion

Abstract: Der Beitrag unterzieht die theoretische Grundlegung einer inklusiven Bildung durch das Konstrukt „Inklusive Momente" (Ulrich Heimlich) einer kritischen Würdigung. Als inklusive Momente werden vom Autor Situationen verstanden, die durch Teilhabe und Teilgabe, durch Nehmen und Geben gleichermaßen geprägt sind. Die Widerrede macht dreierlei Kritikpunkte geltend. Erstens: Die durch die reziproke Dyade von Teilhabe und Teilgabe definierten inklusiven Momente machen nicht den paradigmatischen Kern inklusiver Bildungsprozesse aus; sie nehmen insbesondere nicht den dialektischen Charakter inklusiver Prozesse und Situationen wahr. Zweitens: Weil die bildungstheoretische Grundlegung durch inklusive Momente die Ebene der Schulstruktur vollständig und konsequent ausklammert, wird der Konzeptentwurf als unpolitisch, systemaffirmativ und herrschaftshörig gekennzeichnet. Drittens: Ein inklusiver Bildungsbegriff sollte vor allem als Bildung eines einzigartigen Subjekts verstanden werden. Inklusive Bildung kann entgegen bürgerlichen Vorstellungen grundsätzlich von allen Menschen, auch von Menschen mit kognitiven Einschränkungen erworben werden. Die inklusive Schule muss eine Individualisierung und Personalisierung der Bildung durch einen ziel- und angebotsdifferenten Unterricht ermöglichen.

1. Einleitung

Der Inhaber des Lehrstuhls für Lernbehindertenpädagogik an der Ludwig-Maximilians-Universität München, Ulrich Heimlich, hat binnen zwei Jahren drei Bücher zur inklusiven Bildung verfasst bzw. editiert, denen der Status von Lehrbüchern oder Standardwerken zugesprochen werden kann:

- Heimlich, Ulrich: Inklusive Pädagogik. Eine Einführung. Stuttgart 2019
- Heimlich, Ulrich/Kiel, Ewald (Hrsg.): Studienbuch Inklusion. Ein Wegweiser für die Lehrerbildung. Bad Heilbrunn 2020
- Tippelt, Rudolf/Heimlich, Ulrich (Hrsg.): Inklusive Bildung. Zwischen Teilhabe, Teilgabe und Teilsein. Stuttgart 2020.

Alle drei Bände haben eine Gemeinsamkeit: Den krönenden Abschluss der Bände bildet in zwei Fällen ein eigenständiger Beitrag, im Studienbuch ein eigenständiges Kapitel zu der neuen Bildungstheorie. Die Titel dieser Beiträge

variieren; sie lauten etwa „Inklusive Momente im Bildungsprozess – Aspekte einer inklusiven Bildungstheorie".
In einem voraufgegangenen Zeitschriftenbeitrag „Inklusive Momente im Bildungsprozess" (Heimlich 2017) merkt Heimlich kritisch an, dass bislang „eine grundlegende Klärung des inklusiven Bildungskonzepts" fehle. Angesichts dieser Lücke sei das Anliegen seiner Arbeiten eine Klarstellung, „was unter inklusiver Bildung verstanden werden soll." „Es geht um nichts mehr und nichts weniger als die Entwicklung eines neuen Bildungskonzeptes" (Heimlich 2017, 171).
Die konzertierte Promotion des neuen Bildungskonzepts wie auch der ambitionierte Anspruch, die erste und einzige Bildungstheorie im inklusionswissenschaftlichen Diskurs zu sein, machen neugierig und lassen aufhorchen. Der folgende Beitrag macht den vorliegenden Entwurf einer bildungstheoretischen Grundlegung inklusiver Bildung zum Gegenstand einer kritischen Auseinandersetzung.

2. Der partizipationstheoretische Rahmen

Partizipation hat in Theorie und Praxis der Inklusion einen prominenten Stellenwert. In der UN-Behindertenrechtskonvention sind in englischer Sprache 26mal Wörter aus der Wortfamilie „participation" zu finden. Die Wortfamilie „inclusion" kommt dagegen nur zehnmal vor. In der deutschsprachigen UN-BRK findet man die Wortfamilie „Partizipation" nicht ein einziges Mal. Das ist (nicht schon wieder) ein Übersetzungsfehler, sondern hat einen anderen, ganz einfachen Grund. Es gibt in der deutschen Sprache kein sprachliches Äquivalent, das den vollen Bedeutungsumfang des englischen Begriffs „participation" auch nur annähernd wiedergeben könnte. Im deutschsprachigen Sprachraum muss man sich wohl oder übel mit der recht blassen Vokabel „Teilhabe" begnügen.
Nach Ernst von Kardoff (2014) beinhaltet Partizipation vier Bedeutungen:

1. Teilhaben = Zugangsmöglichkeiten zu Lebensbereichen;
2. Teilgeben = Einbringen eigener Fähigkeiten und Kompetenzen;
3. Teilnehmen = aktives Einnehmen der Bürgerrolle; Mitbestimmung und Mitgestaltung;
4. Teil-Sein = soziale Zugehörigkeit; Anerkennung von Vielfalt in der Gemeinsamkeit.

Das entscheidende Manko des Teilhabebegriffs sind seine passiven Konnotationen. Schon die lateinische Herkunft von „pars capere" („Teil" „fangen,

ergreifen, sich aneignen, nehmen“) weist indessen deutlich auf eigene Aktivitäten hin.
Der Begriff Teilhabe hat insbesondere in der Sozialgesetzgebung und Sozialhilfe eine hohe Relevanz. Das Sozialgesetzbuch IX mit dem Titel „Rehabilitation und Teilhabe von Menschen mit Behinderungen“ befördert – ungewollt – das Missverständnis, bei Teilhabe gehe es um die Zuteilung von Sozialleistungen an Bedürftige. Beispielhaft seien genannt: Leistungen für medizinische Rehabilitation, für betreutes Wohnen, für Behindertenfahrdienste, für persönliche Assistenz, zur Unterhaltssicherung und anderes mehr. Der Teilhabebegriff driftet dank seiner vielfältigen, gesetzlich verbrieften Leistungsangebote allzu sehr ins Soziale und Caritative ab; und Teilhabe wird – was noch bedenklicher ist – zu etwas, was man bekommt und empfängt. Inklusion gleicht solchermaßen einem Konsumartikel.
Die Kritik an den misslichen Konnotationen des Teilhabebegriffs ist im sozialpolitischen wie humanwissenschaftlichen Raum weit verbreitet. Ulrich Heimlich hat diese Unzufriedenheit aufgegriffen und – in der Nachfolge zu Klaus Dörner (2007a; 2015) – dem Teilhabebegriff die Begriffe Teilgabe und Teil-Sein zur Seite gestellt. Den neuen Begriff Teilgabe definiert Heimlich durch ein Zitat der Erziehungswissenschaftlerin Marianne Gronemeyer: „Teilgabe meint, dass jedes Mitglied einer Gesellschaft seinen Beitrag zur Gestaltung des gesellschaftlichen Miteinanders in allen Fragen, die sein Leben betreffen, leisten kann“ (Gronemeyer, in: Heimlich 2014, 4).
Als der geistige Vater des Teilgabe-Konzepts kann der Psychiater Klaus Dörner gelten. Dörner betrieb in der westfälischen Stadt Gütersloh das Projekt einer schrittweisen, gleichwohl konsequenten Dezentralisierung einer großen Psychiatrieanstalt. Den Patienten der geschlossenen Einrichtung in Gütersloh wurden nach und nach die Tore geöffnet und kleine Wohnungen mitten in städtischen Quartieren zur Verfügung gestellt. Zur großen Überraschung Dörners stellte sich bei den entlassenen Patienten keine volle Zufriedenheit über die neue, selbstbestimmte Lebenssituation ein. Viele Patienten saßen in den schönen, perfekt eingerichteten Wohnungen gelangweilt herum und konnten nicht so recht etwas mit der neuen Freiheit anfangen; sie fühlten sich zur Untätigkeit und zum Nichtstun verdammt.
Dörner hat die Unzufriedenheit der Psychiatrie-Patienten ganz allgemein als ein unbefriedigtes Bedürfnis nach sozialer Anerkennung, näherhin als das Bedürfnis, „Bedeutung für andere“ (Dörner 2007b) zu haben, gedeutet. Erst als die Patienten sich durch kleine Dienste für die Nachbarschaft oder für die städtische Gemeinde nützlich machen durften, entwickelten sie das Gefühl, gebraucht zu werden, nützlich zu sein und „Bedeutung“ zu haben. Diese Erfahrung, dass Menschen zu ihrer Integration selbst einen aktiven Beitrag

leisten wollen, hat zur Formulierung des Begriffs „Teilgabe“ und des Begriffspaars „Teilhabe *und* Teilgabe“ (Dörner 2007b; 2015; kursiv im Original) geführt.
Das Motiv, das Teilhabekonzept um den Aspekt der Teilgabe zu ergänzen, wird aus folgenden Zitaten der Arbeit von Heimlich (2014) sehr deutlich:

- Die Verbindung von Teilhabe und Teilgabe unterstreicht, „dass Menschen mit Behinderung aktiv an der Inklusion beteiligt sein müssen und selbst etwas geben wollen“ (2014, 4).
- „Inklusive Bildung wird für Kinder mit Behinderung erst erfahrbar, wenn sie nicht nur teilhaben können, sondern auch etwas beitragen“ (2014, 4)

Die zitierten Textstellen belegen, dass die zentrale Intention für die Erweiterung des Teilhabekonzepts darin besteht, das halbierte, ja falsche Verständnis von Inklusion als einem passiven Konsum von Teilhabeleistungen zu korrigieren. Das neue triadische Konstrukt kann als eine wichtige und notwendige Bereicherung der inklusionspädagogischen Theoriebildung gewürdigt werden. Wiewohl der Grundgedanke, dass jeder zu seiner Inklusion einen eigenen, persönlichen, aktiven Beitrag zu leisten hat, nicht grundsätzlich neu ist und in dem internationalen Konzept der Partizipation längst mitgedacht wurde, ist die explizite Ergänzung des Teilhabebegriffs um das Element der aktiven Mitwirkung und eigenen Anstrengung durchaus bedeutsam und anerkennenswert, aus sachlichen wie auch aus sprachlichen Gründen. Eine überfällige Ergänzung und Korrektur!

3. Die bildungstheoretische Grundlegung

Der Autor belässt es nicht bei der Konstruktion der Trias Teilhabe, Teilgabe, Teil-Sein, sondern bringt diese Dreiheit gleichzeitig als eine neue Grundlegung inklusiver Bildung ins Gespräch. Er möchte das triadische Konzept Teilhabe, Teilgabe, Teil-Sein „für eine grundlegende Klärung des inklusiven Bildungskonzepts“ (2017, 171) nutzen. Als das kleinste, elementare Element einer inklusiven Bildung werden „inklusive Momente“ angesehen: Die „Inklusiven Momente“ gelten „als der Kern einer inklusiven Bildungstheorie“ (2017, 183). Das neue Konstrukt „inklusive Momente“ wird mit einer Fallgeschichte anschaulich gemacht:

> Sarah ist ein Kind mit Down-Syndrom, das in einer neunten Klasse der Mittelschule (Hauptschule) inkludiert ist. Sie hat den Frühstücksdienst

> übernommen. Dazu gehört das Abfragen der Frühstückswünsche aller Klassenmitglieder, das Einsammeln der Gelder, der Einkauf der Frühstücksliste beim Hausmeister, das Bezahlen der gesamten Kosten, das Verteilen der Einkäufe an die Mitschüler.

Diese Situation wird von Heimlich als „inklusiver Moment“ ausgelegt.

> „Sarah ist in das Geschehen in ihrer Klasse miteinbezogen, indem sie eine Aufgabe im Rahmen der Klassendienste übernimmt (Erfahrung des Teilhabens). Zugleich kann sie mit ihren Fähigkeiten etwas in die Situation einbringen und den anderen einen Dienst erweisen, sie erfährt Wertschätzung durch ihre Mitschüler (Erfahrung des Beitragens). Teilhaben und Beitragen sind die beiden Seiten dieser Lernerfahrung, die Inklusion ermöglichen. Inklusive Momente im Bildungsprozess entstehen in solchen Lehr-Lern-Situationen, in denen teilhaben und beitragen für alle Schülerinnen und Schüler erfahrbar werden“ (Heimlich 2017, 178; kursiv im Original).

Unverkennbar scheint in dieser Fallgeschichte und ihrer Auslegung das triadische Konstrukt Teilhabe, Teilgabe, Teil-Sein wieder auf. Das Problem ist nun weder die Trias an sich noch das Konstrukt „inklusiver Moment“, sondern der hohe Geltungsanspruch. Der „inklusive Moment“ ist gleichsam das Atom aller inklusiven Prozesse und wird als Elementarteilchen zum basalen Urgrund, zum maßgeblichen oder gar alleinigen Fundament einer inklusiven Bildungstheorie erhoben.
An dieser Stelle beginnt sich Widerspruch zu regen. Die „inklusiven Momente“ als Urgrund und konstitutive Grundlage einer inklusiven Bildungstheorie anzusprechen, scheint mir überzogen. Die Trias Teilhabe, Teilgabe, Teil-Sein ist überfordert, das gesamte Universum inklusiver Prozesse und Situationen abzubilden. In der Inklusion gibt es gewiss die Akte des Gebens und Nehmens. Aber es bestehen erhebliche Zweifel, ob Teilhabe und Teilgabe wirklich den Kern inklusiver Situationen bilden. Inklusion ist weitaus mehr als Geben und Nehmen, als Beitragen und Teilhaben!
Ich konzentriere meine Kritik auf drei Einwände.

1. Die Dyade Teilhabe und Teilgabe rekonstruiert Inklusion als ein reziprokes, konfliktfreies und harmonisches Interaktionsgeschehen

Die komplementäre Handlungsdyade Teilhabe und Teilgabe bzw. Nehmen und Geben kann nicht als die gegenstandstypische, paradigmatische Handlungsstruktur inklusiver Prozesse und Situationen gelten. Als das kleinste, elementare Element, gleichsam als der atomare Kern von Inklusion wird das Konstrukt der inklusiven Momente eingeführt. Die inklusiven Momente befördern so, wie sie beschrieben und verstanden werden, nämlich als eine reziproke, komplementäre Interaktion von Teilhabe und Teilgabe, das fragwürdige Verständnis von Inklusion als eine Win-Win-Situation. Besonders im nichtwissenschaftlichen Raum wird Inklusion ja gerne in den schönsten Farben gemalt und als ein pädagogisches Arrangement beschrieben, von dem alle profitieren und das von allen Schüler/-innen gleichermaßen als angenehm und erfreulich empfunden wird. Dieses sehr freundliche Bild von inklusiver Pädagogik ist ja durchaus sympathisch und einladend, aber es verfehlt wie auch das Konstrukt der inklusiven Momente den substantiellen Kern von Inklusion. Das innerste Wesen der Inklusion, des Pudels Kern sind nicht reziproke Austauschprozesse und harmonische Kooperation, sondern Diversität und Differenz. Diversität und Differenz wollen unter einen Hut gebracht werden, und just diese „Einigungen" repräsentieren wesenhaft inklusive Prozesse und Situationen.

In der Inklusion kommen unterschiedliche Menschen zusammen, mit unterschiedlichen Bedürfnissen, Befähigungen, Interessen, Weltsichten und Identitäten. Die beträchtliche Heterogenität inklusiver Gruppen lässt eher selten den Gedanken aufkommen, dass all diese verschiedenen Individuen ganz selbstverständlich zueinander passen und auch gänzlich unproblematisch miteinander leben und lernen können. Eher das Gegenteil ist der Fall. Es stellen sich regelhaft mehr oder minder große Zweifel ein, dass diese recht disparate Menge von unvergleichlichen und eigensinnigen Individuen jemals einen friedlichen Umgang miteinander pflegen und obendrein auch noch sich zu koproduktiven Lernprozessen zusammenfinden wird. Heterogene Gruppen neigen dazu, auseinanderzudriften, innerhalb des Kollektivs rivalisierende Untergruppen zu bilden oder sich in Einzelgänger und Sonderlinge zu separieren. Heterogenität trägt allemal die Tendenz zum Auseinanderfallen, zu Abspaltungen und Ausgrenzungen in sich. Die Gemeinsamkeit der Verschiedenen stellt sich jedenfalls keinesfalls von selbst ein. Die Aufgabe und die Kunst inklusiver Pädagogik bestehen darin, die zentrifugalen Kräfte heterogener Lerngruppen zu bändigen, die lauernden Konflikte zwischen den verschiedenen, nicht kompatiblen und mitunter gar aversiven Individuen in eine friedliche Koexistenz zu überführen und ein kooperatives Miteinander zu erzeugen. In der Sprache der integrativen Prozesse: Es geht darum, „Einigungen" herzustellen zwischen Widersprüchen, Gegensätzen, Differenzen, Unterschieden. Diese „Einigungen" sind der innerste Kern integrativer Prozesse und Situationen (Reiser u.a. 1986). Wenn Don Camillo und Peppone, ein katholi-

scher Pfarrer und ein kommunistischer Bürgermeister, aufeinandertreffen, dann sind integrative Einigungen gefragt, ansonsten gibt es Krieg.
Inklusion ist keineswegs von vorneherein eine Oase des Friedens, ein himmlisches Paradies, eine Stätte der Beglückung und Freude. Ernst Ackermann hat derartige Vorstellungen einmal als „Inklusionskitsch" bezeichnet (Geyer 2014). Inklusion fängt gerade dann richtig an, wenn es knirscht; wenn das Miteinander nicht gelingt; wenn der Eigensinn der Persönlichkeiten sich zu Wort meldet; wenn Begabungen, Motive, Interessen und Bedürfnisse aufeinandertreffen, die so gar nicht zueinander passen wollen. Die inklusive Wirklichkeit ist eben nicht einfältig, sondern voller Widersprüche, Antinomien, Dilemmata (Schweiker 2017). Sie hält alltäglich ein Füllhorn von Ecken und Kanten, Schwierigkeiten und Problemen bereit:

– Wie kann man einen „inklusiven" Wandertag gestalten, wenn ein Rollstuhlkind in der Klasse ist?
– Wie können wir das gestörte Gerechtigkeitsempfinden mancher Kinder (und Eltern) beruhigen, wenn schwächere Kinder leichtere Aufgaben und bessere Noten bekommen als leistungsstarke Kinder, die sich mit anspruchsvollen Aufgaben abplagen müssen und möglicherweise schlechtere Noten bekommen?
– Können Kinder (und Eltern) es ertragen, wenn muslimische Mädchen im Unterricht ein Kopftuch tragen? Eine Lappalie, die aber Gegenstand entrüsteter Leserbriefe in den Gazetten und ein beliebter Aufreger mancher Stammtischrunde ist.
– Welches Kind ist bereit, der Banknachbar eines schwierigen, gelegentlich aggressiven Jungen zu sein? Welche Kinder sind bereit, diesen Jungen zu ihrer Geburtstagsfeier einzuladen?
– Was passiert mit Sarah, wenn sie falsch eingekauft hat oder das Wechselgeld nicht stimmt? Wird sie dann vom Frühstücksdienst dispensiert? Wenn das Geben und Nehmen zu Ende ist, fällt dann der inklusive Moment einfach aus? Ist dann auch die Inklusion beendet?

Alles in allem: Inklusive Verhältnisse sind weitaus weniger durch harmonische, komplementäre, reziproke Austauschprozesse gekennzeichnet als vielmehr durch unstimmige, diversitäre, dialektische Relationen. Das Bild komplementärer Austauschprozesse von Geben und Nehmen, Teilhaben und Beitragen verformt die volle Wirklichkeit inklusiver Prozesse und Situationen zu einer harmonischen und rundherum erfreulichen Veranstaltung. Es ist daher als paradigmatischer Repräsentant für Inklusion nicht geeignet.

2. Der inklusive Moment ist unpolitisch und macht vor der Strukturebene halt. Er ist systemaffirmativ und herrschaftshörig.

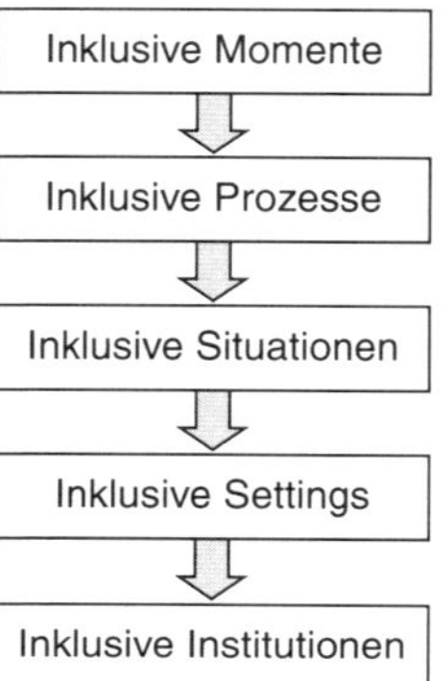

Abb. 1: Von inklusiven Momenten zu inklusiven Institutionen (Heimlich 2017)

Der inklusive Moment kapselt sich nicht in seinem atomaren Gehäuse ab, sondern entfaltet weitreichende Wirkungen. Das macht ja gerade seine Fruchtbarkeit aus, dass durch ihn „eine Wirkung für weitere Lernprozesse entsteht" (2017, 173). Dieser ausstrahlenden Entfaltung des inklusiven Moments entsprechend werden dann auch „weitreichende Konsequenzen für ein inklusives Bildungssystem" (Heimlich 2017, 183) angekündigt. Entsprechend schreitet der inklusive Moment Stufe um Stufe die Systemebenen hinauf (Abb. 1). „Gelingende inklusive Momente leiten über zu inklusiven Prozessen, aus denen inklusive Situationen hervorgehen, die schließlich inklusive Settings konstituieren. In inklusiven Institutionen ist uns wiederum daran gelegen, inklusive Momente zu verstetigen" (2017, 181).

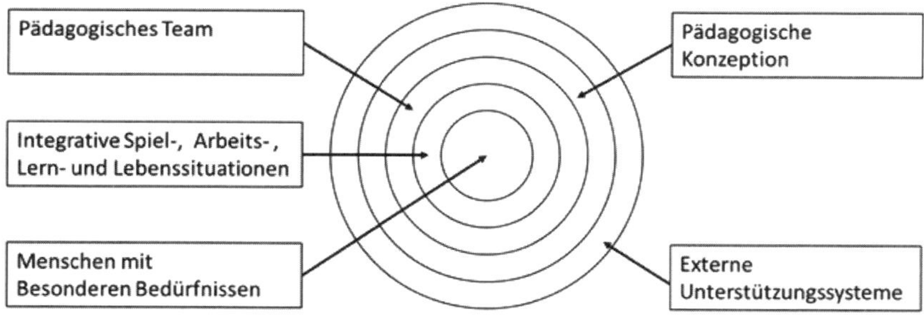

Abb. 2: Mehrebenenmodell inklusiver Schulentwicklung

Die inklusiven Momente scheinen indes auf der obersten Ebene der Schulstruktur gar nicht anzukommen, sondern verlieren und verflüchtigen sich vorher in diversen „inklusiven Settings", Orten und Institutionen. Als äußerster Ring bzw. als oberste Ebene fungieren in dem Mehrebenenmodell „die externen Unterstützungssysteme" (Abb. 2). Die Makroebene der Schulstruktur und der Schulformen, ein substantieller Bestandteil der ökosystemischen Sozialisationstheorie von Urie Bronfenbrenner, wird von dem Mehrebenenmodell konsequent ausgegrenzt. Auch das bayrische Kultusministerium verbreitet im Internet wie auch in diversen Schriften das beschriebene Mehrebenenmodell. Die Schulstruktur scheint dem Mehrebenenmodell zufolge ein tabuisiertes Areal zu sein, das sich im Alleinbesitz der bayrischen Staatsregierung befindet und für die Wissenschaft, erst recht aber für die Inklusion unzugänglich ist. Beim Aufbau eines inklusiven Bildungssystems muss die Schulstruktur nach bayrischer Lesart nicht entwickelt werden.

Da kommt Verwunderung auf: Haben die inklusiven Momente nicht „weitreichende Konsequenzen für ein inklusives Bildungssystem" (2017, 183) versprochen? Auf diese kritische Nachfrage sind Wissenschaft und Kultusministerium in Bayern wohl vorbereitet und geben seit Jahren die ewig gleiche, monotone und standardisierte Antwort, die als bildungspolitische Doktrin zu gelten hat. Inklusion kann „an unterschiedlichen Orten im Bildungssystem und in der Gesellschaft stattfinden und sich in unterschiedlichen Umgebungen manifestieren" (2017, 182). Mit anderen Worten: Inklusion kann und darf überall stattfinden, muss allerdings immer unterhalb des Makrosystems bleiben und darf nie und nimmer die Schulstruktur selbst tangieren. Die programmatische Losung der bayrischen Inklusionspolitik lautet: „Vielfalt der Lernorte!" (Wocken 2020).

Während die inklusiven Momente am bildungspolitischen Grenzzaun der Schulstruktur ehrerbietig haltmachen, wird eine Diskussionsrunde der Erziehungswissenschaftler Ulrich Heimlich, Ewald Kiel und Rudolf Tippelt von der Universität München ein wenig deutlicher: „Wir brauchen Sondereinrichtungen" (Tippelt/Heimlich 2020, 34). Die Gesprächsrunde befindet ferner, dass man sich „Bildung natürlich nicht so vorstellen darf, dass das alles in der gleichen Institution oder in derselben Institution geschieht" (2020, 47).

Die rigorose Ausklammerung der Schulstrukturfrage und die Befreiung der Schulformen des gegliederten, bayrischen Schulwesens vom Auftrag, beim Aufbau eines inklusiven Schulsystems mitzumachen, kommt auch in dem „Studienbuch Inklusion" (Heimlich/Kiel 2020) zum Ausdruck. Dort werden in dem Kapitel „Inklusives Schulsystem" (!) folgende „inklusive Settings" aufgeführt:

- Förderschulen und Sonderpädagogisches Förderzentrum (SFZ)
- Sonderpädagogische Diagnose- und Förderklassen (S-DFK)
- Mobile Sonderpädagogische Dienste (MSD)
- Schulvorbereitende Einrichtung (SVE) und Mobile Sonderpädagogische Hilfe (MSH)
- Sonderpädagogische Diagnose- und Werkstattklassen (SFK)
- Sonderpädagogische Stütz- und Förderklassen (SFK)
- Kooperationsklassen, Partnerklassen, Tandemklassen
- Schulen mit dem Schulprofil Inklusion
- Berufsschulen zur sonderpädagogischen Förderung
- Sonderpädagogische Beratungsstelle.

Die Schulformen Mittelschule (Hauptschule), Realschule und Gymnasium finden keinerlei Erwähnung, so als hätten sie mit Inklusion auch nichts zu tun. Fast alle genannten „Settings“ tragen schon im Titel das Attribut „sonderpädagogisch“. Man kommt aus dem Staunen nicht mehr heraus, wenn etwa Förderschulen oder Diagnose-, Stütz- und Förderklassen als „inklusives Setting“ deklariert werden.
Noch ein weiteres Mosaiksteinchen für die Ausblendung der strukturellen Verfassung des Schulsystems. Am Ende des Artikels „Inklusive Momente im Bildungsprozess“ (Heimlich 2017) findet sich ein wortwörtliches Zitat des Philosophen Julian Nida-Rümelin, der einer humanen Bildung den „Respekt gegenüber unterschiedlichen Lebensformen, Kulturen, sozialen und geographischen Herkünften“ abverlangt. Der zitierte Satz fährt dann unmittelbar fort: „Humane Bildung verzichtet auf Selektion“ (Nida-Rümelin 2013, 194). Dieser Satz wird schamhaft verschwiegen. Ein Zufall dürfte diese Auslassung wohl nicht sein. Die inklusiven Momente scheinen „weitreichende Konsequenzen für ein inklusives Bildungswesen“ (Heimlich 2017, 183) doch eher zu scheuen.
Schließlich: Der Bericht der Wissenschaftlichen Begleitung über den Start der bayrischen Inklusionsreform wurde ohne rationales Zaudern unter dem Titel „Inklusives Schulsystem“ (Heimlich/Kahlert/Lelgemann/Fischer 2016) veröffentlicht. Bayern hat also – nach Auffassung der bayrischen Erziehungswissenschaft wie der bayrischen Bildungspolitik – ein paninklusives Bildungswesen. Dazu passt, dass auch der renommierte bayrische Sonderpädagoge Otto Speck (2016) nicht mehr von einem gegliederten Schulwesen sprechen mag, sondern das real existierende gegliederte, separierende Bildungssystem schon hier und jetzt als ein „dual-inklusives Bildungssystem“ verstanden wissen will (Kritik: Wocken 2016b).
Der „Aufbau eines inklusiven Bildungswesens“ (BRK Art. 24) wird von der Wissenschaftlichen Begleitung konsequent auf die inklusive Entwicklung ein-

zelner Schulen reduziert. Können Schulen sich zu inklusiven Einrichtungen entwickeln, wenn das überwölbende Schulsystem eine stringente separierende Ausrichtung hat?
Immerhin hat das bayrische Landesamt für Statistik die begrifflichen Vernebelungen nicht nachvollzogen. Es bestätigt mit nackten empirischen Daten, dass trotz der paninklusiven Anstrengungen in Bayern nicht – wie unter der Vorgabe der Inklusion eigentlich erwartet werden muss – weniger Schüler/-innen Förderschulen besuchen, sondern im Gegenteil immer mehr Schüler/-innen mit sonderpädagogischem Förderbedarf in den Katakomben von separierenden sonderpädagogischen Einrichtungen verschwinden (Wocken 2020).
Eine Bildungstheorie sollte dem Erfordernis einer allgemeinen Gültigkeit genügen, der Ansatz der inklusiven Momente kann aber über Bayern hinaus kaum Geltung beanspruchen. Es ist schwer verständlich, dass eine ambitionierte Bildungstheorie die inklusionspolitische Programmatik der bayrischen Staatsregierung keiner kritischen Analyse unterzieht und sich ohne Vorbehalte und Einwände den bildungspolitischen Vorgaben des herrschenden Systems unterwirft. Muss man die inklusiven Momente als eine devote, herrschaftshörige Bildungstheorie einstufen? Von den inklusiven Momenten muss die herrschende bayrische Bildungspolitik jedenfalls keinerlei Kritik befürchten.

3. Den inklusiven Momenten mangelt es an Individualisierung und Personalisierung

Der letzte Einwand steht auf einem etwas unsicheren Boden. Es geht um einen herausragenden Grundsatz inklusiver Pädagogik, um das zieldifferente Lernen. Inklusiver Unterricht hat Abschied genommen von der Norm der Gleichheit, die ja die Erkennungsmelodie des gegliederten Schulwesens ist: Gleiche Schüler, gleiche Ziele, gleiche Inhalte, gleiche Lernwege, gleiche Lernzeit, gleiche Ergebnisse (Wocken 2018). Das gegliederte Schulwesen ist ein System von Gleichheitsschulen: Homogene Schulformen, homogene Jahrgangsklassen, Lernen im gleichen Schritt und Tritt. Homogenität und Gleichheit sind der Nabel und das Rückgrat des gegliederten Schulwesens! Würde man der vorherrschenden Gliederung des Schulwesens nur ein einziges Element rauben, nämlich das Prinzip des zielgleichen Lernens, dann bräche das gesamte System wie ein Kartenhaus zusammen. Nicht allein die verschiedenen Schulformen, sondern auch Sitzenbleiben und Abschulungen könnte es nicht mehr geben. Und auch der allgegenwärtigen Hierarchisierung der Schüler/-innen durch Noten, Tests und Zeugnisse fehlte jegliche legitimatorische Grundlage. Wollte man den substantiellen Unterschied zwischen einem inklusiven und separierenden Schulwesen mit möglichst knappen Markierungen beschreiben, dann wären die Gegensatzpaare Heterogenität versus Homogenität, Verschiedenheit versus Gleichheit, zieldifferentes Lernen versus zielgleiches Lernen geeignete und notwendige Bestimmungsmerkmale.

Ein inklusiver Unterricht ist auf das Prinzip des zieldifferenten Lernens unabdingbar und zwingend angewiesen. Das dürfte unmittelbar einsichtig sein. Lernschwache und kognitiv eingeschränkte Schüler/-innen können schlichtweg nicht die geltenden Unterrichts- und Schulziele erreichen, und sie können Stunde um Stunde, Tag für Tag nicht mit dem gleichschrittigen Lernen der „normalen" Schüler/-innen mithalten.

Wenn also das zieldifferente Lernen einen so überragenden Stellenwert in der inklusiven Pädagogik und Didaktik hat, müsste dann nicht dieses Prinzip auch in irgendeiner Form in einer inklusiven Bildungstheorie Einzug halten und dort einen prominenten Platz einnehmen? Ich bin mir freilich nicht sicher, ob die Bildungstheorie der richtige wissenschaftliche Ort für die Erörterung der konstitutiven Individualisierung inklusivpädagogischen Handelns ist.

Außer dem vorgetragenen pragmatischen Argument für die zwingende Notwendigkeit zieldifferenten Lernens können jedoch auch genuin bildungstheoretische Überlegungen ins Feld geführt werden. Es ist eine bleibende Einsicht der geisteswissenschaftlichen Pädagogik, dass alle Bildung durch die Selbsttätigkeit eines lernenden Subjekts hervorgebracht wird. Maria Montessori hat das Kind als „Baumeister seiner selbst" bezeichnet. Jedes Kind, ja jeder Mensch ist „Akteur seiner eigenen Entwicklung" (Kautter u. a. 1998).

Der Bildungsbegriff muss person- und individuumbezogen gefasst werden, d. h. so, dass alle Menschen, auch Personen mit einer geistigen Behinderung (!), als gebildet gelten können! Jeder Mensch, der das geworden ist, was er seinem Vermögen gemäß werden konnte, hat sich gebildet und ist gebildet. Es ist ein ebenso traditionsreiches wie unausrottbares bürgerliches Missverständnis, Bildung mit hohen Schulabschlüssen, akademischen Titeln und vollen Bücherschränken gleichzusetzen.

Bildung ist ein höchst individuelles Geschehen. Aus bildungstheoretischer Sicht, die das Kind als Agens seiner Entwicklung sieht, ist es daher fragwürdig, alle Kinder den Lehrplänen gemäß gleichzuschalten. Schule sollte vielmehr auch dem Recht jedes Kindes auf seine eigene Bildung Raum geben durch eine ziel- und angebotsdifferente Pädagogik. Die heutige Schule praktiziert aber eher „gleiche Bildung für alle" und ist aufgrund dieser Gleichmacherei inklusionswidrig. Zieldifferentes Lernen ist keine spezifische Forderung inklusiver Pädagogik, sondern immanent in dem Recht aller Kinder auf ihre je eigene Bildung begründet!

In neuerer Zeit unterstreicht insbesondere die konstruktivistische Erkenntnistheorie, dass die Aneignung von Wissen immer als eine höchst individuelle, aktive Konstruktionsleistung verstanden werden muss. Wenn also Bildung per se und von Grund auf immer schon eine subjektive, individuelle Tätigkeit ist, dann sollte auch schulisches Lernen mit einem hohen Grad an Individualisierung und Personalisierung einhergehen. Das könnte man als eine bildungstheoretische Fundierung des zieldifferenten Lernens ansehen.
Diese Einsichten sind auch dem Konstrukt der inklusiven Momente allzu bekannt und vollauf bewusst. Da ist zum Beispiel von „Selbstbildung des Einzelnen“ (2017, 175) und von der „selbsttätigen Auseinandersetzung“ (S. 178) die Rede, da wird die Einsicht hervorgehoben, „dass der ‚fruchtbare Moment‘ von der Selbsttätigkeit des Lernenden getragen wird“ (S. 173) und da findet auch das systemtheoretische Konstrukt der „Autopoiesis“ gebührende Erwähnung. Der Grundgedanke, Bildung als eine selbsttätige, individuelle Aneignung zu verstehen, ist also durchaus explizit und in gesättigter Form vorhanden. Nach meinem persönlichen Eindruck verliert sich dieses wichtige Moment von Bildungsprozessen dann aber im Verlaufe der Darstellung zunehmend. In der zentralen Definition „Inklusive Momente im Bildungsprozess entstehen in solchen Lehr-Lernsituationen, in den teilhaben und beitragen für alle Schülerinnen und Schüler erfahrbar werden“ (2020, 246) ist von der unabdingbaren Notwendigkeit einer Individualisierung und Personalisierung nicht mehr die Rede. Ich vermisse diesen Aspekt in dem Entwurf einer inklusiven Bildungstheorie. Wenn Bildung ganz konsequent als eine selbsttätige und individuelle Aneignung von Kenntnissen und Fähigkeiten zu verstehen ist, dann ist die inklusive „Didaktik der Vielfalt“ (Wocken 2016a) mit ihrem Herzstück „zieldifferentes Lernen“ theoretisch wohl begründet und gegenüber der vorherrschenden frontalen Unterrichtung von separierten, homogenen Lerngruppen deutlich im Vorteil.

Literatur

Dörner, Klaus (2007a): Leben und sterben, wo ich hingehöre. Dritter Sozialraum und neues Hilfesystem. Neumünster: Paranus

Dörner, Klaus (2007b): De-Institutionalisierung im Lichte von Selbstbestimmung und Selbstüberlassung – Absichten, Einsichten und Aussichten entlang der Sozialen Frage. Vortrag am 27.November 2007. In: www.zedis.de/…

Dörner, Klaus (2015): Helfens- und Hilfsbedürftigkeit, Teilhabe und Teilgabe: Partizipation in sozialpsychiatrischen Handlungsfeldern. Vortrag. Esslingen

Geyer, Christian (2014): Inklusion: Alle einschließen, wollen wir das? In: www.faz.net/…10.06.2014

Heimlich, Ulrich (2014): Teilhabe, Teilgabe oder Teilsein? Auf der Suche nach den Grundlagen inklusiver Bildung. In: Vierteljahresschrift für Heilpädagogik und ihre Nachbargebiete 83, S. 1–5

Heimlich, Ulrich (2017): Inklusive Momente im Bildungsprozess. In: Pädagogische Rundschau 71, 2, S. 171–185

Heimlich,, Ulrich (2019): Inklusive Pädagogik. Eine Einführung. Stuttgart: Kohlhammer

Heimlich, Ulrich/Kiel, Ewald (Hrsg.) (2020): Studienbuch Inklusion. Ein Wegweiser für die Lehrerbildung. Bad Heilbrunn: Klinkhardt

Heimlich, U./Kahlert, J./Lelgemann, R./Fischer, E. (Hrsg.) (2016): Inklusives Schulsysystem. Analysen, Befunde, Empfehlung zum bayerischen Weg. Bad Heilbrunn: Klinkhardt

Kardoff, Ernst v. (2014): Partizipation im aktuellen gesellschaftlichen Diskurs – Anmerkungen zur Vielfalt eines Konzeptes und seiner Rolle in der Sozialarbeit. In: Archiv für Wissenschaft und Praxis der sozialen Arbeit (2), 4–15.

Kautter, H.; Klein, G.; Laupheimer, W. (Hrsg.) (1998): Das Kind als Akteur seiner Entwicklung. Idee und Praxis der Selbstgestaltung in der Frühförderung entwicklungsverzögerter und entwicklungsgefährdeter Kinder. 4. Aufl. Heidelberg: Edition Schindele

Nida-Rümelin, Julian (2013): Philosophie einer humanen Bildung. Hamburg: Körber-Stiftung

Reiser, H./Klein, G./Kreie, G./Kron, M. (1986): Integration als Prozeß. In: Sonderpädagogik 16, S. 115–122 und 154–160

Schweiker, Wolfhard (2017): Grundlagen einer interdisziplinären Metatheorie in religionspädagogischer Perspektive. Göttingen: Vandenhoeck & Ruprecht

Speck, Otto (2016): Was ist ein inklusives Schulsystem? In: Vierteljahresschrift für Heilpädagogik und ihre Nachbargebiete 85, 3, S. 185–195

Tippelt, Rudolf/Heimlich, Ulrich (Hrsg.) (2020): Inklusive Bildung. Zwischen Teilhabe, Teilgabe und Teilsein. Stuttgart: Kohlhammer

Wocken, Hans (2016a): Inklusive Didaktik. Versuch einer Standortbestimmung. In: Wocken, Hans: Am Haus der inklusiven Schule. Anbauten – Anlagen – Haltestellen. Hamburg: Feldhaus Verlag, S. 81–248

Wocken, Hans (2016b): Des Deutschlands neue Kleider: all inclusive! Eine Kritik des „dual-inklusiven Schulsystems“ von Otto Speck. In: Wocken, Hans: Am Haus der inklusiven Schule. Anbauten – Anlagen – Haltestellen. Hamburg: Feldhaus Verlag, S. 22–44

Wocken, Hans (2017): Vielfalt allein genügt nicht! Zur dialektischen Einheit von Vielfalt und Gemeinsamkeit. In: Wocken, Hans (Hrsg.): Beim Haus der inklusiven Schule. Praktiken – Kontroversen – Statistiken. Hamburg: Feldhaus Verlag, S. 170–250

Wocken, Hans (2018): Die Inklusionsfallen der Kritiker und Gegner. Notorische Fakes und ideologische Obsessionen – eine antikritische Antwort. In: www.hans-wocken.de/…

Wocken, Hans (2020): Schulische Inklusion in Bayern. Empirische Analyse der schulischen Inklusionsentwicklung in Bayern von 2008/09 bis 2019/20. Eine Pentalogie. www.hans-wocken.de/…

6. Schulische Inklusion in Bayern
Empirische Analyse der schulischen Inklusionsentwicklung in Bayern von 2008/09 bis 2019/20

Teil 1: Inklusives Bildungssystem: Bayern
Inkludierende und separierende Förderung von Schüler/-innen mit sonderpädagogischem Förderbedarf in Bayern.

Teil 2: Inklusive Ungleichheiten: Regierungsbezirke
Die Inklusionsentwicklung der bayrischen Regierungsbezirke

Teil 3: Inklusive Ungleichheiten: Förderschwerpunkte
Die Inklusionsentwicklung der sonderpädagogischen Förderschwerpunkte

Teil 4: Inklusive Diagnostik: Konstruktion von Förderbedarfen
Entwicklungen der Schülerschaft mit sonderpädagogischem Förderbedarf

Teil 5: Inklusive Bilanz: Schlussdiskussion
Die Paradoxien der bayrischen Inklusionsreform

Teil 1: Inklusives Bildungssystem: Bayern
Inkludierende und separierende Förderung von Schüler/-innen mit sonderpädagogischem Förderbedarf

Die Bundesrepublik Deutschlan hat durch die Ratifizierung der Behindertenrechtskonvention (UN-BRK 2009) völkerrechtlich verbindlich versprochen, ein inklusives Bildungssystem aufzubauen. Für die empirische Prüfung, ob der Umbau des segregierenden Schulsystems progressiv vorangeschritten ist, haben zweierlei Kriterien prioritäre Bedeutung: *Erstens* ein deutlicher „Rückgang der Separation“ von Schüler/-innen mit Behinderungen in Sonder- oder Förderschulen, und *zweitens* ein merklicher und zugleich moderater „Anstieg der Inklusion“ von Schüler/-innen mit Behinderungen in allgemeinen Schulen. Die beiden Kriterien „Rückgang der Separation“ und „Anstieg der Inklusion“ können wie kommunizierende Röhren verstanden werden. Aus Weggängen aus den Sonderschulen resultieren Zugänge zu den allgemeinen Schulen. Mehr Inklusion in allgemeine Schulen muss mit weniger Separation in Sonderschulen Hand in Hand gehen.
Nach einem Jahrzehnt der UN-BRK soll hier nachgefragt werden, ob die Inklusionsreform in Bayern empirisch belegbare Erfolge aufweisen kann. Die Daten der folgenden Analysen stammen authentisch vom bayrischen Landes-

amt für Statistik; sie wurden für die Fragestellung aufbereitet und neu berechnet.

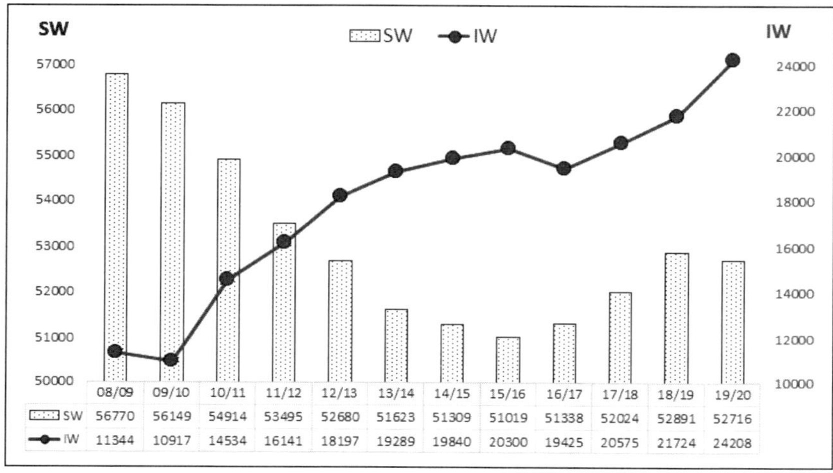

	08/09	09/10	10/11	11/12	12/13	13/14	14/15	15/16	16/17	17/18	18/19	19/20
SW	56770	56149	54914	53495	52680	51623	51309	51019	51338	52024	52891	52716
IW	11344	10917	14534	16141	18197	19289	19840	20300	19425	20575	21724	24208

Abb. 1: Entwicklung der Separationswerte (SW) und Inklusionswerte (IW) von Schüler/-innen mit sonderpädagogischem Förderbedarf in Bayern (absolute Werte)

Der erste Eindruck aus Abb. 1 ist durchaus positiv. Die eingangs formulierten Kriterien werden scheinbar vollauf erfüllt. Erstens geht die Anzahl der Förderschüler in Sonderschulen (Separationswerte (SW)) kontinuierlich zurück. Zweitens steigt die Anzahl der inkludierten „Förderschüler“ in allgemeinen Schulen (Inklusionswerte (IW)) kontinuierlich an, und zwar mit imponierenden Fortschrittssprüngen. Die Separationswerte fallen, die Inklusionswerte steigen! Der erste Eindruck verspricht einen wunderbaren Traum. Ein bayrisches Inklusionsmärchen?
Der erste Eindruck ist leider trügerisch. Wir müssen genauer hinschauen und kritisch nachfragen, ob erstens die Anzahl der Förderschüler in Sonderschulen („Sonderschüler“) wirklich zurückgegangen ist, und zweitens, was man von dem imposanten Anstieg der Anzahl der Förderschüler in allgemeinen Schulen („Inklusionsschüler“) zu halten hat.
Ein inklusives Bildungssystem verlangt eine Minderung von Separation – so könnte ein Minimalkonsens aussehen. Jene Kinder mit Behinderung, die bislang in Sonderschulen sind, sollen in näherer Zukunft in zunehmendem Maße allgemeine Regelschulen besuchen. Die Anzahl der Sonderschüler muss folglich immer weniger werden, wenn von Inklusion in redlicher Weise gespro-

chen werden soll. Es ist keine Inklusion, wenn die bislang separierten Schüler/-innen mit Behinderungen weiterhin wie gehabt in den Sonderschulen verbleiben. Inklusion ist ohne eine Reduktion der Separationswerte nicht zu haben, daran führt kein Weg vorbei.

Bayern soll in dieser Analyse nicht anderen Bundesländern vergleichend gegenübergestellt, sondern mit sich selbst verglichen werden. Weil es um die Darstellung einer Entwicklung geht, wird in Abb. 2 das Schuljahr 2008/09, also das letzte Jahr vor der Ratifizierung der UN-BRK, als Referenzjahr benutzt; die jeweiligen Veränderungen in den folgenden Schuljahren werden dann als prozentuale Abweichungen von diesem Ausgangsjahr (= 100 Prozent) dargestellt.

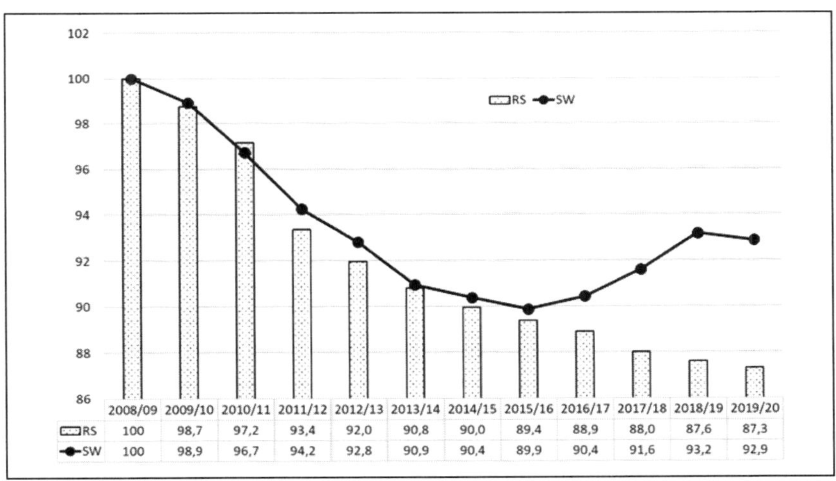

	2008/09	2009/10	2010/11	2011/12	2012/13	2013/14	2014/15	2015/16	2016/17	2017/18	2018/19	2019/20
RS	100	98,7	97,2	93,4	92,0	90,8	90,0	89,4	88,9	88,0	87,6	87,3
SW	100	98,9	96,7	94,2	92,8	90,9	90,4	89,9	90,4	91,6	93,2	92,9

Abb. 2: Entwicklung der Separationswerte (SW) von Förderschülern und des Rückgangs der Regelschüler/-innen in allgemeinen Schulen (RS)

Die Säulen in Abb. 2 demonstrieren den allgemeinen Schülerrückgang (RS); er beträgt deutlich mehr als 10 Prozent. Die Linie bildet den Schülerrückgang in den Förderschulen (SW) ab. Wenn in Sonderschulen die Schülerzahlen nicht nur aufgrund des allgemeinen Schülerrückgang von mehr als 10 Prozent zurückgehen, sondern gemäß der Inklusionsforderung zusätzlich durch eine Minderung der Separation geringer werden sollen, dann müsste eigentlich die Entwicklung der Separationsquote (Linie in Abb. 2) deutlich den Entwicklungstrend des allgemeinen Schülerrückgangs (Säulen in Abb. 2) unterschreiten. Die Abb. 2 belegt zwar deutlich, dass die Separationswerte durchaus geringer wurden, dass aber der Rückgang der Schülerzahlen in Sonderschulen und in den allgemeinen Schulen bis 2015/16 weitgehend parallel verlief; seit 2016/17 ist sogar, gegenläufig zum allgemeinen Schülerrückgang, wieder ein stärkerer Anstieg der Separation in Förderschulen zu beobachten. Im Jahr 2018/19 erreicht Bayern mit 4,7 Prozent die höchste Separationsquote seit 2000! Ironie der Geschichte: Dieser Spitzenwert wird ausgerechnet in einer Zeit errungen, in der die bayrische Bildungspolitik offiziell die Fahne der Inklusion gehisst hat und vollmundig verkündet: „Die Inklusion gehört zu den Kernaufgaben des bayrischen Schulsystems!“ (KMB 2019).

Die Abb. 2 veranschaulicht die empirische Realität: Die Schülerzahlen der Förderschulen sind bestenfalls im gleichen Umfang zurückgegangen wie die Schülerzahlen in den allgemeinen Schulen auch. Die Förderschulen haben zwar durchaus in dem Zeitraum Schüler verloren, aber diese quantitativen Einbußen sind dem allgemeinen Schülerrückgang zuzuschreiben und nicht durch die Inklusion bedingt. Die Förder- bzw. Sonderschulen haben sich relativ schadlos gehalten und ihre Schulen weiterhin gut gefüllt. Mindestens der prozentual gleiche Anteil der Schüler/-innen mit sonderpädagogischem Förderbedarf verharrt also wie eh und je weiterhin in Sonderschulen. Die Inklusion ist an den bayrischen Förderschulen spurlos vorbeigegangen. Die bayrische Inklusion findet ohne eine wirkliche „Integration“ der Förderschüler in allgemeine Schulen statt. Separation as usual.

Und was ist von den gestiegenen Inklusionswerten zu halten (Abb. 1)? Inklusion und Separation verhalten sich in der bayrischen Inklusionsentwicklung gerade nicht wie kommunizierende Röhren, wie eingangs postuliert. Die empirischen Statistiken vermelden zwar einen rasanten Anstieg der Inklusionswerte, aber bei gleichzeitig stagnierenden Separationswerten! Wie ist das möglich?

Der bereits beschriebene Separationsstillstand besagt ja, dass die Schüler/-innen mit Behinderung wie bisher trotz der Inklusionsreform im Wesentlichen in den Sonderschulen verblieben sind und es keinen massenhaften Exodus von Förderschülern aus den Sonderschulen gegeben hat. Woher kommen dann all die vielen, vielen Schüler/-innen mit sonderpädagogischem Förderbedarf, die nun zu den aufgeblasenen Inklusionswerten führen? Ganz einfach: Die „neuen“ Förderschüler mit sonderpädagogischem Förderbedarf sind nicht ehemalige Sonderschüler, sondern sie kommen fast ausschließlich aus den Regelschulen selbst. In allen Regelschulen gibt es schwache, schwierige und schlechte Schüler, die früher „von Behinderung bedroht“ (Deutscher Bildungsrat) und heute Problemschüler oder Risikoschüler (PISA) genannt werden.

Diese Problem- und Risikoschüler werden per großherziger und dienstbarer sonderpädagogischer Diagnostik als Schüler/-innen „mit sonderpädagogischem Förderbedarf“ identifiziert und etikettiert. Weil die neuen, etikettierten „Förderschüler“ aber in den Regelschulen verbleiben, gelten sie als „inklu-

diert“, und in der Folge schnellen die Inklusionswerte in schwindelerregende Höhen. Das Geheimnis der Inklusionswerte ist in Wahrheit eine unkontrollierte und ausufernde Etikettierungsschwemme. Diagnostische Wilderei in allgemeinen Schulen!
Eine ähnliche Deutung der Etikettierungschwemme ist auch bei dem Inklusionskritiker Otto Speck nachzulesen:

> „Auf jeden Fall entspricht dem Anwachsen der Inklusionsquote keine entsprechende Minderung der Förderschulquote. Diese ist im Gegenteil nahezu gleich geblieben. Das aber kann nur bedeuten, dass es ein anderer Personenkreis von Schülern ist, dem die seit Erlass der UN-BRK auffällig gewordene Inklusionsquote zu verdanken ist. Auf jeden Fall sind es Kinder, die zwar durch Lernprobleme auffallen, jedoch keinen ‚sonderpädagogischen Förderbedarf‘ aufweisen, der sie früher zu Förderschulkindern gemacht hätte. Das heißt, der Begriff des ‚sonderpädagogischen Förderbedarfs‘ ist definitorisch ausgeweitet worden, z. B. zur Beschaffung zusätzlicher schulischer Ressourcen für ‚Inklusionskinder‘“ (Speck 2019, 66).

Die real existierende Inklusionsreform hat also nichts anderes hervorgebracht als eine „Pseudo-Inklusion“ (Wocken 2019). Die „Pseudo-Inklusion“ ist definiert durch die Gleichzeitigkeit von Separationsstillstand (im Sonderschulsystem) und Etikettierungsschwemme (im Regelschulsystem). Diese beiden fatalen Fehlentwicklungen stellen mit guten Gründen ernsthaft in Frage, ob es in Bayern überhaupt eine wirkliche Inklusionsentwicklung gegeben hat. Zu konstatieren und zu beklagen ist vielmehr eine Inklusionsreform ohne echte Inklusion der Schüler/-innen mit Behinderung. Wollen wir allen Ernstes auch dann von Inklusion sprechen, wenn die sogenannte Inklusionsreform die behinderten Schüler/-innen in den Sonderschulen schlichtweg „vergisst“ und sie dort belässt? Eine Inklusion, die die behinderten Schüler/-innen in den Sonderschulen nicht vorrangig einbezieht, ist keine Inklusion, sondern schlichtweg ein Skandal! Das segregierende Schulsystem hat die Schüler/-innen mit Behinderung um ihre Nichtaussonderung betrogen. Das System weist vorsorglich alle Schuld von sich; es beschuldigt derweil das Opfer selbst, für die Misserfolge verantwortlich zu sein: „Die Inklusion ist gescheitert!“ Die aufrechte Gegenrede lautet indes: Das segregierende Schulsystem will und kann nicht Inklusion, und hat Inklusion scheitern lassen.
Das Fazit der Analyse sei in fünf Punkten zusammengefasst:

- Die Separationsquote, d. h. der relative Anteil aller Schüler/-innen mit sonderpädagogischem Förderbedarf in Förderschulen an der Gesamtheit aller gleichaltrigen Schüler/-innen, ist in Bayern von 2008/09 bis 2018/19 von 4,5 auf 4,7 Prozent gestiegen (Hollenbach-Biele/Klemm 2020). Der inklusionspolitische Kurs Bayerns geht damit deutlich in die falsche Richtung: Mehr Separation statt mehr Inklusion!

- Die Minderung der Separationsquote verläuft sieben Jahre lang fast völlig parallel zum allgemeinen Schülerrückgang und ist damit nicht auf einen Rückgang der Separation in Sonderschulen oder auf eine vermehrte Inklusion von „Sonderschülern" in allgemeine Schulen zurückzuführen. Nach 2015/16 fährt die bayrische Schule wieder in zunehmender Weise einen separierenden Kurs.
- Der Anstieg der Inklusionswerte verdankt sich fast ausschließlich einer diagnostischen Etikettierung von „schwierigen" und „schwachen" Problem- und Risikoschülern als Schüler/-innen mit sonderpädagogischem Förderbedarf.
- Die ungehemmte Etikettierungsschwemme hat in die allgemeinen Schulen eine sonderpädagogische Defizitorientierung importiert. Der sonderpädagogische Defizitblick fokussiert einseitig profitable Schwächen und Mängel von Schüler/-innen, die sich für die Akquise von Extra-Ressourcen kapitalisieren lassen.
- Die sonderpädagogische Diagnostik hat in der Inklusionsreform massiv versagt und sich gründlich blamiert. Sie hat keinen strengen, operational definierten Begriff des sonderpädagogischen Förderbedarfs verwendet oder entfaltet und ist nicht den wissenschaftlichen Kriterien der Objektivität und Reliabilität gerecht geworden, sondern hat mit leichtfertigen und großzügigen Diagnosen die Interessen der ressourcenbedürftigen Inklusionsschulen wie auch der existenzgefährdeten Sonderschulen bedient.

Teil 2: Inklusive Ungleichheiten: Regierungsbezirke

Die Inklusionsentwicklung der bayrischen Regierungsbezirke

2.1 Theoretische Rahmung

Das politische Ziel einer „Gleichwertigkeit der Lebensverhältnisse" ist seit 1994 (in einer neuen Fassung) im Grundgesetz der BRD (GG Art. 72) verankert. Gleichwertigkeit der Lebensverhältnisse bedeutet nicht Gleichheit der Lebensverhältnisse. Gleichwertigkeit der Lebensverhältnisse meint vielmehr dem Raumordnungsgesetz folgend „ausgeglichene soziale, infrastrukturelle, wirtschaftliche, ökologische und kulturelle Verhältnisse (ROG §2 Abs. 1). Bund und Länder sind verfassungsrechtlich verpflichtet, allen Bürger/-innen

einen gleichen, d. h. diskriminierungsfreien Zugang zu allen grundlegenden Bereichen der Daseinsvorsorge zu gewährleisten. In den Städten wie auf dem Lande, in strukturschwachen wie -starken Regionen sollen alle Bürger/-innen die gleichen Chancen haben, am ökonomischen, gesellschaftlichen, sozialen und kulturellen Leben teilzuhaben. Der Wohnort darf nicht ein Faktor sein, der diskriminierende Ungleichheit bedingt.
Ein typisches Beispiel ungleichwertiger Lebensverhältnisse ist der ungleiche Zugang zum Internet. In einer digitalisierten Welt zählen leistungsfähige Internetverbindungen zu den grundlegenden Daseinsvorsorgeleistungen, von denen sowohl die Lebensqualität der Menschen wie auch der sozioökonomische Standard von Regionen abhängt. Das Internet ist ein lebensbedeutsames Versorgungsgut ähnlich wie Elektrizität oder Wasser.
Gleichwertige Lebensverhältnisse vermitteln einerseits allen Menschen gleiche Chancen zur Entfaltung ihrer individuellen Persönlichkeit, andererseits sind sie eine wichtige, ja unerlässliche Voraussetzung für den politischen und sozialen Zusammenhalt. Starke sozioökonomische und sozialkulturelle Disparitäten tragen zu gesellschaftlichen Spaltungen bei; sie beeinträchtigen das Zusammengehörigkeitsgefühl und den sozialen Austausch zwischen gesellschaftlichen Gruppen. Ungleichwertige Lebensverhältnisse befördern Gefühle der Ungerechtigkeit, Benachteiligung und Exklusion, sie stiften Unruhe und gefährden den sozialen Frieden.
Zur grundlegenden Daseinsvorsorge gehört ohne Frage auch der gleiche Zugang zu elementaren Bildungsangeboten und -einrichtungen. Die politische Sorge für gleichwertige Bildungsverhältnisse ist angesichts der Kulturhoheit der Länder wahrlich keine leichte Aufgabe. Eltern von schulpflichtigen Kindern können ein Lied davon singen, mit welchen Überraschungen ein Umzug in ein anderes Bundesland verbunden sein kann. Oder: Schüler/-innen, die in einem zweigliedrigen Schulsystem, das mittlerweile in vielen Bundesländern eingerichtet wurde, eine Gemeinschafts- oder Gesamtschule besucht haben, werden bei einem Umzug nach Bayern kaum ein ähnliches Schulangebot vorfinden und müssen sich dort für ein dreigliedriges Schulsystem neu taxieren lassen.
Der vorliegende Beitrag fragt bezüglich schulischer Inklusion nach der Gleichwertigkeit der inklusiven Bildungsverhältnisse innerhalb von Bayern. Die Fragestellung kann zweifach ausdifferenziert werden:

1. *Gleichheit der Regierungsbezirke*
   Ist die schulische Förderung von Kindern mit sonderpädagogischem Förderbedarf in inklusiven, allgemeinen Schulen und in Förderschulen in allen Regierungsbezirken in quantitativer Hinsicht gleich ausgestaltet und entwickelt?

2. *Gleichheit der Förderschwerpunkte*
   Ist die schulische Förderung von Kindern mit sonderpädagogischem Förderbedarf in inklusiven, allgemeinen Schulen und in Förderschulen in allen sonderpädagogischen Förderschwerpunkten in quantitativer Hinsicht gleich ausgestaltet und entwickelt?

Beide Fragestellungen werden ausschließlich an das Bundesland Bayern adressiert. Ein Vergleich der Inklusionsverhältnisse Bayerns mit anderen Bundesländern und mit dem Bund ist nicht beabsichtigt; dieser ist in differenzierter Form bei Hollenbach-Biele/Klemm (2020) nachzulesen. Das zweite Kriterium „Gleichheit der Förderschwerpunkte" wird erst im Folgenden Teil 3 behandelt.

2.2 Methodisches Vorgehen

Der Untersuchungszeitraum erstreckt sich vom Schuljahr 2008/09, dem letzten Jahr vor der Ratifizierung der Behindertenrechtskonvention, bis zum Schuljahr 2019/2020. Die erforderlichen statistischen Daten wurden vom bayrischen Landesamt für Statistik erbeten und zur Verfügung gestellt. Im Anhang sind die originalen Basisdaten dokumentiert.

Separationsquote (SQ): Sie gibt den Anteil der Schülerinnen und Schüler mit Förderbedarf, die separiert in Förderschulen unterrichtet werden, an allen Schülerinnen und Schülern mit Vollzeitschulpflicht in allgemeinbildenden Schulen der Primar- und Sekundarstufe I an.
Inklusionsquote (IQ): Sie gibt den Anteil der Schülerinnen und Schüler mit Förderbedarf, die inklusiv in allgemeinen Schulen unterrichtet werden, an allen Schülerinnen und Schülern mit Vollzeitschulpflicht in allgemeinbildenden Schulen der Primar- und Sekundarstufe I an.
(Hollenbach-Biele/Klemm 2020)

Die Auswertung der statistischen Daten beruht auf den beiden Parametern „Separationsquote" und „Inklusionsquote". Die beiden Begriffe sind in der Textbox definiert. Den Definitionen entsprechend lauten die Rechnungsformeln: Separationsquote (SQ) = Schüler mit Förderbedarf in „Sonderschulen"/ Gesamtheit der Schüler in einem Bezirk · 100. Und: Inklusionsquote (IQ) = Schüler mit Förderbedarf in inklusiven, allgemeinen Schulen/Gesamtheit der Schüler in einem Bezirk · 100. Eine Separationsquote von 4,1 Prozent bedeutet: 4,1 Prozent der Schüler/-innen haben sonderpädagogischen Förderbedarf und werden in separierten Förderschulen unterrichtet.

2.3 Bewertungskriterien

Bevor die Ergebnisse dargestellt und bewertet werden, sollen die Bewertungskriterien offengelegt werden: Welche Merkmalsausprägungen sind aus inklusiver Sicht „positiv“ bzw. „negativ“ zu bewerten?

Kriterium Separationsquote
Das erstrangige Kriterium für eine wünschenswerte Inklusionsentwicklung ist eine sukzessiv fortschreitende Minderung der Separation; diese ist ablesbar an einer progressiven Minimierung der Separationsquote. Das Kriterium der Separationsminderung hat unbedingte Priorität, weil Sinn und Zweck aller Inklusion der Rückbau von Separation und Aussonderung ist.

Kriterium Inklusionsquote
Trotz einiger Vorbehalte werden hier auch die Inklusionsquoten zur Bewertung der Inklusionsreform in den Regierungsbezirken herangezogen. Gegen das Kriterium Inklusionsquote müssen indes deutliche Bedenken geltend gemacht werden:
Die Inklusionsquote ist kein eindeutiges und unstrittiges Gütekriterium. Im Falle der Exklusionsquote kann man eine klare Werteabstufung vertreten: „Je geringer die Separationsquote, desto besser!“ Eine ähnliche Wertezumessung ist im Falle der Inklusionsquote in hohem Maße problematisch. Man kann hingegen schlechterdings sagen: „Je höher die Inklusionsquote, desto besser!“ Gemäß der Logik der kommunizierenden Röhren müssen höhere Inklusionsquoten zwingend mit niedrigeren Exklusionsquoten einhergehen. Je höher die Inklusionsquote, desto niedriger muss die Separationsquote sein. Hohe Inklusionsquoten, die nicht mit einer entsprechenden Minderung der Separation in Förderschulen einhergehen, sind „negativ“; sie sollten als „Pseudoinklusion“, die die Schüler/-innen mit Behinderungen in den Sonderschulen belässt und sich auf die großzügige diagnostische Etikettierung von Problem- und Risikokinder beschränkt, gelten (Wocken 2019). Die in inklusiven, allgemeinen Schulen verbreitete „Etikettierungsschwemme“ ist keineswegs ein sicheres Indiz einer „Integration“ von einstigen „Sonderschülern“ bzw. von „behinderten“ Schülern. Sukzessive Steigerungen der Inklusionsquote sind kein Ersatz für eine prioritäre, gleichzeitige, progressive Minderung der Separationsquote. Eine exzessive Etikettierung von Schüler/-innen in allgemeinen Schulen als „sonderpädagogisch förderbedürftig“ ohne eine simultane, drastische Senkung der Separationsquote sollte als eine Perversion der primären Zielsetzung von Inklusion, Separation und Aussonderung zu mindern, bewertet werden.

Die etablierten Bewertungskriterien sind rational begründet und diskursfähig. Eine intersubjektive Anerkennung wird nicht angenommen. Andere mögen zu einer anderen Bewertung kommen. Alternative Bewertungskriterien sollten dabei transparent dargelegt und begründet werden.

2.4 Empirische Befunde

Die Tab. und Abb. 1 stellen nun das Ranking der bayrischen Regierungsbezirke nach dem Merkmal Separationsquote dar. Die Reihenfolge der Regierungsbezirke in der Grafik wurde nach der mittleren Separationsquote (SQ), berechnet über den gesamten Beobachtungszeitraum von 2008/09 bis 2019/20, bestimmt.

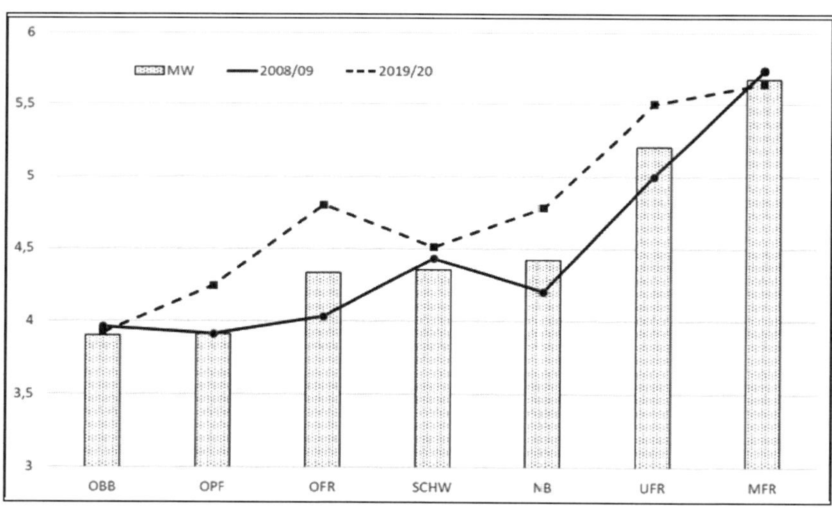

	OBB	OPF	OFR	SCHW	NB	UFR	MFR
08/09	3,96	3,91	4,03	4,43	4,2	5	5,73
19/20	3,92	4,24	4,8	4,51	4,78	5,5	5,64
MW	3,9	3,91	4,33	4,35	4,42	5,21	5,67
Rang	1	2	3	4	5	6	7

Abb. und Tab. 1: Separationsquoten der bayrischen Regierungsbezirke
- für das Referenzjahr 2008/09 (Linie)
- für das Schlussjahr 2019/20 (Striche)
- für den Zeitraum von 2008/09 bis 2019/20 (Säulen)

Die sieben Regierungsbezirke können aufgrund ähnlicher mittlerer Separationsquoten in drei Gruppen oder Cluster eingeteilt werden.

- Die obere Gruppe (Rang 1 und 2) präsentiert sich mit dem niedrigsten Separationswert von 3,9 Prozent. Ihr gehören die beiden Regierungsbezirke *Oberbayern (OBB)* und *Oberpfalz (OPF)* an. Es lohnt sich, die absoluten Zahlen im Anhang einmal anzuschauen. Beide Bezirke warten nicht nur mit der niedrigsten Separationsquote auf, sondern legen sehr stabile Messwertreihen ohne Ausreißer und nennenswerte Abweichungen vor.
- Die untere Gruppe (Rang 6 und 7) setzt sich aus den Bezirken *Unterfranken (UFR)* und *Mittelfranken (MFR)* zusammen. Die im Vergleich aller Bezirke höchsten Separationswerte um mehr als 5 Prozent weisen die beiden fränkische Bezirke als Regionen mit einer traditionellen, hohen Selektionsorientierung aus.
- Die mittlere Gruppe (Rang 3,4,5) bilden die Bezirke *Oberfranken, Schwaben (SCHW)* und *Niederbayern (NB)* mit einer mittleren Separationsquote von ± 4,5 Prozent.
- Die statistischen Analysen von Hollenbach-Biele/Klemm (2020) vermelden für Bayern in 2008/09 eine Separationsquote von 4,5 Prozent und in 2018/19 von 4,7 Prozent. Für die gesamte BRD lauten die entsprechenden Werte 4,8 und 4,2 Prozent.
- Die beiden Linien in der Grafik zeigen an, von wo die Bezirke gestartet (2008/09 – Linie) und wo sie nach elf Jahren angekommen sind (2019/20 – Striche). Am Ende der elfjährigen Reformentwicklung liegen in der Oberpfalz, in Oberfranken, Niederbayern und Unterfranken die Ziellinien deutlich über der Startlinie; das bedeutet, die genannten Bezirke haben, wie eine inklusive Entwicklung es eigentlich erwarten kann, ihre Separationsquote keineswegs gemindert, sondern sogar noch gesteigert! Die Regierungsbezirke Oberbayern, Schwaben und Mittelfranken haben sich von Anfang bis Ende in ihrem Separationsverhalten kaum bewegt und positiv verändert, was im Falle von Schwaben und erst recht von Mittelfranken durchaus kein Kompliment ist.
- Insgesamt vermittelt die Grafik der Separationsquoten einen Eindruck der Stagnation: Alle drei Cluster verändern innerhalb der Reformzeit ihren Platz auf der Rangliste des Wettbewerbs um eine Minderung der Separation nicht. Die bayrische Förderschullandschaft bewegt sich kaum vom Fleck; sie bewegt sich, wenn überhaupt, nicht in Richtung weniger Aussonderung, sondern im Gegenteil in Richtung mehr Separation.

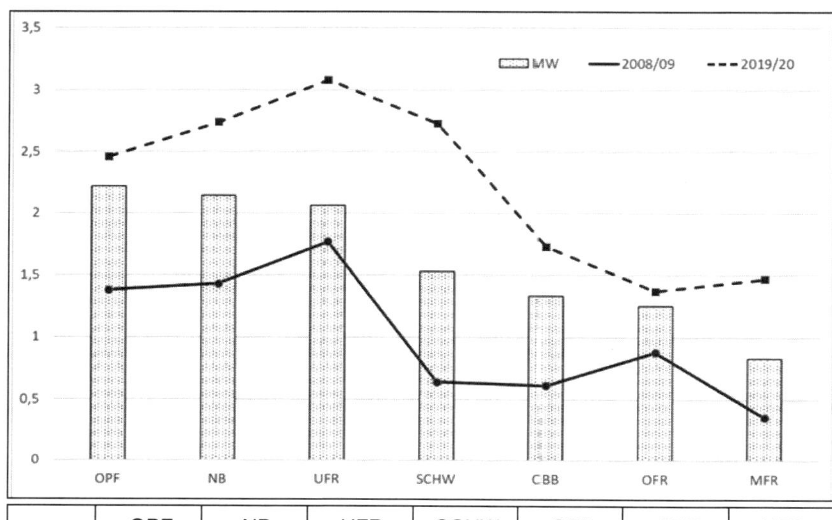

	OPF	NB	UFR	SCHW	OBB	OFR	MFR
08/09	1,38	1,43	1,77	0,64	0,614	0,88	0,36
19/20	2,46	2,74	3,08	2,73	1,73	1,37	1,47
MW	2,22	2,14	2,06	1,53	1,33	1,25	0,83
Rang	1	2	3	4	5	6	7

Abb. und Tab. 2: Inklusionsquoten der bayrischen Regierungsbezirke
- für das Referenzjahr 2008/09 (Linie)
- für das Schlussjahr 2019/20 (Striche)
- für den Zeitraum von 2008/09 bis 2019/20 (Säulen) (Ranking nach MW)

Schauen wir nun auf das sekundäre Qualitätskriterium Inklusionsquote, die trotz der beschriebenen Bedenken als Ergänzung Berücksichtigung finden soll. Die Grafik bildet die Regierungsbezirke in der Reihenfolge der mittleren Inklusionsquote (MW) ab. Die mittleren Inklusionsquoten sind keine bloßen Momentaufnahmen. Sie setzen aus dem Durchschnitt von 12 Jahresmesswerten zusammen und können deshalb eine relativ verlässliche Auskunft darüber geben, in welchem Maße die Bezirke der inklusiven Idee grundsätzlich zugetan waren.

- Die oberen Ränge (1 und 2) mit recht hohen Inklusionsquoten belegen die Regierungsbezirke Oberpfalz und Niederbayern.
- Auf den letzten Rängen (6 und 7) mit einer vergleichsweise schwachen Inklusionstendenz befinden sich die fränkischen Bezirke *Oberfranken* und *Mittelfranken*.

- Das Mittelfeld (3, 4, 5) besiedeln *Unterfranken, Schwaben* und *Oberbayern.*
- Zum Vergleich: Die Inklusionsquote beträgt in Bayern im Jahr 2008/09 0,9 Prozent und im Jahr 2018/19 1,9 Prozent. Für die gesamte BRD lauten die entsprechenden Start- und Endwerte 1,1 Prozent und 3,2 Prozent (Hollenbach-Biele/Klemm 2020, 37).

Interessanter als das Ranking der Bezirke nach der mittleren Separationsquote ist allerdings der Blick auf die Startlinie 2008/09 und die Ziellinie 2019/20. In deutlichem Kontrast zu der beschriebenen Separationsentwicklung (Abb. und Tab. 1) liegen nun die beiden Linien ziemlich weit auseinander. Diese Differenz bedeutet: Während die Bezirke bezüglich der Separation eher auf der Stelle treten oder teilweise sogar noch die Separationstendenz steigern, engagieren sie sich in allgemeinen Schulen doch recht rege und bewirken durch eine forcierte Diagnose von sonderpädagogischen Förderbedarfen eine kräftige Steigerung der Inklusionsquoten. Mit kritischer Zuspitzung formuliert: Die bayrische Inklusionsreform lässt die Sonderschulen selbst weitestgehend unangetastet; die Sonderschulen Bayerns dürfen sich über eine sehr sichere Bestandserhaltung freuen, die mitunter sogar noch durch neue Zuwächse gestärkt wird. Aber die Sonderpädagogik ist sehr wohl bereit, im Revier der allgemeinen Schulen tätig zu werden, und das durchaus nicht zu ihrem Schaden.
Zur Reduktion der Datenkomplexität werden zusammenfassend und abschließend die sieben Regierungsbezirke anhand der Merkmalsausprägungen für die beiden Variablen Inklusionsquote und Separationsquote in aussagekräftige Cluster gruppiert. Die Clusterbildung erfolgte in drei Schritten:

1. Bildung von Rangreihen für die mittlere Inklusions- und Separationsquote (Tab. 1 und 2)
2. Unterteilung der Regierungsbezirke in drei Gruppen, jeweils getrennt für die Inklusions- und Separationsquote. Die beiden Erstplatzierten bilden jeweils die obere Gruppe, die beiden Letztplatzierten die untere Gruppe und die mittleren drei Regierungsbezirke die mittlere Gruppe.
3. Bildung einer Kreuztabelle mit den Achsen Separationsquote und Inklusionsquote.

	Inklusionsquote		
Exklusionsquote	> hoch (1,2)	Θ mittel (3,4,5)	< niedrig (6,7)
< niedrig (1,2)	Oberpfalz	Oberbayern	
Θ mittel (3,4,5)	Niederbayern	Schwaben	Oberfranken
> hoch (6,7)		Unterfranken	Mittelfranken

Tab. 3: Kreuzklassifikation der bayrischen Regierungsbezirke nach den Merkmalen „Exklusionsquote“ und „Inklusionsquote“

Das Resultat der Clusterbildung gibt die Tabelle 3 wieder. Die Kreuzklassifikation der bayrischen Regierungsbezirke nach den Merkmalen „Exklusionsquote“ und „Inklusionsquote“ präsentiert keine neuen und überraschenden Erkenntnisse, sondern bündelt die bisherigen Analysen zu einer kompakten Aussage. Das gesamte Bewerberfeld der bayrischen Regierungsbezirke lässt sich recht klar in drei unterscheidbare Qualitätsstufen gliedern:

- Die besten Plätze in dem Bewerberfeld belegen die Bezirke *Oberpfalz, Oberbayern* und *Niederbayern*. Auch wenn diesen drei Bezirken mit wertschätzender Anerkennung die Krone angetragen wird, bedeutet dies nicht unbedingt, dass ihre schulische Inklusionsentwicklung vorbildlich und ohne allen Tadel wäre. Aber sie liegen halt im Vergleich deutlich vorne.
- Das Schlusslicht bilden die Regierungsbezirke *Oberfranken, Unterfranken* und *Mittelfranken*. Das zentrale Manko der fränkischen Bezirke ist das dominante Interesse an einer ungeschmälerten Erhaltung der Sonderschulen, und das in Verbindung mit einer recht zögerlichen Reserve gegenüber allen inklusiven Tendenzen.
- Mittendrin zwischen den beiden Enden haben die *Schwaben* Platz genommen. Die mächtige Steigerung der Inklusionsquote wird leider nicht sekundiert durch eine ansehnliche Rücknahme der Separation.

2.5 Diskussion der Ergebnisse

Die aufgezeigten Entwicklungstrends in den bayrischen Regierungsbezirken können nicht zufriedenstellen. Diese Feststellung sei erläutert. Zunächst zur Separationsentwicklung. Weil die absoluten Zahlen für die Förderschulen fast alle die Daten des Referenzjahres unterschreiten, könnte man den Eindruck einer rückläufigen Entwicklung der Separation in Förderschulen haben. Dieser Eindruck ist trügerisch und unterschlägt eine wichtige Relativierung. Die

Schülerzahlen sind bekanntlich in allen allgemeinen Schulen in den letzten zehn Jahren zurückgegangen, und zwar um durchschnittlich zehn Prozent (Abb. 1 in Teil 1). Ein zehnprozentiger Rückgang der Förderschulzahlen ist also absolut normal und darf nicht als eine Minderung der Separation an sich interpretiert werden. Das heißt: Die Entwicklung der bayrischen Förderschulen ist durch eine sehr hohe Stabilität gekennzeichnet. Relativ (!) sind heute genauso viel Schüler mit Behinderungen in separierenden Sonderschulen wie in vorinklusiven Zeiten auch. Die Inklusion hat nicht wirklich Förderschüler aus den Sonderschulen herausgeholt. Die Inklusion ist also an den Schüler/-innen in den Förderschulen nahezu völlig vorbeigegangen. Die statistische Analyse der Separationsentwicklung in Bayern vermittelt den fragwürdigen Eindruck, dass Inklusion die Sonderschulen eigentlich nichts angeht und sie nicht tangiert. Inklusion – so der evidenzbasierte Eindruck – scheint eine exklusive Angelegenheit der allgemeinen Schulen zu sein.

Die Entwicklung der Inklusionsquote scheint diese verdrehte Aufgaben- und Rollenverteilung zu bestätigen. Die Zahl der „inkludierten" Schüler/-innen mit sonderpädagogischem Förderbedarf in den allgemeinen Schulen hat in Bayern – wie auch in anderen Bundesländern – nahezu explosionsartig zugenommen. Zugespitzt formuliert: Inklusion findet fast ausschließlich in den allgemeinen Schulen Bayerns statt. Bisherige Problem- und Risikoschüler, die es ja immer und überall gibt, wurden per sonderpädagogischer Diagnostik zu Schülern mit sonderpädagogischem Förderbedarf gemacht. Weil die solchermaßen etikettierten Schüler/-innen aber in den allgemeinen Schulen verbleiben, steigt die Inklusionsquote überproportional an und schießt in verwunderliche Höhen. Mit diesen trügerischen Inklusionsquoten werden dann der Öffentlichkeit publicityträchtig große Fortschritte in der Inklusion vorgegaukelt. Die Inklusionsentwicklung in den bayrischen Regierungsbezirken dokumentieren also nicht eine „Inklusion", die diesen Namen verdient, sondern sind ein blanker Ausdruck einer pseudoinklusiven „Etikettierungsschwemme" (Wocken 2017).

Die offensichtliche Wahl der allgemeinen Schule als primäres Handlungsfeld inklusiver Reformen zeugt von einem misslichen Verständnis der schulischen Inklusion. Schulische Inklusion bedeutet weder primär noch gar ausschließlich eine inklusionsorientierte Veränderung der allgemeinen Schule, sondern ihr prioritäres Aufgabenfeld ist die Sonderschule als institutionelle Manifestation von Aussonderung und Separation. Schulische Inklusion in den bayrischen Regierungsbezirken – das ist die zentrale Aussage der Ex- und Inklusionslinien – verläuft in doppelter Hinsicht falsch: Die Regierungsbezirke produzieren den eigentlichen Zielsetzungen der Inklusion zuwider mehr Separation und beschränken die inklusionspolitischen Reformaktivitäten weitestgehend auf die allgemeinen Schulen. Dieses Reformkonzept, konservierende

Schonung der Sonderschule und pseudoinklusive Aufblähung der allgemeinen Schule, ist in doppelter Hinsicht verkehrt, ja antiinklusiv.
Das System der schulischen Separation ist sehr wohl bereit, in die allgemeinen Schulen mehr Sonderpädagogik zu exportieren und damit das System mit einem inklusiven Schleier zu schmücken. Zugleich erklärt das separierende Schulsystem aber die Sonderschulen als tabu. Inklusion innerhalb der allgemeinen Schulen ja, Inklusion der Sonderschulen nein. Jegliche „Inklusion", die den Sonderschulen nicht schadet, ist erlaubt. Jegliche Inklusion aber, die den Sonderschulen etwas wegnimmt, ist unerwünscht und wird nicht gefördert. Das herrschende System schützt die Sonderschulen vor einer fortschreitenden Schrumpfung. Und es betreibt durch die Etikettierungsschwemme eine pseudoinklusive Imagepflege sowie eine sedierende Befriedung der inklusiven Öffentlichkeit.

2.6 Fazit

Der Beitrag beschreibt die quantitative Entwicklung der schulischen Inklusion in den bayrischen Regierungsbezirken von 2008/09 bis 2019/20. Die Beschränkung auf die quantitative Entwicklung sollte nicht kleingeredet werden. Jede Inklusionsreform muss sich letztlich in einem Rückbau von Förderschulen und in einem Rückgang von Förderschüler/-innen in Sonderschulen erweisen, daran führt kein Weg vorbei. Die Parameter Inklusions- und Separationsquote sind geeignete Messlatten, um den Fortschritt der schulischen Inklusion abzubilden. Durch ihre Kombination in einer Kreuztabelle werden die bayrischen Regierungsbezirke zu aussagekräftigen Clustern gebündelt, die sich signifikant voneinander unterscheiden.
Eine zufriedenstellende Entwicklung der Inklusions- und Separationsquote verzeichnen allein die Regierungsbezirke Oberpfalz, Oberbayern und Niederbayern, die sowohl eine stetige Senkung der Separationsquote wie auch eine maßvolle Steigerung der Inklusionsquote vermelden können. Alle anderen Regierungsbezirke geben zu Kritik an der Entwicklung der schulischen Inklusion Anlass. Entweder sie sind allzu emsig mit einer diagnostischen Etikettierung von Risiko- und Problemschülern als Schüler/-innen mit sonderpädagogischem Förderbedarf unterwegs. Oder sie lassen es an einer hinreichenden Minderung der Förderschulquote fehlen; so insbesondere die fränkischen Regierungsbezirke.
Die empirischen Befunde zur quantitativen Entwicklung der schulischen Inklusion in Bayern zeigen einen deutlichen Handlungsbedarf an. Die Handlungsempfehlungen ergeben sich aus den leitenden Gütekriterien „Separationsminderung" und „moderater Inklusionszuwachs" und müssen nicht aus-

buchstabiert werden. Es scheint in der bayrischen Bildungspolitik an einem angemessenen Verständnis, was eigentlich Ziel und Sinn von schulischer Inklusion sind, zu fehlen. Man kann ja durchaus darüber streiten, was die Behindertenrechtskonvention unter einem „inklusiven Schulsystem" versteht. Aber sowohl die sture, verkrampfte Konservierung eines unveränderten, ungeminderten Sonderschulsystems als auch die unmäßige diagnostische Etikettierung und fragwürdige Sonderpädagogisierung der allgemeinen Schule, die nichts weiter als bloße Inklusionskosmetik sind, laufen dem wahren Anliegen einer schulischen Inklusionsreform stracks zuwider; daran sollte es keinen Zweifel geben.

Das Herz der bayrischen Bildungspolitik schlägt für die Separation. Der oberste Grundsatz der bildungspolitischen Programmatik Bayerns lautet unverändert: Separation first!. Mögen regierungsamtliche Erklärungen noch so sehr zufriedenstellende Erfolge und wohlmeinende Absichten verkünden, die empirischen Fakten sprechen eine andere Sprache. Die bildungspolitische Programmatik „Vielfalt der Lernorte", die jährlichen einhundert Lehrerstellen, die für Inklusion zusätzlich zur Verfügung gestellt werden, die sich stetig mehrende Beurkundung von „Schulen mit dem Schulprofil Inklusion" – all das und anderes mehr hat wahrlich nicht den Aufbau eines inklusiven Schulsystem gefördert, sondern im Gegenteil das System der Separation stabilisiert und gekräftigt. Das ist die nackte, ungeschminkte, evidenzbasierte Wahrheit der empirischen Statistik!

Anhang

	Oberpfalz			Oberfranken			Mittelfranken			Unterfranken		
Schuljahr	Bezirk	AS	FS	Bezirk	AS	FS	Bezirk	AS	FS	Bezirk	AS	FS
2008/09	113021	1557	4419	109575	968	4419	172673	613	9890	139207	2469	6958
2009/10	110747	1445	4290	107143	939	4357	170456	653	9911	136264	2310	6908
2010/11	107831	2041	4183	103852	1002	4212	166634	1043	9648	132180	2589	6676
2011/12	105207	2244	4006	101017	1248	4215	163347	1125	9300	128499	2309	6533
2012/13	102382	2381	3880	98176	1339	4120	161080	1289	9082	124868	2397	6419
2013/14	100099	2732	3739	95498	1339	4035	159217	1317	8920	121379	2351	6262
2014/15	98186	2598	3693	93520	1289	3991	158235	1449	8865	118679	2353	6139
2015/16	96927	2680	3700	91908	1439	4029	157779	1431	8816	116590	2143	6093
2016/17	95489	2290	3742	90164	1290	4032	158372	1450	8821	115314	2086	6124
2017/18	93808	2210	3808	89200	1191	4097	157682	1572	8930	113951	2566	6136
2018/19	93615	2131	3907	88839	1092	4153	157539	1695	8965	113655	3046	6212
2019/20	93492	2302	3964	88134	1207	4227	157616	2317	8889	112768	3473	6199

	Schwaben			Oberbayern			Niederbayern		
Schuljahr	Bezirk	AS	FS	Bezirk	AS	FS	Bezirk	AS	FS
2008/09	194759	1255	8635	430310	2640	17050	128658	1842	5399
2009/10	191766	1218	8421	429055	2601	16903	126578	1751	5359
2010/11	188023	1621	8107	426156	3294	16822	123715	2944	5266
2011/12	183919	1866	7862	424158	4545	16439	121014	2804	5140
2012/13	180500	2175	7758	421822	5905	16382	118114	2711	5039
2013/14	177118	2555	7521	420005	6500	16112	115542	2496	5034
2014/15	174718	2701	7436	419676	7056	16167	113443	2394	5018
2015/16	172841	3063	7309	419665	7122	16101	112253	2422	4971
2016/17	170977	3118	7369	421508	6898	16313	110525	2293	4937
2017/18	169038	3698	7412	420486	6869	16555	109501	2467	5086
2018/19	169015	4278	7630	422555	6840	16881	109266	2642	5143
2019/20	168777	4600	7618	424059	7322	16611	109046	2987	5208

Anhang 1: Schüler/-innen in den bayrischen Regierungsbezirken:
1) Bezirk: Alle Schüler/-innen der Primar- und Sekundarstufe I an Regelschulen
2) Schüler/-innen mit sonderpädagogischem Förderbedarf in allgemeinen Schulen (AS)
3) Schüler/-innen mit sonderpädagogischem Förderbedarf in Förderschulen (FS)

Teil 3: Inklusive Ungleichheiten: Förderschwerpunkte

Die Inklusionsentwicklung der sonderpädagogischen Förderschwerpunkte

3.1 Theoretische Rahmung

Die Diagnose sonderpädagogischer Förderbedarfe kann man nicht – dem Himmel sei's geklagt – mit Metermaß oder Körperwaage vornehmen. Trotz aller definitorischen Anstrengungen sind sonderpädagogische Förderbedarfe schwach operationalisierte, relativ unbestimmte, interpretationsoffene, „poröse" Konstrukte. Diese relative Unbestimmtheit und mangelnde Präzision von sonderpädagogischen Förderbedarfen hat Folgen. In Mecklenburg-Vorpommern etwa gibt es nahezu doppelt so viele Schülerinnen und Schüler mit Lernbehinderungen wie in Bayern. Das stimmt natürlich nicht wirklich, denn die Förderschüler aus Mecklenburg-Vorpommern sind keineswegs weniger leistungsfähig und weniger intelligent als die Förderschüler in Bayern. Manch schwacher Schüler in Bayern wäre in Mecklenburg-Vorpommern „lernbehindert"; und manche Eltern, die von Mecklenburg-Vorpommern mit ihrem „lernbehinderten" Kind nach Bayern umsiedeln, dürfen sich über eine wundersame „Normalisierung" ihres behinderten Kindes freuen.

Im sonderpädagogischen Alltag wird gelegentlich umgangssprachlich von „leichten“ und „schweren“, „weichen“ und „harten“ Behinderungen gesprochen. Zu den „weichen“ Behinderungen zählen insbesondere Beeinträchtigungen des Lernens, der Sprache und des Verhaltens; in diesen Entwicklungsdimensionen – so wird argumentiert – sind die diagnostischen Instrumente weniger präzise und die Interpretationsspielräume daher relativ groß. Bei Beeinträchtigungen im Hören, Sehen, in der geistigen Entwicklung und der körperlich-motorischen Entwicklung dagegen gäbe es klare, auch medizinisch fassbare Kriterien, die ob ihrer naturwissenschaftlichen Unbestechlichkeit dann auch zu „objektiven“, intersubjektiven Urteilen führen, ob eine Behinderung vorliegt oder nicht.

Gemäß dieser geläufigen Annahme wäre als Generalhypothese für die erwartbaren Metamorphosen während der Inklusionsentwicklung zu formulieren: Bei der Diagnose von besonderen Förderbedarfen muss insbesondere bei den „weichen“ Behinderungsformen Lernen, Sprache und Verhalten mit einer bedeutsamen Zunahme von Behinderungsdiagnosen und -etikettierungen gerechnet werden, während bei „harten“ Behinderungen sich die naturwissenschaftliche Exaktheit durchsetzt und deshalb eine gleichbleibende Konstanz der Prävalenz von spezifischen Förderbedarfen „Hören“, „Sehen“, „Körperliche und motorische Entwicklung“ und „Geistige Entwicklung“ zu erwarten ist. Das ist die allgemeine Hypothese, und diese lässt sich anhand des vorliegenden Datenmaterials genau überprüfen.

Der vorliegende Beitrag fragt bezüglich schulischer Inklusion nach der Gleichwertigkeit der inklusiven Bildungsverhältnisse innerhalb von Bayern. Während im Beitrag „Inklusive Ungleichheiten: Regierungsbezirke“ die Gleichheit der Inklusionsentwicklung in den sieben Regierungsbezirken überprüft wurde, nimmt der vorliegende Beitrag die Gleichheit der sieben sonderpädagogischen Förderschwerpunkte in den Blick. Die Fragestellung lautet:

Ist die schulische Förderung von Kindern mit sonderpädagogischem Förderbedarf in inklusiven, allgemeinen Schulen und in Förderschulen in allen sonderpädagogischen Förderschwerpunkten in quantitativer Hinsicht gleich ausgestaltet und entwickelt?

Die Fragestellung wird ausschließlich an das Bundesland Bayern adressiert. Ein Vergleich der Inklusionsverhältnisse Bayerns mit anderen Bundesländern und mit dem Bund findet hier nicht statt; dieser ist in differenzierter Form bei Hollenbach-Biele/Klemm (2020) nachzulesen.

Legende	GEI = Geistige Entwicklung
SPR = Sprache	KME = Körperlich-motorische Entwicklung
LER = Lernen	ESE = Emotional-soziale Entwicklung
SEH = Sehen	HÖR = Hören

Schuljahr	SEH	HÖR	KME	GE	SPR	LER	ESE	Summe	Änderung der Summe
2008/09	105	231	245	263	1624	6899	1977	11344	0,0
2009/10	103	230	207	252	1597	6647	1881	10917	-3,8
2010/11	118	779	351	306	1831	8617	2532	14534	28,1
2011/12	182	731	395	311	1803	9829	2890	16141	42,3
2012/13	177	770	475	428	2028	11060	3259	18197	60,4
2013/14	198	856	500	461	2212	11530	3532	19289	70,0
2014/15	203	895	541	525	2148	11843	3685	19840	74,9
2015/16	212	944	565	630	2103	11947	3899	20300	78,9
2016/17	223	894	577	666	2071	11263	3731	19425	71,2
2017/18	279	1154	734	811	1980	11478	4141	20577	81,4
2018/19	335	1414	890	955	1888	11692	4550	21724	91,5
2019/20	392	1449	1006	1055	1997	12912	5397	24208	113,4
* Änderung 2008 zu 2019	*3,7	*6,3	*4,1	*4,0	*1,2	*1,9	*2,7	*2,1	

Tab. 1: Schüler/-innen in allgemeinen, inklusiven Schulen Bayerns, differenziert nach Förderschwerpunkten und Schuljahren (absolute Werte)

Schuljahr	SEH	HÖR	KME	GE	SPR	LERN	ESE	Summe	Änderung der Summe
2008/09	1016	1876	3120	11019	4226	20715	3268	45240	0,0
2009/10	1022	1916	3127	11075	3938	20261	3338	44677	-1,2
2010/11	1027	1927	3131	11045	3809	19729	3433	44101	-2,5
2011/12	998	1967	3092	10964	3650	18954	3680	43305	-4,3
2012/13	985	1850	3124	10766	3492	18961	3841	43019	-4,9
2013/14	947	1871	3176	10504	3491	18141	4092	42222	-6,7
2014/15	930	1895	3110	10408	3398	17724	4232	41697	-7,8
2015/16	930	1918	3077	10355	3219	17820	4228	41547	-8,2
2016/17	929	1873	3065	10572	3036	18106	4061	41642	-8,0
2017/18	925	1903	3051	10810	2833	18159	4143	41824	-7,6
2018/19	915	1905	3035	11058	2830	18319	4284	42346	-6,4
2019/20	903	1878	2857	11266	2646	18634	4008	42192	-6,7
* Änderung 2008 zu 2019	*0,9	*1,0	*0,9	*1,0	*0,6	*0,9	*1,2	*0,9	

Tab. 2: Schüler/-innen in den Förderschulen Bayerns, differenziert nach Förderschwerpunkten und Schuljahren (absolute Werte)

3.2 Methodisches Vorgehen

Der Untersuchungszeitraum erstreckt sich vom Schuljahr 2008/09, dem letzten Jahr vor der Ratifizierung der Behindertenrechtskonvention, bis zum Schuljahr 2019/2020. Die erforderlichen statistischen Daten wurden vom bayrischen Landesamt für Statistik zur Verfügung gestellt. Die Tabellen 1 und 2 enthalten die basalen Ausgangswerte. Die weitere statische Verarbeitung und Analyse erfolgt hier nicht anhand der Variablen „Inklusionsquote“ und „Separationswerte“. Weil

es um den Aufweis von Veränderungen und Entwicklungen geht, wurden für alle Förderschwerpunkte getrennt die jährlichen Zuwächse bzw. Abnahmen berechnet. Als Referenzjahr wurde das Jahr 2008/09 gewählt, also das Jahr, das die Lage vor der Ratifizierung der Behindertenrechtskonvention abbildet und daher als eine geeignete Bezugsgröße angesehen werden kann. Dem Referenzjahr wurde der Wert „0 Prozent" zugeordnet. Die Folgejahre stellen dann in Prozentwerten die relativen positiven oder negativen Veränderungen dar. Ein Wert von +10 besagt, dass in einem Förderschwerpunkt die Schülerpopulation im Vergleich zu Referenzjahr 2008/09 zehn Prozent zugenommen hat. Entsprechend drückt ein Wert von -10 einen zehnprozentigen Rückgang der Schülerpopulation im Vergleich zum Referenzjahr aus. In einem weiteren vorbereitenden, nicht dokumentierten Auswertungsschritt werden die mittleren Prozentwerte für die Zunahme der Inklusionswerte und für die Abnahme der Separationswerte über 11 Schuljahre hinweg für jeden Förderschwerpunkt berechnet.
Zur Reduktion der Datenkomplexität wurden die sieben Förderschwerpunkte anhand der Merkmalsausprägungen auf den beiden Zeitreihen Inklusion in allgemeinen Schulen und Separation in Förderschulen in aussagekräftige Cluster gruppiert. Die Clusterbildung erfolgte in drei Schritten:

1. Bildung von Rangreihen für das mittlere Inklusions- und Separationsprozent.
2. Unterteilung der Förderschwerpunkte in drei Gruppen, jeweils getrennt für die Zeitreihen Inklusion und Separation. Die beiden Erstplatzierten bilden jeweils die obere Gruppe, die beiden Letztplatzierten die untere Gruppe und die mittleren drei Förderschwerpunkte die mittlere Gruppe.
3. Bildung einer Kreuztabelle mit den Achsen Inklusionsgruppe und Separationsgruppe (Tab. 3).

Die Ergebnisse sind in Abb. 1 und Tab. 3 grafisch und numerisch dargestellt. Sie werden im Kapitel „3.4 Ergebnisse" beschrieben und erläutert.

3.3 Bewertungskriterien

Bevor das Ergebnis der Kreuzklassifikation interpretiert und bewertet wird, sollen die Bewertungskriterien offengelegt werden: Welche Merkmalsausprägungen sind aus inklusiver Sicht „positiv" bzw. „negativ" zu bewerten?

Kriterium Separationsminderung
Das erstrangige Kriterium für eine wünschenswerte Inklusionsentwicklung ist eine sukzessiv fortschreitende Minderung der Separation; diese ist ablesbar an

einem progressiven Rückbau der Separation. Das Kriterium der Separationsminderung hat unbedingte Priorität, weil Sinn und Zweck aller Inklusion der Rückbau von Separation und Aussonderung ist.

Kriterium Inklusionszuwachs

Die einstigen Förderschüler verlassen nach und nach die Sonderschulen und besuchen fortan allgemeine Schulen. Im Regelfall sollten dann die Inklusionsprozente im gleichen Maße ansteigen wie die Separationsprozente sinken. Inklusion und Exklusion verhalten sich wie kommunizierende Röhren; die abnehmende Separation wird transformiert in eine zunehmende Inklusion. Eine wünschenswerte Inklusionsentwicklung äußert sich in einem adäquaten, moderaten Inklusionszuwachs. Im deutlichen Gegensatz zur verbreiteten Praxis werden hohe positive Zuwachswerte nicht als ein Zeichen gelungener und wünschenswerter Inklusion gewertet; sie sind eher ein Ausdruck einer unkontrollierten, expansiven Etikettierung. Die weite Verbreitung der sog. „Etikettierungsschwemme" wird hier ausdrücklich als eine pseudoinklusive Fehlentwicklung eingestuft (Wocken 2019). Eine exzessive Etikettierung von Schüler/-innen in allgemeinen Schulen als „sonderpädagogisch förderbedürftig" ist inklusionswidrig.

Die etablierten Bewertungskriterien sind rational begründet und diskursfähig. Eine intersubjektive Anerkennung wird nicht angenommen. Andere mögen zu einer anderen Bewertung kommen. Alternative Bewertungskriterien sollten dabei transparent dargelegt und begründet werden.

3.4 Empirische Befunde

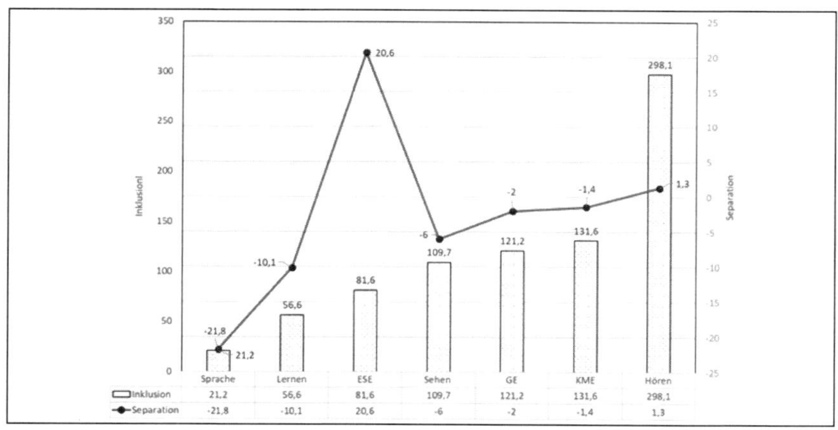

Abb. 1: Mittlere Änderungswerte (Zunahmen und Abnahmen) der Förderschwerpunkte im Zeitraum von 2008/09 bis 2018/19

Die Abb. 1 enthält für alle Förderschwerpunkte eine grafische Darstellung der Inklusionsentwicklung (Säulen) und der Separationsentwicklung (Linie). Die Primärachse (links) enthält die Skalenwerte für die Inklusionsprozente (Säulen), die Sekundärachse (rechts) enthält die Skalenwerte der Separationsprozente. Der Grafik ist eine numerische Tabelle mit den über alle 11 Jahre gemittelten Zuwachs- und Abnahmeprozenten angefügt. Die Werte repräsentieren die mittleren prozentualen Zuwächse bzw. Rückgänge der Förderschwerpunkte mit Bezug auf das Referenzjahr 2008/09.

		Inklusion		
		obere Gruppe	mittlere Gruppe	untere Gruppe
Separation	obere Gruppe	1 SPR LER	2	3
	mittlere Gruppe	4	SEH GEI KME	6
	untere Gruppe	7	8 ESE	9 HÖR

Tab. 3: Kreuztabelle der Förderschwerpunkte mit den Achsen Inklusionsgruppe und Separationsgruppe (Legende s. Tab. 1)

Die Kreuztabelle der sonderpädagogischen Förderschwerpunkte enthält erwartungswidrige Überraschungen. Die statistischen Entwicklungen der Förderschwerpunkte sind höchst verwunderlich, weil sich die empirischen Entwicklungslinien völlig konträr zu den hypothetischen Erwartungen verhalten. Die Förderschwerpunkte können zu vier Clustern gebündelt werden (s. Abb. 1). Das *erste* Cluster wird ein wenig mit Vorschusslorbeeren bedacht und „Musterknaben“ genannt. Bei diesem Cluster nehmen den Reformzielen entsprechend die Anzahl der Inklusionsfälle zu und die Anzahl der verbleibenden Separationsfälle deutlich ab. Zu dem Cluster der inklusionspolitischen „Musterknaben“ zählen die Förderschwerpunkte „Lernen“ und „Sprache“.
Das *zweite* Cluster wird mit der kritischen Vokabel „Sammler“ belegt. Bei den Förderschwerpunkten dieses Clusters ist eine hohe Stabilität der Separation und zugleich etwa eine Verdoppelung der Inklusionsschüler in den allgemeinen Schulen zu beobachten. Diese Förderschwerpunkte sammeln und sammeln, und betreiben sowohl eine expansive Separation wie auch eine expansive Inklusion. Angehörige des Clusters „Sammler“ sind die Förder-

schwerpunkte, Sehen, Geistige Entwicklung und Körperlich-motorische Entwicklung.
Das *dritte* Cluster unterscheidet sich von allen anderen Förderschwerpunkten durch eine ausgeprägte Separationsentwicklung. Der Anteil der Förderschüler/-innen in Förderschulen wird in diesem Cluster um 20,6 Prozent gesteigert; das ist das höchste Separationsprozent überhaupt. Damit nicht genug. Gleichzeitig nimmt auch der prozentuale Anstieg der inklusiv beschulten Schüler/-innen kräftig zu, und zwar um über 80 Prozent gegenüber dem Referenzjahr. Inhaber dieses Clusters ist der Förderschwerpunkt „Emotional-soziale Entwicklung". Das Cluster nimmt durch den extremen Anstieg der Separation bei gleichzeitig kräftigem Anstieg der Inklusion eine Sonderrolle ein; es erhält deshalb den Namen „Sonderling".
Das *vierte* Cluster wird mit dem vorwurfsvollen Attribut „Raubritter" bedacht. Die „Raubritter" widersetzen sich den bildungspolitischen Imperativen der Inklusion völlig. Es gelingt ihnen nicht nur, die Anzahl der „Sonderschüler" (= Förderschüler in den Sonderschulen) zu stabilisieren, sondern obendrein noch die Anzahl der „Inklusionsschüler" (= Förderschüler in den allgemeinen Schulen) zu versechsfachen (Tab. 1)! Dieses extreme Negativmuster der „Raubritter" wird durch den Förderschwerpunkt Hören repräsentiert. Die schwindelerregenden Inklusionsentwicklungen des Förderschwerpunktes Hören sind rational kaum nachvollziehbar und lösen eher blankes Entsetzen aus.
Die journalistischen Bezeichnungen *„Sammler"* und *„Raubritter"* mögen Anstoß erregen; sie sollen durch ihre kritische Zuspitzung bewusstmachen, dass die festgestellten Entwicklungen in keiner Weise mit den basalen Reformzielen der Inklusionspolitik (Minderung der Separation und moderater Anstieg der Integration) vereinbar sind.

3.6 Fazit

Nach der Revue der Entwicklungen aller Schülerpopulationen, die als Schüler/-innen mit besonderem Förderbedarf kategorisiert sind, zeichnet sich ein recht prägnantes Gesamtbild ab:

- Der zentrale, alles überwölbende Befund vorweg: Die Zahl der Förderschüler/-innen in Sonderschulen („Sonderschüler") nimmt nicht ab, sondern relativ zu allgemeinen Entwicklung der Schülerzahlen sogar leicht zu! Die „Sonderschüler" haben seit dem Schuljahr 2008/09 von der weiteren Inklusionsentwicklung nicht anteilig profitieren können. Die bayrische Inklusionsentwicklung hat sehr deutlich nicht die Sonderschülerzahlen gesenkt und ein Weniger an Separation bewirkt;

allein der Blick auf diese Fehlentwicklung, die mit dem Begriff „Separationsstillstand“ eher untertrieben und beschönigend beschrieben wird, rechtfertigt es, mit aller Klarheit von einer negativen Bilanz der bayrischen Inklusionsentwicklung zu sprechen. Eine elf Jahre währende Inklusionswende sieht anders aus.

- Eine erwartungsgemäße, in Analogie zum allgemeinen Schülerrückgang verlaufende Abnahme behinderter Schüler in Sonderschulen („Sonderschüler“) ist nur bei den Förderschwerpunkten „Sprache“ und „Lernen“ festzustellen.
- Bei den Schülern mit „speziellen“ Behinderungen (Förderschwerpunkte „Geistige Entwicklung“, „Körperliche und motorische Entwicklung“, „Sehen“ und „Hören“) hält der Rückgang der Schüler in Sonderschulen („Sonderschüler“) nicht mit dem allgemeinen Schülerrückgang Schritt. Die Verlaufslinien für diese Sonderschüler liegen regelhaft über der Verlaufslinie für alle Regelschüler in Bayern. Es gibt damit trotz der Inklusionsreformen in diesen Förderbereichen relativ mehr Sonderschüler als jemals zuvor. Die Inklusionsreform hat nicht zu einem Abbau der Separation behinderter Schüler in Sonderschulen geführt, sondern die Sonderschulen haben sich sogar auf einem etwas höheren Niveau stabilisieren können.
- Die Zahl der Schüler mit besonderem Förderbedarf in allgemeinen Schulen („Inklusionsschüler“) hat sich innerhalb von elf Jahren seit 2008/09 mehr als verdoppelt (s. absolute Zahlen und Änderungsrate in Tabelle 2). Viele nichtbehinderte Problem- und Risikoschüler werden diagnostisch etikettiert und damit in die Kategorie „Schüler mit besonderem Förderbedarf“ eingemeindet.
- Sofern bei Schülern mit Förderbedarf in der bayrischen Inklusionsentwicklung überhaupt von einer Entwicklung in Richtung Inklusion in allgemeinen Schulen die Rede sein kann, findet Inklusion fast ausschließlich durch die Umetikettierung bisheriger Schüler der allgemeinen Schule nun als Schüler mit besonderem Förderbedarf statt. Der Effekt der Inklusionsreform in Bayern ist nicht mehr Inklusion, sondern in Wahrheit mehr Sonderpädagogisierung der allgemeinen Schule durch mehr Etikettierung.

Beide Entwicklungstrends („Separationsstillstand“ und „Etikettierungsschwemme“) werden als problematisch und inakzeptabel angesehen. Die Inklusionsentwicklung in Bayern verlief damit in dem Zeitraum von 2008/09 bis 2019/20 in doppelter Hinsicht in eine falsche Richtung: „Verkehrte Inklusion“ (Wocken 2014).

3.5 Diskussion der Ergebnisse

Im Fokus der vorliegenden Studie stehen die Veränderungen der Förderschwerpunkte seit Beginn der Inklusionsreformen. Der zentrale Befund der vorliegenden statistischen Analyse ist die Feststellung, dass im Zuge der Inklusion nun Schüler/-innen der allgemeinen Schule im großen Stil etikettiert werden und ihnen ein „besonderer" Förderbedarf zugeschrieben wird. Dieses Untersuchungsergebnis veranlasst die weitergehende bohrende Nachfrage, um welche Veränderungen und Verschiebungen in den Schülerpopulationen es sich denn bei genauem Hinsehen handelt.

Wenn es nach elf Jahren Inklusion in Bayern weniger „normale" und dafür mehr „besondere" Schüler gibt, dann liegt die Vermutung nahe, dass mögliche Verschiebungen am ehesten bei den Förderschwerpunkten Lernen, Sprache und Verhalten stattgefunden haben. Die Förderbedarfe Lernen, Sprache und Verhalten sind eher psychologische Kategorien, die selten oder gar nicht mit medizinisch fassbaren Korrelaten einhergehen. Dagegen sind die „speziellen" Behinderungen „Geistige Entwicklung", „Körperliche und motorische Entwicklung", „Sehen" und „Hören" in sehr vielen, fast allen Fällen auch mit medizinisch benennbaren Einschränkungen und Merkmalen verbunden. Alltagssprachlich wird die erste Gruppe Lernen, Sprache und Verhalten auch als „weiche" Behinderungen, die zweite Gruppe der „speziellen" Behinderungen auch als „harte" Behinderungen gefasst. Die Attribute „weich" und „hart" beziehen sich auf die Möglichkeiten einer genauen, validen und unumstößlichen Diagnose, die für beide genannten Gruppen als unterschiedlich eingeschätzt werden. Die Ausgangshypothese nahm folglich an, dass eher bei den „weichen" Behinderungen Verschiebungen möglich sind und auch gemacht werden, während bei den „harten" Behinderungen eine naturwissenschaftliche, „medizinische" Diagnostik eher zu untrüglichen Urteilen führt und keine oder weniger falsche Zuordnungen erlaubt.

Diese Ausgangshypothese konnte durch die statistischen Analysen ganz und gar nicht bestätigt werden. Zwar gibt es auch bei den Förderschwerpunkten Lernen, Sprache und Verhalten eine sehr deutliche Zunahme von Förderbedarfsdiagnosen; erheblich mehr Kinder werden in der Inklusion nun als Schüler mit besonderen Förderbedarfen im Lernen, in der Sprache und im Verhalten diagnostiziert und etikettiert. Aus dem Trio Lernen, Sprache, Verhalten schert der Förderschwerpunkt Emotional-soziale Entwicklung allerdings ersichtlich aus. Er ist derjenige Förderschwerpunkt mit der kräftigsten Steigerung in den Förderschulen (20,6 Prozent) und zugleich mit einem ansehnlichen Zuwachs in den allgemeinen Schulen. Die „Sonderlinge" werden offensichtlich in zunehmenden Maße abgeschoben, wohin auch immer.

Dieser Zuwachs an Förderbedarfsdiagnosen ist wider Erwarten bei den „harten“ Behinderungen weitaus größer als bei den „weichen“. Seitdem die Inklusionsreform gestartet ist, gibt es laut Statistik in den inklusiven, allgemeinen Schulen weitaus mehr Schüler mit einer geistigen Behinderung, mehr Schüler mit einer körperlichen Behinderung, mehr sehgeschädigte und auch mehr hörgeschädigte Schüler. Der mittlere Zuwachs in inklusiven, allgemeinen Schulen betrug in den Förderschwerpunkten Sehen rund zehn Prozent, Geistige Entwicklung rund 20 Prozent, Körperlich-motorische Entwicklung rund 30 Prozent und Hören rund 200 Prozent (Abb. 1). In einer anderen Numerik formuliert: Im Schuljahr 2019/20 waren in inklusiven, allgemeinen Schulen in den Förderschwerpunkten Sehen 3,7mal, Geistige Entwicklung 4mal, Körperlich-motorische Entwicklung 4,1mal und Hören 6,3mal so viele Schüler wie im Referenzjahr 2008/09 (Tab. 1). Das Erstaunen über diese Zuwachsraten ist unermesslich groß, so groß, dass es in Fassungslosigkeit umschlägt. Die Aufklärung dieser unerwarteten Entwicklungen bei allen „harten“ Behinderungen wird eine unumgängliche und dringliche Aufgabe der einschlägigen wissenschaftlichen Disziplinen sein.

3.6 Fazit

Die Zwischenbilanz der bayrischen Inklusionsreform ist gänzlich unbefriedigend: Mehr Separation, mehr Förderbedarfe allgemein – also das Gegenteil dessen, was eine recht verstandene Inklusion erwartet und will. Keine politische Rabulistik kann diese negative Bilanz in einen Erfolg ummünzen. Die Inklusionsentwicklung geht in Bayern nicht vorwärts, sondern deutlich in die falsche Richtung: Eine „verkehrte Inklusion“ (Wocken 2014)! Alle sensiblen Gemüter werden in Kenntnis der realen Entwicklungen in großer Sorge sein. Die Inklusionsreform leidet an einer Überdosis Etikettierungsdiagnostik, die sowohl zu mehr Separation führt als auch mehr Förderbedarfe in allgemeinen Schulen erzeugt. Die expansive Etikettierungspraxis hat nicht mehr Inklusion bewirkt, sondern zu einer bedenklichen und problematischen „Sonderpädagogisierung“ der allgemeinen Schule geführt.

Teil 4: Inklusive Diagnostik: Konstruktion von Förderbedarfen

Entwicklung der Schülerschaft mit sonderpädagogischem Förderbedarf

4.1 Theoretische Rahmung

Die Diagnostik sonderpädagogischer Förderbedarfe ist den wissenschaftlichen Gütekriterien Objektivität, Reliabilität und Validität verpflichtet. Objektivität

meint u. a., dass alle involvierten Personen keinen Einfluss auf das Untersuchungsergebnis haben dürfen. Die Diagnose muss sowohl von den Dispositionen der Testleiter als auch von den Interessen der Auftraggeber unabhängig sein. Das Kriterium Reliabilität will die Zuverlässigkeit absichern. Insoweit das zu diagnostizierende Persönlichkeitsmerkmal als relativ stabil angenommen werden kann, im gleichen Maße müssen auch die diagnostischen Messungen zu verschiedenen Zeitpunkten zu gleichen Ergebnissen kommen. Validität als testdiagnostisches Gütekriterium setzt voraus, dass das zu untersuchende Konstrukt zweifelsfrei definiert ist. Wenn etwa für das Konstrukt „sonderpädagogischer Förderbedarf" keine operationalisierten Kriterien vorliegen, dürften kaum valide Diagnosen erwartet werden.
Im Zuge der Inklusionsreform ist die Diagnostik sonderpädagogischer Förderbedarfe mächtig ins Schwimmen geraten. Ein signifikantes Indiz für eine sonderpädagogische Diagnostik, die den Tugendpfad wissenschaftlicher Gütekriterien verlassen hat, ist die sog. „Etikettierungsschwemme" (Wocken 2017). Etikettierungsschwemme meint die expansive Vermehrung von sonderpädagogischen Förderbedarfen durch eine unkontrollierte, enthemmte diagnostische Etikettierung. In der gesamten Bundesrepublik (BRD) betrug im Schuljahr 2008/09 die Zahl der Schüler/-innen mit sonderpädagogischem Förderbedarf in Förderschulen und in allgemeinen Schulen (ohne Kranke) 472.366. Zehn Jahre später waren es dann 544.640 Schüler/-innen mit sonderpädagogischem Förderbedarf (Hollenbach-Biele/Klemm 2019, 40, Tab. A4). Das ist ein Zuwachs von 72.274 Schüler/-innen bzw. von 15,3 Prozent. In Bayern stieg die Zahl der Schüler/-innen mit sonderpädagogischem Förderbedarf von 68.466 im Schuljahr 2008/09 auf 75.172 an. Der geringere Anstieg von nur 9,8 Prozent ist nicht auf eine Verminderung der Förderschüler, sondern auf eine geringere Inklusion von Schülern mit sonderpädagogischem Förderbedarf in allgemeine Schulen zurückzuführen.
Der enorme Zuwachs von Förderbedarfsschülern versetzt in ungläubiges Erstaunen, ja er löst skeptische Nachfragen aus. Wie ist das möglich? Wie kann man sich die wundersame Vermehrung von Schüler/-innen mit sonderpädagogischem Förderbedarf ausgerechnet in Zeiten der Inklusion erklären? Sind die Schülerinnen und Schüler in zehn Jahren „behinderter" geworden? Oder hat die sonderpädagogischen Diagnostik die Schüler/-innen „behinderter" gemacht?
Im vierten Teil der Pentalogie zur schulischen Inklusion in Bayern sollen die gestellten Fragen noch einmal in vertiefender Form aufgegriffen werden. Hier soll der spezifischen Frage nachgegangen werden, ob sich die relativen, prozentualen Anteile der einzelnen Förderbedarfe (Sehen, Hören, Körperlich-motorische Entwicklung, Geistige Entwicklung, Lernen, Sprache, Sozial-

emotionale Entwicklung) an der Gesamtheit aller Förderbedarfe verändert haben. Gefragt wird, ob sich das proportionale Verhältnis der einzelnen Förderbedarfe im gesamten Förderbedarfsspektrum verschoben und verändert hat, und zwar einerseits innerhalb der Förderschule und andererseits innerhalb der inklusiven, allgemeinen Schule.

Bevor für das Bundesland Bayern die empirischen Veränderungen der Förderbedarfsspektren in den Förderschulen und in den allgemeinen Schulen aufgezeigt werden, sollen einige theoretische Überlegungen über hypothetisch erwartbare Verteilungen der Förderbedarfe in beiden Systemen angestellt werden.

Wie der Titel der Abhandlung bereits ankündigt, wird als geeigneter theoretischer Rahmen für die Interpretation und Diskussion der Untersuchung der Konstruktivismus gewählt. Es gibt nicht „den" Konstruktivismus. Unter dieser erkenntnistheoretischen Position versammelt sich eine Vielzahl von unterschiedlichen Ansätzen. Im vorliegenden Zusammenhang mag es genügen, lediglich den gedanklichen Kern, der als kleinster gemeinsamer Nenner der disparaten Theoriefamilie gelten kann, darzustellen.

Gemeinsam ist allen die Auffassung, dass sich die Realität nicht „objektiv" wahrnehmen, beschreiben und erklären lässt. Das menschliche Gehirn hat keinen unmittelbaren Zugriff auf die Realität, es ist auf die Wahrnehmung der Realität durch die Sinnesorgane, insbesondere durch Sehen und Hören angewiesen. Alle Wahrnehmung ist aber nicht eine exakte Abbildung der Realität im Gehirn, sondern eine kombinierte Komposition aus sinnlichen Wahrnehmungen und internen, subjektiven Operationen. Alle Erkenntnisse sind immer das Ergebnis von kognitiven Konstruktionsprozessen. Der Erwerb von Wissen und die Aneignung von Kenntnissen erfolgen nicht nach Art des Nürnberger Trichters; damit ist die Vorstellung verknüpft, dass Informationsinhalte Subjekten gleichsam mechanisch appliziert und injiziert werden, die diese völlig passiv und ohne eigenes Mittun in sich aufnehmen. Dem Konstruktivismus zufolge können Kenntnisse und Wissen nicht „eingetrichtert" und „beigebracht" werden, sondern sie werden immer durch interne Konstruktionen erzeugt. Erkennen und Lernen sind subjektive, selbstgesteuerte Aktivitäten, durch die Individuen sich selbst ein eigenes Bild von der Welt erschaffen.

Jeder Wahrnehmungs-, Erkenntnis- und Denkprozess beruht auf aktiven und persönlichen Konstruktionen von Individuen. Die Konstruktionen sind aber keineswegs beliebig, sondern sind vielfältig abhängig: Von Vorerfahrungen, Einstellungen, Lebenslagen, Interessen, sozialem Austausch, kulturellem und sozialem Umfeld. Das kognitive Konstruieren ist weder von der Realität unabhängig noch wird es durch sie determiniert. Der Konstruktivismus bestreitet nicht die Existenz einer tatsächlichen Realität, sondern lediglich ihre „wahre", objektive Erkennbarkeit. Unsere Aussagen und unser Wissen entspringen selbstkonstruierten Weltbildern, der eigenen Kognitionsbiographie und der eigenen Lebenslage. Was „wahr“ ist, lässt sich nicht objektiv feststellen. Unsere Erkenntnisse, Ansichten und Weltbilder müssen „viabel“ sein, d. h. sie müssen sich als gangbar, nützlich und brauchbar erweisen. Der Konstruktivismus ersetzt die vergebliche Suche nach „Wahrheit“ durch adaptive Bemühungen um „Viabilität“.

Der Konstruktivismus nimmt zu guter Letzt Abschied von der Vorstellung einer absoluten Wahrheit und einer empirischen Objektivität. Diese Gegenposition zum Objektivismus entzieht einer naiven Wissenschafts- und Faktengläubigkeit die Grundlage. Auch das vorherrschende, im Kern realistische Verständnis der sonderpädagogischen Wirklichkeit wird irritiert und erschüttert. Was „Behinderung“ und „Förderbedarf“ wirklich sind, ist nicht mehr allein eine unhinterfragbare, „reale“, „objektive“ Tatsache, sondern immer auch eine menschliche und gesellschaftliche Konstruktion.

Die Grundlegung der Untersuchungen im erkenntnistheoretischen Konstruktivismus gestattet es nun, alternative Ergebniserwartungen zu formulieren. Die Fragestellung war, ob und ggf. wie sich innerhalb eines zehnjährigen Reformprozesses das proportionale Gefüge der unterschiedlichen Förderbedarfe innerhalb des Förderschulsystems wie auch in den inklusiven, allgemeinen Schulen verändert und verschoben hat.

Folgt man der objektivistischen Position, dann sollten eigentlich keine gravierenden Änderungen in den Förderbedarfsspektren zu erwarten sein. Behinderungen gelten als eine unveränderliche, feststehende Tatsache, an der weder Bildungspolitik noch Schul- und Sonderpädagogik etwas ändern können. Von einer objektiven sonderpädagogischen Diagnostik sollte erwartet werden, dass sie sine ira et studio, unbeeindruckt von gesellschaftlichen und bildungspolitischen Zeitläuften und Moden auch die Realität von Behinderungen auch objektiv und reliabel abbildet.

Den objektivistischen Ergebniserwartungen sind indes recht geringe Bestätigungsaussichten beschieden. Wir wissen ja bereits aus den vorangegangenen Analysen dieser Pentalogie, dass die Inklusionsreform mit unfasslichen diagnostischen Turbulenzen verbunden war. Es ist daher wahrscheinlicher, dass in der Tektonik des Förderbedarfsspektrums große, vielleicht gar erdrutschartige Verschiebungen im Laufe der Inklusionsreform auftreten werden.

Das Konzept der Viabilität weist den Weg, mit welchen strukturellen Modifikationen innerhalb der Förderbedarfsspektrum gerechnet werden muss. Die konstruktivistische Erkenntnistheorie postuliert, dass dasjenige „Wissen“ konstruiert wird, das sich als viabel, also als gangbar und nützlich erweist. Welche Diagnose von Förderbedarfen ist nun in inklusiven Zeiten dienlich und funk-

tional? Die Inklusion von Schüler/-innen mit sonderpädagogischem Förderbedarf kann in der pädagogischen Praxis nur geleistet werden, wenn neben den professionellen Kompetenzen auch die entsprechenden personellen Ressourcen zur Verfügung stehen. Hilfreich und funktional wäre eine Diagnostik in einem inklusiven Kontext folglich dann, wenn sie die unabdingbar erforderliche Akquise von professionellen Ressourcen möglichst optimal begründet, fachlich legitimiert und verwaltungstechnisch einforderbar macht. Diese Schlussfolgerung ergibt sich zwingend aus der Logik des Ressourcen-Etikettierungs-Junktims, welches mit einfachen Worten besagt: Besondere pädagogische Ressourcen gibt es nur gegen Vorlage diagnostischer Behinderungsetikette (Wocken 1996). Es ist daher jene sonderpädagogische Diagnostik viabel, die dem Erfordernis der Ressourcenakquise nachkommt und genügen kann. Das „Produkt" einer viablen, funktionalen Diagnostik kann in ungeschönter Klarheit mit einem elementaren Bedingungssatz beschrieben werden: Eine sonderpädagogische Diagnostik ist in dem Maße viabel, wie sie quantitativ möglichst viele sonderpädagogische Förderbedarfe und qualitativ möglichst schwerwiegende, ressourcenträchtige Förderbedarfe „konstruiert".
Damit ist der große Rahmen hypothetischer Erwartungen beschrieben: Quantitativ mehr Förderbedarfe, qualitativ schwerere Förderbedarfe! Eine differenziertere Prognose, wie sich die einzelnen Förderschwerpunkte entwickeln, wäre wohl allzu riskant, kaum theoretisch ableitbar und erscheint daher wenig sinnvoll.

4.3 Methodisches Vorgehen

Die Beschreibung des methodischen Vorgehens kann sehr knapp gehalten werden. Die erforderlichen empirischen Basisdaten wurden wiederum vom bayrischen Landesamt für Statistik erbeten und bereitgestellt. Die prozentualen Anteile der Förderschwerpunkte wurden jeweils getrennt für das Förderschulsystem und das System der allgemeinen Schulen berechnet. Grundgesamtheit war jeweils die Gesamtheit aller Schüler/-innen mit sonderpädagogischem Förderschwerpunkt innerhalb eines Systems. Ein Prozentwert von 4,1 für „Hören" (Tab. und Abb. 1) bedeutet nicht, dass 4,1 Prozent aller Schüler/-innen im Schuljahr 2008/09 sonderpädagogischen Förderbedarf im „Hören" hatten, sondern dass 4,1 Prozent aller Schülerinnen in allen Sonderschulen dem Förderschwerpunkt „Hören" angehörten. Um einen intersubjektiven Nachvollzug der empirischen Aussagen zu ermöglichen, werden im Anhang auch die absoluten Basiswerte mitgeteilt.

4.4 Empirische Befunde

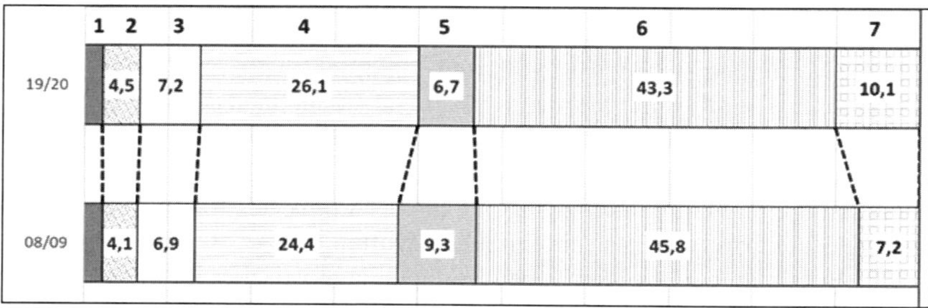

Nr.	1	2	3	4	5	6	7
	SEHEN	HÖREN	KME	GEISTIG	SPRACHE	LERNEN	ESE
2019/20	2,2	4,5	7,2	26,1	6,7	43,3	10,1
2008/09	2,2	4,1	6,9	24,4	9,3	45,8	7,2

Abb. und Tab. 1: Prozentuale Verteilung der sonderpädagogischen Förderschwerpunkte (SFP) in Förderschulen in den Schuljahren 2008/09 und 2019/20 in Bayern

Abbildung und Tabelle 1 präsentieren nun zunächst die Verteilungen der sonderpädagogischen Förderschwerpunkte in *Förderschulen* in den Schuljahren 2008/09 und 2019/20 in Bayern. Die wesentlichen Befunde seien knapp kommentiert:

- Der erste und zugleich dominante Eindruck ist der einer bemerkenswert hohen Konstanz. Die Verteilungen der sonderpädagogischen Förderschwerpunkte innerhalb des Förderschulsystems sind in dem elfjährigen Beobachtungszeitraum in hohem Maße kongruent.
- Lediglich zwei Förderschwerpunkte zeigen leichte Veränderungen. Der Anteil der separat unterrichteten Schüler/-innen mit dem Förderbedarf Sprache ist innerhalb des Sonderschulspektrums um 2,6 Prozent zurückgegangen. Dagegen hat der proportionale Anteil der separierten Schüler/-innen mit dem Förderbedarf „Emotional-soziale Entwicklung" um 2,9 Prozent zugenommen. Aus den anderen Artikeln der Pentalogie wissen wir bereits, dass sozial-emotional entwicklungsbeeinträchtigte Schüler/-innen in dem elfjährigen Untersuchungszeitraum insgesamt häufiger diagnostisch etikettiert wurden.
- Betont sei indes noch einmal die hohe sonderschulinterne Stabilität der Verteilungen von Förderschwerpunkten. Diese darf indes keineswegs

so interpretiert werden, als hätten die Sonderschulen in Bayern sich insgesamt in den elf Jahren nicht geändert. Es sei in Erinnerung gebracht, dass die bayrischen Sonderschulen insgesamt während der Inklusionsreform den allgemeinen Schülerrückgang von ca. 10 Prozent nicht mitgemacht haben, sondern relativ zur allgemeinen Schülerentwicklung sogar quantitativ zugenommen haben.

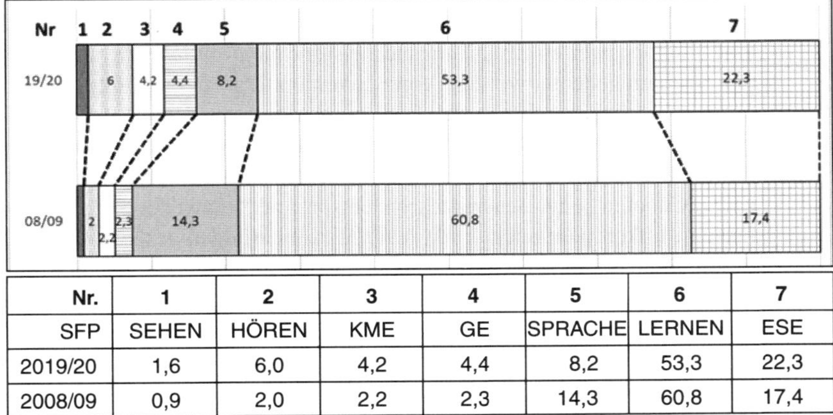

Nr.	1	2	3	4	5	6	7
SFP	SEHEN	HÖREN	KME	GE	SPRACHE	LERNEN	ESE
2019/20	1,6	6,0	4,2	4,4	8,2	53,3	22,3
2008/09	0,9	2,0	2,2	2,3	14,3	60,8	17,4

Abb. und Tab. 2: Prozentuale Verteilung der sonderpädagogischen Förderschwerpunkte (FSP) in allgemeinen Schulen in den Schuljahren 2008/09 und 2019/20 in Bayern

Schauen wir nun auf die Verteilung der sonderpädagogischen Förderschwerpunkte in den bayrischen Schulen im Zeitraum von 2008/09 bis 2019/20, nun aber in den Allgemeinen Schulen (Abb. und Tab. 2), also in der Inklusion. Im Unterschied zu den Förderschulen zeigt nun das proportionale Spektrum der Förderschwerpunkte gehörige tektonische Verschiebungen an. Die auffälligsten Veränderungen im Zeitverlauf:

– Die „speziellen" Förderschwerpunkte (Sehen, Hören, Körperlich-motorische Entwicklung (KME), Geistige Entwicklung (GE)) legen innerhalb der elf Reformjahre kräftig zu; sie steigern insgesamt ihren relativen Anteil von 7,4 Prozent auf 16,2 Prozent und können sich damit mehr als verdoppeln. Dies geht mit der geläufigen Erwartung, dass die Inklusion eher die allfälligen, „leichten" Behinderungen (Lernen, Sprache, Verhalten) abschöpft und den „harten" Kern der speziellen Behinderungen in den Förderschulen belässt, nicht konform. Die

Verdoppelung der speziellen Förderschwerpunkte im Förderbedarfsspektrum legt eher eine Bestätigung der konstruktivistischen Prognose, dass mehr ressourcenträchtige Förderbedarfe konstruiert werden, nahe.

- Zugenommen hat innerhalb des sonderpädagogischen Bedarfsspektrums an allgemeinen Schulen auch der Anteil der emotional-sozial beeinträchtigten Schüler/-innen (ESE) um fast fünf Prozent. Weil der Förderschwerpunkt ESE sowohl in den Förderschulen wie auch in den allgemeinen Schulen zugenommen hat, kann dieser Effekt als ein Ausdruck eines nennenswerten Entlastungsbedarfs der nicht-inklusiven, allgemeinen Schulen gedeutet werden. Von Separation und Etikettierung sind am ehesten die Schüler/-innen des Förderschwerpunktes Emotional-soziale Entwicklung bedroht. Die „schwierigen" Schüler stören das reibungslose Funktionieren des Schulbetriebs; sie werden deshalb auch als „Schläger", „Chaoten" oder neuerlich „Systemsprenger" entweder per diagnostischem Etikett oder auch durch reale Aussonderung abgespalten.
- Schließlich ist bemerkenswert, dass in den allgemeinen Schulen der proportionale Anteil der Förderschwerpunkte Sprache und Lernen recht drastisch um insgesamt 13,8 Prozent gemindert wird.

4.5 Diskussion der Ergebnisse

Die empirisch belegten und beschriebenen tektonischen Verschiebungen des Förderbedarfsspektrums innerhalb der allgemeinen Schulen sind erheblich. Ein kritischer Einwand, dass es nicht angebracht sei, sich wegen weniger Prozente zu echauffieren und von einem bedeutsamen Wandel zu sprechen, scheint nicht gerechtfertigt. Man bedenke die Größenordnung: Ein Prozent innerhalb der Gesamtheit der Schüler/-innen mit sonderpädagogischem Förderbedarf in Bayern bedeutet im System der Förderschulen nominal ca. 420 Personen, im System der inklusiven allgemeinen Schulen nominal ca. 240 Personen. Das ist keine Kleinigkeit mehr, sondern ein Indiz eines signifikanten Wandels.
Es ist auffällig, dass die Verschiebungen in den Spektren der sonderpädagogischen Förderbedarfe nur in den inklusiven, allgemeinen Schulen stattfinden, nicht aber im Sonderschulsystem selbst. Warum verliert die sonderpädagogische Diagnostik vornehmlich in inklusiven Kontexten ihre Contenance? Diese Differenz darf man wohl so interpretieren, dass die sonderpädagogische Diagnostik sich in den vertrauten Gefilden relativ sicher fühlt, in den neuen inklusiven Kontexten jedoch mit neuen Herausforderungen und auch Erwartungen konfrontiert wird. Die Interessen der ressourcenhungrigen Inklusion bleiben sicherlich nicht ohne Einfluss auf die Zuerkennung von Förderbedarfen in den inklusiven, allgemeinen Schulen. Ein Werk des Konstruktivismus!

Eine weiterführende und vertiefende Diskussion des vierten Teils erfolgt in der abschließenden Gesamtdiskussion (Teil 5).

Anhang

Um Vergleiche zu ermöglichen, sollen im Anhang die Komposition der verschiedenen Förderbedarfe im gesamten Bedarfsspektrum innerhalb der Bundesrepublik Deutschland (BRD) grafisch anschaulich gemacht werden.

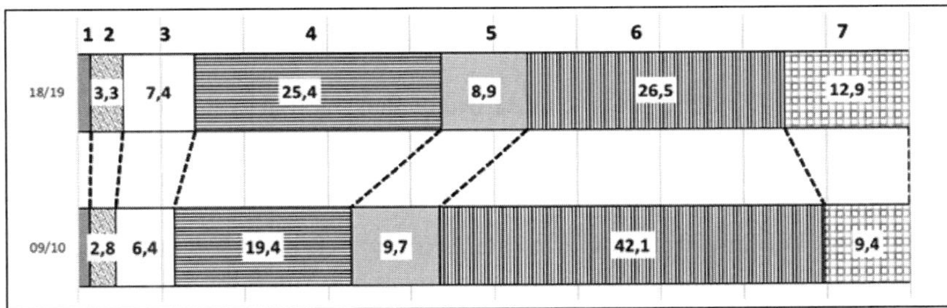

	SEH	HÖR	KME	GE	SPR	LERN	ESE
09/10	1,3	2,8	6,4	19,4	9,7	42,1	9,4
18/19	1,4	3,3	7,4	25,4	8,9	26,5	12,9

Tab. 1: Spektrum der Förderbedarfe in Förderschulen: Verteilung der sonderpädagogischen Förderschwerpunkte (SPF) in Förderschulen in der BRD von 2009/10 bis 2018/19 (in Prozent)

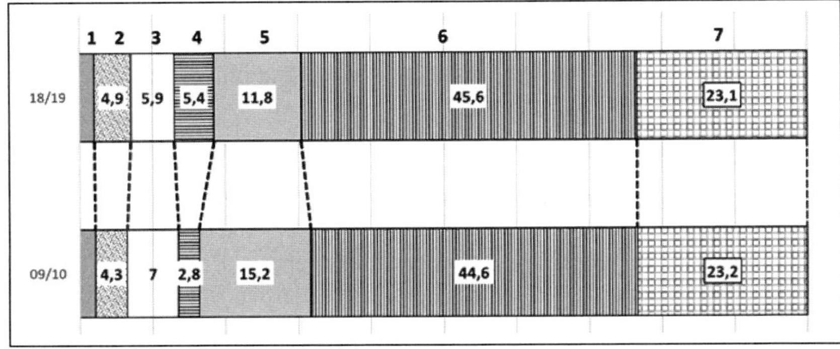

Schuljahr	SEH	HÖR	KME	GE	SPR	LER	ESE
09/10	2,1	4,3	7	2,8	15,2	44,6	23,2
18/19	2	4,9	5,9	5,4	11,8	45,6	23,1

Tab. 2: Spektrum der Förderbedarfe in allgemeinen Schulen: Verteilung der sonderpädagogischen Förderschwerpunkte (SPF) in allgemeinen Schulen in der BRD von 2009/10 bis 2018/19 (in Prozent)

Die auffälligsten Veränderungen in der Verteilung der sonderpädagogischen Förderschwerpunkte in den Förderschulen der BRD sind:

- Im System der Förderschulen bricht der relative Anteil der Schüler/-innen mit dem Förderschwerpunkt Lernen recht kräftig um 16 Prozent, der Schüler/-innen mit dem Förderschwerpunkt Sprache nur geringfügig um 1,8 Prozent ein.
- Die Förderschwerpunkte Sehen, Hören, Körperlich-motorische Entwicklung können ihren gewohnten relativen Anteil im System der Förderschulen stabilisieren.
- Eine deutliche Steigerung des relativen Anteils im Förderschulsystem um 6 Prozent verzeichnen der Förderschwerpunkt Geistige Entwicklung und der Förderschwerpunkt Sozial-emotionale Entwicklung um 3,5 Prozent.

Die auffälligsten Veränderungen in der Verteilung der sonderpädagogischen Förderschwerpunkte in den allgemeinen Schulen der BRD sind:

- Innerhalb des gesamten Förderbedarfsspektrums kann sich der Förderschwerpunkt Geistige Entwicklung fast verdoppeln.
- Beim Förderschwerpunkt Sprache geht auch in den allgemeinen Schulen der relative Anteil innerhalb des gesamten Förderbedarfsspektrums leicht um 3,4 Prozent zurück.
- Entgegen manchen Erwartungen und dramatisierenden Presseberichten nimmt der prozentuale Anteil des Förderschwerpunkt Sozial-emotionale Entwicklung nicht zu, sondern verändert sich kaum.

Zusammenfassend: Innerhalb des Förderschulsystems ist der starke Rückgang des relativen Anteils des Förderschwerpunktes Lernen besonders auffällig. Innerhalb der inklusiven, allgemeinen Schulen bleiben die relativen Anteile der Förderschwerpunkte an der Gesamtheit der inkludierten Schüler/-innen mit sonderpädagogischem Förderbedarf in der BRD – im Unterschied zu Bayern – recht stabil.

Teil 5: Inklusive Bilanz: Schlussdiskussion

Die Paradoxien der schulischen Inklusion in Bayern

Die Untersuchungen zur schulischen Inklusionsentwicklung in Bayern sind mit dem vierten Teil an ihr Ende gekommen. Sie haben vier Etappen zurückgelegt:

- Die erste Etappe vermittelte einen allgemeinen Überblick über die Entwicklung der schulischen Inklusion in Bayern von 2008/09 bis 2019/20. Die herausragenden Befunde waren einerseits die unkontrollierte diagnostische Etikettierung von Problem- und Risikoschülern als Schüler/-innen mit sonderpädagogischem Förderbedarf („Etikettierungsschwemme“) und andererseits die unveränderte Fortsetzung der Separation in Sonderschulen („Separationsstillstand“).
- Die zweite Etappe nahm die Inklusionsentwicklung in den bayrischen Regierungsbezirken unter die Lupe. Die Regierungsbezirke Oberbayern und Oberpfalz konnten Entwicklungen vorweisen, die vergleichsweise am ehesten noch mit der Inklusionsprogrammatik kompatibel sind. Während Schwaben, Oberfranken und Niederbayern die mittleren Ränge im bayrischen Vergleich belegen und dabei durchaus nicht zufrieden stellen können, geben die fränkischen Regierungsbezirke Mittel- und Unterfranken wegen ihrer überhöhten Separationsquote Anlass zu deutlicher Kritik.
- Die dritte Etappe brachte dann in differenzierter Weise ans Tageslicht, in welchem Ausmaß die verschiedenen sonderpädagogischen „Fachrichtungen“ bzw. sonderpädagogischen Förderbedarfe zum Separationsstillstand bzw. zur Etikettierungsschwemme beigetragen haben. Allein die Entwicklungen der Förderschwerpunkte „Sprache“ und „Lernen“ können als verträglich mit der inklusionspolitischen Zielsetzung „Aufbau eines inklusiven Schulsystems“ angesehen werden. Völlig überraschend schießen dagegen die Zahlen sowohl für die Separation als auch für die Inklusion in den Förderschwerpunkten Körperlich-motorische Entwicklung, Sehen, Geistige Entwicklung und Emotional-soziale Entwicklung üppig ins Kraut. Den unrühmlichen Sieg in diesem Wettbewerb hat allerdings der Förderschwerpunkt Hören errungen, der seine Inklusionsquote innerhalb des Beobachtungszeitraums in kaum nachvollziehbarer Weise versechsfachen konnte!
- Die vierte Etappe schließlich widmete sich den Verschiebungen der Förderbedarfsanteile innerhalb des gesamten Spektrums der sonderpädagogischen Förderschwerpunkte. Während in den Förderschulen Bayerns

eine relative Stabilität des Förderbedarfsspektrums festzustellen war, zeigte sich in den allgemeinen, inklusiven Schulen eine deutliche und überraschende Verschiebung. Nicht wie erwartet die allgemeinen Förderschwerpunkte Lernen, Sprache und Verhalten verzeichneten innerhalb des gesamten Bedarfsspektrums Zuwächse, sondern die sog. speziellen Förderschwerpunkte Sehen, Hören, Körperlich-motorische Entwicklung und Geistige Entwicklung. Hypothetisch wurde als Ursache für die erdrutschartige Veränderung der sonderpädagogischen Tektonik das Ressourcen-Etikettierungs-Junktim angenommen. Gravierende Diagnosen zahlen sich aus und werden mit mehr Ressourcen belohnt.

Zum guten Ende sollen die inklusiven Entwicklungen in Bayern in dem elfjährigen Untersuchungszeitraum zusammenfassend kommentiert und auch subjektiv bewertet werden. Das abschließende Urteil fokussiert vor allem eine kritische Einschätzung des Beitrages, den die sonderpädagogische „Förderdiagnostik" zu den inklusiven Entwicklungen geleistet hat.
Die sonderpädagogische Diagnose von inklusionsrelevanten Förderbedarfen hat ohne alle Frage den tradierten wissenschaftlichen Gütekriterien der Objektivität, Zuverlässigkeit (Reliabilität) und Validität zu genügen. Mit Bezugnahme auf diese unstrittigen Gütekriterien muss der sonderpädagogischen Diagnostik ein erhebliches Versagen attestiert werden.

- *Objektivität*
  Die sonderpädagogische Diagnostik hat nicht in gewohnter Weise mit wissenschaftlicher Sorgfalt und Unbestechlichkeit die diagnostische Feststellung von besonderen Förderbedarfen vorgenommen, sondern ihr Handeln dem Zeitgeist und den Interessen der Auftraggeber angepasst: Sie hat zum Separationsstillstand und damit zum ungefährdeten Erhalt des Sonderschulsystems einen systemstabilisierenden Beitrag geleistet und zugleich durch eine ungezügelte Etikettierungsschwemme dem gegliederten Schulwesen Bayerns ein inklusives Feigenblatt ausgestellt. Objektiv, unabhängig, unparteilich ist solch eine einseitige Ausrichtung der diagnostischen Arbeit nicht. In der bayrischen Inklusionsreform hat sich die sonderpädagogische Diagnostik ob ihrer Dienstbarkeit für den staatlichen Auftraggeber als eine willfährige Magd des Schulsystems erwiesen.

- *Zuverlässigkeit (Reliabilität)*
  Sonderpädagogische Diagnosen müssen zuverlässig sein. Das heißt u. a., sie müssen zeitstabil sein. Die Diagnosen sollten von Zeit und Ort

völlig unabhängig sein. Die Diagnosen von gestern sollen auch morgen und übermorgen noch Gültigkeit haben, und in den sieben Regierungsbezirken sollte die Messung des gleichen Förderbedarfs auch zu gleichen Ergebnissen führen.
Eine notwendige, unverzichtbare Voraussetzung für zuverlässige Diagnosen ist die zeitliche Stabilität der Merkmale „Förderbedarf" und „Behinderung". Hat sich etwa die psychosoziale Verfassung der bayrischen Schülerschaft real verändert? Sind die bayrischen Schüler/-innen schwieriger, schwächer, unterstützungsbedürftiger, behinderter geworden?
Soweit bekannt, haben sich seit 2008/09 keine epochalen Dramen und Katastrophen ereignet, die nachweislich einen nennenswerten Einfluss auf die Persönlichkeitsentwicklung der bayrischen Schüler/-innen gehabt haben könnten. Es hat keine ökologische Katastrophe á la Tschernobyl gegeben, die möglicherweise gravierende Entwicklungsschädigungen durch schädigende Umwelteinflüsse hätte bewirken können. Es hat auch keine medizinischen Katastrophen á la Contergan gegeben, deren Folge genetische oder biophysische Veränderungen hätten sein können. Warum sollte sich schlagartig, mit Geltung der UN-BRK, die Realität der Förderbedarfe von heute auf morgen verändert haben?
Nein, nicht die Realität hat sich verändert, sondern verändert hat sich die sonderpädagogische Konstruktion dieser Realität. Seit 2008/09 hat sich sprunghaft, wie aus einem heiteren Himmel, die diagnostische Vermessung der behindertenpädagogischen Landschaft verändert. Von 2008/09 bis 2019/20 gibt es (in den bayrischen Förderschulen und inklusiven, allgemeinen Schulen zusammen)

- 1039 mehr Schüler/-innen mit dem Förderbedarf Geistige Entwicklung (+ 9,2 Prozent);
- 498 mehr Schüler/-innen mit dem Förderbedarf Körperlich-motorische Entwicklung (+ 14,8 Prozent);
- 174 mehr Schüler/-innen mit dem Förderbedarf Sehen (+15,5 Prozent);
- 1220 mehr Schüler/-innen mit dem Förderbedarf Hören (+ 57,9 Prozent).

All diese Vermehrungen geschahen trotz eines allgemeinen Schülerrückgangs von etwa zehn Prozent und ungeachtet der im bayrischen Schulgesetz explizit verankerten inklusionspolitischen Zielsetzungen.

Wenn Förderbedarfe im Sehen, Hören, in der Körperlich-motorischen und Geistigen Entwicklung im Jahr 2019/20 bei weitem nicht mehr das sind, was sie 2008/09 einmal waren, dann kann wahrlich nicht mehr von zuverlässigen, reliablen Messungen eines stabilen Konstrukts die Rede sein. Verändert hat sich nicht die sonderpädagogische Schülerschaft selbst, sondern verändert hat sich die diagnostische Konstruktion dieser Schülerschaft.
Und wenn die Regierungsbezirke recht unterschiedliche Quantitäten der diversen Förderbedarfe konstruieren, dann handelt es sich ebenfalls nicht um zuverlässige Messungen. Wenn ein Schüler seinen Fähigkeits- und Förderstatus allein durch einen Umzug in einen anderen Regierungsbezirk verändern kann, dann ist die Zuverlässigkeit der sonderpädagogischen Diagnosen der „Kulturhoheit“ der Regierungsbezirke zum Opfer gefallen.
Auch die prozentualen Verschiebungen der verschiedenen Förderbedarfe im gesamten Spektrum der sonderpädagogischen Förderschwerpunkte insbesondere im System der inklusiven, allgemeinen Schulen sind eben keine „objektiven“, reliablen Abbildungen der Wirklichkeit, sondern ein Indiz mangelnder zeitlicher Stabilität der Diagnosen und Konstrukte.

– *Validität*
Diagnostische Befunde sind dann gültig, wenn sie genau das messen, was sie zu messen beabsichtigen und vorgeben. Unerlässliche Voraussetzung valider Diagnosen sind trennscharfe, inhaltlich definierte und instrumentell operationalisierte Konstrukte. Genau daran, an definierten und operationalisierten Konstrukten und Kriterien hat es die sonderpädagogische Diagnostik in der Inklusionsreform fehlen lassen. Definieren heißt dem lateinischen Wortstamm entsprechend: Grenzen setzen; genau bestimmen, was noch unter eine Definition fällt und was nicht mehr. Die sonderpädagogische Diagnostik hat im Verein mit der wissenschaftlichen Sonderpädagogik die traditionellen Behinderungskonstrukte entgrenzt, aufgeweicht, ausgedehnt und aufgebläht. Die Konturen der sonderpädagogischen Konstrukte Förderbedarf und Behinderung wurden durchlöchert, flexibilisiert, zunehmend blasser und mitunter gar randlos. Weder die Wissenschaft noch die Bildungsadministration hat harte Definitionskriterien vorgegeben und auf deren Einhaltung gepocht. In den definitionsfreien Räumen konnten dann Schulen und pädagogische Praxis ihre Interessen artikulieren und der sonderpädagogischen Diagnostik als Wünsche mitteilen.

Auch der Inklusionskritiker Otto Speck hat die unzulängliche begriffliche Klarheit der sonderpädagogischen Konstrukte nachdrücklich beklagt. Speck schlägt vor, den Begriff „sonderpädagogischer Förderbedarf" auf seine ursprüngliche Bedeutung, also auf generelle Behinderungen zu beschränken und bei temporären, partiellen Lernerschwerungen von „zusätzlichem pädagogischen Förderbedarf" zu sprechen (Speck 2019, 67 ff). Die vorgeschlagenen Begriffe sind durchaus bedenkenswert, aber sie lösen noch nicht das Problem. Ohne trennscharfe Definitionen, verbindliche Kriterien, konkrete Zuordnung von diagnostischen Verfahren und Instrumenten geht es nicht. Die Beliebigkeit und Uferlosigkeit der praktizierten Inklusionsdiagnostik ist wesentlich durch den Zerfall der definitorischen Grenzen und validen Konstrukte bedingt.

Die Kritik an der mangelnden Validität der sonderpädagogischen Diagnostik leitet über zu einer abschließenden, summarischen Beurteilung. Das Erstaunen über die Untersuchungsbefunde ist groß und will nicht enden. Wenige Anmerkungen sollen den Schluss bilden:
Zunächst: Die Untersuchungen zur schulischen Inklusionsentwicklung in Bayern wurden in Teil 4 mit dem Konstruktivismus in Verbindung gebracht. Wie steht es um diese theoretische Erklärung? Der Untersuchungsbericht über die empirische Befundlage hat schon an mehreren Stellen, insbesondere in Teil 4, Kommentare eingefügt, die auf eine gute Passung des Konstruktivismus mit den berichteten Befunden hingewiesen haben. Der Förderschwerpunkt Lernen soll hier noch einmal aufgerufen werden, weil er auf eine recht kuriose Weise einen Beitrag zur Verträglichkeit der konstruktivistischen Erkenntnistheorie mit den empirischen Ergebnissen der vorliegenden Untersuchungen zu leisten vermag.
Der Förderschwerpunkt Lernen war 2008/09 in Bayern mit 20.715 Schüler/-innen in Förderschulen der mit Abstand größte aller sonderpädagogischen Förderschwerpunkte. Innerhalb des elfjährigen Beobachtungszeitraum verlor der Schwerpunkt Lernen 2.081 „Sonderschüler", das ist ein Verlust von zehn Prozent (Abb. 1 in Teil 3). Diesen Schülerrückgang kann man ja zunächst als eine konzeptgemäße, inklusionskonforme Entwicklung ansehen. Die ehemaligen separierten Schüler/-innen mit einer „Lernbehinderung" müssten aber dem Gesetz der kommunizierenden Röhren entsprechend in den inklusiven, allgemeinen Schulen als nunmehr inkludierte Schüler/-innen mit einer „Lernbeeinträchtigung" auftauchen, dort die Population der inkludierten Lernen-Schüler/-innen verstärken und auch den relativen Anteil der Lernen-Schüler/-innen innerhalb des Spektrums aller inkludierten Schüler/-innen mit sonder-

pädagogischem Förderbedarf (Teil 4) mindestens reproduzieren. Die ehemaligen „lernbehinderten" Schüler kommen gewiss auch in der allgemeinen Schule an; es bestehen aber einige Zweifel, ob sie dann in den inklusiven, allgemeinen Schulen auch in der Förderbedarfskategorie Lernen ankommen und klassifiziert werden. Die gesamte Faktenlage lässt den nicht beweisbaren, aber begründeten Verdacht zu, dass eine erhebliche Anzahl von „lernbehinderten" Schüler/-innen in den inklusiven Schulen nun in den Kategorien „Geistige Entwicklung" oder „Emotional-soziale Entwicklung" rubriziert werden. Sofern diese begründete Annahme tatsächlich berechtigt ist, werden den gleichen Schüler/-innen neue diagnostische Etiketten vergeben. Die diagnostische Kategorisierung der gleichen Schüler wäre mithin nicht objektiv und reliabel, sondern im konstruktivistischen Sinne viabel. Es sieht so aus, als ob Schüler mit „Lernbehinderungen" in einem unbekannten Umfang auch weg- und umkonstruiert wurden. Ähnliches gilt für den Förderschwerpunkt Sprache. Er verliert in elf Jahren 1580 „Sonderschüler", gewinnt aber nur 373 „Inklusionsschüler" dazu. Wie kann das angehen? Konstruktivismus in Aktion! Sofern der Konstruktivismus für seine Grundthese, dass Erkenntnisse, Wissen und Begriffe nicht objektive Abbildungen der Wirklichkeit, sondern subjektive kognitive Konstruktionen sind, benötigen sollte, kann die sonderpädagogische Diagnostik eine reichhaltige Palette an selbstgefertigtem Anschauungs- und Beweismaterial anbieten.

Noch eine weitere rätselhafte Kuriosität. In Meinungsumfragen bekunden Lehrer wie Eltern gleichermaßen, dass sie sich insbesondere die Inklusion von Schüler/-innen der Förderbedarfe „Geistige Entwicklung" und „Sozial-emotionale Entwicklung" nicht gut vorstellen können und als problematisch oder schwierig einschätzen (Hollenbach-Biele/Klemm 2020)). Nun erleben ausgerechnet diese beiden Förderschwerpunkte in der Inklusionsreform beachtliche Zuwächse. Und das, obwohl die beiden Förderschwerpunkte „Geistige Entwicklung" und „Sozial-emotionale Entwicklung" auch schon in den Förderschulen kräftig zulegen. Wie kann man diese Gleichzeitigkeit von Entwicklungen, die nicht zueinander passen wollen, verstehen und begreifen? Werden in der Inklusion Schüler/-innen mit den Förderbedarfen „Geistige Entwicklung" und „Emotional-soziale Entwicklung" nun a) von den Schulen gegen ihre eigene Überzeugung der Nichtintegrierbarkeit aufgenommen? Oder werden b) nun mehr Schülerinnen den beiden Förderschwerpunkten diagnostisch zugeordnet und entsprechend kategorisiert, um recht drastisch den Notstand der pädagogischen Praxis öffentlich zu machen? Wir wissen nicht, was „wahr" ist. Die berühmte Frage des römischen Statthalters Pontius Pilatus „Was ist Wahrheit?" können wir nicht beantworten, weil der radikale Konstruktivismus die Möglichkeit einer objektiven, wahren Erkenntnis verneint.

Das Vertrauen in eine objektive, zuverlässige, valide Diagnostik von Förderbedarfen ist gründlich erschüttert, selbst bei speziellen, gravierenden Behinderungen. Der gern gepflegte Nimbus der wissenschaftlichen Exaktheit ist dahin. Auch spezielle Behinderungen sind offensichtlich Förderbedarfe, die nicht allein mit allerlei objektiven Instrumenten gemessen, sondern von Menschen subjektiv konstruiert werden. Die Hoffnung, man könne mit einer naturwissenschaftlich inspirierten Diagnostik das Ausufern von diagnostischen Etikettierungen verhindern oder doch mindestens einschränken, ist trügerisch und verflogen. Eine elfjährige Fehlentwicklung hat diese Hoffnung unwiederbringlich zerstört.
Man kann und muss die Untersuchungsbefunde wohl auch als ein schwerwiegendes Versagen der (sonder)pädagogischen Diagnostik lesen.
Die (sonder)pädagogische Diagnostik in Bayern hat vor allem

- erstens nicht den Anstieg der Förderschülerzahlen in den Förderschulen verhindern können – trotz Inklusion. Und sie hat
- zweitens nicht den progredienten, überproportionalen Anstieg von Förderbedarfen in den allgemeinen Schulen aufhalten können.

Beide Fehlentwicklungen, sowohl das Mehr an Separation als auch das Mehr an Förderbedarfen, haben nichts, wirklich nichts mit realen Veränderungen in der Schülerschaft zu tun. Die sonderpädagogischen Metamorphosen sind hausgemacht, konstruiert. Natürlich ist die sonderpädagogische Diagnostik nicht der alleinige Akteur und der alleinige Verantwortliche, aber sie hat mitgemacht. Die sonderpädagogische Diagnostik und niemand anders hat die Förderbedarfs- und Behinderungsdiagnosen erstellt, und deshalb ist sie auch mitverantwortlich. Sie hat der Versuchung, durch mehr Diagnosen die Sonderschule zu stabilisieren und durch mehr Etikettierung die Ressourcen der inklusiven Schulen aufzubessern, keinen wirksamen Widerstand entgegengesetzt. In der gegenwärtigen Verfassung wird die sonderpädagogische Diagnostik weithin als Ressourcenbeschaffungsdiagnostik instrumentalisiert und missbraucht. Diese Ressourcenbeschaffungsdiagnostik ist ein schleichendes, tödliches Gift und treibt die Inklusionsentwicklung letztlich in den Ruin. Alle wissenschaftlichen Fachrichtungen der Sonderpädagogik sind aufgerufen, reinen Tisch zu machen und nachzuforschen, was in den eigenen Reihen an Etikettierungsprozessen in der Inklusionsentwicklung falsch läuft.
Ein „Weiter so!“ kann und darf es nicht geben. So läuft die Inklusionsreform absehbar aus dem Ruder und schaufelt sich selbst das Grab (Wocken 1996). Es ist schon paradox: Im Jahre 2008, vor der Ratifizierung der BRK, stand die schulische Inklusion in Bayern besser da als heute. Ohne die ganze, elfjährige

Inklusionsreform wäre Bayern heute vermutlich inklusiver; es gäbe weniger Separation in Sonderschulen und weniger beschämende Etikettierungen „normaler“ Schüler als „besonders“. Faktisch hat die Inklusionsreform die Separation nicht gemindert und die Sonderschulen nicht schrumpfen lassen, sondern ganz im Gegenteil die sonderpädagogischen Reviere sogar noch vergrößert. Inklusion paradox: Bayern hat es verstanden, die Forderung nach Inklusion in ein Mehr an Separation umzulenken.

Die bayrische Bildungspolitik hat seit der Nachkriegszeit die institutionelle Separierung von begabungsverschiedenen Schulformen zu einem absoluten, unhinterfragbaren Dogma erhoben. Ein glaubwürdiger Sinneswandel ist auch seit der Ratifikation der UN-BRK nicht erkennbar. Dem bayrischen Bekenntnis zur schulischen Inklusion fehlt es schlichtweg an Glaubwürdigkeit. Wiewohl mitunter verbal bekundet, ist Inklusion kein ernsthaftes bildungspolitisches Anliegen. Das System der Separation definiert verbindlich, ob, wieviel und welche Inklusion statthaft ist. Inklusion wird geduldet, solange sie das System der Separation nicht irritiert oder gar ernsthaft in Frage stellt.

Der historisch tief verwurzelte und strukturell verankerte Separatismus der bayrischen Bildungspolitik (Klafki 1976) hat allen inklusiven Lippenbekenntnissen zum Trotz genau jene Ergebnisse produziert, die mit dem System der Separation kompatibel und ihm genehm sind. Der Beweis, dass Bayern wirklich Inklusion kann und will, steht aus. Es ist höchste Zeit, aber es ist noch Zeit.

Literatur

[BRK] Vereinte Nationen (2009): Übereinkommen über die Rechte von Menschen mit Behinderungen. (Behindertenrechtskonvention). Schattenübersetzung des Netzwerk Artikel 3 e.V. Berlin

[KMB 2019] Kultusministerium Bayern (2019): Sieben Modellregionen setzen sich für Inklusion an Schulen ein. (10.12.2019). München. In: www.km.bayern.de/…

Hollenbach-Biele, Nicole/Klemm, Klaus (2020): Inklusive Bildung zwischen Licht und Schatten. Eine Bilanz nach zehn Jahren inklusiven Unterrichts. Gütersloh: Bertelsmann-Stiftung

Klafki, Wolfgang (1976): Restaurative Schulpolitik 1945-1950 in Westdeutschland – Das Beispiel Bayern. In: Aspekte kritisch-konstruktiver Erziehungswissenschaft. Gesammelte Beiträge zur Theorie-Praxis-Diskussion. Weinheim. S. 253–299

Speck, Otto (2019): Dilemma Inklusion. Wie Schule allen Kindern gerecht werden kann. München, Basel: Reinhardt

Wocken, Hans (1996): Sonderpädagogischer Förderbedarf als systemischer Begriff. In: Sonderpädagogik, 26, S. 34–38

Wocken, Hans (2014a): Verkehrte Inklusion: Über die ungerührte Fortsetzung der Separation und die ungeziemende Eingemeindung der Nichtbehinderten. Eine statistische Analyse der schulischen Inklusionsentwicklung in Bayern In: Bayern integriert Inklusion. Über die schwierige Koexistenz widersprüchlicher Systeme. Hamburg: Feldhaus Verlag, S. 63–81

Wocken, Hans (2014b): Bayern integriert Inklusion. Über die schwierige Koexistenz widersprüchlicher Systeme. Hamburg: Feldhaus Verlag

Wocken, Hans (2017): Inklusion in Bayern: Stabile Fehlentwicklungen. Etikettierungsschwemme und Separationsstillstand weiterhin auf hohem Niveau In: Wocken, Hans (Hrsg.): Beim Haus der inklusiven Schule. Praktiken – Kontroversen – Statistiken. Hamburg: Feldhaus Verlag, S. 155–169

Wocken, Hans (2019): Das Scheitern der Pseudo-Inklusion. Beklagte Missstände, unangenehme Wahrheiten und dringliche Umsteuerungen. In: Wocken, Hans (Hrsg.): Die AUCH-Inklusion. Standpunkte – Praktiken – Horizonte. Hamburg: Feldhaus Verlag, S. 9–16

Autoren

Cowlan, Gabriele, geb. Klein. Von 1982–1985 Wissenschaftliche Mitarbeiterin im Projekt „Integrative Prozesse in Kindergartengruppen“

Hinz, Andreas, Dr., von 1999 bis 2017 Professor für Allgemeine Rehabilitations- und Integrationspädagogik an der Martin-Luther-Universität Halle-Wittenberg, davor seit 1986 Mitglied der wissenschaftlichen Begleitungen der Hamburger Grundschulversuche „Integrationsklassen“ und „Integrative Grundschule“, Mitherausgeber der deutschsprachigen Ausgabe des „Index für Inklusion“ für Schulen (2003), zahlreiche Publikationen zu inklusiver und demokratischer Pädagogik sowie zu Zukunftsplanungen

Kron, Maria, Dr., Dipl.-Psychologin, Sonder- und Heilpädagogin, 1980–1990 J. W. Goethe-Universität Frankfurt/M., 1991–1997 Stadtschulamt Frankfurt, 1997-2017 Professur für Sonder- und Heilpädagogik an der Universität Siegen, Forschungen national und international mit dem Schwerpunkt auf Inklusion im Elementarbereich und in der Schule.

Kreie, Gisela, Dr., Heil- und Sonderpädagogin, 1977–1991 wissenschaftliche Mitarbeiterin an der J. W. Goethe-Universität Frankfurt/M., Institut für Sonder- und Heilpädagogik, 1991-2004 Stadtschulamt Frankfurt, Psychologischer und heilpädagogischer Fachdienst für städtische Kindertagesstätten. † 2017

Papke, Birgit, Dr., Akademische Rätin für Sozialpädagogik mit Schwerpunkt inklusive Pädagogik an der Universität Siegen, von 2002 bis 2009 wissenschaftliche Mitarbeiterin in nationalen und internationalen Forschungsprojekten im Bereich inklusiver Elementarpädagogik

Reiser Helmut, Dr. Von 1973–1996 Professur für Heilpädagogik und Didaktik bei Lern- und Verhaltensstörungen, Universität Frankfurt/M., von 1997–2007 Professur für Pädagogik bei Verhaltensstörungen, Universität Hannover. Arbeitsschwerpunkte: Schulentwicklungsprojekte und Grundlagenforschung; Lehrsupervisor und Lehrgruppenleiter für Themenzentrierte Interaktion□

Wocken, Hans, Dr., von 1980 bis 2008 Professor für Lernbehinderten- und Integrationspädagogik an der Universität Hamburg, wissenschaftliche Begleitung der Hamburger Schulversuche „Integrationsklassen“ und „Integrative Regelklassen“, Mitglied im Expertenkreis Inklusion der Deutschen UNESCO. Homepage: www.hans-wocken.de

Weitere Bücher von Hans Wocken in der EDITION HAMBURGER BUCHWERKSTATT im FELDHAUS VERLAG

Das Haus der inklusiven Schule
Baustellen – Baupläne – Bausteine
6. Auflage 2015, 256 Seiten, ISBN 978-3-925408-47-2, € 24,80

Zum Haus der inklusiven Schule
Ansichten – Zugänge – Wege
3. Auflage 2017, 248 Seiten, ISBN 978-3-925408-51-9, € 24,80

Im Haus der inklusiven Schule
Grundrisse – Räume – Fenster
2. Auflage 2016, 260 Seiten, ISBN 978-3-925408-49-6, € 24,80

Vom Haus der inklusiven Schule
Berichte – Botschaften – Widerworte
1. Auflage 2015, 256 Seiten, ISBN 978-3-925408-48-9, € 24,80

Am Haus der inklusiven Schule
Anbauten – Anlagen – Haltestellen
1. Auflage 2016, 256 Seiten, ISBN 978-3-925408-50-2, € 24,80

Beim Haus der inklusiven Schule
Praktiken – Kontroversen – Statistiken
1. Auflage 2017, 308 Seiten, ISBN 978-3-925408-52-6, € 29,80

Bayern integriert Inklusion
Über die schwierige Koexistenz widersprüchlicher Systeme
1. Auflage 2015, 136 Seiten, ISBN 978-3-925408-46-5, € 19,80

Die AUCH-Inklusion
Die Idee der Inklusion und die Macht des Systems
1. Auflage 2019, 248 Seiten, ISBN 978-3-925408-54-0, € 24,80

Die ZÄHMUNG der Inklusion
Separation integriert Inklusion
1. Auflage 2020, 292 Seiten, ISBN 978-3-925408-55-7, € 24,80

Die Inhaltsverzeichnisse der Bücher können eingesehen werden unter:
www.hans-wocken.de